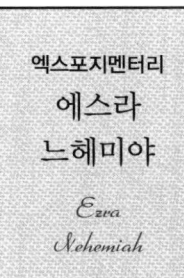

엑스포지멘터리 에스라·느헤미야

초판 1쇄 발행 2016년 9월 1일
2쇄 발행 2021년 11월 19일

지은이 송병현

펴낸곳 도서출판 이엠
등록번호 제25100-2015-000063
주소 서울시 강서구 공항대로 220, 601호
전화 070-8832-4671
E-mail empublisher@gmail.com

내용 및 세미나 문의 스타선교회: 02-520-0877 / EMail: starofkorea@gmail.com / www.star123.kr
Copyright © 송병현, 2021, *Print in Korea*.
ISBN 979-11-86880-41-8   93230

※ 본서에서 사용한 『성경전서 개역개정판』의 저작권은 재단법인 대한성서공회 소유이며
　재단법인 대한성서공회의 허락을 받고 사용하였습니다.
※ 이 책의 전부 또는 일부 내용을 재사용하려면 사전에 저작권자와 도서출판 이엠의 동의를 받아야 합니다.
※ 가격은 표지 뒷면에 있습니다.

「이 도서의 국립중앙도서관 출판시도서목록(CIP)은 서지정보유통지원시스템 홈페이지(http://seoji.nl.go.kr)와 국가자
료공동목록시스템(http://www.nl.go.kr/kolisnet)에서 이용하실 수 있습니다. (CIP제어번호:CIP2015000753)」

엑스포지멘터리
에스라
느헤미야

| 송병현 지음 |

EXPOSItory comMENTARY

한국 교회를 위한 하나의 희망

저의 서재에는 성경 본문 연구에 관한 많은 책이 있습니다. 그중에는 주석서들도 있고 강해서들도 있습니다. 그러나 그중에 송병현 교수가 시도한 이런 책은 없습니다. 엑스포지멘터리, 듣기만 해도 가슴이 뛰는 책입니다. 설교자와 진지한 성경학도 모두에게 꿈의 책이 아닐 수 없습니다. 이런 책이 좀더 일찍 나왔다면 한국 교회가 어떠했을까 생각해 봅니다. 저는 이 책을 꼼꼼히 읽으면서 가슴 깊은 곳에서 큰 자긍심을 느꼈습니다.

  이 책은 지금까지 복음주의 교회가 쌓아 온 모든 학문적 업적을 망라하고 있을 뿐만 아니라 한국 교회 강단이 목말라하는 모든 실용적 갈망에 해답을 던져 줍니다. 이 책에서는 실제로 활용할 수 있는 충실한 신학적 정보가 일목요연하게 제시됩니다. 그러면서도 또한 위트와 감탄을 자아내는 감동적인 적용들도 제공됩니다. 얼마나 큰 축복이며 얼마나 신나는 일이며 얼마나 큰 은총인지요. 저의 사역에 좀더 일찍 이런 학문적 효과를 활용하지 못한 것이 아쉽기만 합니다. 진실로 한국 교회의 내일을 위해 너무나 소중한 기여라고 생각합니다.

  일찍이 한국 교회 1세대를 위해 박윤선 목사님과 이상근 목사님의 기여가 컸습니다. 그러나 이제 한국 교회는 새 시대의 리더십을 열어야 하는 교차로에 서 있습니다. 저는 송병현 교수가 이런 시점을 위해 준비된 선물이라고 생각합니다. 진지한 강해 설교를 시도하려는 모든 이와 진지한 성경 강의를 준비하고자 하는 모든 성경공부 지도자에게 어떤 대가를 지불하고서라도 이 책을 소장하고 성경을 연구하는 책상 가까운 곳에 두라고 권면하고 싶습니다. 앞으로 계속 출판될 책들이 참으로 기다려집니다.

한국 교회는 다행스럽게 말씀과 더불어 그 기초를 놓을 수 있었습니다. 이제는 그 말씀으로 어떻게 미래의 집을 지을지 고민하고 있습니다. 이 "엑스포지멘터리 시리즈"는 분명한 하나의 해답, 하나의 희망입니다. 이 책과 함께 성숙의 길을 걸어갈 한국 교회의 미래가 벌써 성급하게 기다려집니다. 더 나아가 한국 교회 역사의 성과물 중 하나인 이 책이 다른 열방에도 나누어졌으면 합니다. 이제 우리는 복음에 빚진 자로서 열방을 학문적으로도 섬겨야 하기 때문입니다. 이 책을 한국 교회에 허락하신 주님께 감사와 찬양을 드립니다.

이동원 | 지구촌교회 원로목사

총체적 변화를 가져다줄 영적 선물

교회사를 돌이켜볼 때, 교회가 위기에 처해 있었다면 결국 강단에서 하나님의 말씀이 제대로 선포되지 못한 데서 그 근본 원인을 찾을 수 있습니다. 영적 분별력이 있는 사람이라면 모두 이에 대해 동의할 것입니다. 사회가 아무리 암울할지라도 강단에서 선포되는 말씀이 살아 있는 한, 교회는 교회로서의 기능이 약화되지 않고 오히려 사회를 선도하고 국민들의 가슴에 희망을 안겨 주었습니다. 100년 전 영적 부흥이 일어났던 한국의 초대교회가 그 좋은 예입니다. 이러한 영적 부흥은 살아 계신 하나님의 말씀이 강단에서 영적 권위를 가지고 "하나님께서 이렇게 말씀하셨다"라고 선포되었을 때 나타났던 현상입니다.

오늘날에는 날이 갈수록 강단에서 선포되는 말씀이 약화되거나 축소되고 있습니다. 이런 상황 속에서 출간되는 송병현 교수의 "엑스포지멘터리 시리즈"는 한국 교회와 전 세계에 흩어진 700만 한인 디아스포라에게 주는 커다란 영적 선물이 아닐 수 없습니다. 이 시리즈는 하나님의 말씀을 쉽게 이해할 수 있도록 풀이한 것으로, 목회자와 선교사는 물론이고 평신도들의 경건생활과 사역에도 큰 도움이 될 것입니다. 무엇보다도 저는 이 시리즈가 강단에서 원 저자이신 성령님의 의도대로 하나님 나라 복음이 선포되게 하여 믿는 이들에게 총체적 변화(total transformation)를 다시 경험할 수 있는 계기를 마련해 주리라 확신합니다.

송병현 교수는 지금까지 구약학계에서 토의된 학설 중 본문을 석의하는 데 불필요한 내용들은 걸러내는 한편, 철저하게 원 저자의 메시지를 현대인들이 가장 잘 이해할 수 있도록 전하기 위해 부단히 애를 썼습니다. 이 시리즈를 이용하는 모든 이에게 저자의 이런 수고와 노력에 걸맞은 하나님의 축복과 기쁨과 능력이 함께하실 것을 기대하면서 이 시리즈를 적극 추천합니다.

이태웅 | GMTC 초대 원장, 글로벌리더십포커스 원장

주석과 강해의 적절한 조화를 이뤄낸 시리즈

한국 교회는 성경 전체를 속독하는 '성경통독' 운동과 매일 짧은 본문을 읽는 '말씀 묵상'(Q.T.) 운동이 세계 어느 나라 교회보다 활성화되어 있습니다. 얼마나 감사한 일인지 모릅니다. 그러나 상대적으로 책별 성경연구는 심각하게 결핍되어 있는 것이 사실입니다. 때때로 교회 지도자들 중에도 성경해석의 기본이 제대로 갖춰져 있지 않아 성경 저자가 말하려는 의도와 상관없이 본문을 인용해서 자신이 하고 싶은 말을 하는 분들이 적지 않음을 보고 충격을 받은 일도 있습니다. 앞으로 한국 교회가 풀어야 할 과제가 '진정한 말씀의 회복'이라면 이를 위해 가장 중요한 것은 바른 말씀의 세계로 인도해 줄 좋은 주석서와 강해서를 만나는 일일 것입니다.

  좋은 주석서는 지금까지 축적된 다른 성경학자들의 연구 결과가 잘 정돈되어 있을 뿐 아니라 저자의 새로운 영적·신학적 통찰이 번뜩이는 책이어야 합니다. 또한 좋은 강해서는 자신의 견해를 독자들에게 강요하는(impose) 책이 아니라, 철저한 본문 석의 과정을 거친 후에 추출되는 신학적·사회과학적 연구가 배어 있는 책이어야 할 것이며, 글의 표현이 현학적이지 않은, 독자들에게 친절한 저술이어야 할 것입니다.

그러나 솔직히 말씀드리면, 저는 서점에서 한국인 저자의 주석서나 강해서를 만나면 한참을 망설이다가 내려놓게 됩니다. 또 주석서를 시리즈로 사는 것은 어리석은 행동이라는 말을 신학교 교수들에게 들은 뒤로 여간해서 시리즈로 책을 사지 않습니다. 이는 아마도 풍성한 말씀의 보고(寶庫) 가운데로 이끌어 주는 만족스러운 주석서를 아직까지 발견하지 못했기 때문일 것입니다. 그러나 제가 처음으로 시리즈로 산 한국인 저자의 책이 있는데, 바로 송병현 교수의 "엑스포지멘터리 시리즈"입니다.

송병현 교수의 "엑스포지멘터리 시리즈"야말로 제가 가졌던 좋은 주석서와 강해서에 대한 모든 염원을 실현해 내고 있습니다. 이 주석서는 분명 한국 교회 목회자들과 평신도 성경 교사들의 고민을 해결해 줄 하나님의 값진 선물입니다. 지금까지 없었던, 주석서와 강해서의 적절한 조화를 이뤄낸 신개념 해설 주석이라는 점도 매우 신선하게 다가옵니다. 또한 쉽고 친절한 글이면서도 깊은 우물에서 퍼 올린 생수와 같은 깊이가 느껴집니다. 이 같은 주석 시리즈가 한국에서 나왔다는 사실에 저는 감격하지 않을 수 없습니다. 이 땅에서 말씀으로 세상에 도전하고자 하는 모든 목회자와 평신도에게 이 주석 시리즈를 적극 추천합니다.

이승장 | 예수마을교회 목사, 성서한국 공동대표

시리즈 서문

"50세까지는 좋은 선생이 되려고 노력하고, 그 이후에는 좋은 저자가 되려고 노력해라." 내가 시카고 근교에 위치한 트리니티 복음주의 신학교(Trinity Evangelical Divinity School) 박사과정을 시작할 쯤에 지금은 고인이 되신 스승 맥코미스키(Thomas E. McComiskey)와 아처(Gleason L. Archer) 두 교수님이 주신 조언이었다. 너무 일찍 책을 쓰면 훗날 아쉬움이 많이 남는다며 하신 말씀이었다. 박사학위를 마치고 1997년에 한국에 들어와 신대원에서 가르치기 시작하면서 나는 이 조언을 마음에 새겼다. 사실 이 조언과 상관없이 내가 당시에 당장 책을 출판한다는 일은 불가능한 일이었다. 중학교를 다니던 70년대 중반에 캐나다로 이민을 갔다가 20여 년 만에 귀국하여 우리말로 강의하는 일 자체가 당시 나에게는 매우 큰 도전이었으며, 책을 출판하는 일은 사치로 느껴졌기 때문이다.

세월이 지나 어느덧 선생님들이 말씀하신 50을 눈앞에 두었다. 1997년에 귀국한 후 지난 10여 년 동안 나는 구약 전체에 대한 강의안을 만드는 일을 목표로 삼았다. 내 자신에게 동기를 부여하기 위해 내가 몸담고 있는 신대원 학생들에게 매 학기 새로운 구약 강해과목을 개설해 주었다. 감사한 것은 지혜문헌을 제외한 구약성경 모든 책의 본문 관찰을 중심으로 한 강의안을 13년 만에 완성할 수 있었다는 점이다. 앞으로 수년에 거쳐 이 강의안들을 대폭 수정하여 해마다 두세 권씩 책으로 출판하려 한다. 지혜문헌은 잠시 미루어두었다. 시편 1권(1-41편)에 대한 강의안을 만든 적이 있었는데, 본문 관찰과 주해는 얼마든지 할 수 있었지만 뭔가 아쉬움이 남았다. 삶의 연륜이 가미되지 않은 데서 비롯된 부족함이었다. 그래서 나는 지혜문헌에 대한 주석은 60을 바라볼 때쯤 집필하기로 작정했다. 삶을 조금 더 경험한 후로 미룬 것이다. 아마도 이 시리즈가 완성될 때쯤이면, 자연스럽게 지혜문헌에 대한 책들을 출판하게 되지 않을까 싶다.

이 시리즈는 설교를 하고 성경공부를 인도해야 하는 중견 목회자들과 평신도 지도자들을 마음에 두고 집필한 책들이다. 나는 이 시리즈의 성향을 Exposimentary("해설주석")라고 부르고 싶다. Exposimentary라는 단어는 내가 만들어 낸 용어다. 해설/설명을 뜻하는 expository라는 단어와 주석을 뜻하는 commentary를 합성한 것이다. 대체적으로 expository는 본문과 별 연관성이 없는 주제와 묵상으로 치우치기 쉽고, commentary는 필요 이상으로 논쟁적이고 기술적일 수 있다는 한계를 의식해서 이러한 상황을 의도적으로 피하고 가르치는 사역에 조금이나마 실용적이고 도움이 되는 교재를 만들기 위해 만들어 낸 개념이다. 나는 본문의 다양한 요소와 이슈들에 대해 정확하게 석의하면서도 전후 문맥과 책 전체의 문형(文形; literary shape)을 최대한 고려하여 텍스트의 의미를 설명하고 우리의 삶과 연결하려고 노력했다. 또한 히브리어 사용은 최소화했다.

이 시리즈를 내놓으면서 감사할 사람이 참 많다. 먼저, 지난 25년 동안 인생의 동반자가 되어 아낌없는 후원과 격려를 해주었던 아내 임우민에게 감사한다. 아내를 생각할 때마다 참으로 현숙한 여인을(cf. 잠 31:10-31) 배필로 주신 하나님께 감사할 뿐이다. 아빠의 사역을 기도와 격려로 도와준 지혜, 은혜, 한빛에게도 고마운 마음을 표한다. 평생 기도와 후원을 아끼지 않은 친가와 처가 친척들에게도 감사하다는 말을 전하고 싶다. 항상 옆에서 돕고 격려해 준 평생친구 장병환·윤인옥, 박선철·송주연 부부들에게도 고마움을 표하는 바이며, 시카고 유학 시절 큰 힘이 되어 주셨던 이선구 장로·최화자 권사님 부부에게도 이 자리를 빌려 평생 빚진 마음을 표하고 싶다. 우리 가족이 20여 년 만에 귀국하여 정착할 수 있도록 배려를 아끼지 않으신 백석학원 설립자 장종현 목사님에게도 감사하는 바다. 우리 부부의 영원한 담임목자이신 이동원 목사님께도 고마움을 표하고 싶다.

2009년 겨울 방배동에서

감사의 글

엑스포지멘터리 에스라-느헤미야를 허락해 주신 하나님께 감사드립니다. 스타선교회의 사역에 물심양면으로 헌신하여 오늘도 하나님의 말씀이 온 세상에 선포되는 일에 기쁜 마음으로 동참하시는 김형국, 백영걸, 정진성, 장병환, 임우민, 정채훈, 송은혜, 강숙희 이사님들께 감사의 마음을 전하고 싶습니다. 이사님들의 헌신이 있기에 세상은 조금 더 살맛나는 곳이 되고 있습니다.

2015년 가로수가 금빛으로 변해가는 방배동에서

일러두기

엑스포지멘터리(exposimentary)는 "해설/설명"을 뜻하는 엑스포지토리(expository)라는 단어와 "주석"을 뜻하는 코멘터리(commentary)를 합성한 단어다. 본문의 뜻과 저자의 의도와는 별 연관성이 없는 주제와 묵상으로 치우치기 쉬운 엑스포지토리의 한계와 필요이상으로 논쟁적이고 기술적일 수 있는 코멘터리의 한계를 극복하여 목회현장에서 가르치고 선포하는 사역에 실질적으로 도움이 되도록 하는 새로운 장르다. 본문의 다양한 요소와 이슈들에 대하여 정확하게 석의하면서도 전후 문맥과 책 전체의 문형(文形, literary shape)을 최대한 고려하여 텍스트의 의미를 설명하고 성도의 삶과 연결하려고 노력하는 설명서다. 엑스포지멘터리는 다음과 같은 원칙을 바탕으로 인용한 정보를 표기한다.

1. 참고문헌을 모두 표기하지 않고 선별된 참고문헌으로 대신한다.
2. 출처를 표기할 때 각주(foot note) 처리는 하지 않는다.
3. 출처 표기는 괄호 안에 하되 페이지는 밝히지 않는다.
4. 여러 학자들이 동일하게 해석할 때 모든 학자를 표기하지 않고 일부만 표기한다.

5. 한 출처를 인용하여 설명할 때, 설명이 길어지더라도 각 문장마다 출처를 표기하지 않는다.

주석은 목적과 주 대상에 따라 인용하는 정보 출처와 참고문헌 표기가 매우 탄력적으로 제시되는 장르다. 참고문헌 없이 출판되는 주석들도 있고, 각주가 전혀 없이 출판되는 주석들도 있다. 또한 각주와 참고문헌이 없이 출판되는 주석들도 있다. 엑스포지멘터리 시리즈는 이 같은 장르의 탄력적인 성향을 고려하여 제작된 주석이다.

선별된 약어표

개역	개역성경
개정	개역성경개정판
공동	공동번역
새번역	표준새번역 개정판
현대	현대인의 성경
아가페	아가페 쉬운성경
BHK	Biblica Hebraica Kittel
BHS	Biblica Hebraica Stuttgartensia
ESV	English Standard Version
CSB	Nashville: Broadman & Holman, Christian Standard Bible
KJV	King James Version
LXX	칠십인역(Septuaginta)
MT	마소라 사본
NAB	New American Bible
NAS	New American Standard Bible
NEB	New English Bible

NIV	New International Version
NRS	New Revised Standard Bible
TNK	Jewish Publication Society Tanakh
TNIV	Today's New International Version
AAR	American Academy of Religion
AB	Anchor Bible
ABD	The Anchor Bible Dictionary
ABRL	Anchor Bible Reference Library
ACCS	Ancient Christian Commentary on Scripture
AJSL	American Journal of Semitic Languages and Literature
ANET	J. B. Pritchard, ed., *The Ancient Near Eastern Texts Relating to the Old Testament*. 3rd. ed. Princeton: Princeton University Press, 1969.
ANETS	Ancient Near Eastern Texts and Studies
AOTC	Abingdon Old Testament Commentary
ASORDS	American Schools of Oriental Research Dissertation Series
ASTI	Annual of Swedish Theological Institute
BA	Biblical Archaeologist
BAR	Biblical Archaeology Review
BASOR	Bulletin of the American Schools of Oriental Research
BBR	Bulletin for Biblical Research
BCBC	Believers Church Bible Commentary
BDB	F. Brown, S. R. Driver & C. A. Briggs, *A Hebrew and English Lexicon of the Old Testament*. Oxford: Clarendon Press, 1907.
BETL	Bibliotheca Ephemeridum Theoloicarum Lovaniensium
BibOr	Biblia et Orientalia

BibSac	Bibliotheca Sacra
BibInt	Biblical Interpretation
BJRL	Bulletin of the John Rylands Library
BJS	Brown Judaic Studies
BLS	Bible and Literature Series
BN	Biblische Notizen
BO	Berit Olam: Studies in Hebrew Narrative & Poetry
BR	Bible Review
BRS	The Biblical Relevancy Series
BSC	Bible Student Commentary
BT	The Bible Today
BV	Biblical Viewpoint
BTCB	Brazos Theological Commentary on the Bible
BZAW	Beihefte zur Zeitschrift für die alttestamentliche
CAD	Chicago Assyrian Dictionary
CBC	Cambridge Bible Commentary
CBSC	Cambridge Bible for Schools and Colleges
CBQ	Catholic Biblical Quarterly
CBQMS	Catholic Biblical Quarterly Monograph Series
CB	Communicator's Bible
CHANE	Culture and History of the Ancient Near East
DSB	Daily Study Bible
EBC	Expositor's Bible Commentary
ECC	Eerdmans Critical Commentary
EncJud	Encyclopedia Judaica
EvJ	Evangelical Journal
EvQ	Evangelical Quarterly

ET	Expository Times
ETL	Ephemerides Theologicae Lovanienses
FOTL	Forms of Old Testament Literature
GCA	Gratz College Annual of Jewish Studies
GKC	E. Kautzsch and A. E. Cowley, *Gesenius' Hebrew Grammar*. Second English edition. Oxford: Clarendon Press, 1910.
GTJ	Grace Theological Journal
HALOT	L. Koehler and W. Baumgartner, *The Hebrew and Aramaic Lexicon of the Old Testament*. Trans. by M. E. J. Richardson. Leiden: E. J. Brill, 1994-2000.
HBT	Horizon in Biblical Theology
HSM	Harvard Semitic Monographs
HOTC	Holman Old Testament Commentary
HUCA	Hebrew Union College Annual
IB	Interpreter's Bible
ICC	International Critical Commentary
IDB	Interpreter's Dictionary of the Bible
ISBE	G. W. Bromiley (ed.), *The International Standard Bible Encyclopedia*. 4 vols. Grand Rapids: 1979-88.
ITC	International Theological Commentary
J-M	P. Joüon-T. Muraoka, *A Grammar of Biblical Hebrew. Part One: Orthography and Phonetics. Part Two: Morphology. Part Three: Syntax*. Subsidia Biblica 14/I-II. Rome: Editrice Pontificio Istituto Biblico, 1991.
JAAR	Journal of the American Academy of Religion
JANES	Journal of Ancient Near Eastern Society
JNES	Journal of Near Eastern Studies

JBL	Journal of Biblical Literature
JBQ	Jewish Bible Quarterly
JJS	Journal of Jewish Studies
JSJ	Journal for the Study of Judaism
JNES	Journal of Near Eastern Studies
JSOT	Journal for the Study of the Old Testament
JSOTSup	Journal for the Study of the Old Testament Supplement Series
JPSTC	JPS Torah Commentary
LCBI	Literary Currents in Biblical Interpretation
MHUC	Monographs of the Hebrew Union College
MJT	Midwestern Journal of Theology
MOT	Mastering the Old Testament
MSG	Mercer Student Guide
NAC	New American Commentary
NCB	New Century Bible Commentary
NCBC	New Collegeville Bible Commentary
NEAEHL	E. Stern (ed.), *The New Encyclopedia of Archaeological Excavations in the Holy Land*. 4 vols. Jerusalem: Israel Exploration Society & Carta, 1993.
NIB	New Interpreter's Bible
NIBC	New International Biblical Commentary
NICOT	New International Commentary on the Old Testament
NIDOTTE	W. A. Van Gemeren, ed., *The New International Dictionary of Old Testament Theology and Exegesis*. Grand Rapids: Zondervan, 1996.
NIVAC	New International Version Application Commentary

OBC	Oxford Bible Commentary
Or	Orientalia
OTA	Old Testament Abstracts
OTE	Old Testament Essays
OTG	Old Testament Guides
OTL	Old Testament Library
OTM	Old Testament Message
OTS	Oudtestamentische Studiën
OTWAS	Ou-Testamentiese Werkgemeenskap in Suid-Afrika
PBC	People's Bible Commentary
PEQ	Palestine Exploration Quarterly
PSB	Princeton Seminary Bulletin
RevExp	Review and Expositor
RTR	Reformed Theological Review
SBJT	Southern Baptist Journal of Theology
SBLDS	Society of Biblical Literature Dissertation Series
SBLMS	Society of Biblical Literature Monograph Series
SBLSymS	Society of Biblical Literature Symposium Series
SHBC	Smyth & Helwys Bible Commentary
SJOT	Scandinavian Journal of the Old Testament
SJT	Scottish Journal of Theology
SSN	Studia Semitica Neerlandica
TBC	Torch Bible Commentary
TynBul	Tyndale Bulletin
TD	Theology Digest
TDOT	G. J. Botterweck and H. Ringgren (eds.), *Theological Dictionary of the Old Testament*. Vol. I-. Grand Rapids:

	Eerdmans, 1974—.
TGUOS	Transactions of the Glasgow University Oriental Society
THAT	Theologisches Handwörterbuch zum Alten Testament. 2 vols. Munich: Chr. Kaiser, 1971–1976.
TJ	Trinity Journal
TOTC	Tyndale Old Testament Commentaries
TS	Theological Studies
TWAT	Theologisches Wörterbuch zum Alten Testament. Stuttgart: W. Kohlhammer, 1970—.
TWBC	The Westminster Bible Companion
TWOT	R. L. Harris, G. L. Archer, Jr., and B. K. Waltke (eds.), *Theological Wordbook of the Old Testament*, 2 vols. Chicago: Moody, 1980.
TZ	Theologische Zeitschrift
UBT	Understanding Biblical Themes
VT	Vetus Testament
VTSup	Vetus Testament Supplement Series
W–O	B. K. Waltke and M. O'Connor, *An Introduction to Biblical Hebrew Syntax*. Winona Lake: Eisenbrauns, 1990.
WBC	Word Biblical Commentary
WBCom	Westminster Bible Companion
WCS	Welwyn Commentary Series
WEC	Wycliffe Exegetical Commentary
WTJ	The Westminster Theological Journal
ZAW	Zeitschrift für die alttestamentliche Wissenschaft

선별된 참고문헌

Ackroyd, P. R. *I & II Chronicles, Ezra, Nehemiah*. London: SCM, 1973.

Albertz, R. *Israel in Exile: The History and Literature of the Sixth Century BCE*. Atlanta: Scholars Press, 2003.

Albright, W. F. *The Biblical Period from Abraham to Ezra*, 2nd ed. New York: Harper and Brothers, 1963.

Allen, L.; T. Laniak. *Ezra, Nehemiah, Esther*. NIBC. Peabody, Mass.: Hendrickson, 2003.

Archer, G. L. *A Survey of Old Testament Introduction*. Rev. ed. Chicago: Moody, 1974.

Barber, C. J. *Nehemiah and the Dynamics of Effective Leadership*. Neptune, N. J.: Loizeaux Brothers, 1976.

Batten, L. W. *A Critical and Exegetical Commentary on the Books of Ezra and Nehemiah*. ICC. Edinburgh: T&T Clark, 1913.

Bedford, P. R. "Diaspora: Homeland Relations on Ezra—Nehemiah." VT 52.2 (2002): 147–165.

Betts, T. "The Book of Nehemiah in Its Biblical and Historical Context." SBJT 9.3 (2005): 4−15.

Blenkinsopp, J. *Ezra—Nehemiah*. OTL. London: SCM Press, 1995.

Boda, M. J. "Praying the Tradition: The Origin and Use of Tradition in Nehemiah 9." TynBul 48.1 (1997): 179−182.

Bowman, R. A. "The Book of Ezra and Nehemiah." Pp. 549−819 in *The Interpreter's Bible*. Vol. 3. Ed. by G. A. Buttrick. Nashville: Abingdon Press, 1954.

Braun, R. L. "Chronicles, Ezra, and Nehemiah," in *Studies in the Historical Books of the Old Testament*. VTS 30 (1979): 52−64.

Breneman, M. *Ezra, Nehemiah, Esther*. NAC. Nashville: Broadman Press, 1993.

Briant, P. *From Cyrus to Alexander: A History of the Persian Empire*. Winnona Lake, Ind.: Eisenbrauns, 2002.

Bright, J. *A History of Israel*. 4th ed. Louisville, KY: Westminster−John Knox Press, 2000.

Brockington, L. H. *Ezra, Nehemiah, and Esther*. NCB. Sheffield: Sheffield Academic Press, 1969.

Brueggemann, W. The Land. Philadelphia: Fortress, 1977.

Childs, B. S. *Introduction to the Old Testament as Scripture*. Philadelphia: Westminster, 1979.

Clines, D. J. A. *Ezra, Nehemiah, Esther*. NCB. Sheffield: Sheffield Academic Press, 1984.

Coggins, R. J. *The Books of Ezra and Nehemiah*. CBC. Cambridge University Press, 1976.

Cross, F. M. "Papyri of the Fourth Century B. C. from Daliyeh." Pp. 45−69 in *New Directions in Biblical Archaeology*. Ed. by D. N.

Freedman. Garden City: Doubleday, 1969.

Davies, W. D.; L. Finkelstein, eds. *The Cambridge History of Judaism Volume 1: Introduction: The Persian Period*. Cambridge: University Press, 1984.

Dempster, S. G. "The Place of Nehemiah in the Canon of Scripture: Wise Builder." SBJT 9.3 (2005): 38-50.

De Vaux, R. "The Decrees of Cyrus and Darius on the Rebuilding of the Temple." Pp. 63-96 in *The Bible and the Ancient Near East*. Garden City, N. Y.: Doubleday, 1971.

Dever, M. "The Message of Nehemiah: Rebuilding." SBJT 9.3 (2005): 62-79.

Dor, Y. "The Composition of the Episode of the Foreign Women in Ezra IX-X." VT 53.1 (2003): 26-47.

Dyck, J. E. "Ezra 2 in Ideological Critical Perspective." Pp. 129-145 in *Rethinking Contexts, Rereading Texts*. Ed. by M. D. Carroll. JSOTSS. Sheffield: Sheffield Academic, 2000.

Ellison, H. L. *From Babylon to Bethlehem. The People of God from the Exile to the Messiah*. Exeter: The Paternoster Press, 1976.

Emerton, J. A. "Did Ezra Go to Jerusalem in 428 B.C.?" JTS 17 (1966): 1-19.

Eskenazi, T. C. *In an Age of Prose: A Literary Approach to Ezra— Nehemiah*. SBLMS. Atlanta: Scholars Press, 1988.

Fensham, F. C. *The Books of Ezra and Nehemiah*. NICOT. Grand Rapids: Eerdmans, 1982.

Fuller, R. T. "Ezra: The Teacher of God's Word and Agent of Revival." SBJT. 9.3 (2005): 52-61.

Galling, K. "The 'Gola List' according to Ezra 2//Nehemiah 7." JBL 70

(1951): 149-58.

Gentry, P. J. "Nehemiah 12: Restoring the City of God or How to Preach a List of Names." SBJT 9.3 (2005): 28-37.

Green, A. R. W. "The Date of Nehemiah: a Reexamination." AUSS 28.3 (1990): 195-209.

Harrison, R. K. *Introduction to the Old Testament*. Grand Rapids: Eerdmans, 1969.

Herodotus, *The History of Herodotus, Book 1*. Trans. by G. C. Macaulay. 2008.

Hoglund, K. G. *Achaemenid Imperial Administration in the Syria— Palestine and the Missions of Ezra and Nehemiah*. Atlanta: Scholars Press, 1992.

Holmgren, F. C. *Ezra and Nehemiah*. ITC. Grand Rapids: Eerdmans, 1987.

Japhet, S. "Shechbazzar and Zerubabbabel—Against the Background of the Historical and Religious Tendencies of Ezra—Nehemiah." ZAW 94 (1982): 66-98.

_____. "The Supposed Common Authorship of Chronicles and Ezra— Nehemiah Investigated Anew." VT 18 (1968): 330-71.

Kaiser, W. C. *Exodus*. EBC. Grand Rapids: Zondervan, 1990.

Kellermann, U. *Nehemia: Quellen, Uverlieferung und Geschichte*. BZAW. Berlin: Alfred Topelman, 1967.

Kenyon, K. *Jerusalem, Excavating 3000 Years of History*. New York: McGraw-Hill, 1967.

Kidner, D. *Ezra and Nehemiah*. TOTC. Downers Grove, Ill.: InterVarsity Press, 1979.

Klein, R. W. "The Books of Ezra & Nehemiah: Introduction,

Commentary, and Reflections." Pp. 661–851 in *The New Interpreter's Bible*, vol. 3. Nashville: Abingdon Press, 1999.

Koch, K. "Ezra and the Origins of Judaism." JSS 19 (1974): 173–97.

Kraemer, D. "On the Relationship of the Books of Ezra and Nehemiah." JSOT 59 (1993): 73–92.

Larson, K.; K. Dahlen; M. Anders. *Ezra, Nehemiah, Esther*. HOTC. Nashville: Broadman & Holman, 2005.

Levering, M. *Ezra and Nehemiah*. BTCB. Grand Rapids: Brazos Press, 2007.

Levine, L. I., ed. *The Jerusalem Cathedra, vol. 3*. Jerusalem/Detroit: Yad Izhak Ben–Zvi Institute/Wayne State University Press, 1983.

Liebreich, J. "The Impact of Nehemiah 9.5–37 on the Liturgy of the Synagogue." HUCA 32 (1961): 227–37.

Longman, T. *Fictional Akkadian Autobiography: A Generic and Comparative Study*. Winnona Lake, Ind.: Eisenbrauns, 1991.

McCarthy, D. J. "Covenant and Law in Chronicles—Nehemiah." CBQ 41 (1982): 25–44.

McConville, J. G. *Ezra, Nehemiah, and Esther*. DSB. Louisville, KY: Westminster John Knox Press, 1985.

McFall, L. "Was Nehemiah Contemporary with Ezra in 458BC?" WTJ 53.2 (1991): 263–293.

Milgrom, J. *Leviticus*. 3 vols. AB. New York: Doubleday, 1991–2001.

Myers, J. M. *Ezra, Nehemiah*. AB. Garden City, N. J.: Doubleday, 1965.

Neufeld, E. "The Rate of Interest and the Text of Nehemiah 5:11." JQR 44 (1953–54): 203–04.

Noth, M. *The History of Israel*. 2nd ed. New York: Harper & Row, 1960.

Olmstead, A. T. *History of the Persian Empire*. Chicago: University of Chicago Press, 1948.

Porten, B. *Archives from Elephantine*. Berkeley: University of California Press, 1968.

Rata, T. "God as Restorer: A Theological Overview of the Book of Nehemiah." SBJT 9.3 (2005): 16-27.

Richards, K. H. "Reshaping Chronicles and Ezra-Nehemiah Interpretation." Pp. 211-24 in *Old Testament Interpretation: Past, Present, and Future*. Ed. by J. L. Mays; D. L. Petersen; K. H. Richards. Nashville: Abingdon Press, 1995.

Rowley, H. H. "Sanballat and the Samaritan Temple." BJRL 38 (1955-1956): 166-98.

Ryle, H. E. *The Books of Ezra and Nehemiah*. Cambridge: University Press, 1917.

Schaper, J. "The Temple Treasury Committee in the Times of Nehemiah and Ezra." VT 47.2 (1997): 200-206.

Segal, M. "Numerical Discrepancies in the List of Vessels in Ezra I 9-11." VT 52.1 (2002): 122-129.

Shepherd, D. "Prophetaphobia: Fear and False Prophecy in Nehemiah VI." VT 55.2 (2005): 232-250.

Slotki, J. Daniel. *Ezra and Nehemiah*. London: Soncino, 1951.

Snaith, N. H. "The Date of Ezra's Arrival in Jerusalem." ZAW 63 (1951): 53-66.

Steinmann, A. E. "A Chronological Note: The Return of the Exiles under Sheshbazzar and Zerubbabel (Ezra 1-2)." JETS 51:3 (2008): 513-522.

Throntveit, M. A. *Ezra-Nehemiah*. Interpretation. Louisville, KY:

Westminster John Knox Press, 1992.

_____. "Linguistic Analysis and the Question of Authorship in Chronicles, Ezra and Nehemiah." VT 32 (1978): 9–36.

Torrey, C. C. *Ezra Studies*. Chicago: Chicago University Press, 1910.

Tuland, C. G. "Hanani—Hananiah." JBL 77 (1958): 157–61.

VanderKam, J. C. "Ezra—Nehemiah or Ezra and Nehemiah?" Pp. 55–75 in *Priest, Prophets and Scribes: Essays on the Formation and Heritage of Second Temple Judaism in Honour of Joseph Blenkinsopp*. Ed. by E. Ulrich; J. W. Wright; R. P. Carroll. JSOTSS. Sheffield: Sheffield Academic Press, 1992.

Weinberg, J. *The Citizen Temple Community*. JSOTSS. Sheffield: Sheffield Academic Press, 1992.

Williamson, H. G. M. *Ezra—Nehemiah*. WBC. Edinburgh: Nelson Publishers. 1985.

_____. "The Composition of Ezra i–vi." JTS 34 (1983): 1–30.

_____. "Ezra and Nehemiah in the Light of the Texts from Persepolis." BBR 1 (1991): 41–61.

Widengren, G. "The Persian Period." Pp. 489–583 in *Israel and Judean History*. Ed. by J. Hayes and M. Miller. London: SCM, 1977.

Wright, J. S. *The Date of Ezra's Coming to Jerusalem*. London: The Tyndale Press, 1958.

Yamauchi, E. M. "Ezra and Nehemiah." Pp. 337–568 in *Revised Expositor's Bible Commentary*, vol. 4. Ed. by T. Longman. Grand Rapids: Zondervan, 2010.

_____. "The Reverse Order of Ezra/Nehemiah Reconsidered." Themelios 5.3 (1980): 7–13.

차례

추천의 글 • 4
시리즈 서문 • 10
감사의 글 • 13
일러두기 • 14
선별된 약어표 • 16
선별된 참고문헌 • 23

에스라–느헤미야 서론 • 33

I. 귀향과 성전 재건(스 1:1-6:22) • 66
    A. 고레스 칙령과 포로민들의 반응(1:1-11) • 69
    B. 공동체 회복: 귀향민 명단(2:1-70) • 82
    C. 성전 재건(3:1-6:22) • 106

II. 에스라의 사역(7:1-10:44) • 159
    A. 에스라의 귀향 준비(7:1-26) • 161
    B. 예루살렘 귀향(7:27-8:36) • 177
    C. 개혁: 이방인들과의 결혼(9:1-10:44) • 190

III. 느헤미야의 귀환과 성벽 재건(느 1:1-7:73) • 214
    A. 느헤미야의 귀향 준비(1:1-11) • 218
    B. 느헤미야의 귀향(2:1-10) • 231
    C. 느헤미야의 성벽 재건(2:11-7:73) • 238

IV. 언약 갱신(8:1-10:39) • 306
   A. 율법 낭독(8:1-8:12) • 309
   B. 초막절 기념 예배(8:13-18) • 315
   C. 회개와 고백(9:1-37) • 318
   D. 언약 갱신(9:38-10:39) • 339

V. 느헤미야의 나미지 행적(11:1-13:31) • 349
   A. 유다와 예루살렘 주민 정착(11:1-36) • 350
   B. 제사장들과 레위 사람들(12:1-26) • 356
   C. 성벽 봉헌(12:27-43) • 361
   D. 회복된 공동체(12:44-13:3) • 367
   E. 느헤미야의 개혁(13:4-31) • 371

에스라—느헤미야 서론

우리 조상들의 하나님 여호와를 송축할지로다 그가 왕의 마음에 예루살렘 여호와의 성전을 아름답게 할 뜻을 두시고 또 나로 왕과 그의 보좌관들 앞과 왕의 권세 있는 모든 방백의 앞에서 은혜를 얻게 하셨도다 내 하나님 여호와의 손이 내 위에 있으므로 내가 힘을 얻어 이스라엘 중에 우두머리들을 모아 나와 함께 올라오게 하였노라(스 7:27-28)

내 하나님이여 이 일로 말미암아 나를 기억하옵소서 내 하나님의 전과 그 모든 직무를 위하여 내가 행한 선한 일을 도말하지 마옵소서(느 13:14)

소개

에스라서와 느헤미야서는 책에 등장하는 주요 인물의 이름을 근거로 제목이 붙여졌다. 에스라(עֶזְרָא)는 '[여호와의] 도움'이라는 뜻을 지녔으며 '아사리아'(עֲזַרְיָה, lit., '여호와께서 도우시다')를 줄인 것이다(cf. HALOT).

탈무드는 그를 포로기 이후 '이스라엘 총회'(the Great Assembly)를 창시한 사람이요, 바빌론 포로 생활을 지나면서 잊힌 율법을 재정립한 사람으로 회고한다(Megilla 18b; Sukkah 20a). 이 같은 맥락에서, 외경에 속한 제2에스드라서는 에스라를 제2의 모세로 부각시킨다.[1] 이 책에 의하면 모세가 시내 산 위에서 40일 동안 기거하며 율법책을 쓴 것처럼 에스라도 성경을 40일 만에 기록했고(제2에스드라 14:19-48), 엘리야처럼 죽지 않고 하늘로 들림을 받았다고 한다(제2에스드라 8:19; 14:9). 외경에 기록된 내용이므로 확실한 근거는 없지만, 한때 이스라엘 사람들이 에스라를 얼마나 존귀하게 여겼는지 조금은 짐작할 수 있다.

느헤미야(נְחֶמְיָה)는 '여호와께서 위로하시다'라는 의미를 지닌 이름이다(cf. HALOT). 느헤미야는 유능한 정치가요 능력 있는 행정가이며 기도의 사람이었다. 특히 여러 가지 반대와 장애물에도 불구하고 하나님과 그의 백성을 위해 비전을 설정하고, 그 비전을 향해 모든 열정과 지혜를 불사르며 질주하는 느헤미야의 모습은 경이롭기까지 하다. 그의 업적은 외경의 집회서 49:13, 제2마카비서 1:18-36 등에서 높이 평가받는다. 요세푸스도 귀향민 공동체에서 그의 역할을 극찬했다(Ant., 159-83).

이 책들의 주인공인 에스라와 느헤미야라는 이름이 지닌 뜻은 두 책의 내용과 잘 어울린다. 사실 주전 538년에 스룹바벨과 세스바살의 주도로 1차 귀향민이 바빌론을 떠나 예루살렘으로 돌아왔을 때만 해도 그들은 유토피아를 꿈꾸고 있었다. 하나님께서 머지않아 주의 나라를 재건하시고 귀향민에게 많은 복을 내려 옛적 유다의 영화를 다시 누리게 해주실 것으로 생각했다(cf. 스 1장). 그러나 1,500여 킬로미터의 여정을 마치고 예루살렘에 도착했을 때 그들을 기다리고 있던 것은 가난과 주변 민족들의 시기와 질투였다. 심지어 생존 자체에 위협을 느낄

---

[1] 제2에스드라서가 외경인지, 위경인지에 대해 고대 번역본들은 다르게 취급한다. 이 책에서는 외경으로 간주한다.

정도로 상황이 좋지 않았다. 귀향민들은 깊은 좌절과 실의에 빠졌고, 패배주의가 그들을 지배했다. 이처럼 절망적인 상황에서 오직 하나님의 말씀만을 의지하여 다시 약속의 땅에 뿌리내리던 시대를 회고하고 있는 에스라—느헤미야서의 내용을 생각할 때, 주인공들의 이름은 적절한 의미를 지닌 것들이라 생각된다. 하나님께서 고난 중에 있던 이스라엘 귀향민에게 큰 도움과 위로가 되어 주셨기 때문이다. 나아가 에스라—느헤미야서는 하나님의 큰 도움과 위로로 주의 백성이 열악한 환경에서 어떻게 승리했는지를 보여 주는 일종의 '인간 승리/자수성가' 이야기라 할 수 있겠다.

탈무드에 의하면, 오늘날 두 권으로 분리된 이 책은 원래 '에스라'라는 이름이 붙여진 한 권의 책이었다(Baba Bathra 15a). 한 학자는 옛적에 유대인들이 이 책들을 하나의 통일성 있는 문서로 간주했던 역사적 증거 여섯 가지를 제시했다(Ryle). 초대 교회에서도 이 책들은 한동안 한 권으로 취급되다가 주후 2세기 말 혹은 3세기 초에 이르러 오리겐(Origen, 주후 185-253)이 두 권의 책으로 언급한 것이 처음이다(Bowman). 그 후로 두 권으로 취급되는 것이 기정사실화되었다.

유대인들은 사본의 정확성을 보존하기 위해 각 정경이 끝나면 책에 대한 통계를 기록하는데(일명 'final massorah'), 에스라—느헤미야서의 경우 두 책이 끝나는 곳에 한 권으로 취급하여 통계를 기록한 것으로 보아 역사적으로 두 정경을 한 권으로 취급했음을 보여 준다(Klein). 주후 1448년에 유대인들이 히브리어 성경의 인쇄본을 출판하면서 비로소 기독교가 구약 정경을 라틴어로 번역해 놓은 불가타(Vulgate)를 근거로 이 책을 두 권으로 취급하기 시작했다. 이러한 역사적 정황을 고려해 여기서는 두 권을 하나의 통일성 있는 책으로 간주하고자 한다.[2]

---

[2] 에스라—느헤미야서의 통일성을 강조하여 한 권으로 읽어야 한다는 학자들이 있는가 하면(Eskenazi, Williamson, Klein), 두 권의 독립적인 책으로 취급해야 한다는 학자들도 있다(Kraemer, VanderKam). 이 같은 논쟁은 당분간 지속될 것으로 보인다.

1. 저자와 저작 연대

이미 언급한 것처럼, 탈무드에서는 에스라를 이 책의 저자라고 한다. 그러나 오늘날에는 이 같은 주장을 수용하는 사람은 별로 없다. 실제로 에스라—느헤미야서에는 여러 장르의 글이 등장하고 에스라와 느헤미야의 개인적인 회고가 포함되는 등 다양한 특성을 보이므로, 한 사람의 편집자가 편집한 책으로 볼 수는 있어도 한 사람의 저자가 저작한 책으로 보는 것은 현실적으로 불가능해 보인다.[3] 그동안 에스라—느헤미야서의 저작자에 대한 여러 학설 중 가장 많은 지지를 받은 것은 다음 세 가지이다. (1) 에스라가 에스라—느헤미야서와 역대기의 저자이다(Albright, Torrey), (2) 에스라와 느헤미야가 각자 자신의 이름을 지닌 책을 저작하였다(Harrison), (3) 역대기 저자가 에스라—느헤미야서의 최종적인 저자이다(Bowman, Clines, Myers). 다음 사항들을 참조하라.

바빌론에서 예루살렘으로 돌아온 귀향민의 삶과 신앙을 그리고 있는 에스라—느헤미야서는 역사적으로 구약 시대의 마지막 일들을 기록하고 있다. 저작된 시기는 역대기와 비슷하다는 것이 전통적인 견해이다. 그뿐만 아니라 내용에 있어서도 역대기와 깊은 연관성을 지니고 있는 것으로 간주되며, 오랜 세월 동안 학계는 역대기와 에스라—느헤미야서가 같은 저자에 의해 집필되었다는 탈무드의 기록을 별다른 이견 없이 수용해 왔다(Archer). 근대에 와서는 순츠(L. Zunz, 1832년)가 이 관점을 체계적인 논리로 관철시킨 후 1960년대까지 이 관점이 정설(定說)로 자리잡았다(Klein).

역대기와 에스라—느헤미야서를 동일 저자가 집필한 것이라고 주장하는 사람들은 크게 네 가지를 증거로 제시했다. (1) 에스라서를 시작

---

[3] 편집자와 저자를 구분하는 것이 에스라—느헤미야서에서는 별 의미가 없다고 생각된다. 편집 비평에서도 이미 편집자를 저자로 간주하는 점을 감안하여 이 책에서는 저자와 편집자를 구분하지 않고 간단히 '저자'로 지칭하겠다.

하는 고레스의 칙령이 역대기를 마무리하고 있다는 점, (2) 외경에 속한 제1에스드라서(1 Esdras)의 내용이 역대하 35-36장으로 시작해 에스라서로 곧장 연결된다는 점, (3) 역대기와 에스라—느헤미야서가 언어적·문체적으로 비슷하다는 점, (4) 이 책들의 신학적 개념과 관심사가 비슷하다는 점(cf. Williamson). 그래서 이들은 역대기와 에스라—느헤미야서를 같은 시기에 같은 저자가 집필하였거나, 혹은 역대기를 저작하고 얼마 뒤에 에스라—느헤미야서가 역대기 속편으로 저작되었다고 본다(Clines).

이러한 주장에 대한 반론은 이미 오래전부터 있었는데 최근 들어 더욱 가속화하고 있다. 특히 자펫(Japhet)과 윌리엄슨(Williamson)은 그동안 출판된 여러 글을 통해 역대기와 에스라—느헤미야서는 결코 동일인의 저작물이 아니라고 주장했다. 이들은 동일 저작자를 주장하는 사람들이 제시한 네 가지 증거에 대해 조목조목 반론을 제기했다. 그러나 이들의 반론 중 처음 세 가지 증거에 대한 반박을 살펴보면, 처음 세 가지 증거가 실제로 동일 저자임을 입증할 만한 결정적인 증거로 사용될 수 없다는 것은 분명하나, 그렇다고 해서 그것이 저자가 다르다는 것을 입증할 만한 증거가 될 수는 없다(Throntveit). 즉, 이 세 요소는 동일 저작자임을 입증하기에 부족하지만, 저작자가 서로 다름을 입증하는 증거로 사용되기에도 부족하다.

반면에 위에 제시된 네 번째 주장(역대기와 에스라—느헤미야서의 신학적 개념과 관심사가 비슷하다는 점)에 대한 반론은 이 책들이 서로 다른 저작자에 의해 쓰였음을 입증할 만하다(Williamson, Japhet, Richards). 그들은 역대기와 에스라—느헤미야서의 내용에 대해 다음과 같은 여섯 가지 차이점을 지적했다. (1) 역대기는 다윗과 다윗 언약을 매우 중요한 주제로 다루고 있는 반면, 에스라—느헤미야서는 이 주제를 전혀 언급하지 않는다. (2) 에스라—느헤미야서는 출애굽 사상을 매우 중요하게 전개하는 반면, 역대기는 이 주제를 전개하거나 발전시키지 않는다. (3)

에스라—느헤미야서가 국제결혼에 대해 부정적인 시각을 갖는 반면, 역대기는 솔로몬의 국제결혼에 대해 호의적인 시각을 갖는다. (4) 역대기는 죄에 대한 하나님의 즉결심판을 자주 언급하는데, 에스라—느헤미야서에서는 이러한 현상이 전혀 포착되지 않는다. (5) 역대기는 선지자와 예언을 매우 중요한 주제로 삼고 있는데, 에스라—느헤미야서는 예언과 선지자들을 이슈화하지 않는다. (6) 에스라—느헤미야서는 성전 막일꾼들과 솔로몬의 종들을 자주 언급하는데, 역대기는 아예 언급하지 않는다.

이들의 주장에도 불구하고 에스라—느헤미야서와 역대기의 관계에 대한 학계의 논쟁은 아직도 계속되고 있다. 일부 학자는 이 책들이 같은 저자(들)에게서 비롯되었다는 주장을 고수하고 있다(Breneman, cf. Blenkinsopp). 이러한 주장에 팽팽하게 맞서 서로 다른 저자들에게서 비롯된 것이라고 주장하는 학자들도 많다(Japhet, Williamson, Throntveit, McConville). 이 책들이 같은 저자가 집필한 것으로 보기에는 중심 주제와 관심사 측면에서 너무 많은 차이를 보이고 있음을 감안하여 에스라—느헤미야서와 역대기는 서로 다른 저자에 의해 집필되었다고 보는 것이 설득력 있다. 따라서 에스라—느헤미야서를 해석하면서 역대기와의 연계성은 최소화하겠다.

에스라—느헤미야서는 일인칭을 사용해 회고한 부분이 많다. 문제는 한 사람의 일인칭 회고가 아니라 에스라와 느헤미야 등 최소한 두 사람의 일인칭 회고가 삽입되어 있다는 점이다. 에스라가 일인칭 관점에서 기록한 것은 에스라 7:27-28, 8:1-34, 9:1-15 등이다. 학자들은 이 본문들이 '에스라 회고'(Ezra Memoir; 줄여서 EM이라 함)라는 이름의 독립적인 자료에서 비롯된 것이라고 생각한다(EM에 대해서는 cf. Kellermann).

느헤미야가 일인칭을 사용해 집필한 본문은 느헤미야 1:1-7:5, 12:27-43, 13:4-31 등이다. 학자들은 이 본문들이 '느헤미야 회고'(Nehemiah Memoir; 줄여서 NM이라고 부름)라는 이름의 독립적인 자료에서 비롯된 것으로 간주한다(NM에 대해서는 cf. Williamson). NM는 일종의 '피의자의 기도'(prayer of the accused)로 원수들의 비난에 맞서 하나님께 자신의 결백을 주장하는 데 목적을 두고 있다(Kellermann, 다른 관점들에 대해서는 cf. Williamson). 두 문서 모두 '회고'라고 불리지만 느헤미야 회고는 사적인 문서임이 역력하며 특별한 편집 없이 그대로 책에 기재된 것으로 생각된다. 반면, 에스라 회고는 상당한 편집 과정을 거친 것이 확실하다(Yamauchi). 어찌 되었건 이 같은 사실은 책 전체 혹은 최소한 일부분을 에스라와 느헤미야가 기록했음을 입증한다. 그러나 최종적으로 누가 이들의 글을 정리해서 이 책에 삽입했는지는 전혀 알 수 없다.

전통적으로 많은 사람이 역대기와 에스라—느헤미야서가 같은 저자의 책이라는 결론을 내리는 가장 큰 이유는 역대기처럼 에스라—느헤미야서도 숫자에 지대한 관심을 쏟을 뿐만 아니라 많은 목록을 포함하고 있다는 공통점 때문이다(Albright, Kidner, Fensham). 실제로 에스라—느헤미야서의 4분의 1이 다양한 목록과 명단으로 구성되어 있다. 이 책에 등장하는 목록과 명단은 다음과 같다. (1) 귀향민이 바빌론에서 가져온 성전 그릇 목록(스 1:9-11), (2) 귀향민 명단(스 2장; 느 7장), (3) 에스라의 계보(스 7:1-5), (4) 에스라와 함께 온 귀향민 명단(스 8:1-14), (5) 이방인과 결혼한 사람들 명단(스 10:18-43), (6) 성벽 재건에 참여한 사람들 명단(느 3장), (7) 언약에 서명한 사람들 명단(느 10:1-27), (8) 예루살렘과 주변에 거주하기로 한 사람들 명단(느 11:3-36), (9) 제사장들과 레위 사람들 명단(느 12:1-26). 1차 귀향민(주전 538년) 명단이 에스라 2장과 느헤미야 7장에 두 차례 등장하는 점까지 고려하면(#2), 에스라—느헤미야서에는 총 열 개의 명단이 들어 있다. 이 명단의 내용을 분석해 보면 시대적으로 비슷한 시기에 작성된 것이 아니라 100여 년의 시차를 두고 작성되었음을 알 수 있다.

에스라—느헤미야서가 구약의 다른 책들과 비교했을 때 가장 큰 차이를 보이는 것은 많은 서신을 인용하고 있는 점이다. 이 책에는 최소한 여덟 개의 갖가지 서신과 칙령이 인용되어 있다. (1) 고레스의 선포(스 1:2-4), (2) 르훔의 비방 편지(스 4:11-16), (3) 아닥사스다가 르훔에게 보낸 조서(스 4:17-22), (4) 닷드내의 서신(스 5:7-17), (5) 고레스의 칙령에 대한 서신(스 6:3-5), (6) 다리오가 닷드내에게 보낸 조서(스 6:6-12), (7) 에스라에게 전권을 주는 아닥사스다의 조서(스 7:12-26), (8) 산발랏의 봉인하지 않은 편지(느 6:6-7). 이 모든 서신은 처음 것과 마지막 것만 제외하고 모두 당시 공용어인 아람어로 수록되어 있다.

얼마 전까지만 해도 학계에서는 이 서신들의 진실성에 문제를 제기하기도 했지만, 지금은 거의 모든 학자가 이 서신들이 모두 실제로 존재했던 원본(original)에 근거한다는 점을 인정한다. 이 서신들은 언어학적으로나 역사적으로 당시 고대 근동에서 사용되던 양식과 거의 일치한다는 것이 학자들 대부분의 견해이다(cf. Williamson). 그러나 서로 다른 역사적 정황을 배경으로 하는 많은 서신과 칙령들이 누구에 의해, 어떤 과정을 통해 에스라—느헤미야서에 실리게 되었는지는 알 수 없다.

에스라서는 상당 부분이 아람어로 기록되어 있다. 아람어는 고대 근동에서 주전 1,000년대부터 통용되던 언어이다(cf. 왕하 18:26-28). 에스라서에 등장하는 여러 개의 서신도 아람어로 쓰여 있다. 에스라서를 제외하면 아람어로 쓰인 문서를 포함하고 있는 정경은 별로 없다. 성경에서 발견되는 아람어 부분은 다음과 같다. 창세기 31:47에서 아람어 단어 두 개가 사용되었으며, 예레미야 10:11에 아람어가 포함되어 있으며, 다니엘 2:4b-7:28은 아람어로 기록되어 있다. 에스라서에서는 4:8-6:18과 7:12-26 등에 아람어가 사용되었다. 이 구절들을 합하면 총 67절에 달하며 이 중 52절이 편지나 목록이다.

에스라서에 사용된 아람어는 제국 아람어(Imperial Aramaic)이며 주전 700-200년대에 사용되었다. 히브리어로 책을 집필한 저자가 왜 이 부분에서 아람어를 사용했는지는 확실치 않다. 아마도 문서의 역사성과 실재성을 강조하기 위해 히브리어로 번역하지 않고 당시 공용어인 아람어 문서로 남겨둔 것으로 생각된다. 또한 에스라서와 느헤미야서가 같은 저자라면, 그가 왜 느헤미야서에서는 아람어를 전혀 사용하지 않았는지 의문이다. 이 부분에 대해서는 다음과 같이 추측해 볼 수 있다. 에스라가 바빌론에서 2차 귀향민을 이끌고 돌아올 때(주전 458)만 해도 그들은 히브리어로 소통하지 못했다. 그래서 에스라와 레위 사람들은 히브리어로 성경 말씀을 읽은 후 그룹을 나누어 아람어로 통역하며 말씀을 설명해 주었다(느 8:6-8). 이러한 상황에서 느헤미야의 사역이 마무리될 때쯤에는 예루살렘 공동체가 어느 정도는 히브리어로 소통할 수 있었다는 점을 암시하기 위해(공동체가 조상의 언어를 회복했다는 사실을 강조하기 위해) 느헤미야서에는 아람어 문서를 포함하지 않은 것으로 생각된다.

외경과 위경 중 몇 권의 책이 에스라서와 연관되어 오늘날까지 전해져 온다. 이 중 어떤 것들은 성경의 에스라서와 비슷한 내용을 포함하고 있다. 제1에스드라서(1 Esdras)는 헬라어로 쓰였으며 9장으로 구성되어 있다. 라틴어 성경에서는 이 책이 제3에스드라서(3 Esdras; 에스라, 느헤미야는 1 & 2 Esdras라고 함)로 불리며, 칠십인역(LXX)에서는 제1에스드라서(Esdras Alpha)로 불린다. 이 책은 이스라엘의 종교개혁 역사에 요시야, 스룹바벨, 에스라가 어떤 역할을 했는가를 강조한다. 제1에스드라서는 대부분 히브리어 성경의 내용을 재현하고 있지만, 사건을 전개하는 순서 면에서 정경과 여러 곳에서 차이를 보이며 내용 면에서도 상당한 차이가 있다.

제1에스드라서가 재현하는 성경 내용은 역대하 35-36장, 에스라서 전체, 느헤미야 7:38-8:12의 순으로 구성되어 있다. 그러나 사건 전개의 순서와 내용상의 현저한 차이에 근거해 학자들은 대체로 제1에스드라서가 마소라 사본을 번역한 것이 아니라 다른 텍스트 전승을 반영하고 있다고 생각한다(cf. Harrison). 그렇다면 제1에스드라서에서 느헤미야 1:1-7:37이 누락된 것은 무엇을 의미하는가? 명쾌하게 답하기에는 만만치 않은 질문이다.

내용을 살펴보면 에스라와 전혀 상관이 없어 보이지만 그의 이름으로 불리는 또 한 권의 책이 외경에 있다. 제2에스드라서(2 Esdras)이다. 제2에스드라서는 장르상 묵시이며 내용상 성경의 에스라서와 직접적인 연관성이 없다. 책의 주요 골자는 로마('바빌론')의 사악함을 비판하는 데 있다. 제2에스드라서는 신정론(theodicy) 문제와 씨름하고 있으며, 원래 히브리어나 아람어로 저작된 것을 헬라어로 번역한 것으로 생각된다. 라틴어 성경은 이 책을 제4에스드라서로 칭하며 때로는 '에스라의 묵시'(the Apocalypse of Ezra)라 부르기도 한다. 에스라—느헤미야서, 제1 & 2에스드라서의 다른 명칭들을 정리하면 다음과 같다.

영어/한국어 성경	라틴어 성경	칠십인역
에스라(Ezra)	Esdras I	Esdras Beta
느헤미야(Nehemiah)	Esdras II	Esdras Gamma
제1에스드라(1 Esdras)(외경)	Esdras III	Esdras Alpha
제2에스드라(2 Esdras)(외경)	Esdras IV	

지금까지 살펴본 책의 특성 때문에 학자들은 에스라—느헤미야서의 저작자 문제는 매우 복잡하게 얽혀 있다고 보며 저마다 여러 가설을 제시한다. 여러 학설 중 학계에서 가장 인정받는 학설은 윌리엄슨(Williamson)의 주장이다. 그의 학설을 요약하면 에스라—느헤미야서는 다음과 같이 3단계의 생성 과정을 거쳐 오늘날 우리 손에 전해졌다는 것이다.

첫째, 에스라—느헤미야서가 회고하고 있는 역사적 사건들을 직접 목격하고 기록한 자료들이 책의 처음 단계를 형성한다. 둘째, 주전

400년경에 에스라 회고(EM), 느헤미야 회고(NM)와 그 외 몇 가지 자료들을 바탕으로 에스라 7:1-느헤미야 11:20과 느헤미야 12:27-13:31이 완성되었다(cf. Yamauchi). 셋째, 주전 300년경에 에스라 1-6장이 마지막 편집자에 의해 저작되어 책의 서론으로 첨부되었다. 이 섹션의 대부분은 주전 538-515년에 있었던 사건들을 중심으로 쓰인 역사적 내러티브(historical narrative)이다. 이러한 과정을 거쳐 에스라—느헤미야서는 주전 300년경에 최종적인 형태를 갖추게 되었다(Williamson).

그러나 에스라와 느헤미야가 활동한 때가 주전 450-430년경이라면, 굳이 100여 년이 지난 후에야 최종적으로 편집되었다고 할 만한 그 어떠한 증거도 없다. 게다가 에스라—느헤미야서에서는 주전 300년대 후반에 페르시아를 멸망시키고 세상을 장악한 알렉산더와 그리스 제국에 대한 어떠한 단서도 찾아볼 수 없다. 이러한 정황을 고려할 때 에스라—느헤미야서는 그리스가 제국으로 부상하기 전에 최종 편집이 되었을 가능성을 배제할 수 없다. 그러므로 주전 400년대 말이나 300년대 초를 최종 편집 시기로 간주하는 것이 바람직하다(cf. Clines, Japhet).

2. 역사적 정황

이스라엘이 타국으로 끌려간 것은 주전 586년의 바빌론 유수가 처음은 아니다. 기록에 의하면 아시리아 사람들은 주전 8세기에 벌써 이스라엘 사람들을 인질로 끌어갔다. 디글랏빌레셀(Tiglath-Pileser III)은 주전 732년에 유다의 왕 아하스의 요청으로 가나안 지역에 원정을 와서 시리아를 멸망시키고 가나안 주민들을 끌고 갔다(cf. 사 7장). 이때 이스라엘의 갈릴리와 길르앗 지역에서도 1만 3,520명을 끌어갔다(왕하 15:28; ANET 283-284). 이 일이 있고 10년 후 아시리아 왕 사르곤(Sargon II)은 북 왕국 이스라엘을 멸망시키고 2만 7,290명을 잡아갔다(왕하 17:6; 18:10; ANET 284-287). 이후 아시리아 왕 산헤립(Sennacherib)이 주전 701

년에 원정을 와 순식간에 유다를 정복하고 히스기야 왕을 "새장에 새를 가두듯" 예루살렘에 가두었다. 이때 아시리아 왕이 히스기야의 항복을 받아 내지는 못했지만 이 일로 인해 유다 사람 20만 150명을 잡아갔다(ANET, 22).

이후 아시리아는 더 이상 유다를 괴롭히지 못하고 주전 605년에 망했지만, 주의 백성이 포로로 끌려가는 일은 계속되었다. 주전 605년에는 다니엘과 세 친구를 포함한 무리가 바빌론으로 끌려갔다(단 1:1-2). 바빌론 왕 느부갓네살은 주전 597년에 에스겔을 포함해 거의 2만 명의 무리를 바빌론으로 끌어갔다(왕하 24:14-16; cf. 겔 1:1-2). 이후 주전 586년에는 예루살렘 주민의 25% 정도가 바빌론으로 끌려갔으며(Albertz), 주전 582년에도 상당수의 이스라엘 사람이 바빌론으로 끌려갔다(cf. 렘 52장). 이스라엘의 역사를 살펴보면, 안타깝게도 이때까지 타국으로 끌려간 이야기는 있지만 포로로 끌려간 사람들이 조국으로 돌아온 이야기는 없다.

그러다가 역사를 주관하시는 하나님께서 대반전을 이루신다. 주전 539년에 페르시아 왕 고레스를 사용하셔서 주의 백성을 억압하던 바빌론을 망하게 하셨다. 이듬해인 주전 538년에 고레스가 종교의 자유를 선포하게 하셨으며 이 일을 계기로, 바빌론에 끌려와 살던 유다 사람 중 조상의 나라로 돌아가기 원하는 사람들에게 기회를 주셨다. 하나님은 고대 근동의 역사에서 들어보지 못한 일, 더 나아가 이제껏 온 인류의 역사에도 없던 일을 행하셨던 것이다.

에스라서의 첫 부분은 스룹바벨을 중심으로 바빌론 포로 생활에서 영광스럽게 돌아오는 귀향민과 그들의 성전 재건 이야기로 시작된다. 그들의 귀향길은 흥분과 감격으로 가득 차 있었다. 특히 페르시아 왕의 축복을 받으며, 빼앗겼던 성전 그릇들을 되찾아 약속의 땅으로 돌아온다는 것은 매우 감격적인 일이 아닐 수 없었다(1:11; 5:14, 16). 그러나 예루살렘으로 돌아온 귀향민의 삶은 한마디로 '상처뿐인 영광'에 불과했다. 유다와 예루살렘 재정착은 어렵다 못해 비참하기까지 했다. 경제적으로는 바빌론에서 살던 때와 비교할 수 없을 정도로 어려웠고, 정치적으로도 평탄치 못했다. 아시리아 제국의 외교정책에 따라 오래전 사마리아로 끌려와 정착한 이방인들을 중심으로 한 반대 세력이 예루살렘 성과 성전 재건을 끊임없이 방해했다.

주변 족속들은 '유다 사람들의 성전과 예루살렘 성벽 재건은 예루살렘의 요새화를 의미한다'라는 모함으로 페르시아 왕을 설득하여 성전 재건을 15년이나 지연시키는 데 성공했다. 결국 이스라엘 사람들은 이 기간에 성전 없이 제단을 쌓아 하나님께 예배를 드렸다. 또한 시간이 지나면서 성전 재건에 대한 열망도 점차 식어 갔다. 성전이 폐허로 남아 있는 동안 그들은 집 짓는 일에 몰두했다(학 1:1-4).

전통적인 견해에 의하면, 스룹바벨과 세스바살이 인도해 온 귀향민 무리가 유다와 예루살렘에 정착한 지 상당한 세월이 지난 후에 에스라가 페르시아 왕의 권고로 율법을 가르치기 위해 두 번째 귀향민 무리를 이끌고 예루살렘을 찾았다. 그는 무너진 예루살렘 성벽을 재건하려 했지만, 역시 대적들의 반대와 음모로 좌절을 맛보았다. 게다가 예루살렘의 경제적 여건은 날이 갈수록 악화되기만 했다. 결국 희망과 꿈을 가지고 선조들의 고향으로 돌아온 이스라엘 공동체는 실망과 절망에 발목이 묶여 있었다.

시간이 한참 지난 다음, 패배감에 젖어 있던 예루살렘에 또 하나의 방문자가 나타났다. 느헤미야가 예루살렘 성벽을 재건하기 위한 모든 여건을 마련해서 유다 땅을 찾은 것이다. 우여곡절 끝에 느헤미야가 재건을 시작한 지 정확히 52일 만에 성벽이 완성되었다. 기적적인 일이었다. 예루살렘 성벽은 이렇게 재건되었고 이 일을 기념하기 위해 귀향민들은 율법을 읽고 축제를 벌였다. 스룹바벨―에스라―느헤미야의 연관성을 이처럼 이해하는 전통적인 견해에 의하면 세 차례에 걸친 귀향은 다음과 같다.

	첫 번째	두 번째	세 번째
관련 구절	에스라 1–6장	에스라 7–10장	느헤미야 1–13장
연대	주전 538년	주전 458년	주전 444년
지도자	세스바살, 스룹바벨, 예수아(여호수아)	에스라	느헤미야
페르시아 왕	고레스(Cyrus)	아닥사스다 (Artaxerxes) 롱기마누스 (Longimanus)	아닥사스다 (Artaxerxes) 롱기마누스 (Longimanus)
칙령의 내용	모든 민족 중 조국으로 돌아가기 원하는 사람은 모두 돌아갈 수 있음. 성전을 재건할 수 있으며 성전 도구들과 그릇들이 반환됨.	조국으로 돌아가기를 원하는 사람은 돌아갈 수 있음. 국고 지원 제공.	성벽 재건 허락.
귀환자의 수	42,360 7,337(종) 총 49,697	1,500(남자) 38(레위인) 220(조력자) 총 1,758	알 수 없음.
프로젝트, 성과, 문제	성전 재건 공사. 제사를 드림. 유월절 절기. 주변 민족들이 두려워 성전 공사를 주전 520년까지 보류함. 성전이 주전 516년에 완공됨.	타민족과의 결혼	산발랏, 도비야, 게셈 등의 반대에도 불구하고 성벽이 52일 만에 재건됨. 성벽이 봉헌되고 율법이 낭독됨.

대부분 주석가는 스룹바벨—에스라—느헤미야의 활동 시대에 관해 위 표에 기록된 전통적인 이해를 따르고 있다. 스룹바벨의 연대도 그렇지만 특히 느헤미야의 연대는 엘리판틴 파피루스(Elephantine Papyri)가 발굴된 후부터 위에 제시된 연대가 그대로 받아들여지고 있다. 엘리판틴은 나일 강에 있으며, 유대인들이 소유했던 조그마한 식민지 섬(오늘날의 이집트 남부이자 이집트의 수도 카이로에서 약 900km 남쪽에 있는 아스완[Aswan] 지역에 있음)이었다. 1893년에 이 섬에서 아람어로 된 법률 문서

와 상업적 기록 여러 개가 발견되었다. 이 문서들에 의하면 처음에는 이 섬이 유다에서 온 용병들(mercenary)의 근무지였으나 나중에는 그들의 자녀와 아내도 같이 기거하는 유대인 마을이 되었다.

엘리판틴에는 '야웨'(YHW)에게 헌당된 유대인들의 성전이 있었는데, 이 성전은 주전 525년 이전에 건축되었고 주전 410년경에 이집트 사람들에 의해 파괴되었다. 여호와를 섬기며 다른 이방 신들을 섬기던 사람들의 이름도 상세히 기록되어 있는 것으로 보아 이 섬에 거주하던 유대인들은 종교적 복합주의를 지향한 것 같다. 엘리판틴에서 발굴된 문서 중 하나(주전 407년경에 저작된 문서)는 느헤미야의 사역을 방해한 산발랏(Sanballat)의 두 아들이 사마리아를 통치하고 있었다고 기록한다 (Williamson). 느헤미야서에 기록된 역사적 내용과 일치한다. 그래서 학자들은 전통적인 해석이 느헤미야의 활동 시기를 정확히 반영한 것으로 간주한다.

반면, 에스라의 활동 연대에 대해서는 지난 100여 년간 논쟁이 끊이지 않았다(Rowley, Kellermann, Yamauchi). 19세기 말에 밴 후내커(Van Hoonacker)가 여러 글을 통해 에스라가 주전 450년대에 예루살렘을 찾았다는 점에 대해 의문을 제기했다(cf. Harrison). 그 후 상당수의 학자가 에스라가 섬기던 아닥사스다 왕(8:1)을 아닥사스다 1세가 아니라 아닥사스다 2세라고 주장하게 되었다(Bowman). 만일 에스라가 섬기던 왕이 아닥사스다 1세였다면, 에스라는 아닥사스다 1세 즉위 7년째 되던 해인 주전 458년에 예루살렘으로 돌아왔을 것이다. 반면에 만일 그가 섬기던 왕이 아닥사스다 2세였다면, 에스라가 예루살렘으로 귀향한 때는 왕 즉위 7년째인 주전 398년이 된다.[4] 이 경우 에스라가 느헤미야보다 먼저 예루살렘을 찾은 것이 아니라, 느헤미야가 성벽 재건을 마친 후

---

[4] 일부 학자들은 에스라가 아닥사스다 즉위 7년에 예루살렘으로 파견되었다는 내용을 기록하고 있는 스 7:7-8에서 원래는 '즉위 37년'이었는데, 십 단위인 30이 필사자에 의해 누락된 것으로 생각한다(Bright). 이렇게 계산할 경우, 에스라는 느헤미야의 뒤를 이어 주전 428년에 예루살렘을 방문한 것이 된다. 그러나 이 논쟁에 그다지 도움이 되는 연대는 아니다.

거의 50년이 지나서야 예루살렘으로 돌아온 것이 된다. 학자들이 이러한 주장을 펼치는 데는 여러 가지 이유가 있다(Snaith). 그러나 이들이 제시하는 문제에 대해서는 충분히 합리적으로 반론할 수 있기 때문에 에스라의 예루살렘 방문을 주전 458년으로 보는 데 별문제는 없다(cf. Williamson). 이들이 제기하는 주요 문제점과 반론은 다음과 같다. 이 외 에스라가 느헤미야보다 늦게 예루살렘을 방문했다는 주장을 펼치는 학자들의 증거는 클라인스(Clines)가 제시한 열 가지 증거를 참조하라.

첫째, 에스라와 느헤미야가 같은 시대 사람이라면 일하는 과정에서 서로에 대한 언급이 더 많을 수밖에 없다. 특히 두 사람 모두 상당한 권력을 가지고 예루살렘을 찾았다는 점을 감안할 때, 서로에 대해 침묵하는 것은 쉽게 이해되지 않는다(Bowman). 그런데 성경은 고작 두 차례만 두 사람을 함께 언급할 뿐이다(느 8:9; 12:26). 게다가 두 사람이 직접 대화를 나누거나 함께한 일은 단 한 차례도 기록되어 있지 않다. 동시대에 사역한 사람들로 보기에는 둘 사이에 너무 많은 거리감이 있다. 그러나 만일 에스라에 대한 이야기가 '에스라 회고'(Ezra Memoir)를 인용한 것이며, 느헤미야에 대한 내용은 '느헤미야 회고'(Nehemiah Memoir)에서 비롯된 것이라면, 각각 독립적으로 존재했던 자료들이므로, 두 개혁자가 그다지 교류하지 않은 것처럼 느껴지는 것은 당연한 일이다(Williamson).

둘째, 만일 에스라가 아닥사스다 1세로부터 율법을 가르치라는 명령을 받았는데(스 7장), 느헤미야가 성벽을 재건한 다음에야 비로소 백성들을 모아 놓고 율법을 읽었다면(느 8장), 에스라는 예루살렘에 도착한 지 13년이 지나서야 왕의 명령을 수행한 것이 된다. 에스라는 아닥사스다 1세 즉위 7년에 예루살렘으로 파견을 받았고, 느헤미야도 아닥사스다 1세로부터 예루살렘으로 파견을 받았지만, 느헤미야는 이 왕이 즉위한 지 20년이 되던 해에 예루살렘을 방문해 성벽을 재건했기 때문에 이런 결론이 나온다. 그렇다면 아닥사스다 1세로부터 명령을 받은 에스라가 왜 13년이 지난 다음에야 백성들에게 율법을 읽어 주었을까?

이 이슈와 연관된 또 다른 문제는 에스라서에 기록된 에스라의 사역이 길어 봤자 1년 미만이라는 것이다. 그 후 느헤미야 8장에서 다시 모습을 드러낼 때까지, 그가 13년 동안 어떤 사역을 했는지 전혀 알 수 없다. 만일 에스라가 아닥사스다 2세 시대에 예루살렘을 방문했다고 가정하면, 이 문제가 쉽게 해결된다는 것이 반론을 제기하는 사람들의 주장이다. 그가 아닥사스다 2세 즉위 7년 1월에 예루살렘을 향해 수산(Susa)을 떠났고(스 7장), 긴 여행과 예루살렘 정착까지 6개월이 지난 다음에야 비로소 율법을 가르쳤다는 것이다(느 8장). 그리고 두 이야기 사이에 있는 내용(스 8장-느 7장)은 책의 필요에 따라 과거를 회상하며 삽입된 것이라고 주장한다.

그러나 느헤미야 8장에 기록된 일이 에스라 8장과 마찬가지로 에스라가 예루살렘에 도착한 해인 주전 458년에 있었던 일인데, 책의 필요에 따라 이곳에 삽입된 것이라고 간주해도 별 어려움은 없다. 구약이 역사서에서 사건의 시대적 순서(chronological order)는 자주 바뀌기 때문에 느헤미야 7장의 시대적 순서에 지나친 비중을 두어 상황을 설명할 필요가 없는 것이다.

셋째, 에스라와 느헤미야는 둘 다 이스라엘 남자들이 타민족 여인과 결혼해 혼혈아를 낳은 일을 문제 삼았다(스 9-10장; 느 13:23-38). 느헤미야가 국제결혼에 대해 문제를 제기한 해는 주전 433년이라고 결론지을 수 있다. 그러나 에스라-느헤미야서는 에스라가 언제 이 일을 주도했는지 밝히지 않는다. 반론을 제기하는 학자들은 에스라의 국제결혼에 대한 문제해결 방식이 느헤미야의 방식보다 훨씬 더 극단적이라고 본다. 논리적으로 생각할 때 먼저 '부드러운 처방'을 내렸다가 효과가 없으면 그 다음에는 '강력한 처방'을 하는 것이 합리적인데, 에스라와 느헤미야의 처방은 오히려 거꾸로 강력한 처방에서 부드러운 처방으로 가고 있다. 그러므로 느헤미야가 먼저 결혼에 대한 개혁을 추진했지만 50년이 지나도 별 성과를 거두지 못하자, 에스라가 극단적인 처방을 하게 되었다는 것이 이들의 주장이다. 이 같은 정황에 근거해 느헤미야는 아닥사스다 1세 시대 사람인 반면, 에스라는 아닥사스다 2세 시대 사람이라고 하는 것이다.

그러나 같은 문제에 대한 에스라의 극단적인 처방과 느헤미야의 부드러운 처방에 대해 다른 해석이 가능하다. 에스라 시대만 해도 타민족과의 결혼이 그다지 많지 않았기 때문에 대부분의 사람이 그 처방을 지지하여 매우 강력한 정책을 펼 수 있었다. 그러나 느헤미야 시대에는 국제결혼이 상당히 광범위하게 퍼져 있었고, 심지어는 제사장 중에도 다른 민족과 결혼한 사람이 많이 있었다. 이런 상황으로 인해 느헤미야의 정책에 훨씬 더 거센 반발이 있었을 것이므로, 느헤미야가 한 걸음 양보한 것이 부드러운 처방을 초래한 것이다(Williamson).

넷째, 느헤미야가 예루살렘을 방문했을 때 대제사장은 엘리아십이었으며(느 3:1, 20), 에스라가 예루살렘에 머무는 동안에는 엘리아십의 손자로 보이는 여호하난이 대제사장으로 있었다(스 10:6; cf. 느 12:10ff., 22). 에스라는 예루살렘에 도착한 후 이 도성에 거하던 제사장 엘리아십의 손자 여호하난을 방문한 적이 있다(스 10:6). 엘리판틴에서 발굴된 한 문서(주전 407년경 저작된 것으로 추정됨)가 요하난이란 제사장에 대해 언급하는데, 많은 학자는 에스라가 만났던 여호하난과 엘리판틴 문서의 요하난이 같은 인물이라고 한다. 그러므로 에스라는 요하난이 살았던 주전 398년에 예루살렘에 왔다는 것이다(느 12:10-11, 22). 한 학자는 이 사실이 에스라가 느헤미야보다 나중에 예루살렘을 찾았다는 가장 결정적인 증거라고 한다(Rowley). 또한 느헤미야가 예루살렘을 방문했을 때에는 예루살렘 성벽이 완전히 붕괴되어 있었는데(느 1:3; 2:13, 17), 에스라는 마치 이 성벽이 이미 보수된 것처럼 기도하고 있다는 점도(스 9:9) 에스라가 느헤미야보다 늦게 예루살렘을 찾았다는 주장의 증거로 제시된다.

그러나 요하난이란 이름이 상대적으로 흔한 이름이었던 상황에서 굳이 이렇게 해석할 필요는 없다. 동명이인의 가능성은 언제든지 열어두어야 하기 때문이다. 그래서 많은 학자는 에스라가 만난 여호하난을 여호하난 1세(엘리아십 1세의 아들)로, 느헤미야가 만난 엘리아십을 엘리아십 2세로, 엘리판틴 문서(주전 407)에 등장하는 요하난을 여호하난 2세로 구분해 이 이슈를 설명한다(Cross, IDB).

전통적으로 에스라—느헤미야서에 기록된 연대를 당시 페르시아 제국의 왕들과 연결하여 간추리면 다음과 같다(cf. Harrison; ABD). 첫째, 에스라 1-6장의 일은 고레스 즉위 첫해(주전 538년, 스 1:1)에 시작됐다. 둘째, 귀향민들이 조국으로 돌아오자마자 시작했던 성전 재건 사업은 다리오 즉위 6년(주전 515년, 스 6:15)에 이르러서야 비로소 완성되었으며, 그 사이에 기초공사를 마치고 다리오 즉위 2년(주전 520)까지는 한동안 중단되었다(cf. 스 4:24). 셋째, 에스라는 아닥사스다 즉위 7년에(주전 458년, 스 7:7), 느헤미야는 아닥사스다 즉위 20년에(주전 445년, 느 2:1) 예루살렘을 찾았다. 넷째, 느헤미야의 첫 활동은 아닥사스다 즉위 32년(주전 433년)까지 12년 동안 진행되었다(느 5:14). 한동안 느헤미야는 수산(Susan)으로 돌아가서 페르시아 제국의 업무를 보다가 다시 예루살렘으로 돌아와서 총독의 일을 계속했다(느 13:6-7). 에스라—느헤미야서의 역사적 배경이 되는 페르시아 제국의 왕들은 다음과 같다.

왕	연대	성경과 연관된 사건	비고
고레스(Cyrus)	주전 539-530년	고레스 칙령(주전 538년) 스룹바벨과 예수아 귀환(스 1-3장)	

캄비스 (Cambyses)	주전 530-522년	예루살렘에서 성전 공사가 중단됨 (스 4장) 성전 공사가 재개됨 (주전 520년)	
다리오 1세 (Darius I)	주전 522-486년	학개와 스가랴의 신탁(주전 520년) 성전이 완공됨(주전 515; 스 5-6장)	그리스가 마라톤에서 페르시아를 물리침 (주전 490년)
아하수에로 (Xerxes)	주전 486-464년	에스더 이야기 (에스더서)	그리스가 터모폴리(Thermopolae)(주전 480년)와 살라미스(Salamis)(주전 479년)에서 페르시아를 물리침. 역사학자 헤로도투스(Herodotus; 주전 485-425년)
아닥사스다 1세 (Artaxerxes I)	주전 464-423년	에스라 귀환 (주전 458년) 느헤미야 귀환(주전 445년, 느 1-2장) 말라기 예언 (주전 433년)	황금시대 (주전 461-431년) 페리클레스 (주전 460-429년) 아테네의 지배
다리오 2세 (Darius II)	주전 423-404년	성경이 침묵함	그리스 남부전쟁(Peloponnesian Wars, 주전 431-404년) 아테네 멸망 (주전 404년) 스파르타의 지배
아닥사스다 2세 (Artaxerxes II)	주전 404-359년		소크라테스 (주전 470-399년) 플라톤 (주전 428-348년) 아리스토텔레스 (주전 384-322년)
아닥사스다 3세 (Artaxerxes III)	주전 359-338년		마케도니아의 필립 2세가 캐로니아(Chaeronea)에서 그리스를 물리침 (주전 338년)
아르세스 (Arses)	주전 338-335년		

| 다리오 3세
(Darius III) | 주전 335-331년 | | 알렉산더 대왕이 페르시아 제국을 전복시킴 |
| 알렉산더 대왕
(Alexander) | 주전 336-323년 | | 그리스 제국의 확립 |

3. 신학적 주제와 메시지

에스라—느헤미야서는 바빌론으로부터 귀향해 온 사람들이 예루살렘 함락으로 멸망해 버린 유다의 역사와 전통의 맥을 이어가기에 흠이 없음을 암시한다. 유다가 주전 586년에 멸망한 다음 포로민 공동체에게 지속적으로 제기된 질문이 바로 이 바빌론 공동체와 옛 이스라엘 공동체의 관계였다. 그래서 이 책의 핵심적인 내용은 '하나님 백성의 회복'이다(McConville). 하나님은 아직도 그의 백성들에게 신실하시고 그의 백성들을 축복하기 원하신다는 것이 이 책의 기본적인 메시지이다. 주전 538년의 첫 번째 귀향민 이야기(스 1장)로 시작된 하나님 백성의 회복 프로젝트는 18년 후인 주전 520년 성전 재건으로 이어지며, 80여 년이 지난 주전 444년에 이르러 예루살렘 성벽 회복으로 마무리된다. 이러한 과정을 통해 주의 백성이 어떻게 온전히 회복되었는지 회고하고 있다. 에스라—느헤미야서는 구체적으로 다음과 같은 신학적 주제와 메시지를 발전시키고 있다.

(1) 하나님의 백성

에스라—느헤미야서는 무엇보다 귀향민의 신학적 정체성에 관심을 갖고 있다. 이 책은 바빌론으로부터 돌아온 귀향민들이 포로기 이전 시대의 이스라엘 백성의 전통과 맥을 이어가고 있으며, 선조 시대에 시작된 하나님의 구속 사역이 지금도 이어지고 있음을 강조한다(Breneman). 이 같은 사실을 보여 주기 위해 귀향한 사람들이 유명하든,

유명하지 않든 지속적으로 이들을 중심 주제로 삼고 있다(Eskenazi). 즉, 역대기처럼 이 책도 주전 586년 예루살렘 멸망으로 끊어져 버린 여호와 백성의 역사적 맥을 잇는 데 지대한 관심을 갖고 있는 것이다. 에스라—느헤미야서는 여러 면에서 이 점을 강조한다.

첫째, 책은 귀향민이 바빌론에서 돌아온 일을 '새로운/제2의 출애굽' 사건으로 묘사한다(Eskenazi). 귀향민이 자유를 구속받던 바빌론을 떠나 험난한 광야 여정을 통해 예루살렘으로 돌아온 일은 이스라엘이 이집트에서 노예 생활을 하다가 그 억압의 나라를 떠나 광야를 통해 약속의 땅에 입성하게 된 일과 평행을 이룬다. 그뿐만 아니라 에스라서에 기록된 몇 가지 세부 사항들도 출애굽 때 있었던 일을 상기시킨다. 귀향민이 바빌론을 떠나올 때 이웃들에게 많은 선물을 받았는데, 이 사건은 옛적에 이스라엘이 이집트를 떠날 때 이웃들에게 많은 선물을 받은 일과 비슷하다(스 1:6; 출 12:35-36). 귀향민이 성전을 재건하기 위해 자발적인 헌물을 모으는 일은 모세가 광야에서 성막과 도구들을 만들기 위해 백성들에게 헌물을 받은 일을 연상케 한다(스 2:68-69; 출 35:20-29). 귀향민 무리가 바빌론에 약탈당했던 성전 그릇들을 돌려받아 예루살렘으로 가져오는 일도 이스라엘이 시내 산 밑에서 오홀리압과 브살렐의 지도하에 만들었던 성막과 도구들을 가지고 가나안에 입성한 일을 연상케 한다(스 1:7-11; 출 35:30-35). 이 외에도 귀향민이 성전을 재건하자마자 출애굽 사건과 밀접한 연관이 있는 유월절(스 6:19-22)과 초막절(느 8장) 절기를 지킨 일 또한 귀향민의 삶을 출애굽 사건과 연결 짓는다. 옛 이스라엘이 처음 출애굽 사건을 바탕으로 시작된 백성이었다면, 포로민의 예루살렘 귀향은 새로운 출애굽 사건을 근거로 하고 있기에 이들은 옛 이스라엘 백성의 맥을 잇는다고 할 수 있다.

둘째, 시내 산 율법이 아직도 유효하다(Eskenazi). 에스라—느헤미야서에 묘사된 예루살렘 공동체(귀향민으로 구성됨)는 옛적에 하나님이 모세를 통해 주신 율법에 순종하는 데 온갖 노력을 다한다. 이스라엘이 포로 생활을 하게 된 이유는 그들이 시내 산 율법을 이행하지 않았기 때문이다. 그러므로 '이번에는 잘 순종하여 다시는 타국으로 끌려가지 않아야 한다'는 공동체의 의지가 잘 나타나 있다. 저자는 시내 산 율법 준수의 중요성을 암시하며 이 율법을 이스라엘에게 전달해 준 모세의 이름을 열 차례(만수) 언급한다(스 3:2; 6:18; 7:6; 느 1:7, 8; 8:1, 14; 9:14; 10:29; 13:1). 새로이 형성된 예루살렘 공동체가 얼마나 모세의 율법대로 살려고 했는가는 다음과 같은 사례를 통해 확인할 수 있다. 귀향민은 율법이 규정한 대로 우림과 둠밈을 가진 제사장이 사역을 시작할 때까지 거룩한 음식을 먹지 않았다(스 2:63). 그들은 제단을 쌓고 모세 율법에 따라 그 위에 번제를 드렸다(스 3:2). 레위 사람을 세우는 일에 있어서도 모세 율법에 기록된 내용을 준수했다(스 6:18). 에스라는 모세 율법에 능한 학자였다(스 7:6). 성벽이 완성된 다음 백성들은 함께 모여 율법책을 읽으며 감격의 예배를 드렸다(느 8-10장). 이처럼 에스라—느헤미야서는 시내 산에서 하나님과 이스라엘이 맺은 언약의 조건으로 주어진 율법을 귀향민이 잘 지키고 있다는 점을 강조함으로써 이 율법이 아식도 유효할 뿐만 아니라, 시내 산에서 선조들에게 주어진 율법을 이들이 계승하였음을 보여 준다. 시내 산에서 율법을 받은 백성들의 맥을 귀향민이 잇고 있다는 것이다.

셋째, 저자는 귀향민과 포로기 이전 이스라엘 백성이 같은 하나님의 백성임을 여러 계보를 통해 힘주어 말한다(Eskenazi). 계보는 끊어진 역사의 다리를 이어 주는 중요한 매체가 되기 때문이다(cf. 스 2장; 느 8장; 11장). 이 책이 계보를 통해 자신이 이스라엘 자손임을 입증할 수 있었던 사람들과 입증할 수 없었던 사람들을 따로 취급하는 것도 이런 맥락에서 이해되어야 한다(스 2:59-62). 저자는 다음과 같은 신학적 질문에 모두 긍정적으로 답하고 있다. 하나님께서 자기 백성을 바빌론으로 내치는 심판을 행하신 후에도 '하나님의 백성'은 존재하는가? 심판 전(前) 세대에게 주어졌던 축복과 약속이 바빌론 심판 이후 세대에게도 유효한가? 바빌론에서 돌아온 귀향민이 '하나님의 백성' 역할을 할 수 있는가?

  넷째, 하나님의 백성은 다른 민족들로부터 구별되어야 한다(Eskenazi). 이것이 '거룩'의 기본 개념이기 때문이다. 에스라—느헤미야서를 통해, 포로 생활에서 돌아온 이스라엘은 자신의 정체성을 재정리하는 시기를 맞이했다. 그들의 고민을 가속화시킨 것은 정치적 리더십의 공백이었다. 예전에는 그나마 다윗 계열 왕들이 이 백성을 지배했지만, 귀향민 공동체에는 정치적인 리더십이 없다. 그러므로 포로기 이후에 형성된 예루살렘 공동체가 스스로 개혁하여 영성을 회복하고 민족의 정체성과 방향성을 찾지 못한다면 하나님 백성으로서 유다의 정체성은 붕괴 위기를 맞을 수밖에 없다. 그들의 정체성이 파괴되면 주변 민족들과 뒤섞여 더 이상 하나님의 선민으로 존재할 수 없는 것은 당연한 일이다. 책이 언급하고 있는 국제결혼 문제도 이러한 시대적 상황에서 해석되어야 한다. 개혁자들이 국제결혼 자체를 문제 삼는 것이 아니라, 국제결혼이 안고 있는 이스라엘 민족의 정체성에 대한 위협 때문에 극단적인 처방을 내린 것이다.

(2) 변화/변혁

제2의 출애굽 사건을 통해 바빌론에서 예루살렘으로 돌아온 이스라엘은 옛날 방식대로 살 수 없었다. 그들의 영적인 삶도 포로기 이전에 살았던 사람들과 달라야 하지만, 이미 실패한 사회적 구조와 제도에 대한 개혁도 필요했다. 에스케나지(Eskenazi)는 이스라엘이 에스라—느헤미야 시대를 지나며 겪은 세 가지 변화에 주목한다. 이스라엘 공동체는 전통적으로 소수 지도자에게 부여했던 권위를 공동체 전체에 부여하며, 일부 특정 공간과 영역에 한정되었던 성결의 범위를 확대하고, 구전(口傳)의 권위를 문서의 권위로 대체하고 있다. 이 세 가지 모두 에스라—느헤미야 시대는 '변화의 시대'임을 강조한다.

첫째, 사회를 주도하는 권위가 지도자들(leaders)로부터 공동체(community)로 옮겨 간다(Eskenazi). 스룹바벨과 세스바살의 인도하에 예루살렘으로 귀향한 이스라엘 사람들은 머지않아 '메시아 왕국/다윗 왕국'이 뿌리를 내리고 다윗 후손의 통치가 시작될 것을 기대했다. 그러나 그들의 꿈은 곧 산산조각이 났다. 역사적·사회적 여건이 여의치 않았다. 첫 귀환을 주도한 두 사람의 활약이 책에서 곧바로 사라지는 것을 보면 그들은 백성의 전폭적인 지지를 받지 못했거나, 처음 임무를 완성한 다음 조용히 평민의 신분으로 살아간 것으로 추정된다. 그렇다면 리더십의 공백(leadership vacuum)을 누가 채울 것인가? 구약은 수많은 카리스마 있는 지도자를 언급한다. 에스라와 느헤미야도 카리스마 있는 지도자였다. 그러나 그들은 쉽게 공동체에 흡수되는 모습을 보이고 있는데, 이것은 이스라엘을 소수 개인의 리더십을 바탕으로 한 사회에서 구성원 모두의 리더십을 바탕으로 한 공동체로 변환시키는 것이다.

둘째, 성결/거룩함이 더 이상 특정한 장소에 제한되지 않는다(Eskenazi). 옛적에는 성전을 중심으로 한 일부 공간이 특별한 종교적 의미를 띠며 구별되었다. 그러나 귀향민 시대에는 그렇지 않았다. 만일 특정 장소만이 거룩하다면 성전이 재건되었을 때 이 책이 끝나는 것이 맞다. 그러나 그렇지 않았다. 에스라—느헤미야서에서 성전이 완공되었을 때 '하나님의 집'이 완성된 것은 아니었다. 귀향민 공동체는 계속해서 예루살렘 성벽과 도성의 나머지 부분도 보수하였다. 성벽이 완공되었을 때 이 성벽도 '성별'(거룩하게 구별됨)되었다(느 3:1). 드디어 성전, 도시, 성벽이 복구되었을 때(느 8-13장) 거룩한/구별된 도시(느 11:1)에 대한 대단한 '헌당식'이 펼쳐졌다. 이렇듯 거룩함의 범위가 특정 장소인 성전에서 점차 확대되고 있음을 볼 수 있다.

셋째, 에스라—느헤미야서 안에서 하나님 말씀의 권위가 '구전(口傳)'

에서 '문서' 위주로 변하고 있다(Eskenazi). 귀향민이 예루살렘에서 여러 공사를 시작하게 된 것도, 중간에 중단하게 된 것도 페르시아 왕들의 문서화된 편지 때문이었다. 그러나 역시 가장 중요한 문서는 '여호와의 율법책'이다. 이 율법책의 범위가 모세오경 전체인지 아니면 일부인지 혹은 당시 모든 정경을 뜻하는지에 대해 다소 논란이 있기는 하지만(Williamson, Clines), 예루살렘으로 돌아온 백성들은 이 율법책에 기록된 언약을 갱신한다(느 8-10장). 포로기 이전 공동체가 상당 부분 구전(口傳)에 의존했다면 귀향민 공동체는 문서화된 말씀에 근거해 신앙생활을 추구했던 것이다. 이스라엘이 포로기 이전에 어느 정도 규모의 정경을 지니고 있었는지 알 수 없지만, 에스라—느헤미야서는 백성들에게 이미 오래전부터 존재해 온 하나님의 말씀으로 돌아오라고 권면하고 있다(Breneman).

(3) 리더십

앞에서 언급한 것처럼 스룹바벨—에스라—느헤미야가 리더십을 발휘해 성전과 성벽을 재건하는 동안 많은 반대 세력과 어려운 요인들이 있었다. 외부적으로는 주변 민족들의 시기, 비웃음, 군사적인 위협 등이 있었다. 이들의 반대와 위협은 성전 재건을 중단시키기에 충분한 정치적 힘을 지니고 있었다. 그래서 주전 538년에 돌아온 귀향민이 성전 재건을 시작했지만, 기초공사만 마친 상태에서 중단된 공사는 주전 520년에 가서야 재개할 수 있었다. 주전 440년대에 이르러서는 느헤미야가 견제 세력에도 불구하고 허물어진 예루살렘 성벽 공사를 52일 만에 끝내는 쾌거를 올렸다. 느헤미야의 리더십이 온갖 외부적인 반대와 견제에도 불구하고 진가를 발휘한 것이다.

이스라엘을 미워하는 적들의 견제도 어려운 문제였지만, 에스라와 느헤미야는 이스라엘이 겪고 있는 내부적 위협을 더 심각하게 생각했다. 이들이 당면한 내부적인 문제는 하나님 백성의 정체성을 뒤흔들 수 있는 이슈였기 때문이다. 에스라와 느헤미야는 둘 다 이스라엘 백성들이 타민족과 결혼하는 것을 문제 삼았다. 이 두 개혁가는 귀향민 공동체가 수적으로도 연약할 뿐 아니라 신학적으로도 민족 정체성이 확고히 뿌리내리지 못한 상태에서 타민족과 결혼하는 일은 이스라엘의 생존 자체를 위협하고 하나님 앞에서 이스라엘을 영적으로 부정하게 한다고 생각했다(스 9장; 느 13장). 그래서 개혁가들은 극단적인 처방을 제시하였던 것이다.

이 외에도 느헤미야는 여러 가지 문제점을 발견하고 직접 해결했다. 땅에 떨어진 이스라엘 백성의 사기, 흔들리는 민족 정체성, 동포를 상대로 높은 세금과 폭리를 취하던 고리 대금업자들의 횡포 등이 느헤미야를 기다리고 있었다. 느헤미야는 이러한 문제들을 지혜롭게 잘 해결해 나감으로써 오늘날 우리에게 하나의 좋은 리더십 모델을 제시하고 있다.

열악한 환경에서 이 모든 문제를 성공적으로 해결한 느헤미야의 개인적인 탄원으로 책이 끝난다. "내 하나님이여 나를 기억하사 복을 주옵소서"(느 13:31). 느헤미야는 하나님이 그의 노고를 인정해 주실 것을 기대하는 순수한 바람으로 이렇게 기도한다. 느헤미야의 열정과 수고는 참으로 하나님께 복 받을 만한 자로 인정받기에 충분했다.

(4) 숨겨진 하나님의 역사

이스라엘 사람들이 나라를 잃고 강제로 끌려가 정착하게 된 바빌론을 떠나 다시 가나안 땅으로 돌아오게 된 것은 그 어느 역사에서도 찾아볼 수 없는 기적적인 일이다. 어떻게 이러한 일이 가능했는가? 페르시아 제국의 지도자들은 바빌론이 강압적인 외교 정책 때문에 통치국들로부터 충성을 얻어내는 데 철저하게 실패했다는 것을 알고 있었다. 이러한 역사적 정황 속에서 바빌론에 억류되어 있던 민족들에게 본국으로 돌아갈 자유를 줌으로써 자신들의 위치를 억압자가 아니라 해방자로 부각시키고자 했다. 또한 페르시아의 외교 정책은 새로 정권을 잡게 된 페르시아 제국에 대한 환심과 정치적 지지를 여러 민족 가운데 조성하는 데 목적이 있었다.

그러나 에스라—느헤미야서는 이 모든 사실을 알면서도 이스라엘이 조국으로 돌아오게 된 것은 전적으로 하나님이 이스라엘 백성들을 불쌍히 여겨 자비를 베푸신 일이라고 고백하고 있다(스 7:6, 28; 느 2:8). 저자는 시대적 흐름 속에서 하나님의 손이 어떻게 역사하시는지 확실히 알았던 사람이다. 저자는 하나님의 은혜를 '선한 손' 혹은 그의 '능력의 손'으로 표현한다. 책에서 아홉 차례 언급되는 '하나님의 손'(스 7:6, 9, 28; 8:18, 22, 31; 느 1:10; 2:8, 18)은 이스라엘뿐만 아니라 열방의 왕들도 주관하셔서 모든 것이 하나님의 뜻에 따라 이루어지게 하신다. 이러한 차원에서 에스라—느헤미야서는 인류의 역사를 주관하시는 하나님의 절대주권을 강조하는 책이라 할 수 있다. 하나님의 역사하심이 종종 우리 눈에 보이지 않을 수 있지만, 하나님께서 모든 역사를 주관하신다는 것이 이 책의 고백이다.

4. 구조

에스라—느헤미야서는 나라를 잃고 바빌론으로 잡혀갔다가 페르시아 제국의 선처로 예루살렘으로 돌아와 나라와 예배를 회복한 귀향민들의 이야기다. 당시의 역사적 정황을 회고하는 일종의 역사서이다. 그렇다고 해서 이 책이 오늘날의 역사서 기준을 충족시키고 있는 것은 아니다. 또한 에스라—느헤미야서는 당시에 있었던 모든 일을 기록하고 있지도 않다. 바빌론에서 돌아온 이스라엘이 주의 백성으로 뿌리를 내리게 된 일에 연관된 몇 가지 중요한 사건만 회고할 뿐이다. 또한 책이 이야기를 전개해 가는 순서가 사건들의 시대적 순서를 따르는 것도 아니다. 저자는 주제의 중요성에 따라 책을 전개해 나간다. 먼저 가장 중요한 성전 재건에 관한 회고, 공동체를 성결하게 한 일, 성벽을 재건한 일 등의 순서로 이야기를 전개하다가, 드디어 이 책의 절정인 율법 낭독으로 이어진다(Coggins). 주의 백성에게 율법이 선포되는 일을 통해 귀향민들은 하나님께로부터 시내 산에서 율법을 받고 하나님의 백성이 된 그들의 조상(시내 산 공동체)의 맥을 잇게 되었다. 모든 면에서 에스라—느헤미야서는 상당한 자유와 유동성을 지닌 역사적 내러티브 (historical narrative)이지 오늘날 기준으로 역사서라고 할 만한 책은 아니다. 더욱이 많은 신학적 메시지를 포함하고 있기 때문에 순수 역사서로 간주되는 것은 바람직하지 않다. 에스라—느헤미야서의 내용을 사건들이 일어난 시대적인 순서(chronological order)에 따라 재정리하면 다음과 같다(Throntveit).

A. 스룹바벨(주전 538-515년)
 1. 성전 재건(스 1:1-6:15)
 2. 유월절 예배(스 6:16-22)
B. 에스라(주전 458-457년)
 1. 율법 재(再)제정(스 7-8장; 느 7:73b-8:18; 스 9-10장)
 2. 금식과 회개 성회(느 9-10장)
C. 느헤미야(주전 446-433년)
 1. 성벽 재건과 예루살렘 주민 재정착(느 1:1-7:73a, 11:1-12:26)
 2. 헌신 예배(느 12:27-13:3)
부록: 느헤미야의 문화 개혁(느 13:4-31)

위에서 보는 것처럼 학자들은 에스라—느헤미야서가 귀향민의 이야기를 두 세대로 나누어 집중적으로 조명하는 것으로 이해한다(Klein). 첫째 세대는 스룹바벨—세스바살의 인도하에 바빌론에서 돌아온 첫

세대들의 이야기이며 에스라 1-6장에 회고되어 있다. 시간적으로는 주전 538년에서 515년 정도까지다. 이후 약 60년 정도의 침묵 기간을 지나 에스라와 느헤미야의 인도하에 바빌론에서 돌아온 제2차, 3차 귀향민의 이야기가 에스라 7장에서 시작해 느헤미야서 끝까지 이어진다. 시간적으로는 에스라가 예루살렘으로 돌아온 주전 458년부터 느헤미야가 두 번째로 예루살렘을 방문한 주전 433년까지다.

저자가 위 두 세대의 이야기를 회고하면서 대체로 당시 있었던 일을 시대적인 순서에 따라 회고하지만, 때로는 많은 시간을 뛰어넘어 미래의 일을 언급하기도 하고, 때로는 과거에 있었던 사건으로 거슬러 올라가기도 한다. 에스라—느헤미야서는 저자가 언급하고자 하는 주제의 중요성에 따라 구성된 메시지의 순서가 사건들의 시대적 순서보다 더 중요하기 때문이다. 이러한 책의 성향을 배경으로 에스라 4장이 안고 있는 순차적 문제도 이해되어야 한다. 에스라 4장은 서로 다른 시대에 있었던 일들을 마치 연결성 있는 한 사건처럼 묘사하고 있다. 그러므로 별다른 생각 없이 읽으면 마치 성전과 성벽이 동시에 복구된 것 같은 인상을 준다. 그러나 내용을 살펴보면 4장에 기록된 처음 일과 마지막 일 사이에는 80여 년의 간격이 존재한다. 이어지는 5장은 다시 60여 년을 되돌아가 주전 520년대를 배경으로 이야기를 진행한다. 이와 비슷한 현상이 솔로몬의 성전과 왕궁 헌당 이야기에서도 발견된다. 솔로몬은 성전 건축에 7년, 왕궁 건축에 13년을 투자하지만 정작 성전 헌당식은 성전이 완공된 해가 아니라 마치 20년이 지난 다음(왕궁이 완성된 다음)에 한 것처럼 묘사되어 있다(cf. 왕상 6-7장).

에스라 4:1-5, 24절은 주전 538-515년경에 있었던 일들을 기록해 책의 서론 역할을 하는 에스라 1-6장의 역사적 배경과 잘 어울린다. 내용을 살펴보면 스룹바벨, 세스바살과 함께 주전 538년에 예루살렘으로 돌아온 첫 귀향민들의 성전 재건 시도가 반대에 부딪친 일을 기록하고 있다. 바로 뒤를 잇는 6절은 시대적으로 한참 후의 일이다. 6절이 언급하고 있는 아하수에로 1세는 주전 486-464년에 페르시아를 통치했던 왕이기 때문이다. 더 나아가 7-23절은 아하수에로 1세의 뒤를 이어 왕이 된 아닥사스다 1세가 통치하던 주전 464-423년의 일(성벽 재건 반대)을 기록하고 있다.

저자가 이야기를 진행해 나가다가 잠시 멈추고 이처럼 훗날의 일을 한동안 기록한 다음 이야기가 멈춘 곳으로 다시 돌아가 재개하는 현상을 어떻게 이해해야 하는가? 먼저 4장의 내용을 살펴보면 저자의 이야기 전개 방식을 이해할 수 있다. 에스라 4장은 귀향민의 예루살렘 복구를 반대한 일들을 한곳에 모아 놓았다. 에스라 4:1-5은 에스라 1-6장의 역사적 배경인 주전 538년 직후의 반대 세력들에 대해 기록하고 있다. 6-23절은 그 후로 있었던 두 개의 주요 반대 세력에 대해 언급한다. 24절에서는 다시 1-5절의 상황으로 돌아가 계속 이야기를 진행한다. 이때가 다리오 즉위 2년째 되던 주전 520년이다. 저자는 이처럼 귀향민이 성전과 예루살렘 성을 복구하면서 반대 세력들을 극복한 이야기를 에스라 4장 한곳에 모아 두었다. 책의 최종 편집 과정에서 저자는 귀향민이 얼마나 어려운 상황에서 예루살렘 재건을 이룩했는가를 강조하고자 수십 년간 지속된 주변 민족들의 반대를 한곳에 모아 놓은 것이다.

이러한 문학적 기술법(記述法)을 '반복적 재개'(repetitive resumption)라고 한다(Talmon). 반복적 재개란 저자가 이야기를 진행하다가 잠시 주제를 벗어나(digress) 다른 이야기를 한 후 다시 본 주제로 돌아와 이야기를 재개하는 것을 뜻한다. 이때 저자는 그 주제를 벗어날 때 마지막으로 언급했던 내용을 다시 회고함으로써 자신이 원래 하던 이야기로 돌아옴을 알린다. 에스라 4장에서는 저자가 5절을 마치며 "[성전 재건이] 바사 왕 다리오가 즉위할 때까지" 중단되었다고 하는데, 6-23절을 통해 한참 다른 이야기를 하다가 24절에 이르러서 "성전 공사가 바사 왕 다리오 제이년까지 중단되니라"라며 5절의 내용을 반복해 다시

엑스포지멘터리

본 주제로 돌아가고 있음을 알리는 것이다. 에스라—느헤미야서에는 이 같은 반복적 재개가 몇 번 더 있다(스 6:19-22a과 6:16과 6:22b; 스 2:2-69과 2:1과 2:70; 느 7:73b-10:39과 느 7:4-5과 11:1)(Talmon, cf. Williamson, Milgrom). 에스케나지(Eskenazi)는 에스라—느헤미야서의 구조를 다음과 같이 이해한다.

   I. 하나님 말씀의 성취와 고레스의 명령: 하나님의 집을 건축하라(스 1장)
   II. 하나님의 집 재건(스 2-7장)
      A. 귀향민의 명단(스 2장)
         B. 하나님의 집 재건(스 3장-느 6장)
            i. 성전 재건(스 3-6장): 스룹바벨이 고레스와 다리오의 명령에 따라
            ii. 거룩한 자손 재건(스 7-10장): 에스라가 아닥사스다의 명령에 따라
            iii. 예루살렘 성벽 재건(느 1-6장): 느헤미야가 아닥사스다의 명령에 따라
      A'. 포로 귀환자들의 명단(느 7장)
   III. 지속적 회복과 갱신(느 8-13장)

5. 개요

이 책에서는 에스라—느헤미야서를 다음과 같은 구조로 이해한다 (Clines, Klein, Breneman).

   I. 귀향과 성전 재건(스 1:1-6:22)
      A. 고레스 칙령과 포로민들의 반응(1:1-11)
      B. 공동체 회복: 귀향민 명단(2:1-70)

C. 성전 재건(3:1-6:22)

II. 에스라의 사역(7:1-10:44)

　　A. 에스라의 귀향 준비(7:1-26)

　　B. 예루살렘 귀향(7:27-8:36)

　　C. 개혁: 이방인들과의 결혼(9:1-10:44)

III. 느헤미야의 귀환과 성벽 재건(느 1:1-7:73)

　　A. 느헤미야의 귀향 준비(1:1-11)

　　B. 느헤미야의 귀향(2:1-10)

　　C. 느헤미야의 성벽 재건(2:11-7:73)

IV. 언약 갱신(8:1-10:39)

　　A. 율법 낭독(8:1-8:12)

　　B. 초막절 기념 예배(8:13-18)

　　C. 회개와 고백(9:1-37)

　　D. 언약 갱신(9:38-10:39)

V. 느헤미야의 나머지 행적(11:1-13:31)

　　A. 유다와 예루살렘 주민 정착(11:1-36)

　　B. 제사장들과 레위 사람들(12:1-26)

　　C. 성벽 봉헌(12:27-43)

　　D. 회복된 공동체(12:44-13:3)

　　E. 느헤미야의 개혁(13:4-31)

I. 귀향과 성전 재건
(스 1:1-6:22)

　첫 유다 사람들이 주전 605년에 바빌론으로 끌려와 살기 시작한 지 60여 년이 되었다. 바빌론에 끌려온 1세대의 삶은 고달프고 힘들었겠지만, 그들에게서 태어난 2, 3세들은 바빌론에서 상당히 잘 적응하고 살았다. 역사적인 자료들을 살펴보면 이들이 얼마나 바빌론에 잘 적응하고 살았던지 대부분의 사람이 유다로 돌아가기를 거부했다(Yamauchi). 풍요롭고 편안한 바빌론 생활을 버리고 실현되지 않을 수도 있는 꿈을 좇아 조상의 나라로 돌아가는 것은 지나친 모험이라고 생각했기 때문이다. 다행히 하나님은 다니엘과 에스겔 같은 선지자들의 가르침을 마음에 두고 약속의 땅으로 돌아가기를 갈망하는 소수를 남겨두셨다. 이들에게 조국으로 돌아가는 것은 모험이 아니라 믿음이자 여호와에 대한 신뢰의 고백이었다. 학자들에 따라 추측이 다양하지만, 대체로 바빌론에 머물던 유대인 중 10-30%만이 예루살렘으로 돌아온 것으로 생각된다(cf. Josephus, Ant. XI. 1-3).

　페르시아 왕 고레스는 주전 539년 10월에 별다른 저항을 받지 않고 바빌론 제국을 접수할 수 있었다(cf. 단 5장). 두꺼운 성벽으로 겹겹이 둘러싸여 있던 바빌론을 어떻게 순식간에 정복하였는가에 대해서는 다소 다른 추측이 있기는 하지만, 한 가지 확실한 것은 이 일이 고대 근동 역사에서 참으로 괄목할 만한 사건이었다는 사실이다. 고레스는 이 위대한 승리를 기념하기 위해 이듬해인 주전 538년, 바빌론에 인질로 끌려와 살고 있던 여러 민족에게 조상의 나라로 돌아갈 수 있는 자유를 선포하였다(스 1:2-4). 그의 칙령은 19세기 말에 발굴된 고레스 통도장(Cyrus Cylinder)에 전문이 기록되어 있다.

고레스는 강제로 바빌론에 정착하여 살아온 민족들에게 조상의 나라로 돌아가 살 수 있는 거주의 자유를 주었을 뿐만 아니라, 바빌론이나 페르시아의 신들이 아니라 조상의 신(들)을 숭배할 수 있는 종교의 자유도 주었다. 고레스의 칙령은 인류 역사상 최초로 문서화되어 있는 종교 자유 선언문이기도 했던 것이다. 그래서 각 나라와 민족의 다양성에 대한 관용을 유도하고 화합을 지향하는 유엔(UN) 본부에 고레스 통도장의 모조품이 전시되어 있다.

에스라 1-6장은 역사적인 고레스의 칙령을 근거로 바빌론에서 예루살렘으로 돌아온 이스라엘 사람들에 관한 기록이다. 이 섹션은 책에 기록된 세 차례 귀향[5] 중 첫 번째 귀향에 대한 이야기이며, 귀향민들이 우여곡절 끝에 어떻게 하여 성전을 완공하게 되었는지를 회고한다. 그래서 스룹바벨과 세스바살이 중심이 된 첫 번째 귀향이 있은 지 80년이 지난 다음 두 번째 귀향민 그룹을 이끌고 돌아온 에스라는 이 섹션에 등장하지 않는다. 그는 7장에 가서야 모습을 드러낸다.

저자는 여러 장르의 문서를 인용해 이 섹션을 구성하고 있다. 페르시아 왕과 주고받은 편지들은 당시 통용어(lingua franca)인 아람어로 쓰여 있다. 다음 목록을 참조하라.

---

5   세스바살과 스룹바벨을 중심으로 한 주전 538년의 귀향, 에스라를 중심으로 한 주전 458년의 귀향, 느헤미야를 중심으로 한 주전 445년의 귀향.

본문	내용
1:2-4	고레스 왕이 선포한 칙령의 히브리어 버전
1:9-11	성전 그릇 목록
2:1-3:1	바빌론에서 돌아온 사람들의 명단
4:6-7	아하수에로 왕과 아닥사스다 왕 시대에 귀향민들을 괴롭혔던 원수들의 여러 편지 요약
4:8-16	르훔이 아닥사스다 왕에게 보낸 아람어 편지
4:17-22	아닥사스다 왕의 아람어 회신
5:6-17	닷드내가 다리오 왕에게 보낸 아람어 편지
6:3-12	다리오 왕의 아람어 회신, 고레스 칙령의 아람어 버전(3-5절) 포함

한 주석가는 본문의 구조를 다음과 같이 파악한다(Throntveit). 아쉬운 점이라면 일부(3:7-4:3, 4:5b)를 구조에 직접적으로 반영하지 못하고 따로 취급한다는 것이다.

  A. 성전을 재건하라는 고레스의 칙령(1:1-11)
    B. 귀향민 명단(2:1-70)
      C. 제단 복구(3:1-7)
    [성전 재건이 시작됨(3:7-4:3)]
        D. 공사 중단(4:4-5a)
        [다리오 시대에 있을 일에 대한 사전(事前) 회고(4:5b)]
          X. 성벽 복구 반대(4:6-23)
        D'. 공사 중단(4:24)
      C'. 성전 재건 재개(5:1-2)
    B'. 명단 요구(5:3-17; cf. 3, 10절)
  A'. 고레스 칙령의 아람어 버전과 성전 재건 완료(6:1-22)

이 책에서는 1-6장을 다음과 같이 세 파트로 구분해 주해한다.

A. 고레스 칙령과 포로민들의 반응(1:1-11)
B. 공동체 회복(2:1-70)
C. 성전 재건(3:1-6:22)

I. 귀향과 성전 재건(스 1:1-6:22)

A. 고레스 칙령과 포로민들의 반응(1:1-11)

에스라—느헤미야서가 역대기의 속편이며, 두 책의 저자가 같다고 보는 전통적인 견해가 있다. 이 견해는 페르시아 왕 고레스의 칙령이 역대기를 마무리할 뿐만 아니라(대하 36:22-23) 에스라서를 시작하고 있다는 것을 하나의 증거로 제시한다. 두 책에 실린 칙령의 표현과 내용이 다소 다르기는 하지만, 고레스 칙령은 두 책의 연결고리 역할을 한 것이다. 그러나 이미 서론에서 언급한 것처럼 두 책은 너무나 많은 차이점을 지니고 있어 같은 저자로 보기는 어렵다.

고레스가 칙령을 선포한 것은 주전 539년 10월 12일로, 별다른 저항 없이 바빌론을 정복한 일을 기념하기 위해서였다(Yamauchi cf. 단 5장). 그는 불과 20년 전만 해도 메대(Mede)의 지배를 받던 연약한 종속국 페르시아의 왕으로 정치 인생을 시작했다. 이후 고레스가 고대 근동의 정치 무대에서 승승장구한 일은 지금까지 발굴되거나 계승되어 온 여러 고대 문서(Nabonidus Chronicle, Cyrus Cylinder, cf. Herodotus)에 상당히 상세하게 기록되어 있다. 그중에서도 정치-군사적으로 고레스 인생의 절정은 바빌론 정복이었다.

고레스가 요새화된 바빌론을 쉽게 정복할 수 있었던 것은 바빌론 왕들의 사치와 방탕에 지친 바빌론 시민들과 바빌론에 강제로 끌려와 살고 있던 타민족들의 협조가 결정적이었다. 벨사살이 성안에서 호화스런 잔치를 벌이는 동안 거주민들이 안쪽에서 바빌론 성문을 열어 메시아(고레스)가 보낸 해방군을 맞이하듯 페르시아 군대를 환영했다.

고레스는 이 기념비적인 사건을 축하하기 위해 이듬해인 주전 538년에 바빌론이 강제로 끌어와 정착시킨 모든 민족에게 각자 조상의 나라로 돌아가도 좋다는 칙령을 선포했다. 저자는 이스라엘 백성이 바빌론에서 예루살렘으로 돌아오는 계기가 된 이 칙령으로 책을 시작한다. 고레스의 칙령과 바빌론에 끌려와 살던 유대인들의 반응을 회고하는 본문은 다음과 같이 두 부분으로 나뉜다.

A. 고레스 칙령(1:1-4)
B. 감격스러운 귀향(1:5-11)

I. 귀향과 성전 재건(스 1:1-6:22)
　A. 고레스 칙령과 포로민들의 반응(1:1-11)

1. 고레스 칙령(1:1-4)

[1] 바사 왕 고레스 원년에 여호와께서 예레미야의 입을 통하여 하신 말씀을 이루게 하시려고 바사 왕 고레스의 마음을 감동시키시매 그가 온 나라에 공포도 하고 조서도 내려 이르되 [2] 바사 왕 고레스는 말하노니 하늘의 하나님 여호와께서 세상 모든 나라를 내게 주셨고 나에게 명령하사 유다 예루살렘에 성전을 건축하라 하셨나니 [3] 이스라엘의 하나님은 참 신이시라 너희 중에 그의 백성 된 자는 다 유다 예루살렘으로 올라가서 이스라엘의 하나님 여호와의 성전을 건축하라 그는 예루살렘에 계신 하나님이시라 [4] 그 남아 있는 백성이 어느 곳에 머물러 살든지 그 곳 사람들이 마땅히 은과 금과 그 밖의 물건과 짐승으로 도와 주고 그 외에도 예루살렘에 세울 하나님의 성전을 위하여 예물을 기쁘게 드릴지니라 하였더라

고레스는 왕위에 오른 첫해에 거주와 종교의 자유를 보장하는 칙령

을 선포했다(1절). 이때가 주전 538년이었다. 고레스는 주전 559년부터 20여 년 동안 페르시아와 메대를 다스려 온 왕이었다. 이 기간에 이미 엘람에서 페르시아, 메대, 리디아, 아시리아 등 여러 곳을 정복했다(Klein). 고레스는 바빌론을 주전 539년 10월에 정복했으며, 바빌론 제국을 정복하고 고대 근동의 군주로 취임한 첫해였기에 1절은 주전 539/538년을 그의 '원년'이라고 한다(Thiele). 저자는 고레스의 조서를 소개하며 두 가지를 강조한다.

첫째, 고레스 칙령은 이미 오래전에 하나님이 예레미야 선지자를 통해 하신 말씀을 성취시키는 수단이다(1절). 예레미야는 이스라엘 백성들이 바빌론에서 70년을 지낸 다음에야 본국으로 되돌아올 수 있다고 선언한 적이 있다(렘 25:11-12). 다니엘 선지자는 70년이 마무리되어 갈 무렵, 곧 고레스 칙령이 선포되기 몇 년 전에 예레미야의 예언을 생각하며 하나님께 기도한 적이 있었다(단 9:2). 저자는 드디어 예레미야의 예언이 성취되는 때가 임했다고 한다(Levering).[6] 저자는 수십 년 전에 선지자를 통해 선포하신 말씀을 이루고자 고레스를 도구로 사용하신 여호와의 신실하심을 온 천하에 선포한다(cf. 사 41:2, 25; 44:28; 45:1, 13). 또한 수십 년 전에 이스라엘이 바빌론으로 끌려가게 된 일이 예레미야에게 이 같은 예언을 주신 여호와께서 계획하고 행하신 일이라는 것을 강조한다. 이스라엘이 바빌론으로 끌려간 것은 그들의 하나님 여호와의 무능함을 드러내는 일이 아니라, 오히려 여호와께서 온 세상을 다스리시고 인간의 역사를 주관하는 주권자이심을 드러내는 일이라는 것이다. 또한 귀향민의 이야기가 예레미야의 예언으로 시작하는 것은 바빌론이 주전 586년에 유다와 예루살렘을 멸망시켜 끊어 버린 여호와 백성의 역사적 맥을 귀향민이 잇게 될 것을 암시한다. 포로기 이후 시

---

6 일부 주석가들은 본문의 내용이 선지자 예레미야의 70년 포로 생활보다는 이사야의 고레스에 대한 예언들(사 41:2, 25; 44:28; 45:1, 13)과 더 밀접하게 연관되어 있다고 한다(Williamson). 그러나 본문이 구체적으로 예레미야의 예언을 언급하고 있다는 점을 감안할 때, 예레미야의 예언과 연결시켜 이해하는 것이 더 바람직하다.

대 사람들에게 가장 큰 신학적 이슈는 주전 586년 이전에 있었던 이스라엘 공동체와 당시 귀향민과의 관계였다.

저자는 또한 고레스 칙령이 예레미야 선지자의 예언(viz., 바빌론으로 끌려간 주의 백성이 회개하고 하나님을 구하면, 예루살렘으로 다시 돌아오게 하실 뿐만 아니라 언약 공동체를 재건할 수 있도록 해주실 것)을 성취하기 위한 하나님의 수단이라고 한다(1절). 그렇다면 고레스 칙령에 따라 예루살렘으로 돌아갈 귀향민은 시내 산 언약 공동체의 맥을 이어갈 것이다. 예루살렘과 유다의 멸망으로 한동안 하나님과 그의 백성의 관계가 큰 타격을 입은 것은 사실이지만, 관계가 완전히 파괴되지는 않았던 것이다. 성경은 하나님이 자기 백성을 심판하실 때 죽이기 위한 심판을 하지 않으시며, 항상 회복과 구원을 심판의 목적으로 삼으신다는 사실을 누누이 강조한다. 이번에도 이러한 원칙이 사실로 드러나고 있다.

둘째, 고레스가 칙령을 선포한 것은 여호와께서 그렇게 하도록 페르시아 왕을 조정하셨기 때문이다(1-2절). 하나님께서는 자기 백성을 조상들의 고향인 예루살렘으로 돌아가게 하기 위해 이 일을 하셨으며, 그 과정에서 '여호와께서 페르시아 왕 고레스를 감동시키신' 것이다. '감동시키다'(עור)는 하나님이 고레스를 '[흔들어] 깨우셨다'는 의미이다 (Klein, cf. HALOT). 이 표현은 하나님이 자신의 계획을 이루시기 위해 이방 왕들을 사용하실 때 자주 사용하는 표현이다(Clines, cf. 대상 5:26; 대하 21:16; 사 41:2, 25; 45:13). 하나님은 자기 백성뿐만 아니라, 당시 가장 큰 권력을 가진 고레스를 포함한 이방 왕들까지도 자기 백성을 구원하려는 계획에 따라 움직이게 하실 수 있는 분이다(McConville). 여호와는 온 세상을 다스리시는 분이기 때문이다. 이와 같은 하나님의 주권이 에스라 1-6장의 핵심 주제이다.

그러므로 바빌론 포로 생활은 이스라엘의 하나님 여호와가 바빌론 신 마르둑보다 무능해서 일어난 일이 아니라, 온 세상을 다스리시는 하나님이 자기 백성의 죄 문제를 해결하기 위해 계획하신 일임을

(스 1:1–6:22)

암시한다. 또한 주의 백성이 때와 장소에 상관없이 어느 곳에 있든지 온 세상의 창조주이자 통치자이신 여호와를 섬길 수 있음을 시사한다(Throntveit).

하나님이 자기 계획을 위해 고레스를 도구로 쓰시는 일에 고레스가 하나님의 의중을 깨닫고 인정했는지는 중요하지 않다. 아마도 그가 전혀 깨닫지 못한 상황에서 하나님이 섭리하셨을 것이기 때문이다. 여호와를 알든, 알지 못하든 상관없이 모든 사람은 하나님의 도구로 사용될 수 있다는 것이 성경의 가르침이다.

고레스가 칙령을 선포하면서 사용한 표현들을 보면 마치 그가 참으로 여호와를 숭배한 것처럼 보이기도 하지만, 실제로 여호와를 섬겼을 가능성은 없다. 당시 왕들이 선포한 칙령들을 보면 자신이 지배하는 타민족의 종교와 풍습을 존중하는 차원에서 그들의 종교적 언어를 구사하기 일쑤였다. 일종의 외교(diplomacy) 수단이라 할 수 있다. 아마도 고레스가 선포한 칙령에 대해 이스라엘 사람들의 종교적–정치적 정황에 맞추어 초안을 작성해 준 유대인이 있었을 것이다(Williamson). 고레스는 훌륭한 다신(多神)주의자로서 이스라엘 사람의 도움을 받아 그들의 종교적 정서에 맞게 이 조서를 발표했다.

고레스 칙령은 역대하 36장에도 기록되어 있으며, 에스라 1:1–3은 역대하 36:22–23과 거의 같다. 이 조서의 아람어 버전은 에스라 6:3–5에도 등장한다. 페르시아 제국이 아람어를 통용어로 사용했기 때문에 많은 주석가는 아람어 버전(스 6:3–5)이 원문(original)이라고 생각한다. 문제는 에스라 1:2–4과 역대하 36:23에 기록된 조서와는 달리 아람어 버전에는 예루살렘 성전을 건축하라는 명령만 내릴 뿐 귀향을 허락하는 내용은 포함되어 있지 않다.

일부 학자들은 아람어 원본을 이스라엘 사람들이 확대하여 해석한 것이 본문에 기록된 칙령이라고 한다(Noth). 그러나 더 이상 두 버전이 서로 상충된다고 주장하는 사람은 없다(Myers). 두 버전의 기능이 서로 다르다는 점을 의식했기 때문이다. 아람어 버전(스 6:3-5)은 왕의 기록이 소장되는 보존소에 두는 것이므로 규칙에 따라 간결하고 정확한 표현으로 저작된 반면, 히브리어 버전은 이스라엘 사람들에게 왕의 칙령을 알리기 위해 상대적으로 자유롭게 저작되었기에 이러한 차이를 보인다는 결론을 내리게 된 것이다(Clines).

일부 학자들은 각 버전의 고유 기능을 들어 세 버전의 차이를 설명하기도 한다. 역대하 36:23은 포로민의 귀향에만 관심이 있기에 성전을 지을 것과 이 일을 위해 바빌론에 거주하고 있는 이스라엘 백성들이 예루살렘으로 돌아갈 수 있다는 것 등 두 가지를 언급한다. 반면에 에스라 1:2-4에 기록된 칙령은 귀향을 새로운 출애굽 사건으로 묘사하기에 예루살렘으로 귀향하는 자들이 어려움 없이 성전을 건축할 수 있도록 바빌론 사람들에게 그들을 물질적으로 도우라는 명령을 추가한다(Breneman). 본문에 기록된 공식적인 아람어 버전은 성전 재건 공사의 비용이 모두 왕실에서 지원되도록 하라는 것과(4절) 바빌론 사람들이 빼앗아 온 성전 도구들을 모두 돌려주라는 말을 더한다(5절).

고레스는 이스라엘의 하나님 여호와께서 자기에게 온 세상을 주셨다는 말로 칙령을 시작한다(2b절; cf. 사 44:28; 45:1). 이미 언급한 것처럼 그가 여호와를 인격적으로 알아서가 아니라, 훌륭한 다신주의자로서 이스라엘 종교의 정서에 맞는 용어를 사용하고 있을 뿐이다. 그는 여호와께서 자기에게 예루살렘 성전을 재건하라고 명령하셨다고 한다(2b절). 그렇다면 고레스는 이 프로젝트를 자신이 직접 실천에 옮길 것인가? 아니다. 그는 바빌론에 끌려와 있는 이스라엘 사람들을 통해 이 일을 진행하고자 했다. 그래서 이스라엘 사람들이 성전을 짓기 위해 유다로 돌아갈 수 있도록 허락했다(3절). 왕은 이스라엘 귀향민이 예루살렘으로 돌아가는 이유를 여호와의 성전을 재건한다는 신학적 명분에서 찾았던 것이다.

고레스는 귀향민 행렬에 끼지 않고 타향에 남기를 원하는 이스라엘 자손들을 포함한 모든 바빌론 거주민에게 귀향하는 이스라엘 사람들을 성심껏 도울 것을 명령했다(4절). 석 달 이상 걸리는 긴 여정에 필요한 노자로 금은보화와 가축 등을 아낌없이 주고 심지어는 예루살렘 성전에 바칠 예물도 손에 들려 보내라고 했다.

수십 년 전에 불탔던 성전 터에 새로이 건물을 짓는다는 것은 일 자체도 어렵고 비용도 많이 드는 일이다. 또한 귀향민은 성전 재건에 앞서 먼저 1,500㎞의 험난한 길을 가야 했다. 예루살렘에 도착했을 때 과연 어떤 상황이 기다리고 있을지 모를 불안함과 불확실성까지 감안하면 그들은 참으로 많은 격려와 도움이 필요했다. 더 나아가 역사를 주관하시는 하나님을 의지하는 큰 믿음도 필요했다. 고레스는 바빌론에 남아 있는 사람들이 예루살렘으로 떠나는 사람들을 위해 최대한 배려할 것을 명령하고 있다.

고레스 칙령은 에스라서가 전개하고 있는 중요한 테마 중 하나인 출애굽 모티프를 상당 부분 반영하고 있다. 이스라엘 백성을 억압하던 이집트 왕 바로가 주의 백성을 내부냈던 것처럼 고레스가 이스라엘을 내보내고 있다. 고레스가 여호와의 주권을 인정하는 것이 마치 이집트 왕이 열 재앙 후에 고백한 것과 같고, 그가 성전을 짓고 여호와를 예배하도록 이스라엘 백성을 떠나보내는 것도 옛적에 바로가 했던 일을 상기시킨다. 또한 바빌론에 남아 있는 사람들이 떠나는 이스라엘 백성들에게 은과 금을 비롯한 선물을 주도록 한 일 역시 출애굽 때 상황과 비슷하다. 여러 면에서 저자는 이스라엘이 바빌론에서 떠나게 된 일을 새로운/제2의 출애굽으로 묘사하고 있는 것이다. 드디어 억압의 세월을 지나 귀환과 회복의 때가 주의 백성을 찾아왔다.

> I. 귀향과 성전 재건(스 1:1–6:22)
>   A. 고레스 칙령과 포로민들의 반응(1:1–11)

2. 감격스러운 귀향(1:5-11)

⁵ 이에 유다와 베냐민 족장들과 제사장들과 레위 사람들과 그 마음이 하나님께 감동을 받고 올라가서 예루살렘에 여호와의 성전을 건축하고자 하는 자가 다 일어나니 ⁶ 그 사면 사람들이 은 그릇과 금과 물품들과 짐승과 보물로 돕고 그 외에도 예물을 기쁘게 드렸더라 ⁷ 고레스 왕이 또 여호와의 성전 그릇을 꺼내니 옛적에 느부갓네살이 예루살렘에서 옮겨다가 자기 신들의 신당에 두었던 것이라 ⁸ 바사 왕 고레스가 창고지기 미드르닷에게 명령하여 그 그릇들을 꺼내어 세어서 유다 총독 세스바살에게 넘겨주니 ⁹ 그 수는 금 접시가 서른 개요 은 접시가 천 개요 칼이 스물아홉 개요 ¹⁰ 금 대접이 서른 개요 그보다 못한 은 대접이 사백열 개요 그밖의 그릇이 천 개이니 ¹¹ 금, 은 그릇이 모두 오천사백 개라 사로잡힌 자를 바벨론에서 예루살렘으로 데리고 갈 때에 세스바살이 그 그릇들을 다 가지고 갔더라

고레스가 이스라엘 포로민의 귀향을 위해 아무리 파격적이고 좋은 여건을 만들어 준다 할지라도 백성들의 반응이 냉랭하다면 무의미한 일로 끝날 수밖에 없다. 그래서 하나님이 그들에게 자유를 주시려고 고레스의 마음을 감동시키셔서(עור) 칙령을 선포하게 하신 다음(1절), 이번에는 예루살렘으로 돌아가 성전과 나라를 재건할 백성들의 마음을 감동시키셨다(עור)(5절). 이스라엘 백성들의 귀향이 겉으로는 고레스가 결정하고 백성들이 헌신과 희생을 각오하고 결단한 일이었지만, 실제로는 하나님이 사역하신 결과였던 것이다. 역시 보이지 않는 곳에서 모든 것을 주관하시는 하나님이 빛을 발하시는 순간이다.

저자는 이러한 사실을 부각함으로써 보이지 않는 곳에서 역사를 주관하시는 하나님을 볼 수 있는 안목을 가지도록 우리를 권면한다. 세

상에서 일어나는 많은 일이 우연히 된 일이 아니라 하나님의 주권과 사역의 결과이기 때문이다. 또한 이러한 시각을 가지고 사는 사람은 어떠한 상황에 처해도 좌절하거나 불안해 할 필요가 없다. 하나님이 주도하시는 세상에서 항상 그분의 통제 아래 있다는 사실을 깨달으면 주의 평안이 우리와 함께하기 때문이다.

이스라엘 포로민 중 하나님께 감동을 받은 사람들은 귀향을 준비했다(5절). 바빌론에 거주하던 유다 사람 모두가 하나님의 감동을 받아 예루살렘으로 돌아가고자 한 것은 아니며 오직 소수만이 하나님의 특별한 은총을 입은 것이다. 그런데 하나님의 은총을 입은 소수의 앞날이 그리 밝지는 않다. 조국으로 돌아가면 가난과 주변 민족들의 견제를 이겨내야 한다. 그러나 그들에게는 다시 하나님의 나라를 건설하고 싶은 비전이 있다. 그들은 이 비전을 이루기 위해 기꺼이 바빌론의 풍요와 안정을 버리기로 각오했다. 하나님의 은혜를 입은 사람의 참 모습이다.

우리는 하나님이 대다수보다는 소수를 통해 역사하시는 일을 자주 목격한다. 선택을 받은 소수는 많은 희생과 헌신을 각오하고 주님의 도전에 순종하지만 사실은 하나님의 역사에 동참하는 특권을 누리는 것이다. 사람이 주님의 뜻을 따르겠다고 결단하는 순간부터 그들은 특별한 복 안에 거하게 되는 것이다. 그러므로 하나님께 순종과 헌신을 각오하는 순간, 그보다 몇 배나 더 많은 복을 누리게 된다.

조국으로 돌아갈 귀향단을 꾸리는 일은 유다와 베냐민 지파의 지도자들이 주도했다(5절). 바빌론으로 끌려온 유다 사람들은 대부분 유다와 베냐민 지파였다. 물론 분열 왕국 시대에 북 왕국을 구성하고 있던 열 지파 중 소수가 종교적인 이유로 남 왕국 유다에 이주해 와 정착했지만(cf. 대하 11:14, 15:9; 30:9-11) 주류는 되지 못했기 때문에 바빌론에 형성된 이스라엘 공동체의 지도자들은 대부분 유다와 베냐민 지파 사람들이었던 것이다.

하나님의 감동을 받은 지도자들은 이 기회에 허물어진 나라를 다시 세우겠다는 의지를 분명히 밝혔다. 여기에 제사장들과 레위 사람들이 가세했다(5절). 바빌론 포로 생활을 가장 힘들어했던 사람들이 바로 이 종교 지도자들이다. 성전에서 이스라엘의 예배를 인도하는 일이 제사장과 레위 사람들의 주요 사역이므로 예루살렘을 떠나서는 별로 할 일이 없었기 때문이다. 이렇게 해서 남 왕국의 핵심 지파였던 유다, 베냐민, 레위가 귀향 행렬을 구성하게 된다. 저자는 세 지파만이 진정한 의미에서 참 공동체의 구성원이라고 한다(Williamson).

조국으로 돌아가기보다는 바빌론에 남기를 원하는 사람들과 조국으로 떠나는 이들의 이웃들이 귀향민에게 여러 가지 선물을 주었다(6절). 바빌론에 머무는 사람들이 귀향하는 이스라엘 사람들에게 금은보화와 예물을 주었던 일은 옛적에 이집트를 떠나던 이스라엘 사람들에게 이집트 주민들이 선물을 주었던 일을 연상하게 한다(cf. 출 3:21-22; 11:2; 12:35-36). 그러므로 이스라엘 귀향민이 바빌론에서 예루살렘으로 돌아가는 일이 새로운/제2의 출애굽으로 묘사되고 있다(Throntveit). 모세가 인도했던 첫 번째 출애굽과 새로운 출애굽의 규모를 비교해 보면 두 번째 출애굽은 초라하기 그지없다. 그럼에도 불구하고 첫 번째 출애굽처럼, 새로운 출애굽 사건도 분명 하나님의 신실하심이 이루어 낸 기적이었다.

고레스 왕도 자기 몫을 다했다. 바빌론 왕 느부갓네살이 예루살렘 성전에서 약탈해 바빌론 신전에 보관해 두었던 여러 가지 그릇을 귀향민 무리에게 내주었다(7절). 그는 재무관 '미드르닷'(מִתְרְדָת)에게 명령해 성전 그릇들을 모두 '세스바살'(שֵׁשְׁבַּצַּר)에게 넘겨주게 하였다. 미드르닷(lit., '미드라의 선물')은 당시 페르시아에서 매우 흔한 이름이었으며(Yamauchi), 세스바살은 '[태양신] 샤마쉬가 아버지를 보호하다'라는 뜻을 지닌 바빌론 이름 '샤마쉬아바우쑤르'(Shamash-aba-ucur)에서 비롯되었다는 주장이 어느 정도 설득력을 얻고 있다(Clines, Williamson,

Breneman).

저자가 두 사람의 이름을 구체적으로 언급하는 것은 이 사건의 역사성을 강조하기 위해서이다. 이스라엘의 귀향 이야기는 만들어 낸 허구가 아니며, 실제로 있었던 일이라는 것이다. 이 일에 대해 구체적으로 알고 싶으면 여기에 언급된 사람들의 행적을 추적해 보면 알 수 있을 것이라는 의미이다.

귀향민들이 성전 그릇을 모두 챙겨 예루살렘으로 떠난다는 것은 매우 중요한 상징성을 지니고 있다. 성전이 파괴되고 법궤가 분실된 상황에서 이 그릇들은 곧 하나님의 임재를 뜻했다. 그런 그릇들이 드디어 예루살렘으로 돌아가게 된 것이다. 그래서 에스라 1:7-11은 성전 그릇이 귀향민과 함께 돌아온 일을 중심으로 형성되어 있다(Throntveit).

A. 예루살렘에서 가지고 간 그릇들을 꺼내 왔다(1:7)
　B. 그릇들이 계수되어 세스바살에게 넘겨졌다(1:8)
　　C. 돌아온 그릇 목록(1:9-11a)
　B'. 세스바살이 그릇들을 가져왔다(1:11b)
A'. 그릇들이 귀향민들과 함께 예루살렘으로 돌아왔다(1:11c)

귀향민들이 제사장들과 레위 사람들과 함께 예루살렘으로 돌아오는 일 역시 중요한 상징성을 지니고 있다. 성전 그릇의 이동과 함께 종교 지도자들의 귀향은 바빌론 포로기 동안 중단됐던 예배가 다시 시작된다는 것을 의미하기 때문이다(Ackroyd). 이스라엘 백성의 귀향은 여러 가지 의미를 지니고 있지만, 그중 가장 중요한 것은 바로 여호와께 드리는 예배가 예루살렘에서 다시 시작될 것이라는 기대감이다.

귀향민이 가지고 온 성전 그릇은 '금 접시'(אֲגַרְטְלֵי זָהָב)가 30개, '은 접시'(אֲגַרְטְלֵי־כֶסֶף)가 1,000개, '칼'(מַחֲלָפִים)이 29자루, '금 대접'(כְּפוֹרֵי זָהָב)이 30개, '은 대접'(כְּפוֹרֵי כֶסֶף)이 410개, '그밖의 그릇'(כֵּלִים אֲחֵרִים)이 1,000개 등

모두 5,400개에 달했다(9-11절). 그러나 이 용어들이 구체적으로 어떤 그릇/기구들을 뜻하는지는 확실하지 않다(cf. Clines). 그래서 우리말 번역본들이 한결같이 29자루의 '칼'로 번역하고 있는 히브리어 단어(מַחֲלָפִים)를 NIV는 '은 냄비'(sliver pan)로, NAS는 '복제본'(duplicates; cf. 칠십인역의 παρηλλαγμένα)으로 다양하게 번역한다(cf. HALOT). 한 가지 확실한 것은 바빌론 사람들이 예루살렘 성전에서 빼앗아 간 다양한 기구들이 반환되었다는 사실이다.

본문이 언급하고 있는 기구들의 숫자를 더해 보면 5,400개가 아니라 2,499개밖에 되지 않는다. 일부 학자들과 번역본은 제1에스드라서 2:13 이하를 근거로 5,469개를 제시하여(RSV) 문제를 더 복잡하게 만든다. 그러나 외경으로 분류되는 제1에스드라서의 역사성을 그대로 수용하기에는 어려움이 많다. 일부 주석가들은 5,400이 성전의 영화를 부각시키기 위해 조작/과장된 숫자라고 한다. 그러나 대부분 학자는 솔로몬 성전의 규모와 화려함 그리고 율법에 기록된 다양한 성전 기구와 그릇에 대한 규례를 감안하면 결코 과장이 아니라고 결론짓는다.

이 숫자들을 당시 신전들에서 사용된 기구에 대한 기록들과 비교해 보면 결코 과장이 아니다(Clines). 아마도 저자가 5,400개 중 가장 중요한 기구들만 나열하고 있거나, 전수받은 세부 목록에서 일부만을 예로 들어 이곳에 기록하고 있는 듯하다(Breneman). 또한 느부갓네살이 예루살렘 성전에서 빼앗아 간 것에는 금과 은뿐만 아니라 동으로 된 그릇과 물건들도 있었다(cf. 왕하 25:14ff.). 본문에서 동으로 만든 물건들은 금과 은에 비해 값싼 물건이라 언급하지 않지만, 통계에는 포함했을 가능성도 있다. 혹은 숫자의 차이는 책이 여러 차례 복사되면서 필사가들의 실수에서 비롯된 것일 수도 있다(Segal).

세스바살이 누구이며 어떤 사람이었는가에 대해서는 아직도 학자들의 논란이 분분하다. 본문은 그를 '유다 왕자/지도자'(הַנָּשִׂיא לִיהוּדָה)라고 하는데(8절), 성경에서 이 표현이 딱 한 번 이곳에서만 사용되기 때문에 정확히 무엇을 뜻하는지는 확실치 않다. '왕자'로 번역된 히브리어 단어가 때로는 '추장'을 뜻하기도 하기 때문에(cf. 민 7:84), 세스바살이 다윗의 후손이었다고 단정할 수는 없다(Klein). 우리말 번역본 중 개역개정과 새번역은 에스라 5:14이 그를 '총독'(פֶּחָה)이라고 하는 것에 근거해 이곳에서도 '유다 총독'이라고 부르지만, 문자적으로 해석하면 '유다 대표자'(공동) 혹은 '유다 왕자/지도자'가 더 정확하다. 그래서 일부 주석가들은 그가 바빌론으로 끌려간 여호야긴의 아들, 곧 다윗 계열의 왕자라는 추측을 내놓기도 했다(cf. 대상 3:17-18). 그러나 이 견해는 더 이상 설득력을 얻지 못한다(Williamson). 그의 계보를 논하기에는 정보가 턱없이 부족하기 때문에 신중할 필요가 있다.

학자들은 책에서 세스바살의 역할이 자세히 묘사되지 않은 점을 고려해 그를 그림자처럼 희미한 존재(shadowy figure)로 간주한다. 그는 성경에 한마디 말도 남기지 않은 사람이다. 그러나 그가 없었다면 귀향민들의 행보는 사뭇 다르거나 어려웠을 수도 있다(Klein). 하나님이 매우 희미한 존재감을 지닌 사람을 사용하셔서 자기 백성을 인도하신 것이다.

오래전에 요세푸스(cf. Ant. xi:13-14)가 수장한 이후 상당수의 학자는 세스바살과 스룹바벨이 같은 사람이라고 생각해 왔다(cf. Harrison). 그들은 이러한 해석의 근거로 다음 두 가지를 제시했다.

첫째, 세스바살과 스룹바벨은 동일한 귀향민 그룹을 인도해 온 사람들인데, 둘 다 유다 총독(פֶּחָה)으로 불린다. 세스바살은 에스라 5:14에서, 스룹바벨은 학개 1:1에서 이 호칭이 주어지는데, 동시대에 두 사람이 같은 지역의 총독이 될 수는 없다는 것이다.

둘째, 세스바살이 고레스의 재무관 미드르닷으로부터 성전 그릇들을 인계받았는데, 정작 귀향민을 인도한 지도자 명단에는 그의 이름이 빠져 있다(스 2:2). 또한 귀향민이 예루살렘에 도착하자마자 시작된 성전 재건 공사를 기록하고 있는 3장에서 이 프로젝트를 주도하는 인물은 스룹바벨이고 세스바살은 전혀 모습을 보이지 않는다. 이렇다 할 언급이 전혀 없는 상황에서 리더십이 세스바살로부터 스룹바벨에게로 넘어갔다는 것은 두 사람이 같은 사람임을 뜻한다는 것이다. 다니엘과 벨드사살이 같은 사람이었던 것처럼 말이다.

그러나 다니엘이 자신의 히브리어 이름과 바빌론 이름 벨드사살을 사용한 경우와는 달리 세스바살과 스룹바벨은 둘 다 바빌론 이름이다. 그러므로 이름 자체가 두 사람이 같은 인물일 가능성을 상당 부분 배제한다(Yamauchi). 게다가 에스라 5장은 이 두 사람을 확실히 구분하고 있다. 세스바살이 고대 근동의 새로운 군주가 된 페르시아 제국에 의해 처음으로 유다의 총독으로 임명을 받고 이스라엘 귀향민과 함께 예루살렘을 찾은 바빌론 사람이었을 가능성이 충분히 있다(Clines, Williamson).

일부 주석가들은 세스바살이 유대인이라고 주장하기도 하지만(Bowman), 그는 바빌론 정치인으로서 자신이 다스리게 될 이스라엘 백성과 성전 그릇을 호위하여 예루살렘에 도착했다. 그 후로 이스라엘의 종교적인 삶에 별로 관여하지 않았기 때문에 세스바살은 이 책에서 거의 잊혀진 존재가 되었을 것이다. 그리고 그가 이스라엘 사람이 아니었기 때문에 귀향민을 인도한 지도자 명단에 그의 이름이 실리지 않았다. 또한 세스바살이 한동안 총독 혹은 총독 대행(a deputy governor)이 되어 유다를 다스린 다음 스룹바벨이 그의 뒤를 이어 총독이 되었을 것으로 충분히 상상할 수 있다(Yamauchi).

| I. 귀향과 성전 재건(스 1:1-6:22) |

B. 공동체 회복: 귀향민 명단(2:1-70)

본문과 평행을 이루고 있는 제1에스드라서 5:1-6은 1,000명의 마부가 귀향민 행렬을 호위했으며 상당한 규모의 악대가 흥을 돋우었다고 하는데 반해 에스라—느헤미야서 저자는 귀향민이 바빌론을 떠난 후 어떠한 여정을 통해 예루살렘에 도착했는지에 관해 아무런 언급도 하지 않는다. 그의 관심이 온통 예루살렘과 공동체 회복에 집중되어 있기 때문이다. 그렇다면 신임 총독 세스바살의 보호를 받으며 예루살렘으로 돌아온 귀향민의 수가 포로기 전(前) 이스라엘의 영화를 회복시킬 만한 규모였는가, 아니면 이 민족의 옛 영화를 회복하기에는 너무 미미한 수였는가를 생각해 보아야 한다. 저자는 귀향민의 수가 4만 2,360명(2:64)에 달했으며, 이스라엘 공동체를 회복하기에 충분한 규모였다고 한다. 하나님은 혈혈단신의 아브라함을 사용하여 큰 민족을 이루신 분이라는 사실을 깨달으면 이 숫자는 허물어진 주의 백성 공동체를 재건하는 데 충분하다는 확신이 선다.

본문이 언급하고 있는 귀향민의 수가 끌려간 사람의 수에 비해 너무 많다며 저자가 제시하는 숫자를 허구(fiction)라고 주장한 학자도 있지만(Torrey), 거의 모든 주석가가 역사적 사실에 근거한 것이라고 결론짓는다(Clines). 이곳에 실린 귀향민 명단은 사소한 차이점을 안고 느헤미야 7:5-73에 다시 등장한다. 학자들은 느헤미야 7장이 본문을 인용하고 있다는 견해(Noth, Kellermann, Blenkinsopp), 반대로 본문이 느헤미야 7장을 인용한 것이라는 견해(Williamson), 두 본문 모두 제3의 출처를 인용해 저작한 것이라는 견해(Klein) 등 다양한 입장을 고수한다. 만일 윌리엄슨(Williamson)이 주장한 것처럼 이미 형태를 갖춘 책에 에스라 1-6장이 마지막으로 첨부된 것이라면(cf. 서론), 본문이 느헤미야 7장을 재인용하고 있는 것으로 볼 수 있다.

일부 학자들은 이곳에 총독 세스바살과 함께 돌아온 귀향민 명단으로 제시된 것이 사실은 느헤미야 시대에 있었던 인구조사 결과라고 보기도 하고, 페르시아 제국의 세금 징수 명단의 일부라며 별다른 의미를 부여하지 않기도 한다(cf. Williamson).⁷ 그러나 대부분의 주석가는 본문의 내용이 완전하지는 않지만 활용할 수 있는 역사적 자료들과 사실에 근거하고 있다며 실제 숫자보다는 저자가 명단을 삽입하여 말하고자 했던 의미를 찾으려고 한다(Clines). 그런데 저자가 귀향민 명단을 이곳에 기재함으로써 강조하고자 한 바가 무엇인지에 대해서도 다양한 입장이 있다.

한 학자는 예루살렘에 새로 형성된 귀향민 공동체와 그들을 훼방하는 사마리아 사람들을 구분하고 참 이스라엘 귀향민이 자력으로 성전을 재건할 수 있는 충분한 물자와 인력을 소유하고 있다는 사실을 강조하기 위해 이곳에 명단이 삽입되었다고 한다(Galling). 그는 또한 이 명단이 주전 519년에 총독 닷드내(스 5:3)에 의해 작성된 것이라고 한다. 그러나 만일 이 책이 첫 번째 귀향민 무리가 예루살렘으로 돌아온 주전 538년 이후 상당한 세월이 지나 집필된 것이라면 그가 주장하는 사마리아 사람들의 훼방은 그다지 위협적인 요소가 아니었을 것이다. 이미 이스라엘이 가나안에 다시 뿌리내린 후 상당한 시간이 흘러 세력이 왕성해졌기 때문이다.

이 명단이 이곳에 삽입된 것은 귀향민이 유다와 예루살렘 땅에 대한 정당한 권리를 행사할 수 있다는 사실을 과시하기 위해서라는 견해도 있다(cf. Williamson). 그러나 이스라엘이 아직도 페르시아의 지배 아래 있고 이미 대부분의 유다 영토가 다른 민족들에게 넘어간 상황에서 그들이 땅에 대한 권리를 얼마나 행사할 수 있었겠느냐는 의문이 생긴다. 그러므로 그리 설득력 있는 설명은 아니다.

문맥과 역사적 정황을 고려할 때, 이 명단의 기능은 바빌론 포로 생활 70년이 지난 다음에도 이스라엘 민족의 뿌리와 줄기는 제법 왕성하

---

7 이 명단은 분명 세스바살이 인도해 예루살렘으로 돌아온 귀향민 명단이다. 그런데 돌아온 사람의 수가 바빌론으로 끌려간 사람의 수보다 많은 것과, 정작 이 그룹을 인도해 온 세스바살이 본 명단에 언급되지 않은 것도 이 명단의 출처와 역할을 이해하는 데 어려움을 더한다.

며 귀향민을 통해 바빌론에서 가나안으로 이식될 준비가 완료되었음을 뜻한다(Kidner). 옛적 영화와 규모에 비하면 매우 초라하지만 하나님의 섭리를 펼쳐 나가기에는 충분한 공동체임을 말하고 있다(Weinberg). 또한 구약에서 이스라엘 사람 명단과 계보는 이스라엘이 정처 없이 떠도는 백성이 아니라 역사와 정통성을 지닌 민족임을 암시한다(Brueggemann).

귀향민 명단은 이곳과 느헤미야 7장에 등장한다. 이곳에서는 재건 프로젝트의 첫 단계인 성전 공사의 시작을 알린다. 같은 명단이 느헤미야 7장에서는 재건 프로젝트의 마지막 단계인 예루살렘 성벽과 성읍 재건이 마무리되었음을 알리는 역할을 한다. 그러므로 두 명단은 성전 재건(스 1-6장), 공동체 재건(스 7-10장), 성벽 재건(느 1-6장)으로 이어지는 이야기의 시작과 끝을 알리는 역할을 맡고 있다(Eskenazi). 예루살렘에 귀향민 공동체가 세워져 다시 옛 이스라엘의 맥을 이어간 이야기를 회고하고 있는 본문은 다음과 같이 구분된다.

A. 귀향민 대표들(2:1-2)
B. 집안별로 구분된 사람들(2:3-20)
C. 지역별로 구분된 사람들(2:21-35)
D. 제사장들(2:36-39)
E. 레위 사람들(2:40-42)
F. 성전 일꾼들(2:43-54)
G. 솔로몬 종들의 자손(2:55-58)
H. 기타 사람들(2:59-63)
I. 합계와 성전 기부(2:64-69)
J. 정착(2:70)

> I. 귀향과 성전 재건(스 1:1–6:22)
> B. 공동체 회복: 귀향민 명단(2:1–70)

1. 귀향민 대표들(2:1-2)

¹옛적에 바벨론 왕 느부갓네살에게 사로잡혀 바벨론으로 갔던 자들의 자손들 중에서 놓임을 받고 예루살렘과 유다 도로 돌아와 각기 각자의 성읍으로 돌아간 자 ²곧 스룹바벨과 예수아와 느헤미야와 스라야와 르엘라야와 모르드개와 빌산과 미스발과 비그왜와 르훔과 바아나 등과 함께 나온 이스라엘 백성의 명수가 이러하니

저자는 바빌론으로 끌려간 사람 중에 많은 사람이 돌아왔다는 말로 명단을 시작한다. 이미 언급했듯이 학자들은 당시 바빌론에 거주하던 이스라엘 사람 중 10-30%만 귀국한 것으로 추측한다. 그러나 저자는 매우 많은 사람이 돌아온 것으로 묘사한다. 처음 출애굽처럼 이번 '바빌론으로부터의 출애굽'도 많은 사람에게 해방과 자유를 주었다는 것이다. 유다와 예루살렘에서 바빌론으로 끌려간 포로민 수에 비해 귀향민 수가 많은 점도 출애굽 모티프로 설명할 수 있다. 야곱이 자손들을 거느리고 이집트로 내려갈 때 남자의 수가 불과 70명이었는데 이집트에 머무는 동안 60만 장정을 앞세운 큰 민족으로 번성한 것처럼, 이스라엘은 바빌론 포로 생활을 통해 훨씬 더 왕성해졌다. 그동안 하나님께서 바빌론에서 아브라함의 후손들을 직접 보호하시고 번성하도록 축복하셨기 때문이다. 마치 이집트에서 노예살이 하던 야곱의 자손들을 보호하시고 번성하게 하신 것처럼 말이다. 주의 백성들에게 새로운 출애굽을 경험하게 하기 위해 바빌론에 머무는 동안 그들을 축복하셨다.

바빌론에서 이스라엘 사람들을 이끌고 귀국한 지도자는 12명이었다. 본문은 11명만 언급하지만 느헤미야 7:7에 의하면 '나하마니'라는 사람

이 포함되어 있다. 아마도 필사하던 사람의 실수로 이름이 누락된 것으로 생각된다. 이스라엘 귀향민을 인도해 온 열두 대표의 이름은 이러하다. 스룹바벨, 예수아, 느헤미야, 스라야, 르엘라야, 모르드개, 빌산, 미스발, 비그왜, 르훔, 바아나, 나하마니.

성경은 이들 중 처음 두 사람에 대해서만 추가 정보를 제공한다. 스룹바벨은 다윗 집안의 자손이며 스알디엘의 아들로 알려졌지만(3:2; cf. 학 1:1), 역대상 3:19은 그를 '브다야의 아들'로 표기한다. 이 점에 대해 여러 가능성이 제기되지만, 대체로 주석가들은 그가 브다야의 아들이지만, 양자 제도 등을 통해 법적으로는 스알디엘의 아들이 된 것이라고 생각한다(Williamson).

'예수아'(ישוע, lit., '그는 구원을 받았다')는 '여호수아'(יהושע lit., '여호와가 구원이시다')(학 1:1)로도 불렸다. 그는 여호사닥의 아들이며, 예루살렘이 멸망할 때 대제사장이었던 스라야의 손자이기도 하다(왕하 25:18; 대상 6:14-15). 예수아는 예루살렘으로 돌아온 지 얼마 되지 않아 대제사장 자리에 올랐다. 조상의 대를 이어 이스라엘 종교의 가장 중요한 위치에 오르게 된 것이다.

저자는 귀향민에 대해 이야기하면서 처음으로 '이스라엘'이라는 고유 명칭을 사용한다(2절). 이 사람들이야말로 이스라엘 민족의 맥을 이어갈 사람들이라는 사실을 강조하기 위해서이다. 이스라엘은 당시 국제적인 정치 무대에서 무능력의 상징이 되었고 다윗-솔로몬 시대의 영화도 아득한 추억 속에서나 존재했다. 그러던 이스라엘이 하나님으로부터 새로운 정체성을 부여받아 과거 이스라엘보다 더 중요한 새로운 공동체로 출범하고 있다(McConville).

저자가 본문에서 '12'라는 숫자를 사용하는 것으로 보아 이 명단이 상당히 피상적이라는 느낌을 준다(Williamson). 그럼에도 불구하고 굳이 12명을 지명하는 것은 처음 출애굽 때처럼 이번에도 이스라엘 12 지파가 모두 상징적으로나마 귀향 행렬에 동참했다는 것과 귀향민들이 예

I. 귀향과 성전 재건

루살렘 멸망 이전의 이스라엘 민족의 맥을 정통으로 잇고 있음을 강조하기 위해서다(Breneman). 오늘날에도 우리는 주의 백성의 맥을 이어가고 있으며, 사탄의 나라를 탈출해 하나님의 나라로 옮겨 오는 사람들의 행렬이 계속되고 있음을 본다.

> I. 귀향과 성전 재건(스 1:1–6:22)
>   B. 공동체 회복: 귀향민 명단(2:1–70)

2. 집안별로 구분된 사람들(2:3-20)

³ 바로스 자손이 이천백칠십이 명이요 ⁴ 스바댜 자손이 삼백칠십이 명이요 ⁵ 아라 자손이 칠백칠십오 명이요 ⁶ 바핫모압 자손 곧 예수아와 요압 자손이 이천팔백십이 명이요 ⁷ 엘람 자손이 천이백오십사 명이요 ⁸ 삿두 자손이 구백사십오 명이요 ⁹ 삭개 자손이 칠백육십 명이요 ¹⁰ 바니 자손이 육백사십이 명이요 ¹¹ 브배 자손이 육백이십삼 명이요 ¹² 아스갓 자손이 천이백이십이 명이요 ¹³ 아도니감 자손이 육백육십육 명이요 ¹⁴ 비그왜 자손이 이천오십육 명이요 ¹⁵ 아딘 자손이 사백오십사 명이요 ¹⁶ 아델 자손 곧 히스기야 자손이 구십팔 명이요 ¹⁷ 베새 자손이 삼백이십삼 명이요 ¹⁸ 요라 자손이 백십이 명이요 ¹⁹ 하숨 자손이 이백이십삼 명이요 ²⁰ 깁발 자손이 구십오 명이요

이 섹션은 총 1만 5,604명을 언급하고 있으며 예루살렘으로 돌아온 사람 중 집안별로 사람의 수를 나열하고 있다. 이곳에 실린 이름 중 11개는 에스라 8장에서 에스라와 함께 귀향한 사람들이 속한 가문의 명단에 등장한다. 또한 14개는 이스라엘 공동체와 이방인들을 구분하기로 한 협약에 서명한 사람들의 명단에도 실려 있다(느 10장).

느헤미야 7장의 명단과 비교했을 때 가장 큰 차이는 하립과 기브온이라는 이름 대신 요라와 깁발이라는 이름이 기록되어 있다는 것이다. 아마도 하립은 요라의 다른 이름이며, 깁발 역시 기브온으로도 불렸던

것으로 생각된다.[8] 숫자에 다소 차이를 보이는 집안도 있는데(cf. 아라, 삿두, 바니, 브배 등등), 이 중 가장 큰 차이를 보이는 집안은 아스갓 자손들이다. 에스라 2장은 1,222명이라고 하는 반면 느헤미야 7장은 2,322명이라고 한다. 이 차이에 대해 심각하게 문제를 제기하는 사람은 별로 없다. 대부분의 주석가가 필사 과정에서 비롯된 실수로 간주하기 때문이다(cf. Blenkinsopp). 집안별로 돌아온 사람들의 수는 다음과 같다.

집안	에스라 2장	느헤미야 7장
바로스	2,172	2,172
스바댜	372	372
아라	775	652
바핫모압(예수아와 모압 집안을 통하여)[9]	2,812	2,818
엘람	1,254	1,254
삿두	945	845
삭개	760	760
바니	642	648
브배	623	628
아스갓	1,222	2,322
아도니감	666	667
비그왜	2,056	2,067
아딘	454	655
아델(히스기야 집안을 통하여)	98	98
베새	323	324
요라	112	(하립) 112
하숨	223	328

---

8 만일 깁발(20절)이 기브온의 다른 이름이라면, 20절에 언급된 사람들은 집안별 사람들(3-20절) 통계가 아니라, 21절에서 시작하는 지역별 사람들(21-35절) 통계에 반영되어야 한다(Klein). 대부분의 번역본은 깁발을 지역 이름이 아니라, 조상/집안 이름으로 간주한다(NIV; NAS; TNK; ESV).

깁발	95	(기브온) 95

> I. 귀향과 성전 재건(스 1:1-6:22)
>   B. 공동체 회복: 귀향민 명단(2:1-70)

3. 지역별로 구분된 사람들(2:21-35)

²¹ 베들레헴 사람이 백이십삼 명이요 ²² 느도바 사람이 오십육 명이요 ²³ 아나돗 사람이 백이십팔 명이요 ²⁴ 아스마웻 자손이 사십이 명이요 ²⁵ 기랴다림과 그비라와 브에롯 자손이 칠백사십삼 명이요 ²⁶ 라마와 게바 자손이 육백이십일 명이요 ²⁷ 믹마스 사람이 백이십 명이요 ²⁸ 벧엘과 아이 사람이 이백이십삼 명이요 ²⁹ 느보 자손이 오십이 명이요 ³⁰ 막비스 자손이 백오십육 명이요 ³¹ 다른 엘람 자손이 천이백오십사 명이요 ³² 하림 자손이 삼백이십 명이요 ³³ 로드와 하딧과 오노 자손이 칠백이십오 명이요 ³⁴ 여리고 자손이 삼백사십오 명이요 ³⁵ 스나아 자손이 삼천육백삼십 명이었더라

이 섹션은 귀향민 중 일부에 대해 포로기 이전에 그들의 조상이 살았던 지역/성읍에 따라 분류한다. 이들이 왜 집안별로 분류되지 않고 조상이 살았던 지역에 따라 분류되었는지는 알 수 없다. 일부 주석가들은 이들이 계보를 통해 이스라엘 집안 후손임을 입증하지 못했기 때문에 조상이 살던 지역에 따라 분류한 것이라고 한다. 그러나 59-60절이 이 부류의 사람들(자신이 누구의 후손인지를 입증하지 못하는 사람들)을 구체적으로 언급하고 있는 것을 볼 때 별로 설득력이 없다.

현재로서는 유산으로 받을 땅을 소유한 사람들은 집안별로 구분되

---

9 '바핫모압'(מוֹאָב פַּחַת)은 문자적으로 '모압의 총독'이라는 의미이다(HALOT). 그래서 일부 주석가들은 이 단어를 고유명사가 아니라, 직책을 뜻하는 일반명사로 간주한다. 이렇게 취급할 경우 이들은 이스라엘이 통일왕국 시대에 모압을 지배했을 때 시작된 이스라엘 집안으로 생각된다(Klein). 그러나 대부분 번역본은 이 단어를 고유명사로 취급한다(NIV; NAS; NRS; TNK).

지만 받을 땅이 없는 사람들은 조상이 살던 지역에 따라 구분되었다는 해석이 가장 가능성 있어 보인다(Williamson). 경작할 땅은 없지만, 이들도 조상이 살던 곳으로 돌아와 끊어진 가문의 맥을 이어갈 수 있었다. 그러므로 바빌론으로부터의 귀향은 가진 자와 가지지 못한 자, 어느 누구에게나 자신의 뿌리를 찾을 수 있는 기회를 동일하게 제공했다. 주의 백성의 귀향은 사회 일부 계층에 국한된 것이 아니라 모든 사람에게 동일한 기쁨을 주었다.

이 섹션은 총 21개의 성읍/지역 이름을 나열하고 있는데, 이 중 베들레헴과 느도바 2개만이 유다 지파에 속한 것이고 나머지 19개는 모두 베냐민 지파에 속한 성읍들이다(Klein). 남 왕국 유다가 바빌론 사람들의 손에 멸망될 때 베냐민 지파가 유다 지파보다 빨리 항복하여 성읍 파괴를 면할 수 있었기 때문에 베냐민 지파 후손들은 곧바로 조상의 성읍으로 갈 수 있었다. 혹은 귀향민이 예루살렘으로 돌아왔을 때에는 모압 사람들이 유다 지파의 땅을 대부분 차지하고 있었기 때문에 유다 사람들은 자신의 성읍으로 돌아갈 수 없었다는 것을 의미할 수도 있지만, 확실하지는 않다(Clines).

느헤미야 7장이 막비스를 누락한 것과 베들레헴과 느도바를 합해 188명(스 2장은 179명이라고 함)으로 표기한 것 외에는 숫자상 큰 차이를 보이지 않는다. 역시 사본을 필사하던 사람들의 실수로 빚어진 일일 것이다. 본문은 8,540명의 귀향민이 그들의 조상이 살던 21개 성읍/지역에 정착하였다고 한다. 세부적인 사항은 다음 표를 참조하라.

성읍/지역	에스라 2장	느헤미야 7장
베들레헴	123	188
느도바	56	
아나돗	128	128
아스마웻	42	42

기랴다림-그비라-브에롯	743	743
라마-게바	621	621
믹마스	122	122
벧엘-아이	223	123
느보	52	52
막비스	156	
다른 엘람	1,254	1,254
하림	320	320
로드-하딧-오노	725	721
여리고	345	345
스나아	3,630	3,930

I. 귀향과 성전 재건(스 1:1-6:22)
  B. 공동체 회복: 귀향민 명단(2:1-70)

4. 제사장들(2:36-39)

³⁶ 제사장들은 예수아의 집 여다야 자손이 구백칠십삼 명이요 ³⁷ 임멜 자손이 천 오십이 명이요 ³⁸ 바스훌 자손이 천이백사십칠 명이요 ³⁹ 하림 자손이 천십칠 명이었더라

평신도 귀향민을 먼저 계수한 다음, 성전에서 주로 사역하게 될 제사장의 수가 제시된다. 바빌론에서 돌아온 제사장들은 네 집안을 중심으로 4,289명에 달했다. 귀향민 중 제사장이 10분의 1을 차지했던 것이다. 훗날 유대인들은 어느 도시에서든지 성인 남자 10명이면 신앙 공동체를 세울 수 있었다는 점을 감안하면, 귀향민들은 당장 4,200여 개의 신앙 공동체를 옛 유다 땅에 세울 수 있었다. 귀향한 평신도 수

에 비해 제사장의 수가 이렇게 많은 것은 제사장들이 영적인 것에 가장 관심을 가진 사람들이기 때문일 수도 있지만, 성전이 재건되어 다시 예배가 시작되면 가장 많은 이익을 얻을 사람이 바로 제사장들이기 때문이다. 그러므로 바빌론 포로민 공동체에 남아 있는 제사장은 그리 많지 않았을 것이다. 어쨌거나 많은 제사장이 귀향함으로 인해 당장이라도 여호와께 예배 드리는 일에는 차질이 없게 되었다. 제사장이 성전을 떠나면 별로 할 수 있는 일이 없다는 사실을 감안할 때, 이들이 얼마나 조국으로 돌아올 날을 사모했을지, 드디어 예루살렘에 도착했을 때 얼마나 감격했을지 상상해 보라.

오래전에 다윗이 제사장들을 24 집안/그룹으로 정비했었는데(대상 24장), 이 중 네 집안만 바빌론에서 돌아왔다. 훗날 에스라와 함께 돌아온 제사장들도 이 네 집안 사람들이다(스 10:18-22). 느헤미야 7장의 명단과 비교했을 때, 돌아온 제사장 집안의 이름과 수가 에스라 2장과 일치한다. 본문에 언급된 제사장 중 여다야의 자손 예수아가 가장 중요한 인물인데, 훗날 대제사장의 자리를 차지하게 되기 때문이다(cf. 학 1:1). 집안별로 돌아온 제사장의 수는 다음 표를 참조하라.

제사장 집안	에스라 2장	느헤미야 7장
여다야(예수아 집안을 통하여)	973	973
임멜	1,052	1,052
바스훌	1,247	1,247
하림	1,017	1,017

> I. 귀향과 성전 재건(스 1:1-6:22)
>   B. 공동체 회복: 귀향민 명단(2:1-70)

5. 레위 사람들(2:40-42)

⁴⁰레위 사람은 호다위야 자손 곧 예수아와 갓미엘 자손이 칠십사 명이요 ⁴¹노래하는 자들은 아삽 자손이 백이십팔 명이요 ⁴²문지기의 자손들은 살룸과 아델과 달문과 악굽과 하디다와 소배 자손이 모두 백삼십구 명이었더라

제사장을 도와 성전에서 사역할 레위 사람들에 관해 기록한 섹션이다. 저자는 레위 사람을 역할에 따라 세 그룹으로 나눈다. 본문의 정황으로 보아(성가대와 문지기들이 구체적으로 언급되고 있음) 첫째 그룹인 호다위야 집안을 통해 보존된 예수아와 갓미엘 자손은 성전에서 제사장의 사역을 전반적으로 돕는 일을 한 것으로 생각된다. 둘째 그룹인 아삽 자손은 성전에서 찬양을 맡은 사람들이었다(41절). 다윗은 제사장을 24그룹으로 나눈 것처럼 찬양을 맡은 레위 사람도 24그룹으로 나누었다(대상 15:16-24). 셋째 그룹에 속한 살룸, 아델, 달문, 악굽, 하디다, 소배 자손은 모두 성전 문지기 직분을 받았다(42절).

레위 사람들에게 성전 문지기 역할을 맡기고 그들을 작은 그룹으로 분류한 것은 사무엘과 다윗이 함께 한 일이었다(대상 9:17-29). 그런데 귀향한 레위 사람의 수가 제사장의 10분의 1에도 못 미쳤다. 세 그룹을 모두 합해도 341명밖에 되지 않았다. 다윗 시대에 레위 사람의 수가 3만 8,000명에 달했던 점을 감안하면(대상 23:3) 너무나도 적은 수다. 예루살렘에 새로 형성된 이스라엘 공동체에 레위 사람의 수가 매우 부족했던 것이다.

훗날 에스라가 1,500여 명에 달하는 무리를 이끌고 귀향할 때도 레위 사람이 부족해 출발을 늦추면서까지 추가로 모집했지만 결국 38명만 데리고 예루살렘으로 돌아왔다(스 8:15-20). 레위 사람의 신분이 제

사장에 비해 상대적으로 낮아 바빌론으로 끌려간 수가 그다지 많지 않았을 것이라는 설명이 있는가 하면(Williamson), 포로기를 지나는 동안 그들이 상당히 천대를 받았기 때문에 빚어진 현상이라는 추측도 있다(Myers).

아마도 제사장들과는 달리 레위 사람은 귀향과 성전 재건에 대해 그다지 좋게 받아들이지 않은 것으로 생각된다. 예루살렘으로 돌아와 봤자 차지할 유산도 없을 뿐 아니라(cf. 수 13:33; 14:3-4; 18:7; 21:1-42), 제사장에 비해 자신들의 입지와 이권이 열악했기 때문이다(Clines). 포로가 되어 바빌론으로 끌려가기 전에 레위 사람들은 성전에서 성가를 불렀고, 문지기를 하고, 짐승을 잡기도 했다(대상 15:22; 16:4-7). 서기관과 율법을 가르치는 일도 하고(느 8:7-9), 성전을 위해 모금을 하기도 했다(대하 24:5-11). 전반적으로 생각할 때 레위 사람은 제사장에 비해 고생은 훨씬 더 많이 하면서 대우는 현저히 낮게 받은 사람들이다. 오늘날로 말하면 종교적인 '열정페이'를 받았던 것이다. 그러므로 귀향민 중에 레위 사람이 많지 않았던 것은 아마도 제사장과 달리 자신은 예루살렘에서 고생스러운 삶을 피할 수 없다고 생각했기 때문일 것이다. 레위 사람들은 개인적인 이권을 포기하지 못했기 때문에 영광스러운 회복 사역의 주역이 되지 못했다. 결국 레위 사람의 낮은 귀향률은 믿음과 헌신의 문제였다. 하나님은 스스로 낮추는 자를 존귀하게 여기시고 자기 이권을 내려놓는 사람을 축복하신다. 각 그룹별 레위 사람의 수는 다음 도표를 참조하라.

레위 집안	에스라 2장	느헤미야 7장
예수아와 갓미엘(호다위야 집안을 통하여)	74	74
아삽	128	148
살룸, 아델, 달문, 악굽, 하디다, 소배	139	138

I. 귀향과 성전 재건

> I. 귀향과 성전 재건(스 1:1-6:22)
>   B. 공동체 회복: 귀향민 명단(2:1-70)

6. 성전 일꾼들(2:43-54)

⁴³ 느디님 사람들은 시하 자손과 하수바 자손과 답바옷 자손과 ⁴⁴ 게로스 자손과 시아하 자손과 바돈 자손과 ⁴⁵ 르바나 자손과 하가바 자손과 악굽 자손과 ⁴⁶ 하갑 자손과 사믈래 자손과 하난 자손과 ⁴⁷ 깃델 자손과 가할 자손과 르아야 자손과 ⁴⁸ 르신 자손과 느고다 자손과 갓삼 자손과 ⁴⁹ 웃사 자손과 바세아 자손과 베새 자손과 ⁵⁰ 아스나 자손과 므우님 자손과 느부심 자손과 ⁵¹ 박북 자손과 하그바 자손과 할훌 자손과 ⁵² 바슬룻 자손과 므히다 자손과 하르사 자손과 ⁵³ 바르고스 자손과 시스라 자손과 데마 자손과 ⁵⁴ 느시야 자손과 하디바 자손이었더라

이 섹션은 성전에서 막일을 하던 사람들의 자손을 기록하고 있다. 번역본들 대부분이(공동; 새번역; NAS; NIV; NRS; TNK) '성전 막일꾼'(temple servant)으로 번역하고 있는 히브리어 단어(הַנְּתִינִים, lit., '선물로 주어짐/바쳐진 자들'; cf. HALOT)의 뜻이 명확하지 않다 보니 개역성경과 개역개정은 칠십인역(LXX)과 킹제임스역(KJV)을 따라 이 히브리어 단어를 음역하여 '느디님 사람들'이라 한다. 그러나 오늘날에 와서는 이 단어가 무엇을 뜻하는지 확실히 밝혀졌으므로 더 이상 음역할 필요가 없다. 느디님은 성전에서 막일을 했던 사람들이다(HALOT).

이들 중에는 이스라엘이 여러 전쟁을 통해 얻은 이방인 노예의 후손들이 섞여 있었을 것이다(cf. 출 12:48; 민 31:30, 47). 오래전부터 랍비들은 이들이 여호수아를 속여 이스라엘과 언약을 맺은 기브온 사람의 후손들이라고 했다(cf. 수 9:27). 또한 이들 중에는 바빌론에서 이스라엘 사람들의 포교 활동을 통해 여호와를 알게 된 이방인도 있었을 것이다. 이 명단에 수록된 사람들의 이름 중 상당수가 비(非)히브리어 이름

이라는 점도 이러한 가능성을 뒷받침한다(Breneman).

이들이야말로 참으로 믿음 때문에 이스라엘을 찾아온 자들이다. 예루살렘으로 돌아온다고 그들의 신분이 보장되는 것도 아니고, 제사장들이나 레위 사람들에게 속한 노예라서 어쩔 수 없이 돌아온 것도 아니다(Williamson). 만일 그들이 제사장의 노예였다면 이 명단에 들지도 않았을 것이다. 제사장이 자신의 집에 이들을 두고 개인적으로 부렸을 것이기 때문이다. 게다가 65절은 이스라엘 귀향민들이 소유한 노예들을 따로 분류하고 있다.

이 사람들이 이렇다 할 이권이 없는데도 자원해서 예루살렘에 정착하여 성전에서 막일을 하는 것을 보면 그저 여호와 하나님이 좋아서 이스라엘 귀향민과 함께 온 것으로 생각된다. 이들은 옛적에 시댁을 통해 여호와를 알게 된 룻이 시어머니 나오미와 함께 베들레헴을 찾아온 일을 연상케 한다. 저자는 이들에 대해 총 35개의 이름을 제공할 뿐 구체적인 수는 밝히지 않으며, 다음 섹션(55-58절)에서 언급될 솔로몬 종들의 자손과 합해 392명이라고 한다(58절).

```
I. 귀향과 성전 재건(스 1:1-6:22)
   B. 공동체 회복: 귀향민 명단(2:1-70)
```

7. 솔로몬 종들의 자손(2:55-58)

55 솔로몬의 신하의 자손은 소대 자손과 하소베렛 자손과 브루다 자손과 56 야알라 자손과 다르곤 자손과 깃델 자손과 57 스바댜 자손과 하딜 자손과 보게렛하스바임 자손과 아미 자손이니 58 모든 느디님 사람과 솔로몬의 신하의 자손이 삼백구십이 명이었더라

솔로몬 종들의 자손과 성전 막일꾼의 수가 함께 취급되는 것으로 보아 두 그룹 사이에 밀접한 관계가 있는 것으로 생각된다. 저자는 이 섹션에서 10개의 이름을 제시하고 있는데, 이 중 '하소베렛'(הַסֹּפֶרֶת, lit., '서기관들')(55절)과 '보게렛하스바임'(פֹּכֶרֶת הַצְּבָיִים)(lit., '가젤/영양 관리자')(57절)은 그들이나 그들의 조상이 종사했던 특정 직업과 연관이 있음을 알 수 있다(cf. HALOT). 여기서 우리는 솔로몬의 위상을 잠시 엿볼 수 있다. 솔로몬은 약 500년 전에 죽은 왕이다. 그런데도 그를 섬기던 종들의 자손이 '우리 조상은 위대한 왕 솔로몬을 섬기던 자들이었다'라는 자부심을 가지고 당당하게 밝히고 있다. 다윗도 이런 영예는 누리지 못했다. 열왕기와 역대기에 기록된 솔로몬의 영화와 위상이 결코 과장된 것이 아님을 시사한다. 우리는 몇 백 년까지는 아니더라도 살아 있는 동안 우리 이웃이 우리와 교제하는 것을 축복과 기쁨으로 생각하는 삶을 살아야겠다.

성전 막일꾼과 솔로몬 종들의 자손을 합한 수는 392명이다(58절; cf. 느 7:60). 성전 막일꾼들의 서른다섯 집안과 솔로몬 종들의 열 집안 등 총 마흔다섯 집안에 속한 인구수치고는 상당히 빈약하다. 한 집안당 평균 아홉 명도 채 되지 않는 수로는 앞으로 이스라엘 예배의 중심에 설 성전 운영이 불안할 수밖에 없다. 예배를 인도할 제사장은 충분하지만(귀향민의 1/10이 제사장들이다!), 그들을 도와 잡일을 해주어야 할 막일꾼들과 레위 사람들이 턱없이 부족하기 때문이다. 예나 지금이나 이름 없이 빛도 없이 기꺼이 잡일을 하려는 사람이 귀하기는 마찬가지인가 보다.

저자가 2장에서 지금까지 제시한 귀향민의 백분율을 그들을 구분한 기준별로 정리해 보면 다음과 같다(Yamauchi).

구분	비율(%)
집안별	53.2
지역별	29.6
제사장들	14.7

레위 사람들	0.2
찬양대	0.5
문지기	0.5
막일꾼과 솔로몬의 종들	1.4
총계	100

> I. 귀향과 성전 재건(스 1:1–6:22)
> B. 공동체 회복: 귀향민 명단(2:1–70)

8. 기타 사람들(2:59-63)

⁵⁹ 델멜라와 델하르사와 그룹과 앗단과 임멜에서 올라온 자가 있으나 그들의 조상의 가문과 선조가 이스라엘에 속하였는지 밝힐 수 없었더라 ⁶⁰ 그들은 들라야 자손과 도비야 자손과 느고다 자손이라 모두 육백오십이 명이요 ⁶¹ 제사장 중에는 하바야 자손과 학고스 자손과 바르실래 자손이니 바르실래는 길르앗 사람 바르실래의 딸 중의 한 사람을 아내로 삼고 바르실래의 이름을 따른 자라 ⁶² 이 사람들은 계보 중에서 자기 이름을 찾아도 얻지 못하므로 그들을 부정하게 여겨 제사장의 직분을 행하지 못하게 하고 ⁶³ 방백이 그들에게 명령하여 우림과 둠밈을 가진 제사장이 일어나기 전에는 지성물을 먹지 말라 하였느니라

귀향민 중 일부는 자신이 이스라엘 자손임을 입증하지 못했다. 이스라엘 사람들은 집안 족보를 가지고 있었으며(cf. 느 7:5; 대상 7:5), 지역 관료들 또한 그 지역 사람에 대한 기록을 보존하고 있었다(cf. 대상 5:17; 9:22). 그런데 족보를 뒤져 보아도 이들에 대한 기록이 없었던 것이다(62절). 아마도 주전 586년 전쟁과 이어진 포로 생활로 족보를 정확하게 보존하는 일이 쉽지 않아 빚어진 일이었을 것이다. 그러나 그 어느 때보다 이스라엘의 순수 혈통에 대해 예민했던 귀향민들은 이들을 공

동체에서 따로 구분했다(62절). 물론 이것은 일시적인 조치이며, 시간이 지나면서 이들은 자연스럽게 이스라엘 공동체에 속하게 되었을 것이다. 그러나 족보 문제가 해결될 때까지는 할례받은 이방인처럼 취급되었다(Breneman). 일반인 중 652명(60절)과 제사장 중에는 하바야, 학고스, 바르실래 집안사람들이 이스라엘 혈통임을 증명하지 못했다(61절).

유다 총독(세스바살?)은 이스라엘 자손임을 스스로 입증하지 못한 제사장 자손들에게 이스라엘의 예배가 정상화되어 우림과 둠밈으로 판결하는 제사장이 취임할 때까지 성전 음식을 먹지 못하게 하였다(63절). 성전에서 드리는 모든 예배와 예식이 오염되어 부정해질 수 있기 때문에 이스라엘 사람들이 총독에게 이렇게 요청한 것으로 보인다. 우림과 둠밈은 제사장이 하나님의 뜻을 물을 때 사용한 제비뽑기였다. 하나님께 이들의 정통성을 여쭤어 확인한 다음에야 사역 여부를 결정하겠다는 뜻이다.

민족의 정체성과 귀향민이 포로기 이전에 존재했던 이스라엘 공동체의 맥을 잇기에 적격이라는 점을 매우 중시하던 당시 상황을 고려하면 새로이 형성된 예루살렘 공동체가 혈통에 집착하여 이 같은 조치를 내린 것을 충분히 이해할 수 있다(Williamson). 그러나 세월이 지나면서 이들은 혈통을 초월하여 여호와에 대한 믿음을 바탕으로 공동체를 변화시켜야만 한다. 한 시대의 영적 필요 때문에 선호되고 강조되던 것이 다른 시대에 가서는 무의미하거나 오히려 영적 걸림돌이 될 수도 있기 때문이다. 이러한 차원에서 우리는 일부 한국 기독교인들 가운데 형성되어 있는 '영적 귀족주의'를 경계해야 한다.

이스라엘 사람들은 이 사실을 깨닫지 못해 계속 혈통에 집착하게 되었고 예수님과 사도들은 이러한 영적 교만을 강도 높게 비판했다(cf. 요 8장; 롬 9:6; 빌 3:3-8). 우리도 영적 교만에 빠지지 않으려면 신앙생활에서 시대와 장소에 상관없이 지켜야 할 절대적인 것과 상대적/가변적인 것을 구분할 줄 알아야 하며, 시대적 필요에서 비롯된 관례나 풍습들은 과감하게 포기할 줄도 알아야 한다. 신앙생활은 끊임없는 변화와 성찰을 요하기 때문에 어려운 것이다.

> I. 귀향과 성전 재건(스 1:1-6:22)
>   B. 공동체 회복: 귀향민 명단(2:1-70)

9. 합계와 성전 기부(2:64-69)

⁶⁴ 온 회중의 합계가 사만 이천삼백육십 명이요 ⁶⁵ 그 외에 남종과 여종이 칠천삼백삼십칠 명이요 노래하는 남녀가 이백 명이요 ⁶⁶ 말이 칠백삼십육이요 노새가 이백사십오요 ⁶⁷ 낙타가 사백삼십오요 나귀가 육천칠백이십이었더라 ⁶⁸ 어떤 족장들이 예루살렘에 있는 여호와의 성전 터에 이르러 하나님의 전을 그 곳에 다시 건축하려고 예물을 기쁘게 드리되 ⁶⁹ 힘 자라는 대로 공사하는 금고에 들이니 금이 육만 천 다릭이요 은이 오천 마네요 제사장의 옷이 백 벌이었더라

본문은 돌아온 이스라엘 회중의 수가 총 4만 2,360명이었다고 한다(64절; cf. 느 7:66). 그러나 에스라 2장이 지금까지 제시한 수와 맞지 않으며, 더 나아가 같은 일을 회고하는 느헤미야 7장과 제1에스드라 5장의 수와도 다음과 같은 차이를 보인다(Yamauchi).

구분	에스라 2장	느헤미야 7장	제1에스드라 5장
이스라엘 남자	24,144	25,406	26,390
제사장	4,289	4,289	2,388
레위 사람, 성가대 등등	341	360	341
성전 막일꾼	392	392	372
가문을 증명할 수 없는 사람	652	542	652
총계	29,818	31,089	30,143

I. 귀향과 성전 재건

　1장에서 그릇의 합계가 세부적으로 제시한 수를 모두 더한 것보다 많은 현상이 여기에서도 반복된다. 본문에 기록한 것이 지금까지 제시한 각 그룹의 수를 더한 것(=29,818)[10]보다 1만 2,000명 정도 많다. 저자가 본문에서 따로 언급하지는 않았지만, 합계에 포함된 사람이 1만 2,000명이나 더 있다는 의미다. 여기에 노예 7,337명과 그밖에 노래하는 남녀 200명이 더 있다(65절; 느 7:67은 245명이라고 함). 이들은 저자가 언급하지는 않았지만 합계에 포함시킨 1만 2,000명의 일부일 수도 있다(Klein). 그러나 당시 노예는 짐승과 함께 소유물로 취급되던 점을 감안하면 이들을 1만 2,000명에 포함하지 않는 것이 바람직하다. 일부 주석가들은 이 수가 여자들, 유다와 베냐민 지파 사람들을 제외한 수라고 하지만, 확실하지 않다. 노래하는 남녀 200명은 성전에서 찬양하는 사람과 구분되어야 한다(41절). 이들은 부자들이 사적인 즐거움과 유흥을 위해 고용한 '가수들'이었다(cf. 삼하 19:35; 전 2:8).

　귀향민이 끌고 온 짐승은 말 736마리, 노새 245마리, 낙타 435마리, 나귀 6,722마리 등이었다(66-67절). 당시에는 먼 길을 떠날 때 부자는 주로 말을, 가난한 사람은 나귀를 이용하였다(Breneman). 함께 온 노예와 짐승의 규모로 볼 때, 귀향민 중 상당수가 부자였음을 알 수 있다. 이들이 성전 재건을 위해 내놓은 '건축 헌금'의 규모를 보아도 이들의 재력을 짐작할 수 있다.[11] 그들은 금 6만 1,000다릭, 은 5,000마네, 제사장 예복으로 100벌을 기부했다(68-69절). 여기서부터는 느헤미야 7장과 상당한 차이를 보인다. 다음 표를 참조하라.

10　이 본문과 거의 같은 내용을 제시하고 있는 느헤미야 7장의 숫자들을 더하면 3만 1,089명이다.
11　이들이 귀향하자마자 이 헌물을 기부한 것인지, 아니면 십수 년이 지난 후 성전 건축에 대한 분위기가 조성되었을 때 기부한 것인지는 확실하지 않다. 후자일 가능성이 높다(cf. 3:8 주해).

헌물	에스라 2장	느헤미야 7장
금	(몇몇 지도자들) 6만 1,000	(총독+지도자들+평민들) 4만 1,000
은	(몇몇 지도자들) 5,000	(지도자들+평민들) 4,200
제사장 예복	(몇몇 지도자들) 100	(총독+평민들) 597
대접		(총독) 50

'다릭'(דַּרְכְּמוֹן)은 8.424g의 금으로 만든 동전인데, 98% 순금에 동전의 강도를 높이기 위해 2%의 다른 물질을 더한 것이다(cf. ABD). 한 다릭의 가치는 매우 높았다. 당시 황소 한 마리가 1다릭에 팔렸다고 한다(Yamauchi). 다릭이란 명칭은 다리오 1세(주전 521-486년)의 이름에서 유래되었으며, 이 동전에는 다리오가 반쯤 무릎을 꿇고 활과 화살을 쥔 모습이 새겨져 있다. 본문이 주전 530년대의 일을 회고하면서 몇십 년 뒤에 통용될 동전을 언급한다고 해서 일부 주석가들은 저자가 시대착오(anachronism)를 범하고 있다고 한다(Clines, Williamson). 그러나 그렇게 간주하기보다는 저자가 이 동전에 익숙한 후세대를 위해 원래 금액을 다릭으로 환산해 놓은 것으로 보는 것이 바람직하다. 성경에는 이러한 '현대화 작업'이 자주 등장하기 때문이다. 예를 들면 창세기 14장은 아브라함이 롯을 구하기 위해 단까지 쫓아갔다고 하는데, 이 지역의 원래 이름은 라이스이며, 사사기 17-18장 이후에야 이 지역이 단으로 불리기 시작했다. 이러한 현대화 작업이 본문의 다릭 사용에도 적용된 것이다. 귀향민이 예루살렘에 정착한 지 100여 년이 지난 후에 저자가 역사적 자료들을 활용해 에스라—느헤미야서를 저작했다는 사실을 생각하면 그가 왜 당시 청중에게 익숙한 화폐를 가지고 옛적 일을 설명하는지 충분히 이해가 간다.

'마네'(מָנֶה)는 바빌론 사람들이 이미 사용한 동전의 무게 단위로 무려 570g에 달한다(cf. ABD). 시대마다 세겔의 무게와 가치가 달랐는데, 페르시아 시대에 1세겔은 은 9.5g으로 노동자의 한 달 봉급이었다

(Yamauchi). 그러므로 1마네는 60세겔로 한 사람의 5년 치 봉급이다. 귀향민들이 헌금한 은의 양만 해도 5,000마네인데 이는 무려 2만 5,000명의 연봉에 해당된다. 이들이 성전 재건을 위해 들여놓은 귀금속은 금이 513.9kg, 은이 2,850kg이고, 제사장이 입는 예복(כָּתְנֹת)은 매우 섬세하고 고급스러운 옷감으로 만든 값진 것이었다. 모두 어마어마한 가치를 지닌 기부였다.

한 가지 염려스러운 것은, 모든 귀향민이 마음을 모아 이 예물을 바친 것이 아니라 지도자 중 일부가 헌금했다는 사실이다(68절). 물론 느헤미야 7장은 일반인들도 이 일에 동참했다고 한다. 그러나 책을 시작하는 이곳에서 저자는 일부 지도자들만 이 일에 동참했다고 한다. 일부 주석가들은 이 사실이 앞으로 우리가 책에서 보게 될 신앙적으로 온전하지 못한 이스라엘 공동체의 모습을 암시하는 것으로 이해한다(McConville). 많은 사람이 하나님을 섬기기 위해 예루살렘으로 돌아온 것이 아니라, 여호와 종교를 이용해 개인적인 이익을 취하려고 귀향에 동참했다는 것이다.

실제로 귀향민이 정착한 지 얼마 되지 않은 주전 520년에 그들의 경제적 여건은 매우 악화되었다. 당시 사역했던 학개 선지자는 그들이 성전을 재건하지 않고 방치했기 때문에 이 같은 경제적 어려움이 엄습한 것이라고 한다(cf. 학 1:7-11). 이스라엘 사람들은 자신이 귀향한 이유를 잊어버리고 영적으로 방황하다가 경제적 어려움을 당하게 된 것이다. 이러한 상황은 느헤미야 시대까지 계속되었으며, 느헤미야가 개혁을 단행할 때까지 부자들은 가난한 백성을 상대로 고리대금업까지 서슴지 않았다. 하나님을 섬기려고 예루살렘으로 돌아온 것이 아니라, 하나님을 이용해 자기 잇속을 챙기려고 돌아온 부자들의 본색이 드러난 것이다.

| I. 귀향과 성전 재건(스 1:1–6:22) |
| B. 공동체 회복: 귀향민 명단(2:1–70) |

10. 정착(2:70)

⁷⁰ 이에 제사장들과 레위 사람들과 백성 몇과 노래하는 자들과 문지기들과 느디님 사람들이 각자의 성읍에 살았고 이스라엘 무리도 각자의 성읍에 살았더라

귀향민 대부분은 폐허가 된 예루살렘에 정착할 수 없었다. 치안도 문제였지만, 무엇보다 그들의 수가 너무 많았기 때문이다. 그래서 자연스럽게 각자 조상이 살던 성읍과 지역으로 옮겨 가 정착했다. 물론 조상의 땅에 대한 권한을 가진 자들은 땅을 다시 찾기도 했을 것이다. 제사장과 레위 사람 등 종교인들도 온 유다 곳곳에 흩어져 귀향민들과 함께 살았다. 종교 지도자들이 귀향민들의 정착지에 함께 산 것은 그들의 신앙 정체성뿐만 아니라 민족 정체성에도 크게 기여했다(Klein).

처음 출애굽 때처럼 제2의 출애굽을 경험한 귀향민은 약속의 땅 곳곳에 흩어져 살게 되었다. 그래서 저자는 옛적에 여호수아가 가나안을 정복한 후 백성들이 안식할 수 있었던 것처럼(cf. 수 11:23), 귀향민들도 오랜 여정 끝에 각자의 기업에 정착하여 안식을 누릴 수 있었다는 분위기로 2장을 마무리한다. 다른 점이 있다면, 여호수아 시대에는 전쟁을 통해 땅을 쟁취했는데, 이번에는 수십 년 동안 행사하지 못했던 재산권을 행사하여 땅을 얻게 되었다. 하나님이 주신 평안이었다.

I. 귀향과 성전 재건(스 1:1-6:22)

C. 성전 재건(3:1-6:22)

학자들은 오랜 세월 동안 에스라 3-4장의 역사적 정황에 대해 열띤 논쟁을 펼쳐 왔다(cf. Williamson). 일부 주석가들은 에스라 3-4장이 에스라서에 기록된 모든 사건의 역사적 신빙성을 부인하는 대표적인 예라고 주장했고, 다른 학자들은 이 섹션의 문체를 이해하면 별다른 문제가 없다는 입장을 고수해 왔다(cf. Clines). 학자들이 이렇게 입장을 달리하게 된 것은 무엇보다도 본문의 불확실성 때문이다.

성전 재건 프로젝트의 시작을 기록하고 있는 3:1-7은 마치 1-2장에 기록된 귀향과 귀향민이 유다 전역에 흩어져 정착한 뒤 연이어 일어난 일인 것 같은 분위기를 조성한다. 더욱이 3:8은 귀향민이 예루살렘으로 돌아온 이듬해에 성전 재건을 추진했다는 느낌을 준다(Klein). 반면 4:4-5은 적들의 반대 공작으로 성전 재건이 고레스 시대뿐만 아니라 다리오 시대까지 추진되지 못했다고 한다. 또한 제단과 성전 재건을 추진한 주역은 스룹바벨이었는데(3:2, 8), 5:16은 세스바살이 성전 기초를 놓았다고 기록하고 있다. 게다가 학개와 스가랴 선지자는 주전 520년에 추진된 성전 재건에 대해 이전에 귀향민이 실패했던 프로젝트를 다시 추진한 것이 아니라 이때 처음으로 추진한 듯한 느낌을 준다.

성전 재건에 대해 명확하게 알려 주지 않는 텍스트들은 학자들의 논쟁을 가중시켰으며 대체로 학자들의 해석은 세 가지로 나뉜다.

첫째, 위에 언급된 문제점에도 불구하고 이 섹션이 당시에 있었던 일들을 시대 순으로 나열하고 있다는 입장을 고수하는 경우다(Breneman). 고레스 칙령에 힘입어 주전 538년 혹은 그 이듬해 귀향한 이스라엘 사람들은 얼마 지나지 않아 제단을 봉헌하기 위해 예루살렘에 모였다(3:1-6). 귀향한 지 1-2년이 지난 후 스룹바벨과 예수아의 지휘에 따라 성전 재건 공사를 시작했지만(3:7-13), 외부 세력의 반대에 부딪쳐 멈추게 되었다(4:1-5). 성전 재건 공사는 십수 년간 방치되다가 학개와 스가랴 선지자의 도전으로 다리오 1세 즉위 2년인 주전 520년에 재개되었다.

　이 해석이 가장 전통적인 견해이지만, 앞서 언급한 문제점에 대해 만족할 만한 설명을 하지 못하는 약점을 안고 있다. 게다가 만일 이들이 귀향한 이듬해인 주전 537년경에 공사를 시작했다면, 고레스 칙령을 받들어 성전을 건축하러 예루살렘에 온 사람들이 왜 페르시아 관료들의 반대에 부딪쳐 공사를 진행하지 못했겠는가? 왕의 칙령만 보여주면 모든 것이 해결될 텐데 말이다. 아니면 고레스가 성전을 건축하라는 칙령을 내린 바로 다음 해에 마음을 바꾸어 이미 내린 칙령을 번복하는 새 칙령을 내렸단 말인가? 잘 이해가 가지 않는 부분이다. 고레스는 주전 530년까지 페르시아 제국을 통치했다.

　둘째, 성전 재건에 관해 이 섹션이 기록하고 있는 모든 일은 학개와 스가랴 선지자가 이스라엘 백성들에게 도전적인 메시지를 선포했던 주전 520년 이후의 일이라는 주장이다(Galling). 이 주장은 에스라 3-6장을 두 선지자의 메시지와 밀접하게 연결시켜 해석하며 특히 리더십의 변화에 집중적인 관심을 쏟는다. 이 학자들에 의하면 저자는 스룹바벨과 세스바살을 혼돈하고 있으며, 귀향민이 돌아오자마자 세스바살이 성전 재건 프로젝트를 어느 정도 진행했는지는 별로 중요하지 않다. 이 섹션은 스룹바벨이 새로 시작한 성전 재건 사업만을 묘사하고 있기 때문이다.

　이 해석의 가장 큰 문제는 고레스 칙령에 힘입어 예루살렘으로 돌아온 사람들의 성과나 업적을 전혀 인정하지 않는다는 사실이다. 만일 첫 귀향민이 성전 재건에 관심이 없는 사람들이었다면, 그들은 과연 무엇 때문에 예루살렘으로 돌아왔으며, 공동체적으로 어떤 일을 추진했단 말인가? 그러므로 이 해석은 귀향민의 신학적 귀향 목적을 약화시킨다.

제3의 대안으로 많은 학자의 지지를 받고 있는 해석은 이 섹션을 확고하고 정확한 역사적 회고로 보기보다는 당시의 시대적 흐름과 분위기를 묘사하고 있는 서술적인 글로 보아야 한다는 입장이다. 사건의 실제성보다는 이 섹션이 안고 있는 문체적 특성을 고려해 접근해야 한다는 것이다(Talmon). 이 해석에 의하면 에스라 3:1-4:3은 제2성전(귀향민 공동체가 세운 성전)이 어떻게 세워졌는가에 대한 전반적인 요약이다. 에스라 3:1-4:3은 성전 공사 단계를 시대적 순서에 따라 정리하는 역사적인 요약이 아니라, 제2성전에 대한 찬양과 제1성전(솔로몬이 건축한 성전)과의 연결성을 강조하는 신학적인 요약이다(Talmon). 이러한 목적으로 저자가 고레스와 다리오 시대에 있었던 일들을 시대적 순서에 구애받지 않고 자유로이 기록했다는 것이다.

이 견해에 따르면 일부 학자들이 문제 삼는 3:1-6과 4:1-5의 관계도 별 어려움 없이 설명될 수 있다. 4:4-5은 이제껏 전개된 내용을 요약적으로 재정리하며(recapitulate) 동시에 섹션의 끝을 알려 주는(delineate the textual unit) 일종의 기술(記述)(a literary device)로써 '요약적 표기'(summary notation)이다(Talmon). 저자는 이 기술을 4:4-5에서 사용해 3:1-6, 특히 3절이 언급하고 있는 '모든 나라 백성들에 대한 두려움'을 재차 회고하고 있다. 이 같은 문체적 정황을 감안하면 4:5이 말하고자 하는 것은 고레스 왕 시대에 멈춘 성전 공사가 다리오 시대에 재개된 것이 아니라, 귀향민이 처음부터 느꼈던 주변 사람들에 대한 두려움(3:3)과 원수들의 방해 공작(4:4-5) 때문에 성전 재건 공사가 다리오 시대에 비로소 시작되었다는 것이다(Throntveit).

이 해석을 종합해 보면 제단은 귀향민이 돌아와서 몇 개월 만에 헌당되었으며(3:1-6), 3:7-4:3은 다리오 시대에 진행된 일을 기록하고 있고, 4:4-5은 왜 성전 건축이 이때까지 지연되었는가에 대한 요약적 표기/설명이다(Williamson). 고레스 시대에 귀향민들이 성전 재건을 추진했다가 실패해 다리오 시대에 다시 시작한 것이 아니라, 주변의 방해 세력들 때문에 성전 재건을 다리오 시대에 와서야 비로소 시작했다는 뜻이다. 그러나 이 기간에도 그들이 돌아오자마자 헌당한 제단에서 하나님께 드리는 예배는 계속되었다. 본문이 안고 있는 여러 가지 불확실성을 감안할 때 상당히 매력적인 대안으로 생각된다. 이 책에서도 세 번째 입장을 근거로 본문을 해석해 나가고자 한다. 귀향민들이 우여곡절 끝에 성전을 재건한 이야기를 회고하고 있는 이 본문은 다음과 같이 크게 두 부분으로 나뉜다.

    A. 재건 반대(3:1-4:24)
    B. 재건 성공(5:1-6:22)

I. 귀향과 성전 재건(스 1:1-6:22)
   C. 성전 재건(3:1-6:22)

1. 재건 반대(3:1-4:24)

이스라엘 사람들은 예루살렘으로 돌아와 한곳에 머물지 않고 각자 조상의 기업으로 돌아갔다. 그리고 어느 정도 시간이 지난 다음 다시 예루살렘에 모여 옛 성전 뜰에 제단을 세우고 하나님께 예배하며 제물을 드리기 시작했다(3:1-6). 그러나 성전 재건은 곧장 시작할 수 없었다. 이스라엘의 결집과 민족주의의 부상을 우려한 주변 민족들의 정치적·심리적 방해가 매우 심했기 때문이다(3:3; 4:4-5). 비전을 가지고 조국으로 돌아온 귀향민이 그들을 인도하신 하나님께로부터 눈을 돌려 적들의 협박과 방해를 보니 그들을 이겨낼 믿음이 사라진 것이다.

  결국 성전 건축은 다리오 1세 즉위 2년(주전 520년)까지 보류되었다(4:5). 저자는 3:7-4:24에서 성전의 상징과 의미를 중심으로 이 기간(viz., 주전 538-520년)에 있었던 일들을 회고한다. 그는 역사적 관점보다는 신학적 관점에서 이 일들을 조명하고 있기 때문에 사건들의 정확한 순서나 세부 사항에는 크게 신경을 쓰지 않고 이야기를 진행한다(Talmon).

저자가 이처럼 17여 년 동안 있었던 일을 마치 한순간의 일처럼 회고하는 것은 여기에서만 관찰되는 독특한 현상은 아니다. 일정한 기간 혹은 몇 차례 있었던 일을 마치 한꺼번에 일어난 사건처럼 묘사하는 일은 성경 다른 곳에서도 종종 발견되는 일종의 기술(記述) 방식이다. 가장 간단한 예로 다윗의 왕위 즉위식을 들 수 있다. 열왕기에 의하면 다윗은 사울이 죽은 후 유다 왕이 되어 7년 6개월 동안 이스보셋과 아브넬을 중심으로 한 이스라엘과 전쟁을 치렀다(삼하 2장). 그러다가 드디어 아브넬의 주선과 이스보셋의 암살(삼하 3-4장)로 통일왕국의 왕으로 즉위하게 되었다(삼하 5장). 그렇다면 다윗은 두 번의 즉위식을 치렀으며, 두 즉위식 사이에는 최소한 7년 6개월의 세월이 흘렀다.

그런데 역대기 저자는 이 사건들을 회고하면서 마치 다윗이 처음부터 통일왕국의 왕으로 취임한 것처럼 묘사한다(대상 11장). 이스라엘이 하나님의 섭리에 따라 하나된 마음으로 그를 왕으로 추대했다는 신학적인 메시지를 강조하고자 두 즉위식을 하나의 사건처럼 묘사한 것이다. 에스라—느헤미야서 저자도 성전 재건이 주변에 사는 족속들의 지속적인 반대 때문에 17여 년 동안 지연되다가 결국 성공했다는 사실을 마치 하나의 사건처럼 묘사함으로써 이야기의 초점을 역사적 정황이 아니라 성전 재건과 성전이 지니고 있는 상징성에 맞추고 있다.

비록 원수들의 성전 건축 반대로 지연되기는 했지만 결국 재건된 성전, 그것을 회고하는 이야기(3:1-6:22) 중 첫 번째 부분인 이 섹션은 다음과 같이 구분할 수 있다.

  A. 제단 재건(3:1-6)
  B. 성전 기초공사(3:7-13)
  C. 원수들의 도움이 거부됨(4:1-3)

D. 재건이 다리오 시대까지 보류됨(4:4-5)
   E. 지속적인 반대(4:6-7)
   F. 르훔과 심새의 상소(4:8-16)
   G. 아닥사스다의 회신(4:17-24)

```
I. 귀향과 성전 재건(스 1:1-6:22)
   C. 성전 재건(3:1-6:22)
      1. 재건 반대(3:1-4:24)
```

(1) 제단 재건(3:1-6)

¹ 이스라엘 자손이 각자의 성읍에 살았더니 일곱째 달에 이르러 일제히 예루살렘에 모인지라 ² 요사닥의 아들 예수아와 그의 형제 제사장들과 스알디엘의 아들 스룹바벨과 그의 형제들이 다 일어나 이스라엘 하나님의 제단을 만들고 하나님의 사람 모세의 율법에 기록한 대로 번제를 그 위에서 드리려 할새 ³ 무리가 모든 나라 백성을 두려워하여 제단을 그 터에 세우고 그 위에서 아침 저녁으로 여호와께 번제를 드리며 ⁴ 기록된 규례대로 초막절을 지켜 번제를 매일 정수대로 날마다 드리고 ⁵ 그 후에는 항상 드리는 번제와 초하루와 여호와의 모든 거룩한 절기의 번제와 사람이 여호와께 기쁘게 드리는 예물을 드리되 ⁶ 일곱째 달 초하루부터 비로소 여호와께 번제를 드렸으나 그 때에 여호와의 성전 지대는 미처 놓지 못한지라

이스라엘 후손들이 유다로 돌아와 각자 조상이 살던 마을에 정착한 해 7월에 예루살렘에 다시 모여 제단을 재건하였다(1절). 저자는 이 일에 모든 귀향민이 하나된 마음이었다는 사실을 강조하기 위해 '한 사람처럼'(כְּאִישׁ אֶחָד)¹² 예루살렘에 모였다고 한다(1절; cf. NAS; TNK; ESV의 'as one man'). 역대기와 에스라—느헤미야서에는 지도자가 종교적 절기를 기념하기 위해 사람들을 소집하는 경우가 여러 차례 기록되어 있다(대

---

12 개역개정의 "일제히"는 이런 저자의 의도를 잘 살리지 못하고 있다.

상 13:1-5; 대하 5:2-3; 20:3-4; 30:1-13; 34:20-32; 스 10:7-9). 반면에 본문이 언급하고 있는 제단 재건을 위해서는 백성들이 스스로 자원해서 예루살렘에 모였다(Klein). 귀향민이 조국으로 돌아온 것은 무엇보다도 종교적 이유였기 때문에 이런 일이 가능했다. 훗날 이들은 에스라의 말씀 강론을 듣기 위해 다시 자발적으로 모인다(느 8:1). 에스라—느헤미야서의 기록을 보면, 여호와 종교를 지향하는 백성들의 예배가 포로기 이전에는 의무적인 면모가 강했다면, 포로기 이후에는 자발적인 것으로 바뀌고 있다는 느낌을 준다.

본문은 귀향민이 예루살렘으로 돌아온 지 6개월 만인, 7월에 예루살렘에 모여 제단을 세웠다고 한다(1절). 그러나 일부 학자들은 귀향민의 정착 기간으로 6개월은 너무 짧다고 생각해 이듬해 7월로 간주하기도 한다(cf. Williamson). 티스리월로도 알려진 7월은 양력 9-10월에 걸쳐 있는 달이며 비가 내리기 시작하는 때로 밀과 보리 파종을 위해 밭갈이를 하는 시기이다.

종교적으로는 중요한 축제가 세 개나 몰려 있는 달이다. 이스라엘 종교력에 의하면 티스리월 1일은 새해의 시작이기도 하다. 귀향민들은 새로운 각오로 신앙생활과 조국에서의 정착 생활을 시작하기 원해 새해의 시작을 기다렸다가 예루살렘에 모여 제단을 세웠던 것으로 생각된다(Throntveit). 티스리월 10일은 온 이스라엘이 모여 하나님께 용서를 구하는 속죄일이고, 15-21일은 이스라엘의 출애굽과 광야 생활을 기념하는 초막절이다(cf. 레 23:33-36, 39-43). 초막절의 핵심은 이스라엘을 용광로와 같은 이집트 노예 생활에서 구원하시고 생명을 위협하는 광야에서 보호하신 하나님의 은혜만을 전적으로 의지하며 살아야 한다는 사실을 기념하는 데 있다(cf. 레 23:42-43). 그러므로 귀향민이 처음으로 지키기 시작한 종교적 절기가 초막절인 것은 결코 우연이 아니다. 그들은 바빌론 포로 생활에서 구원하시고, 수개월에 걸친 귀향 여정에 함께하신 하나님만을 의지하며 살겠다는 각오를 다지며 이 절기로부터 다시 제사를 시작한 것이다. 즉, 이때 이스라엘의 예배가 시작된 것은 그들의 신앙고백에서 나온 선택이었다.

우리는 매우 풍요롭고 안전한 세상에서 살기 때문에 열악한 환경에서 하나님을 전적으로 의지하며 살아간다는 것이 무엇을 의미하는지 잘 이해하지 못할 때가 있다. 그러나 아직도 세계 곳곳에는 하나님의 보호와 은혜가 없으면 생존 자체가 어려운 곳이 많다. 그들의 절박함을 이해하고, 우리도 하나님을 의지하는 일에 나태해지지 않도록 경각심을 가져야 한다. 하나님을 전적으로 의지하지 않으면 우리의 풍요와 안전도 결국 한낱 환영(幻影)에 지나지 않기 때문이다(McConville).

제단 재건을 주도한 사람은 제사장 예수아(2:2, 36; 학 1:1)와 스룹바벨(2:2; 학 1:1)이었다(2절). 그들은 새로운 모양의 제단을 세운 것이 아니라 율법에 제시된 모형을 따랐다. 제단을 세운 장소도 옛 제단이 서 있던 성전 마당이었다(3절). 물론 성전은 지난 수십 년간 폐허로 방치되어 있었다. 이들이 다른 곳이 아닌 바로 이곳에 제단을 세운 것은 옛적에 선조들이 하나님께 드리던 예배를 이제 자신들이 이어가고 있음을 의식했기 때문이다. 일부 학자들은 포로기 중에도 예루살렘에 남은 자들이 성전 뜰, 무너진 제단에서 하나님께 예물을 드렸다고 하지만(Bright, Noth, cf. 렘 41:5), 확실하지는 않다.

저자는 이들이 제단을 세우면서 '하나님의 사람 모세'가 중계한 율법의 규정을 철두철미하게 따랐다는 사실을 부각하며(2절) 새로 형성된 공동체가 얼마나 율법을 철저하게 지키고자 했는지를 강조하고 있다(cf. 4절). 그들의 조상이 하나님의 율법을 거역하는 죄를 지어 바빌론으로 끌려갔다는 뼈아픈 사실이 귀향민에게 약이 되어 귀향하면 무엇을 최우선 순위로 삼아야 하는지를 깊이 깨닫게 한 것이다. 무엇보다도 그들은 말씀에 순종하는 일을 삶의 최우선 순위로 삼았다.

그들은 번제(2-3절), 초막절 번제(4절), 매일 드리는 번제, 초하루와 거룩한 절기마다 드리는 예물, 자원하여 드리는 예물(5절) 등 제단에서 드려지는 모든 예물이 모세 율법의 규정을 따르도록 했다(3b-5절). 일상적으로 드리는 예물은 일주일에 수소가 71마리, 숫양이 15마리, 양이 105마리, 염소가 7마리에 달했다(Clines, cf. 민 29:12-38). 초하루는 매달 1일 새로운 달을 시작하며 드리는 예배였으며, 종교적 절기로는 유월절(무교절), 칠칠절(오순절), 장막절(초막절), 속죄일 등이 있었다(cf. 레 23장).

저자가 귀향민들이 제단을 재건하고 이곳에서 매달 초하루와 매년 절기마다 율법에 따라 제물을 드렸다고 기록한 것 역시 제단 재건 사건의 중요성을 하나의 역사적 사건으로만 보는 것이 아니라, 이후 제단이 이스라엘 예배의 핵심이 된 것으로 평가하고 있음을 보여 준다. 귀향민들이 제단을 다시 세운 주전 538년부터 저자가 이 책을 집필하고 있는 때까지 제단에서 지속된 갖가지 제사와 예배를 이 한 문장으로 요약하고 있다. 아직 성전은 재건되지 않았지만, 귀향민이 돌아온 해 7월부터 재개된 예배와 제사가 이후 끊이지 않고 계속되었던 것이다(6절).

```
I. 귀향과 성전 재건(스 1:1-6:22)
   C. 성전 재건(3:1-6:22)
      1. 재건 반대(3:1-4:24)
```

(2) 성전 기초공사(3:7-13)

⁷ 이에 석수와 목수에게 돈을 주고 또 시돈 사람과 두로 사람에게 먹을 것과 마실 것과 기름을 주고 바사 왕 고레스의 명령대로 백향목을 레바논에서 욥바 해변까지 운송하게 하였더라 ⁸ 예루살렘에 있는 하나님의 성전에 이른 지 이 년 둘째 달에 스알디엘의 아들 스룹바벨과 요사닥의 아들 예수아와 다른 형제 제사장들과 레위 사람들과 무릇 사로잡혔다가 예루살렘에 돌아온 자들이 공사를 시작하고 이십 세 이상의 레위 사람들을 세워 여호와의 성전 공사를 감독하게 하매 ⁹ 이에 예수아와 그의 아들들과 그의 형제들과 갓미엘과

(스 1:1-6:22)

그의 아들들과 유다 자손과 헤나닷 자손과 그의 형제 레위 사람들이 일제히 일어나 하나님의 성전 일꾼들을 감독하니라 [10] 건축자가 여호와의 성전의 기초를 놓을 때에 제사장들은 예복을 입고 나팔을 들고 아삽 자손 레위 사람들은 제금을 들고 서서 이스라엘 왕 다윗의 규례대로 여호와를 찬송하되 [11] 찬양으로 화답하며 여호와께 감사하여 이르되 주는 지극히 선하시므로 그의 인자하심이 이스라엘에게 영원하시도다 하니 모든 백성이 여호와의 성전 기초가 놓임을 보고 여호와를 찬송하며 큰 소리로 즐거이 부르며 [12] 제사장들과 레위 사람들과 나이 많은 족장들은 첫 성전을 보았으므로 이제 이 성전의 기초가 놓임을 보고 대성통곡하였으나 여러 사람은 기쁨으로 크게 함성을 지르니 [13] 백성이 크게 외치는 소리가 멀리 들리므로 즐거이 부르는 소리와 통곡하는 소리를 백성들이 분간하지 못하였더라

 귀향민들은 옛 제단이 서 있던 곳에 새 제단을 세우고 예배를 시작했지만(2절), 성전 재건 공사는 이때까지 시작하지 못했다. 이스라엘이 결집하고 왕성해지는 것에 위협을 느끼거나 시기하는 주변 족속들에 대한 두려움 때문이었다(3절). 이스라엘이 허물어진 성전 뜰에 서 있는 조라한 제단에서 십수 년 동안 예배를 드렸다는 것은 신앙생활에서 무엇이 중요한지를 새삼 깨닫게 되었음을 의미한다. 성전이 완성되어 그곳에서 예배를 드리면 더할 나위 없이 좋겠지만, 현실적인 어려움이 그들로 하여금 조라한 제단 앞이지만 온 마음으로 예배를 드리도록 했다. 하나님은 당연히 이런 예배를 받으셨다. 예배에서 가장 중요한 것은 예배자의 상한 심령과 하나님과 교통하려는 마음이지, 예배를 드리는 화려한 건물이나 장소가 아니기 때문이다.
 이스라엘은 포로로 끌려가기 전에는 지나치게 성전 중심의 신앙생활을 했다(cf. 렘 7장). 심지어는 성전이 그들 삶에서 일종의 부적이 되었다. 그래서 어떤 죄를 지어도 성전에 와서 헌물하고 예배만 드리면 모든 문제가 해결되는 줄 알았다(cf. 사 1:11-15). 그러나 성전은 원래 하나

님의 임재를 기념하는 곳이지, 하나님을 대체하는 곳은 아니다. 그러므로 그들이 지나치게 성전에 집착한 것은 여호와를 의지하지 않고 성전을 의지했다는 뜻이다.

그러나 지금은 조상들이 그렇게 소중하게 여기고 영적 만병통치약으로 생각했던 성전이 폐허 더미로 남아 있는 상태에서 예배를 드리고 있다. 조금 늦은 감이 있지만 귀향민들은 하나님과의 관계를 유지하는데 성전이 생각만큼 중요하지도 신비롭지도 않다는 것을 깨달았을 것이다. 우리도 자신의 믿음이 궁극적으로 무엇에 의존하고 있는지 살펴볼 필요가 있다.

백성들은 성전을 재건하기 위해 석수와 목수를 고용하고, 시돈과 두로 사람들에게 레바논의 백향목을 욥바까지 운송하게 했다(7절). 귀향민은 솔로몬이 첫 성전을 건축할 때의 과정을 그대로 답습하고 있다(cf. 왕상 5:11-18; 대하 2:8-16). 이번 성전도 최대한 처음 것처럼 만들어 보겠다는 의지가 다분하다. 이처럼 솔로몬 성전을 의식하면서 공사 과정을 모방하는 것은 가장 중요한 이슈(끊어진 역사의 다리가 다시 이어지고, 자신들이 포로기 이전에 존재했던 이스라엘 공동체의 맥을 이어가기에 합당한 자들이라는 점)를 다시 한 번 가시적으로 보여 주기 위해서이다.

반면에 두 성전 건축 준비에는 두 가지 차이점이 있다(Throntveit). 첫째, 첫 성전을 건축하는 일은 이스라엘의 왕들(다윗과 솔로몬)이 주축이 되었고 비용도 거의 다 왕들이 부담했지만, 이번 프로젝트는 백성들이 주도하고 있으며, 비용도 이들이 부담하고 있다는 사실이다. 둘째, 솔로몬의 성전은 매우 웅장하고 화려했던 것에 반해, 이들의 성전은 상대적으로 매우 초라했다. 그래서 성전 기초가 놓이는 순간 이들 중 더러는 옛 성전의 영화를 기억하며 통곡하는 사람들이 있었다(12절). 이스라엘 종교에서 성전 건물의 중요성과 정치인들(왕들)의 역할이 쇠퇴하고 있음을 암시한다.

본문에서는 이 모든 것이 귀향민이 제단을 헌당하면서 추진한 일이며 이듬해 2월에는 성전을 건축하기 위한 모든 준비가 끝난 듯 보인다 (8절). 본문을 이렇게 해석할 경우, 성전 기초공사가 이때 이루어졌지만 이후 17년 동안 방치되다가 다리오 1세 즉위 2년째 되던 해인 주전 520년에 가서야 비로소 공사가 재개되었다는 전통적인 해석에 도달하게 된다. 그러나 이러한 해석은 저자가 의도한 바가 아니다. 다음 이슈들을 생각해 보라.

첫째, 많은 학자가 7-8개월(돌아온 해 7월부터 이듬해 2월까지)은 성전 건축을 위한 물자를 조달하는 데, 특히 레바논에서 백향목을 운반해 오기에는 턱없이 부족한 시간이라고 생각한다(Williamson).

둘째, 저자는 성전 기초공사가 그들이 "예루살렘에 있는 하나님의 성전에 이른 지 이 년째 되던 해"에 시작되었다고 하는데(8절), 이 문구가 정확히 무엇을 뜻하는지를 생각해 보아야 한다. 우리말 번역본 중 공동번역과 새번역은 귀향민이 예루살렘으로 돌아온 이듬해에 성전 건축이 시작된 것처럼 번역하고 있다. "백성이 하나님의 성전 터가 있는 예루살렘으로 돌아온 지 이태째가 되는 해"(새번역), "때는 하느님의 성전을 찾아 예루살렘으로 돌아온 다음해"(공동번역). 그러나 만일 귀향민이 예루살렘으로 돌아온 지 2년째 되는 해를 뜻한다면, 저자는 굳이 이런 표현을 쓰지 않았을 것이다.

저자는 이미 귀향민이 예루살렘에 도착한 일을 '바벨론에서 예루살렘으로'(מִבָּבֶל לִירוּשָׁלָיִם)라는 구체적이고 명확한 문구로 묘사한 적이 있기 때문에(1:11) 굳이 이처럼 애매한 표현을 사용할 필요가 없다. 저자는 이 표현을 통해 귀향민이 예루살렘에 도착한 것과 자신이 이 구절에서 회고하고 있는 일을 구분하고자 한다. 그래서 대부분의 영어 번역본은 귀향민이 예루살렘으로 돌아온 지 2년 째 되던 해에 성전 건축이 시작되었다는 오해를 유발하지 않도록 번역하고 있다(NAS; NIV; NRS; TNK).

그렇다면 저자가 의도한 바는 무엇일까? 저자는 2:68에서 지도자 중 일부가 성전 건축을 위해 헌물한 시기를 '예루살렘에 있는 여호와의 성전 터에 이르렀을 때'라며 비슷한 표현을 사용한 적이 있다. 이 표현은 귀향민들이 예루살렘으로 돌아온 후 세월이 얼마나 지났는지에 상관없이 그들이 성전 건축에 깊은 관심을 갖기 시작한 해에 헌물을 기부하기 시작했다는 뜻이며, 본문은 이듬해 곧 '백성들이 진실된 마음으로 성전에 관심을 갖기 시작한 지 2년째 되던 해'에 성전 공사가 시작되었다는 것을 말한다(Williamson). 주전 520년에 시작된 성전 건축이 오랫동안 멈추었던 공사를 다시 시작하는 것이 아니라, 한 번도 시도한 적이 없는 새로운 프로젝트를 시작한 것으로 언급하고 있는 학개와 스가랴 선지자의 말씀을 배경으로 읽으면 이러한 사실이 더욱 확실해진다. 즉, 본문은 다리오 1세 즉위 2년째인 주전 520년에 있었던 일을 기록하고 있는 것이다(Clines).

저자가 성전 공사 과정을 이렇게 묘사한 것은 솔로몬 성전과 이 성전을 상징적으로(typologically) 연결시키기 위해서이다. 두 성전 공사의 공통점을 생각해 보자. 첫째, 솔로몬 성전 공사에 수많은 석수와 목수뿐만 아니라 시돈과 두로 사람들까지 동원된 것처럼, 이번 공사에도 그들이 동원되었다(7절). 둘째, 솔로몬 성전에 레바논 백향목이 사용되었던 것처럼, 이번 성전도 백향목으로 건축되었다(7절). 셋째, 처음 공사를 솔로몬 왕이 추진했던 것처럼, 이번 공사도 '거의 왕족'(near-royalty)인 스룹바벨이 추진했다(Galling). 넷째, 솔로몬이 성전 공사를 2월에 시작했던 것처럼(cf. 왕상 6:1), 이들도 성전 공사를 2월(시브월; 오늘날 달력으로는 4-5월)에 시작했다(8절). 다섯째, 솔로몬의 성전이 7년에 걸쳐 건축된 것처럼(cf. 왕상 6:38), 이 성전 공사 기간도 총 7년이 걸렸다. 실제 공사는 다리오 즉위 2년에 시작되었으며(4:24), 5년 후에 완공되었다(6:15). 본문은 여기에 '성전 건축을 위해 모금을 시작한 지 2년째 되던 해'에 공사가 시작되었다는 사실을 추가함으로써 새 성전도 총 7년에 걸쳐 완공되었다고 하는 것이다(Williamson). 저자는 옛 이스라엘 공동체뿐만 아니라 성전 또한 귀향민에 의해 계승되고 있음을 강조하고자 한다.

성전 건축은 온 백성이 함께했다. 스룹바벨과 예수아가 총지휘를 맡았으며, 제사장들과 레위 사람들이 도왔다. 레위 사람 중 20세 이상인 자들이 공사 감독이 되어 백성들과 함께 진행했다(8절). 레위 사람이 사역을 시작하는 나이는 보통 30세이지만(민 4:3, 23, 30; cf. 대상 23:3), 25세에 시작하기도 했다(민 8:24). 그러나 필요에 따라서는 20세에 시작하는 융통성도 보인다(cf. 대상 23:24, 27; 대하 31:17). 귀향민 공동체에 레위 사람이 매우 귀했던 점을 감안하면(2:40ff.), 20세가 된 레위 사람들이 공사 감독으로 기용된 것은 당연한 일이다.

첫 성전은 솔로몬 왕이 거의 모든 경비를 부담했고 홀로 지휘하다시피 했던 것에 반해, 이번에는 온 공동체가 함께하는 모습이 매우 대조적이며 아름답다. 옛 성전은 몇몇 개인의 열정이 이루어낸 결과였다면, 이번 성전은 모든 주의 백성이 함께 세운 기념비적 건물로서 하나 됨을 상징하기에 충분했다. 이 기념비적 건물을 세우기 위해 제사장의 가족들과 레위 사람의 가족들도 한마음으로 즐겁게 일했다(9절). 신앙의 지도자들이 모범을 보인 좋은 사례이다.

어느 정도 공사가 끝나 성전 기초를 놓을 때, 그들은 함께 모여 예배를 드렸다(10절). 저자가 또 한 번 강조하는 것은 옛 이스라엘과의 연결점이다. 귀향민은 선조들이 수백 년 동안 드렸던 예배와 같은 예배를 드렸다. 솔로몬 성전에서 레위 사람 가운데 아삽 자손들만 찬양했던 것처럼 이 예배에서도 그들만 찬양했고, 다윗이 지정해 준 자리에서 찬양했다(10절, cf. 대상 16:5; 25:1). 귀향민 공동체는 모세 율법과 다윗이 정해 준 규례와 규정을 그대로 준수하고 있다.

심지어 하나님의 선하심과 성실하심과 주의 백성을 향한 사랑 등 세 가지를 기념해 드리는 찬양도(11절) 과거에 자주 사용되던 시편이었다(시 100:5; cf. 대상 16:34; 대하 5:13). 예레미야는 훗날 주의 백성이 기쁨과 즐거움으로 노래 부를 날이 올 것이라 예언했다(렘 33:11). 이 공동체가 바로 선지자의 예언을 성취하고 있는 것이다. 비록 허물어진 성전이 아직 재건되지는 않았지만, 하나님은 이날 이스라엘의 찬송 중에 거하셨다(Breneman).

대부분의 사람이 감사와 감격의 예배를 드리는 동안(11, 12b절) 몇몇은 통곡했다(12a절). 그들은 솔로몬 성전을 직접 본 나이 많은 제사장들과 레위 사람들과 지도자들이었다. 불타버린 성전을 재건하게 된 것은 민족의 염원이자 꿈에 그리던 일이었기에 참으로 기쁘지만, 솔로몬 성전에 비하면 지금 이 성전은 너무나 보잘것없고 초라했기 때문이다(McConville). 또한 성전이 있을 때는 그것이 얼마나 좋은 것인지 모르다가 수십 년을 성전 없이 살아 본 다음에야 비로소 소중함을 깨달았으니 감회가 더욱 새로웠을 것이다(Klein). 누리고 있는 복이 사라지기 전에 그 소중함을 깨닫는 사람, 다른 사람들은 당연시하는 은혜에 대해 꾸준히 감사하는 사람이 참으로 복이 있다.

이날 백성들은 하나님 앞에 실컷 소리를 지르며 찬양을 부르기도 하고 울기도 하였다. 그래서 그들의 환성과 통곡이 뒤섞여 큰 소리가 되어 아주 멀리까지 들렸다고 한다(13절). 이것은 여호와의 백성이라고 하면서 성전도 없이 살아온 지난 수십 년의 수모와 서러움을 날려 버리는 통곡이었으며, 하나님과의 관계가 새로운 궤도에 오를 것이라는 기대감에 찬 환희였다. 그러나 모든 사람이 기뻐한 것은 아니었다. 귀향민을 방해할 사람들도 이들의 환성을 듣고 있었다(Klein).

옛적에 솔로몬이 성전을 건축할 때는 기쁨과 환성만이 있었는데, 이 예배에는 백성들의 애환도 함께했다. 귀향민들이 많은 아픔과 신음 속에서 예배의 제단을 쌓고 있기 때문이다. 훗날 느헤미야의 지휘하에 예루살렘 성벽을 재건하고 기념 예배를 드릴 때 다시 이처럼 큰 소리를 듣게 되는데, 그때에는 기쁨의 환호만이 메아리친다(느 12:27-43).

```
I. 귀향과 성전 재건(스 1:1-6:22)
   C. 성전 재건(3:1-6:22)
      1. 재건 반대(3:1-4:24)
```

(3) 원수들의 도움이 거부됨(4:1-3)

¹ 사로잡혔던 자들의 자손이 이스라엘의 하나님 여호와의 성전을 건축한다 함을 유다와 베냐민의 대적이 듣고 ² 스룹바벨과 족장들에게 나아와 이르되 우리도 너희와 함께 건축하게 하라 우리도 너희 같이 너희 하나님을 찾노라 앗수르 왕 에살핫돈이 우리를 이리로 오게 한 날부터 우리가 하나님께 제사를 드리노라 하니 ³ 스룹바벨과 예수아와 기타 이스라엘 족장들이 이르되 우리 하나님의 성전을 건축하는 데 너희는 우리와 상관이 없느니라 바사 왕 고레스가 우리에게 명령하신 대로 우리가 이스라엘의 하나님 여호와를 위하여 홀로 건축하리라 하였더니

본문은 귀향민이 성전 기초공사를 마치고 예배를 드린 일이(3:8-13) 마치 예루살렘으로 돌아오자마자 일어난 일인 것 같은 느낌을 준다. 그러나 성전 기초공사가 시작된 때는 주전 520년이다. 그럼에도 불구하고 예루살렘에 귀향민을 중심으로 한 새 이스라엘 공동체가 시작되자마자 있었던 일인 것처럼 느껴지는 이유는 저자가 주전 538-520년 사이에 있었던 일들을 마치 한 순간에 일어난 사건처럼 요약하고 있기 때문이다.

그렇다면 성전을 재건하라는 고레스 왕의 명령을 실행하기 위해 예루살렘으로 돌아왔던 사람들이 왜 곧바로 건축을 시작하지 못하고 십수 년이 지나서야 공사를 시작한 것일까? 저자는 4장에서 그 이유를 설명한다. 그것은 주변 민족들의 반대와 견제가 무척 심했기 때문이다. 저자는 성전 재건 공사에 참여하겠다고 나선 주변 민족을 '대적들'이라고 부른다. 이것은 귀향민이 예루살렘으로 돌아온 후 성전 건축을 시작할 때까지 십수 년 동안 그들이 이스라엘 사람들에게 어떻게 했는

I. 귀향과 성전 재건

가에 대한 평가이다(Williamson).

포로 생활에서 돌아온 이스라엘 사람들이 성전을 건축한다는 소식을 듣고 주변 민족들이 참여하겠다고 나섰다(2절). 이들은 자신들도 하나님께 제물을 드리는 사람이며 아시리아의 왕 에살핫돈(주전 681-669년) 때 강제로 이 땅에 끌려와 정착해 살고 있다고 했다(2절). 그러나 아시리아의 기록 어디에도 에살핫돈이 다른 지역 사람들을 끌고 와 가나안 지역에 정착시켰다는 말이 없다. 그러므로 이들의 말에는 신빙성이 없다. 또한 자신들이 하나님께 제사를 드려 왔다고 하지만, 온전히 여호와만을 섬기는 사람들이 아니라 여러 신을 한꺼번에 숭배하는 다신주의자임이 확실하다(Klein).

귀향민 공동체 지도자들은 그들의 제안을 단호히 거절했다(3절). 성전 건축을 위해 많은 도움이 필요한 지도자들이 이들의 호의를 완전히 묵살한 것에 대해 설명이 분분하지만, 생각해 보면 이유는 간단하다. 이스라엘이 청하지 않은 도움을 주겠다고 제안한 이들은 오래전부터 인근에 살았던 모압, 암몬, 에돔 자손 등 가나안 원주민들과 아시리아의 외교정책에 따라 강제로 이주해 온 사람들이었으며(2절), 처음부터 귀향민을 위협한 자들이었다(3:3; 4:4; cf. 느 4장). 그래서 저자는 그들을 이스라엘의 '대적'(צָרִים)이라고 규정한다(1절). 그들은 결코 순수한 동기나 좋은 의도에서 성전 건축을 돕겠다고 한 것이 아니라, 공사가 순조롭게 진행되는 것을 막으려는 의도로 거짓 도움을 제안한 것이다. 그래서 이스라엘 지도자들은 이들의 제안을 좋게 받아들이지 않았다. 불손한 의도를 가진 제안임을 알고 있었던 것이다.

귀향민 중 자신이 이스라엘의 후손이라는 사실을 족보 등의 자료로 입증할 수 없는 사람들을 격리시킬 정도로 민족의 정체성과 순수성에 대해 예민한 사람들이 결코 이방인들과 반(半)이스라엘 사람들의 제안을 수용할 수는 없다(2:59-63). 그래서 스룹바벨과 예수아를 비롯한 지도자들은, 성전 건축은 고레스 왕이 오직 이스라엘 귀향민에게만 명령한 일이라며 그들의 제안을 단호히 거절했다(3절). 지도자들이 원수들의 제안을 거절한 명분은 고레스 칙령이었다. 성전은 오직 이스라엘 사람들만 건설할 수 있다고 고레스 왕이 명령했다는 것이다. 즉, 지도자들은 '페르시아 왕 고레스가 허락하지 않는다'며 이들의 제안을 거절했다. 제국의 왕이 허락하지 않은 일을 어떻게 귀향민이 허락하겠는가! 지도자들의 답변이 매우 지혜롭게 생각된다.

```
I. 귀향과 성전 재건(스 1:1-6:22)
    C. 성전 재건(3:1-6:22)
        1. 재건 반대(3:1-4:24)
```

(4) 재건이 다리오 시대까지 보류됨(4:4-5)

⁴ 이로부터 그 땅 백성이 유다 백성의 손을 약하게 하여 그 건축을 방해하되
⁵ 바사 왕 고레스의 시대부터 바사 왕 다리오가 즉위할 때까지 관리들에게 뇌물을 주어 그 계획을 막았으며

함께 성전을 건축하사던 '대적들'이 처음부터 나쁜 의도로 예루살렘 성전 재건 프로젝트에 끼어들려고 했던 사실이 역력히 드러났다. 만일 순수한 동기에서 도움을 주고자 했다면, 이스라엘이 거절했을 때 '싫으면 말고' 혹은 '나중에라도 도움이 필요하면 말하라'며 뒤로 물러났을 것이다. 그러나 자신들의 '호의'가 거절당하자 악한 본색을 드러냈다. 수단과 방법을 가리지 않고 성전 재건 공사에 방해 공작을 시작한 것이다.

그들이 어떻게 성전 건축을 방해했단 말인가? 저자는 먼저 이 섹션에서 그들의 방해에 대해 전반적으로 요약한다. 그런 다음 세부적이고 구체적인 것들은 다음 섹션(4:6-23)에서 설명한다. 방해 공작은 크게 두 가지로 요약할 수 있다. 첫째, 성전 공사를 방해하여 백성들의 사기를 떨어뜨렸다(4절). 백성들이 그들을 두려워했던 것을 보면(3:3) 방해

공작이 상당히 위협적이었음을 알 수 있다. 둘째, 매수할 수 있는 모든 [페르시아] 관료와 동원할 수 있는 모든 정치 채널을 사용해 공사를 방해했다(5절). 그들의 훼방은 고레스가 다스리던 때뿐만 아니라 다리오가 통치하던 시대까지 계속되었다. 끈질기고 지속적이었으며 거의 20년 동안 계속되었다. 결국 그들의 훼방으로 성전 재건 공사는 다리오 시대까지 시작할 수 없었다.

이렇게 지속적이고 끈질긴 적들을 대적하기가 가장 힘들다. 사람을 지치게 하고 심리적으로 위축시키기 때문이다. 영적인 싸움도 그렇다. 사탄이 가장 두려워하는 성도는 아무리 여러 차례 실패해도 끝까지 하나님을 향한 믿음을 포기하지 않고 계속해서 사탄을 대항해 싸우는 그런 사람이다.

I. 귀향과 성전 재건(스 1:1-6:22)
  C. 성전 재건(3:1-6:22)
    1. 재건 반대(3:1-4:24)

(5) 지속적인 반대(4:6-7)

⁶ 또 아하수에로가 즉위할 때에 그들이 글을 올려 유다와 예루살렘 주민을 고발하니라 ⁷ 아닥사스다 때에 비슬람과 미드르닷과 다브엘과 그의 동료들이 바사 왕 아닥사스다에게 글을 올렸으니 그 글은 아람 문자와 아람 방언으로 써서 진술하였더라

대적들은 공사장을 직접 찾아와 이스라엘 인부들을 위협해 사기를 떨어뜨렸을 뿐만 아니라(4절), 정치적 채널을 모두 동원해 공사를 막으려 했다. 그들은 아하수에로 왕(주전 486-465년)에게 이스라엘 백성을 고발하는 편지를 썼고(6절), 아닥사스다 왕(주전 465-424년)에게도 상소하였다(7절). 아닥사스다에게 상소한 사람이 3명이었는지, 2명이었는지에 대해서는 다소 논란이 있다. 우리말 번역본 중에서도 개역개

정과 새번역은 '비슬람, 미드르닷, 다브엘' 세 명을 말하는데 공동번역 (cf. 칠십인역)은 '미드르닷과 타브엘'만 말한다. 개역개정과 새번역은 '비슬람'(בִּשְׁלָם)을 고유명사로 번역했지만, 공동번역은 이 단어를 '함께'(in peace)라는 의미를 지닌 부사로 번역했기 때문이다(cf. HALOT).

이 단어를 사람의 이름이 아니라 '함께'라는 부사로 번역할 경우, 미드르닷과 다브엘이 아닥사스다 왕에게 보낸 상소는 귀향민의 행보를 긍정적으로 간주하며 단순히 그들이 하는 일의 적법성을 확인하는 좋은 의도에서 보낸 '평안'(in peace)을 도모하는 상소였다는 해석도 가능하다(Blenkinsopp). 그러나 만일 이 상소가 귀향민을 긍정적인 시각에서 보고 있다면, 왜 주변 족속들의 지속적이고 강력한 반대를 회고하는 이곳에 삽입되었을까? 그러므로 이 단어는 부사가 아니라 사람의 이름을 뜻하는 고유명사로 간주하는 것이 바람직하다. 대부분의 번역본은 비슬람을 고유명사로 취급한다(NAS; NIV; NRS; TNK; ESV).

저자가 왜 아하수에로와 아닥사스다를 언급하고 있는지 생각해 보자. 이미 수차례 언급한 것처럼 성전은 다리오 1세 즉위 2년인 주전 520년에 공사가 시작되어 즉위 6년에 완공되었으며, 아하수에로와 아닥사스다 두 왕 모두 다리오 1세(주전 522-486년) 이후에 페르시아를 통치했던 왕들이다. 에스더의 남편이자(cf. 에 1:1) 크세르크세스(Xerxes) 1세로도 알려진 아하수에로 왕은 주전 486-465년에 페르시아 제국을 다스렸으며, 에스라와 느헤미야를 예루살렘으로 보낸 아닥사스다 왕은 주전 465-424년에 제국을 통치했다. 그렇다면 이 왕들은 예루살렘 성전이 완공된 주전 516년 이후 사람들이다. 즉, 긍정적으로든 부정적으로든 성전 공사에 어떠한 영향력도 행사할 수 없는 사람들이다. 그들이 즉위하기 전에 이미 성전이 완공되었기 때문이다. 반면에 이 왕들의 시대에도 채 복구되지 않았던 예루살렘 성읍과 성벽에 대해서는 결정적인 영향력을 행사할 수 있는 자들이며, 실제로 아닥사스다 왕은 이스라엘 사람들이 성읍을 재건하지 못하도록 조치를 취했다(21절; cf.

13, 16절).

그렇다면 저자는 왜 성전 건축을 반대하는 원수들의 음모가 이 왕들이 통치하던 시대까지 지속된 것처럼 기록하고 있는 것일까? 특히 아닥사스다의 반대 서신이 인용된 다음에 다시 다리오 시대를 이야기하는 것이(24절) 납득하기 어려울 수 있다. 이 점에 대해 학자들은 다양한 추론을 제시했다. 어떤 이들은 저자가 이 왕들의 시대에 대해 착각을 하거나 잘못 알고 있었기 때문이라고 하고, 어떤 학자들은 이 섹션이 다브엘 회고(Memoir by Tabeel, cf. 7절)의 시작을 알리는 것이라고 하지만(cf. Williamson), 그 어느 것도 만족스럽지 못하다.

가장 자연스러운 설명은 이미 여러 차례 언급한 것처럼 이 본문이 사건들에 대한 정확한 역사적 회고가 아니라 신학적 회고라는 것이다(cf. Throntveit). 저자는 오직 성전 재건에만 관심이 있는 것이 아니라 장차 있을 예루살렘 성벽과 성읍 재건에도 지대한 관심을 가지고 있다. 그러나 세 가지 공사 중 어느 하나도 쉬운 것이 없었다. 방해 세력이 온갖 수단과 방법을 동원해 주의 백성을 괴롭혔기 때문이다. 이스라엘은 세 가지 재건을 모두 이룰 때까지 끊임없이 방해 세력과 싸워야 했다. 성전 재건만 방해를 받은 것이 아니라, 성벽, 성읍 재건도 심각한 방해를 이겨내야 했다는 사실을 이 구절에서 요약하고 있다. 그래서 성전 건축 문제로 이야기를 시작했다가(4:1-5), 성읍 건축을 금지하는 상소와 아닥사스다 왕의 회신을 회고한 다음(4:6-22), 다시 성전 공사가 금지된 이야기로(4:23-24) 이 장(章)을 끝내고 있다.

저자가 이 장에서 강조하려는 것은 하나님의 일을 지속적으로 훼방했던 당시의 시대적 정서이다. 만일 성전 건축을 훼방하는 일에만 관심이 있었다면 다리오 왕의 뒤를 이은 아하수에로와 아닥사스다 왕이 아니라 다리오 이전에 고레스의 대를 이어 페르시아를 통치했던 캠비스(주전 530-522년)에 대한 언급이 분명히 있었을 것이다. 또한 성전 재건만이 이 섹션의 주제였다면 성읍 재건이 유일한 관심사인 상소자들

(스 1:1-6:22)

과 아닥사스다 왕의 회신이(4:8-23) 이 장에 삽입될 필요가 없다.
 그러므로 저자는 이 구절에서 귀향민들이 예루살렘에 첫발을 들여놓은 순간부터 100여 년 이상 이스라엘을 괴롭힌 방해 세력이 있었음을 밝히고 있다. 주변 민족들로 구성되어 있는 방해 세력이 얼마나 집요하고 위협적이었는지를 의식해야만 5-6장에 기록된 위대한 업적의 중요성과 에스라와 느헤미야가 그렇게 몰아내려 했던 타(他) 민족과의 결혼에 숨겨져 있는 위험을 깨달을 수 있다(Kidner). 귀향민 공동체가 100여 년 동안 성전과 성읍 및 성벽 재건을 이루어낸 업적이 그 규모로만 생각하면 초라할 수도 있다. 그러나 저자는 그들이 이처럼 집요하고 지칠 줄 모르는 방해 세력을 견뎌내며 이 일을 이룩했다는 사실을 강조하여 귀향민의 노고를 높이 기리고자 한다.
 이스라엘 사람들이 하나님의 인도와 축복 아래 예루살렘으로 귀향했고, 귀향한 후 예루살렘 성전과 성읍과 성벽 건축 등 하나님이 기뻐하실 일들을 하는데도 불구하고 이렇게 지속적이고 격렬한 방해가 있었다는 것은 우리에게 시사하는 바가 크다. 종종 사람들은 하나님께서 인정하시고 함께하시기만 하면 모든 일이 평탄하고 순조로울 것이라고 떠들어댄다. 우리가 그분 안에 거하는 한 삶의 걸림돌을 모두 제거해 주실 것이기 때문이라고 한다. 정말 그런가? 저자는 이러한 생각과 기대는 착각에 불과하다고 한다. 오히려 하나님이 인정하시고 함께하시기 때문에 걷기가 더 어려운 길이 있기도 하지 않은가? 오죽하면 주님께서 성도의 삶을 십자가를 지고 가는 것이라고 말씀하셨겠는가? 이제는 예수만 믿으면 병이 낫고 부자가 되며, 긍정적으로 생각하기만 하면 모든 일이 잘될 거라는 자기 최면은 그만했으면 좋겠다. 이러한 생각들은 비(非)성경적이기 때문이다.

I. 귀향과 성전 재건(스 1:1–6:22)
  C. 성전 재건(3:1–6:22)
    1. 재건 반대(3:1–4:24)

(6) 르훔과 심새의 상소(4:8-16)

⁸방백 르훔과 서기관 심새가 아닥사스다 왕에게 올려 예루살렘 백성을 고발한 그 글에 ⁹방백 르훔과 서기관 심새와 그의 동료 디나 사람과 아바삿 사람과 다블래 사람과 아바새 사람과 아렉 사람과 바벨론 사람과 수산 사람과 데해 사람과 엘람 사람과 ¹⁰그 밖에 백성 곧 존귀한 오스납발이 사마리아 성과 유브라데 강 건너편 다른 땅에 옮겨 둔 자들과 함께 고발한다 하였더라 ¹¹아닥사스다 왕에게 올린 그 글의 초본은 이러하니 강 건너편에 있는 신하들은 ¹²왕에게 아뢰나이다 당신에게서 우리에게로 올라온 유다 사람들이 예루살렘에 이르러 이 패역하고 악한 성읍을 건축하는데 이미 그 기초를 수축하고 성곽을 건축하오니 ¹³이제 왕은 아시옵소서 만일 이 성읍을 건축하고 그 성곽을 완공하면 저 무리가 다시는 조공과 관세와 통행세를 바치지 아니하리니 결국 왕들에게 손해가 되리이다 ¹⁴우리가 이제 왕궁의 소금을 먹으므로 왕이 수치 당함을 차마 보지 못하여 사람을 보내어 왕에게 아뢰오니 ¹⁵왕은 조상들의 사기를 살펴보시면 그 사기에서 이 성읍은 패역한 성읍이라 예로부터 그 중에서 항상 반역하는 일을 행하여 왕들과 각 도에 손해가 된 것을 보시고 아실지라 이 성읍이 무너짐도 이 때문이니이다 ¹⁶이제 감히 왕에게 아뢰오니 이 성읍이 중건되어 성곽이 준공되면 이로 말미암아 왕의 강 건너편 영지가 없어지리이다 하였더라

앞에서는 원수들이 정치적 채널을 통해 이스라엘의 사역을 방해했다면, 이 섹션에서는 원수들과 페르시아 왕 사이에 오고간 서신을 예로 들며 이들의 훼방이 얼마나 심각했는지를 보여 준다. 페르시아 제국은 당시 통용어인 아람어를 공식어로 채택하여 국가의 공식 문서와 서신을 모두 아람어로 작성했다. 저자도 그 시대상을 반영해 페르시아 왕

과 지방 관리들 사이에 오간 실제 서신들에 아람어를 사용한다.

이곳(4:8)에서 시작되는 아람어 사용은 6:18에서 끝이 난다. 아람어는 아시리아 제국에 의해 주전 8세기부터 공용어로 채택되었으며 바빌론과 페르시아 제국 시대를 거치면서 공용어로서의 확고한 위치를 차지했다. 지방 관리들과 아닥사스다 왕이 주고받은 두 개의 편지로 구성된 4:8-24은 다음과 같은 구조를 지녔다(Throntveit).

  A. 상소에 참가한 자들 명단이 들어 있는 내러티브 틀(narrative frame) (4:8-10)
    B. 르훔의 상소(4:11-16)
      —인사(4:11)
      a. 유다 사람들이 성읍을 재건하고 있음(4:12)
        b. 조공과 관세와 통행세를 바치지 않아 국고에 손해를 끼칠 것임(4:13)
          c. 기록은 이 성읍이 오래전부터 반역을 일삼았음을 증명할 것임(4:14-16)
    B'. 아닥사스다의 회신(4:17-22)
      —인사(4:17)
          c'. 기록은 이 성읍이 오래전부터 반역을 일삼았음을 증명함 (4:18-19)
        b'. 한때는 예루살렘 왕들이 조공과 관세와 통행세를 거두어 들였음(4:20)
      a'. 명령: 성읍을 재건하지 못하도록 하라(4:21-22)
  A'. 상소에 참가한 자들 명단이 들어 있는 내러티브 틀(narrative frame) (4:23)

이스라엘을 고발하는 상소는 방백 르훔과 서기관 심새가 주동이 되어 올렸다. 르훔(רְחוּם, lit., '자비')은 '나의 신은 자비롭다'라는 뜻의 바빌론 이름 '라힘일이'(Rahim-ili)에서 비롯되었다(Clines). 그는 페르시아 왕을 대신해 가나안 지역을 다스리는 '사령관/지휘관'(בְּעֵל־טְעֵם)이었다(8절, Klein). 서기관 심새(שִׁמְשַׁי)(lit., '밝음')는 바빌론의 태양신 이름 '샴샤이'(Shamshai)에서 비롯된 이름이다. 페르시아 정부의 서기관 임무는 공식 문서를 아람어로 혹은 원주민들의 언어로 번역하는 일이었다(Clines). 르훔이 심새와 긴밀하게 일해야 하는 이유가 여기에 있었다. 제국의 모든 공식 문서는 그를 통해 중앙정부로 올라갔던 것이다.

이들과 함께 상소문에 이름을 올린 사람은 심새의 동료들과 디나 사람과 아바삿 사람과 다블래 사람과 아바새 사람과 아렉 사람과 바빌론 사람과 수산 사람과 데해 사람과 엘람 사람과 '존귀한 오스납발'이 다른 지방에서 가나안 지역으로 이주시킨 민족들이었다(9-10절). '오스납발'(אָסְנַפַּר)이 아시리아 왕의 이름인 것은 확실하지만, 정확히 누구를 뜻하는지는 알 수 없다(HALOT). 대부분의 주석가는 '아술바니발'(Asshurbanipal, 주전 669-633년)이라고 생각한다(Clines). 아술바니발이 민족들을 강제로 이주시켰다는 기록은 없지만, 이것이 당시 아시리아 제국의 외교정책이었음을 감안하면 당연한 일이다. 이 왕은 주전 648년에 바빌론의 반역을 제압했고, 주전 642년에는 엘람을 정복했고, 주전 641년에는 수사를 정복했다(cf. ABD). 그런 다음 발길을 서쪽(가나안)으로 돌렸다. 이러한 정황을 고려할 때 비록 아시리아 기록에는 없지만, 본문의 내용은 사실임이 확실하다(Williamson).

저자는 상소한 자들을 총 열 그룹/민족으로 나열하고 있다. 이 중 '디나 사람'(דִּינָיֵא)은 고유명사가 아니라 일반명사인 '재판관들'(judges)로 해석되어야 한다(HALOT; NAS; NRS; NIV; TNK). '아바삿 사람들'(תַּרְכְּוָיֵא אֲפַרְסָיֵא) 역시 고유명사가 아니라 일반명사로서 재판관들보다 직급이 낮은 관료들을 뜻한다(HALOT; 'lesser governors,' NAS; 'officials,' NIV, NRS; TNK). '다블래 사람'(טַרְפְּלָיֵא) 또한 관직이었다(HALOT; cf. 'officials,' NAS,

NRS; 'officers,' TNK). '아바새 사람'(אֲפַרְסְכָיֵא)도 페르시아 제국의 벼슬이었다(HALOT; cf. 'secretaries,' NAS; 'overseers,' TNK). 페르시아 관료들과 주변 민족들이 모두 한통속이 되어 이스라엘을 괴롭혔다는 뜻이다. 이스라엘 귀향민은 온통 적들에 둘러싸여 있었고 제국의 관료들이 가장 큰 적이었다. 귀향민에게 가장 큰 영향력을 행사할 수 있는 제국의 관료들이 이스라엘이 하고자 하는 일을 반대하고 나섰으니, 귀향민이 당면한 어려움을 조금은 상상할 수 있다.

상소한 자들은 자신들이 '궁의 소금을 먹는다'고 한다(14절; 개역; NRS; TNK). 다른 말로 하면 '나라의 녹을 먹는다'는 뜻이다(새번역; 공동). 고대 사회에는 소금의 불변성 때문에 계약을 맺을 때 소금을 사용하곤 했다(cf. 레 2:13; 민 18:19; 대하 13:5). 이것은 충성의 상징으로, 왕에게 충성을 다할 의무가 있는 자라는 의미로 사용했다(NAS; NIV). 오늘날 우리가 봉급을 뜻하는 말로 사용하는 '샐러리'(salary)는 라틴어 'salarius'에서 온 것이며, 이 단어는 '소금 돈'(salt money)이라는 뜻을 지닌다. 로마 군대가 병사들에게 소금 살 돈을 준 것에서 비롯된 개념이라는 사실도 고대 사회에서 소금과 임금(賃金)의 연계성을 생각하게 한다.

아닥사스다 왕에게 보낸 상소문의 내용은 다음과 같다.

첫째, 제국 방방곡곡에 살던 이스라엘 사람들이 예루살렘으로 모여들고 있다(12a절). 예루살렘에 새로운 이스라엘 공동체를 시작한 사람들은 분명 바빌론에서 돌아온 귀향민들이지만, 그 외 다른 지역에 살던 사람들도 소식을 듣고 예루살렘으로 모여들고 있다는 의미이다. 이들 중 상당수는 종교적인 꿈을 실현하기 위해 예루살렘을 찾았다.

둘째, 이스라엘 사람들이 예루살렘 성읍과 성벽을 재건하려 한다(12b절). 상소를 올린 자들은 예루살렘을 '패역하고 악한 성읍'(12절)이라며 불편한 심기를 그대로 드러내고 있다. 그들이 이렇게까지 성전 재건을 방해하는 것은 무엇보다도 그들의 이권이 침해당할 것을 염려해서이다.

셋째, 예루살렘이 재건되면 이스라엘 민족은 분명 페르시아에 반역할 것이다(13절). 이들은 반역이란 말을 직접 사용하지 않고 이스라엘 사람들이 '조공, 관세, 통행세' 등으로 표현된 세금을 내지 않아 왕에게 손해를 끼칠 것이라고 한다. 종속자가 종주에게 세금을 바치지 않는 것은 반역을 뜻한다. 당시 아닥사스다는 엄청난 비용을 들여 제국 곳곳에서 일어나는 반역을 제압하고 있는 상황이다. 상소자들은 이런 왕의 심리를 이용해 왕이 가장 염려하는 것, 곧 국고가 비는 것에 대한 우려(cf. 새번역)로 반역이란 용어를 대신하고 있다. 매우 간교한 상소이다.

넷째, 예루살렘이 재건되면 이스라엘 사람들이 틀림없이 반역할 것이라는 증거로 왕에게 과거의 기록을 보라고 한다(15절). 상소자들은 역사 기록을 들춰 보면 예루살렘은 종주국에게 끊임없이 반역한 기록을 찾을 수 있을 것이라고 확신한다. 이런 이유에서 결국 선왕 중 한 사람이(viz., 바빌론의 느부갓네살) 이 성읍을 없애버렸다고 한다. 페르시아 관료들이 바빌론 왕을 예로 제시하는 것이 좀 이상하게 느껴질지 몰라도 페르시아 사람들은 자신들이 바빌론의 정당한 상속자들이라고 생각했기 때문에 이런 논리는 자연스럽다(Breneman). 그러나 우리가 잘 알다시피 예루살렘을 멸망시킨 왕은 세상의 왕이 아니라 이스라엘의 왕이신 여호와이다. 이스라엘은 역사를 주관하시는 하나님의 손에 망했다가 회복된 것이지 결코 세상 나라에 의해 멸망한 것도, 회복된 것도 아니다.

다섯째, 예루살렘 성이 재건되어 이스라엘이 다시 반역하면, 단순히 유다에만 국한되는 것이 아니라 그 파장이 유프라테스 강 서쪽 전 지역에 미칠 것이다(16절). 상소자들은 이미 이스라엘의 반역이 다른 여러 지방에까지 부정적인 영향을 미쳤다는 말을 15절에서 했다. 그들은 이 문제가 단순히 유대인 문제가 아니라 제국의 반쪽을 잃을 수 있는 심각한 문제임을 아닥사스다에게 경고한다. 물론 이들의 주장은 근거

없는 억측이다. 이스라엘은 반역할 의지도, 여력도 없기 때문이다. 이러한 사실을 잘 알면서도 그들은 이스라엘의 일을 방해하기 위해 정황을 과장하고 있는 것이다. 참으로 악한 사람들이다.

```
I. 귀향과 성전 재건(스 1:1-6:22)
   C. 성전 재건(3:1-6:22)
      1. 재건 반대(3:1-4:24)
```

(7) 아닥사스다의 회신(4:17-24)

¹⁷ 왕이 방백 르훔과 서기관 심새와 사마리아에 거주하는 그들 동관들과 강 건너편 다른 땅 백성에게 조서를 내리니 일렀으되 너희는 평안할지어다 ¹⁸ 너희가 올린 글을 내 앞에서 낭독시키고 ¹⁹ 명령하여 살펴보니 과연 이 성읍이 예로부터 왕들을 거역하며 그 중에서 항상 패역하고 반역하는 일을 행하였으며 ²⁰ 옛적에는 예루살렘을 다스리는 큰 군왕들이 있어서 강 건너편 모든 땅이 그들에게 조공과 관세와 통행세를 다 바쳤도다 ²¹ 이제 너희는 명령을 전하여 그 사람들에게 공사를 그치게 하여 그 성을 건축하지 못하게 하고 내가 다시 조서 내리기를 기다리라 ²² 너희는 삼가서 이 일에 게으르지 말라 어찌하여 화를 더하여 왕들에게 손해가 되게 하랴 하였더라 ²³ 아닥사스다 왕의 조서 초본이 르훔과 서기관 심새와 그의 동료 앞에서 낭독되매 그들이 예루살렘으로 급히 가서 유다 사람들을 보고 권력으로 억제하여 그 공사를 그치게 하니 ²⁴ 이에 예루살렘에서 하나님의 성전 공사가 바사 왕 다리오 제이년까지 중단되니라

대(大) 페르시아 제국을 통치하는 아닥사스다 왕이 르훔과 같이 계급이 그다지 높지 않은 지방 관리의 상소문에 회신한다는 것이 조금 의아해 보일 수도 있지만 당시 정황을 감안하면 충분히 가능한 일이다. 아닥사스다의 선왕인 아하수에로가 즉위하자마자 페르시아의 지배 아래 있던 이집트는 반란을 꾀했고, 이 반란을 진압하기 위해 아하

I. 귀향과 성전 재건

수에로가 주전 486년에 가나안을 거쳐 이집트로 내려간 기록이 있다(Bright). 반역은 진압되었지만, 이집트는 언제든지 다시 반역할 기회를 노리고 있었다. 이 같은 정황으로 보아 페르시아 제국은 가나안의 정세에 민감할 수밖에 없다. 또한 르훔은 왕을 대신해 이 지역을 다스리는 사람(royal deputy)이었다.

종주국 페르시아와 종속국 이집트 사이의 긴장감이 지속되는 가운데 세월이 흘러 아닥사스다가 페르시아의 왕이 되었다. 아닥사스다는 자기 형제를 죽이고 왕위에 올랐으며 주전 464-423년 동안 페르시아를 다스렸다(Breneman). 그가 왕위에 오른 지 얼마 되지 않은 주전 460년에 이집트가 다시 페르시아에 반역하였다(Bright). 페르시아는 이집트를 상대로 주전 448년까지 전쟁을 했다. 이러한 정황을 고려할 때, 아닥사스다 역시 페르시아와 이집트 사이의 완충 지역인 가나안의 정치적 분위기에 대해 매우 민감할 수밖에 없었다. 르훔과 심새 등은 이를 매우 효과적으로 이용했으며, 가나안 지역의 정치적 분위기에 예민한 아닥사스다는 즉각 조서를 내려 회신했다.

아닥사스다 왕은 회신을 통해 상소자들의 우려에 전적으로 공감한다는 입장을 밝혔다. 그들이 주장한 것처럼 예루살렘의 역사는 끊이지 않는 반란의 역사라는 것이 기록된 자료를 통해 확인되었다는 것이다(19절). 여기에 왕은 한 가지를 더한다. 예루살렘은 반역을 일삼은 성읍이었을 뿐만 아니라, 때로는 주변 국가들로부터 조공을 거두어들일 정도로 능력 있는 왕들을 배출했다는 것이다(20절). 주석가들은 아닥사스다가 누구를 두고 이런 말을 하는 것인가에 지대한 관심을 갖고 다윗, 솔로몬, 여로보암, 웃시야, 히스기야 등 다양한 인물(들)을 제안하지만, 굳이 구체적으로 한 인물을 염두에 둔 말이라고 생각할 필요는 없다.

당시 풍토가 적들에 대해 이야기할 때 과장하는 경우가 많았는데, 이것도 그런 유형의 표현이라고 보는 것이 적합하다(Coggins, Clines). 상소자들 역시 반역할 의지도 없고 능력도 없는 이스라엘을 마치 당장

(스 1:1–6:22)

이라도 일을 낼 사람들인 것처럼 과장하지 않았던가(13, 15절). 자라 보고 놀란 가슴 솥뚜껑 보고 놀란다고 가뜩이나 반역에 민감한 사람들이라 이런 과장이 오가는 것이다. 상소자나 왕이나 모두 겁이 많은 사람들이었다. 그렇다 보니 현실을 정확하게 판단하는 능력이 많이 부족했다.

상소자들의 우려에 전적으로 동의한다는 입장을 밝힌 왕은 단호한 명령을 내렸다. 성읍 재건 공사를 멈추게 하라는 것이었다(21절). 그러나 이 금지령이 영원한 것은 아니었다. 왕은 "내가 다시 조서 내리기를 기다리라"(21절)라며 여지를 남겨두었다. 이처럼 자신의 마음이 바뀌면 칙령이 변할 수도 있다는 여운을 남겨둔 것은 참으로 다행이다. 이 왕이 훗날 에스라와 느헤미야를 예루살렘으로 보내어 성을 재건하게 한 사람이기 때문이다.

아닥사스다 왕이 예루살렘 재건을 금지하는 이유가 22절에 명확히 기록되어 있다. '왕들에게 손해가 되지 않도록' 하기 위해서다. 곧 페르시아 제국이 어떠한 해도 입어서는 안 되기 때문에 실제로 이스라엘 사람들이 반란을 일으킬 만한 능력이 없다 할지라도 조그마한 가능성이라도 보이면 모든 싹을 미리 잘라 버리라는 것이다. 세상 권력의 궁극적인 관심이 이것이다. 창조주 하나님을 두려워하지 않는 권력은 자신의 이권을 보존하고 극대화하기 위해 존재하며 어떠한 윤리 의식도 동반하지 않기 때문에 자신의 이익을 위해서라면 남에게 치명적인 해를 입히는 것도 서슴지 않는다. 그래서 우리는 권력을 가진 자들이 하나님을 두려워하도록 늘 기도해야 한다.

아닥사스다 왕의 편지는 이스라엘을 훼방하고자 했던 상소자들에게 날개를 달아 주었다. 그들은 곧장 예루살렘으로 올라가 무력을 동원해 모든 공사를 중지시켰다(23절). 또한 그동안 귀향민이 이루어 낸 재건 사업도 모두 파괴한 것으로 생각된다(Klein, cf. 느 1:3).

이들의 방해 때문에 성전 재건 공사는 다리오 왕 즉위 2년 때(주전

520년)까지 중단되었다(24절). 이스라엘의 성읍 재건을 문제 삼던 상소자들과 왕의 회신을 회고하다가 성전 공사로 주제가 다시 바뀌고 있는 것이다. 그것도 과거로 시간을 거슬러 올라가면서 말이다. 이미 언급한 것처럼 다리오는 아닥사스다보다 훨씬 전에 페르시아를 통치한 왕이었다. 저자의 관심은 단순히 성전 재건을 반대한 원수들에게만 있는 것이 아니라, 이스라엘의 모든 재건 사업을 반대한 당시의 정서(spirit)를 회고하는 데 있다.

> I. 귀향과 성전 재건(스 1:1-6:22)
>   C. 성전 재건(3:1-6:22)

2. 재건 성공(5:1-6:22)

저자는 성전 공사 이야기를 4:5에서 잠시 멈추고, 주변 민족들과 가나안 지역을 다스리던 페르시아 제국 관료들이 합세해 100여 년 동안 이스라엘이 하고자 했던 모든 일을 어떻게 사사건건 방해했는지 회고한(4:6-24) 후 다시 성전 건축 이야기를 이어간다. 이미 언급한 것처럼 이스라엘이 예루살렘에 돌아오자마자 성전 기초공사를 마치고 반대에 부딪혀 방치해 두었다가 주전 520년에 다시 재개한 것이 아니다. 에스라 3-6장의 내용과 주전 520년대에 성전 재건에 대해 하나님 말씀을 선포한 학개와 스가랴 선지자들이 남긴 글들을 감안하여 당시 정황을 살펴보면 귀향민들이 훼방하는 자들을 두려워하여(3:3) 성전 재건 공사는 엄두도 못 내고 지내다가 주전 520년에 가서야 선지자들의 권면에 힘입어 공사를 시작했다(Clines, Williamson).

이 섹션은 예루살렘에 첫 귀향민이 도착한 이후 거의 20년 가까이 방치되었던 성전 공사가 어떻게 시작되었으며 어떤 우여곡절을 거쳐 마침내 성전이 완공될 수 있었는가를 회고한다. 이 본문은 다음과 같

이 구분할 수 있다.[13]

    A. 공사 시작(5:1-2)
    B. 총독 닷드내의 조사(5:3-5)
    C. 총독이 다리오에게 보낸 서신(5:6-17)
    D. 고레스 칙령 발견(6:1-5)
    E. 다리오의 회신(6:6-12)
    F. 성전 완공(6:13-15)
    G. 성전 헌당(6:16-18)
    H. 유월절 기념(6:19-22)

> I. 귀향과 성전 재건(스 1:1-6:22)
>   C. 성전 재건(3:1-6:22)
>   2. 재건 성공(5:1-6:22)

(1) 공사 시작(5:1-2)

¹ 선지자들 곧 선지자 학개와 잇도의 손자 스가랴가 이스라엘의 하나님의 이름으로 유다와 예루살렘에 거주하는 유다 사람들에게 예언하였더니 ² 이에 스알디엘의 아들 스룹바벨과 요사닥의 아들 예수아가 일어나 예루살렘에 있던 하나님의 성전을 다시 건축하기 시작하매 하나님의 선지자들이 함께 있어 그들을 돕더니

귀향민들은 예루살렘에 돌아온 후 훼방꾼들이 두려워 성전 건축은

---

13 한 주석가는 5:1-6:15의 구조를 다음과 같이 제시한다(Throntveit).
  A. 학개와 스가랴가 성전 재건을 격려함(5:1-2)
    B. 닷드내 등 페르시아 관리들이 공사 허가에 대해 물음(5:3-5)
      C. 다리오에게 보낸 닷드내의 편지(5:6-17)
      C'. 닷드내에게 보낸 다리오의 회신(6:1-12)
    B'. 닷드내 등 페르시아 관리들이 공사 허가에 순응함(6:13)
  A'. 학개와 스가랴가 권면한 대로 성전이 재건됨(6:14-15)

엄두도 못 내고 많은 세월을 보냈다. 사실 진정한 용기는 두려움의 존재를 부인하는 것이 아니라 두려움에도 불구하고 가능성에 대한 믿음으로 나아가는 것인데, 이스라엘은 이 사실을 깨닫지 못하고 허송세월을 했다. 주전 520년에 접어들면서 선지자들의 활동이 활발해졌는데, 이때부터 학개와 스가랴가 하나님의 말씀을 선포하기 시작했다(1절).

선지자 학개는 주전 520년 8월 29일에 첫 신탁을 선포했으며(cf. 학 1:2), 같은 해 12월까지 활동했다. 스가랴서에 기록된 메시지는 주전 520년 10월에 선포되기 시작했고(cf. 학 1:1; 슥 1:1), 날짜를 밝히고 있는 스가랴의 마지막 메시지는 이듬해인 주전 519년 2월에 선포되었다. 성전 건축은 주전 520년 10월 17일에 시작되었다(Klein, cf. 학 2:1). 아브라함 때부터 사도행전에 기록된 바울의 선교 여행에 이르기까지 항상 그랬던 것처럼, 이번에도 이스라엘의 영적 도약을 상징하는 성전 건축이 선지자들을 통해 선포된 하나님의 말씀에서 시작되었다(Kidner). 주저함과 두려움에는 당당하게 선포되는 하나님의 말씀이 가장 큰 효과를 발한다.

성전 건축을 주도한 지도자는 스룹바벨과 예수아였다(2절). 당시 스룹바벨은 유다 총독으로 있었고 예수아는 대제사장이었다(학 1:1). 물론 선지자들도 적극적으로 도왔다. 옛 성전 뜰에 서 있는 제단에서 하나님께 예물을 드리기 위해 성전을 찾을 때마다 폐허 더미로 남아 있는 성전 터를 보면서 귀향민들은 무슨 생각을 했을까? 학개서와 스가랴서에 기록된 내용으로 보아 그들은 성전이 폐허로 남아 있는 것에 대해 하나님께 죄송한 마음을 갖지는 않았다. 오히려 영적 충만과 물질적 풍요를 기대했는데 이런 복을 내려주시지 않은 하나님께 서운한 마음이 더 많았던 것 같다. 이런 상황에서 선지자는 그들의 궁핍함은 하나님의 성전을 건축하지 않고 방치한 것에서 비롯되었다고 지적한다. 삶의 우선순위에 혼란이 있었고, 그 혼란은 곧 궁핍함으로 이어졌던 것이다.

> I. 귀향과 성전 재건(스 1:1-6:22)
>   C. 성전 재건(3:1-6:22)
>   2. 재건 성공(5:1-6:22)

(2) 총독 닷드내의 조사(5:3-5)

³ 그 때에 유브라데 강 건너편 총독 닷드내와 스달보스내와 그들의 동관들이 다 나아와 그들에게 이르되 누가 너희에게 명령하여 이 성전을 건축하고 이 성곽을 마치게 하였느냐 하기로 ⁴ 우리가 이 건축하는 자의 이름을 아뢰었으나 ⁵ 하나님이 유다 장로들을 돌보셨으므로 그들이 능히 공사를 막지 못하고 이 일을 다리오에게 아뢰고 그 답장이 오기를 기다렸더라

이스라엘 사람들이 성전을 재건하기 시작했다는 소문이 돌자 유프라테스 강 서쪽 지역 전체를 관리하던 닷드내 총독을 앞세우고 페르시아 관리 여럿이 예루살렘을 찾아왔다(3절). 이때 닷드내가 유프라테스 강 서쪽 지역 총독이었다는 사실은 주전 502년에 제작된 설형문자 문서에서 확인되었다(Clines). 아마도 닷드내는 시리아의 다마스쿠스에 머물며 이 지역을 다스렸을 것이다(Klein). 물론 이들은 단순히 진상을 파악하기 위해 온 것이 아니라(4:4-7) 시비를 걸어 험악한 분위기를 조성하고 공사를 중단시키려고 온 것이다. 그들은 이스라엘에게 어떤 권한으로, 혹은 누구의 허락으로 성전을 건축하는지를 캐물었다(3절). 또한 주동자가 누구인지 밝히라고 하였다(4절). 정황상 이스라엘 사람들은 이들의 방문과 질문을 상당히 위협적으로 느꼈을 것이다.

페르시아 관리들의 위협에도 불구하고 공사는 계속되었다(5절). 하나님이 이들의 질의에 대답했던 유다 장로들을 돌보아 주셨기 때문에 이 관리들은 중앙정부에 성전 공사에 대해 알리고 회신을 기다릴 수밖에 없었다. 개역개정에서 '하나님이 돌보시다'로 번역된 아람어 문구 (וְעֵין אֱלָהֲהֹם הֲוָת)(5절)의 문자적 의미는 '하나님의 눈이 [유다의 장로들] 위에 머물렀다'이며 하나님의 섭리적 보호(providential watchfulness)를 상징

한다(Bowman). 페르시아 관리들은 공사를 당장 멈추게 하고 싶었고, 닷드내는 공사를 멈추게 할 권한을 가진 자였다(Breneman). 그러나 이스라엘 사람들을 돕고 있는 보이지 않는 힘이 그들을 막아섰다. 물론 저자는 하나님이 바로 그 보이지 않는 힘이라고 한다. 공사를 중단시킬 생각으로 예루살렘을 찾았던 페르시아 관리들은 결국 자신들의 한계를 느끼고 다리오 왕에게 이 사실을 알리기로 했다. 당시 예루살렘에서 바빌론 혹은 수산으로 편지를 보내고 회신을 받기까지는 최소한 4-5개월이 걸렸다.

이 사건은 이스라엘 사람들이 불신에서 믿음으로 돌아섰음을 암시하고 있다. 그들은 귀향하자마자 성전을 건축하고 싶었지만 주변 사람들이 두려워 지금까지 공사를 보류해 왔다. 그러다가 선지자들의 도전을 받고 드디어 공사를 시작했다. 제국의 관리들이 찾아와 위협했지만 그들을 멈출 수 없었다. 그들이 당당하게 말하기를, 오래전에 고레스 왕의 허락을 받은 일을 이제하고 있으니 의심스러우면 중앙정부에 알아보라고 했다. 그리고 그들은 중앙정부의 회신이 올 때까지 공사를 계속할 의사를 밝혔고 공사를 진행했다.

만일 다리오 왕이 허락하지 않으면 공사는 다시 멈출 수밖에 없다. 그러나 이스라엘 사람들은 고레스 왕을 감동시킨 하나님이(1:1) 이번에도 다리오 왕을 감동시키실 것을 믿고 일을 진행하였다. 하나님에 대한 공동체의 믿음이 더 성숙해진 것이다. 사탄은 믿음이 확고한 사람보다는 연약한 사람들을 주로 공격한다. 하나님을 믿고 담대히 나가면 사탄은 그를 내버려 두고 다른 먹잇감을 찾아 나선다는 사실을 기억하자.

> I. 귀향과 성전 재건(스 1:1-6:22)
>   C. 성전 재건(3:1-6:22)
>   2. 재건 성공(5:1-6:22)

(3) 총독이 다리오에게 보낸 서신(5:6-17)

⁶ 유브라데 강 건너편 총독 닷드내와 스달보스내와 그들의 동관인 유브라데 강 건너편 아바삭 사람이 다리오 왕에게 올린 글의 초본은 이러하니라 ⁷ 그 글에 일렀으되 다리오 왕은 평안하옵소서 ⁸ 왕께 아뢰옵나이다 우리가 유다 도에 가서 지극히 크신 하나님의 성전에 나아가 본즉 성전을 큰 돌로 세우며 벽에 나무를 얹고 부지런히 일하므로 공사가 그 손에서 형통하옵기에 ⁹ 우리가 그 장로들에게 물어보기를 누가 너희에게 명령하여 이 성전을 건축하고 이 성곽을 마치라고 하였느냐 하고 ¹⁰ 우리가 또 그 우두머리들의 이름을 적어 왕에게 아뢰고자 하여 그들의 이름을 물은즉 ¹¹ 그들이 우리에게 대답하여 이르기를 우리는 천지의 하나님의 종이라 예전에 건축되었던 성전을 우리가 다시 건축하노라 이는 본래 이스라엘의 큰 왕이 건축하여 완공한 것이었으나 ¹² 우리 조상들이 하늘에 계신 하나님을 노엽게 하였으므로 하나님이 그들을 갈대아 사람 바벨론 왕 느부갓네살의 손에 넘기시매 그가 이 성전을 헐며 이 백성을 사로잡아 바벨론으로 옮겼더니 ¹³ 바벨론 왕 고레스 원년에 고레스 왕이 조서를 내려 하나님의 이 성전을 다시 건축하게 하고 ¹⁴ 또 느부갓네살이 예루살렘 하나님의 성전 안에서 금, 은 그릇을 옮겨다가 바벨론 신당에 두었던 것을 고레스 왕이 그 신당에서 꺼내어 그가 세운 총독 세스바살이라고 부르는 자에게 내주고 ¹⁵ 일러 말하되 너는 이 그릇들을 가지고 가서 예루살렘 성전에 두고 하나님의 전을 제자리에 건축하라 하매 ¹⁶ 이에 이 세스바살이 이르러 예루살렘 하나님의 성전 지대를 놓았고 그 때로부터 지금까지 건축하여 오나 아직도 마치지 못하였다 하였사오니 ¹⁷ 이제 왕께서 좋게 여기시거든 바벨론에서 왕의 보물전각에서 조사하사 과연 고레스 왕이 조서를 내려 하나님의 이 성전을 예루살렘에 다시 건축하라 하셨는지 보시고 왕은 이 일에 대하여 왕의 기쁘신 뜻을 우리에게 보이소서 하였더라

I. 귀향과 성전 재건

당장 공사를 멈출 생각으로 부하들을 이끌고 예루살렘을 찾았던 닷드내는 이스라엘 사람들의 당당함과 고레스 칙령에 의해 공사하는 것이라는 확신에 찬 대답에 오히려 위압감을 느끼고 자기 처소로 돌아갔다. 고레스는 이미 10년 전에 죽은 왕이고, 이스라엘 사람들에 의하면 공사의 근거로 삼고 있는 칙령은 18년 전에 선포된 것이다. 닷드내는 거의 20년 전 일을 자세히 알 수가 없어 다리오 왕에게 상소하여 사실 여부를 확인하기로 했다. 그가 처한 상황에서는 이것이 최선책이며, 자신이 할 수 있는 유일한 일이라고 생각했다.

닷드내가 다리오 왕에게 보낸 편지와 다리오의 회신으로 구성된 5:6-6:12은 르훔의 편지와 아닥사스다의 회신으로 구성된 4:8-23처럼 교차대구법적 구조를 지니고 있다. 다리오는 닷드내에게 이스라엘 사람들이 주장하는 것이 모두 사실임을 확인해 주었다. 다음 구조를 참조하라(Throntveit).

  A. 닷드내의 질의 편지(5:7-17)
    a. 보고: 성전 공사가 한창 진행중임(5:7-8)
      b. 공사 허락에 대한 질의(5:9-10)
        c. 유다 장로들의 응답: 고레스 칙령(5:11-16)
          d. 요청: 창고에서 고레스의 칙령을 찾아 확인해 달라(5:17)
  A'. 다리오의 회신(6:1-12)
          d'. 바빌론 창고에서 고레스 칙령을 찾음(6:1-2)
        c'. 고레스 칙령의 원문(6:3-5)
      b'. 다리오의 공사 허락(6:6-12a)
    a'. 칙령: 성전 공사가 차질 없이 진행되도록 하라(6:12b)

유프라테스 강 서쪽을 다스리던 닷드내 총독은 스달보스내 및 여러 동료 관리인들과 함께 다리오 왕에게 글을 올렸다(6절). 개역성경이 '아바삭 사람'(KJV; LXX, Αφαρσαχαῖοι)이라 하고 공동번역이 '서부 지방에 사는 아바르사인들'이라고 번역하고 있는 아람어 단어(אֲפַרְסְכָיֵא)는 특정한 족속이나 민족을 지명하는 고유명사가 아니라 페르시아 제국의 관리 중 한 부류를 가리키는 명사다(HALOT). 그래서 새번역과 영어 번역본 대부분은 '관리들'(officials)이라고 번역한다(NAS; NIV; TNK; cf. NRS, 'envoys').

이 관리들은 페르시아 제국이 임명한 해결자(imperial troubleshooter)이며 징벌 권한을 가진 자들이었다(Clines). 닷드내가 왕에게 보낸 서신은 짜임새 있는 공문이었으며 다음과 같은 순서로 쓰인 글이었다. (1) 이스라엘 사람들의 성전 공사에 대한 전반적인 보고(8절), (2) 이스라엘 사람들에게 질문한 내용(9-10절), (3) 이스라엘 사람들의 대답(11-16절), (4) 다리오 왕이 고레스의 칙령을 찾아보고 할 일을 결정해 달라는 요청(17절).

닷드내는 자신이 예루살렘을 찾았을 때 유다 백성이 하나님의 성전을 짓는 일로 분주한 것을 보았다고 한다(8절). 총독은 그들이 '크신 하나님'(אֱלָהָא רַבָּא)(8절)의 성전을 짓고 있다고 하는데, 한때는 페르시아 사람 낫느내가 여호와를 이렇게 부른다는 것에 대해서 신빙성 문제가 제기되기도 했지만, 이 표현은 페르시아 사람들이 일상적으로 사용하던 표현이며, 당시 페르시아가 통치하는 백성을 존중한다는 의미에서 그들의 신(들)을 이렇게 불렀다(Williamson).

총독이 공사장을 찾았을 때 이스라엘 사람들은 감독관의 지시에 따라 질서정연하게 큰 돌을 떠다 성전을 짓고 나무를 날라 벽을 쌓고 있었다(8절). 공사 내용도 인상적이었지만, 공사에 임하는 사람들의 모습이 닷드내에게 더 큰 감동을 주었다. 아마도 이때 공사에 대한 닷드내의 생각이 어느 정도 변한 것으로 생각된다. 하나님의 일을 하는 공동체는 이처럼 세상 사람들에게 깊은 인상을 남길 만큼 열심히, 그리고 즐겁게 임해야 한다.

솔로몬 성전처럼, 재건하는 성전도 돌이 구조물의 대부분을 차지했지만, 나무도 사용했다. 나무는 장식으로만 사용된 것이 아니라 돌들 사이에 쿠션이 되어 지진 피해를 줄이고 건물 전체를 하나로 엮는 접착제 역할을 했다(cf. 8절). 돌과 나무가 함께 사용됐다는 것은 성전 공사가 이미 상당 부분 진행되었음을 시사한다(Williamson). 비록 이스라엘 사람들이 오랜 세월이 지나서야 어렵게 성전 건축을 결정했지만, 일단 결정한 다음에는 열정적으로 공사를 추진했던 것이다.

닷드내는 장로들에게 세 가지 질문을 던졌다(9-10절). 첫째, 누가 성전을 재건하라고 하였는가? 둘째, 누가 성벽 공사를 마치라고 하였는가? 셋째, 공사 책임자들의 이름이 무엇인가? 닷드내의 가장 큰 관심사는 어떤 근거로 이 공사를 진행하고 있는가이다. 다시 말해 누가 이 공사를 허락했는가에 대해 알고 싶은 것이다.

닷드내는 장로들이 한 대답을 상세하게 보고했다(11-16절). 장로들은 총독에게 대답이라기보다는 간증을 했으며, 핵심 요지는 성전 재건은 두 가지 측면에서 연속이라는 것이다. 첫째는 옛 성전의 연속이고, 둘째는 고레스 왕의 칙령을 이어가는/실현해 가는 연속이라는 것이다(Williamson). 이 대답은 종교적·정치적 수완(diplomacy)의 모델이기도 하다(Throntveit).

장로들은 하고자 하는 말을 정확하게 표현하되 매우 공손하게, 최대한 페르시아 사람들이 이해하기 쉽게 배려하여 말했다. 첫째, 의식적으로 '하늘에 계신 하나님'(12절) 등 페르시아 사람들에게 익숙한 개념을 사용한다. 구약에서 이 표현이 대부분 이스라엘과 페르시아 사람들 간의 대화에 등장하는 것을 보아 페르시아 사람들이 이 개념에 익숙한 것을 알 수 있다. 장로들은 또한 첫 성전을 지은 솔로몬에 대해 전혀 모르는 페르시아 사람들을 위해 '이스라엘의 큰 왕'이란 표현으로 대체해 설명한다(11절).

둘째, 바빌론의 느부갓네살이 어떻게 하나님의 도구가 되어 예루살렘 성전을 파괴하고 범죄한 이스라엘 사람들을 바빌론으로 끌어갔는지, 고레스는 왜 성전 그릇들을 내주며 예루살렘으로 돌아가 성전을 다시 세우라고 했는지를 온갖 예를 갖추어 공손하게 설명한다(12-15절). 그들의 말투에서 바빌론에 대한 어떠한 원망이나 비난도 찾아볼 수 없다. 바빌론 포로 생활은 자신들이 여호와 하나님으로부터 받아야 할 당연한 벌이었다는 고백이다(12절).

장로들의 답변이 역사와 신학에 대한 깊은 이해를 바탕으로 하고 있는 것도 매우 인상적이다. 장로들은 주의 백성이 겪은 비극과 슬픔이 하나님과 어떤 관계가 있는지 정확히 알고 있다. 유다의 멸망과 바빌론 포로 생활은 자신들이 하나님을 거역해서 빚어진 일이지, 결코 하나님의 힘이 약해 바빌론 신 마르둑에게 이스라엘을 내준 것이 아니라는 것이다. 이런 역사적인 시각에서 볼 때 그들을 황폐화시킨 바빌론도, 회복시킨 페르시아도 모두 여호와 하나님이 자신의 뜻을 이루기 위해 사용하신 도구에 불과하다.

귀향민으로 새로이 형성된 이스라엘 공동체는 자신들의 죄로 빚어진 일에 대해 하나님과 남을 원망하지 않고 자신들의 책임으로 겸허히 받아들이는 성숙함을 보이고 있다. 하나님이 이스라엘을 바빌론으로 내치신 목적은 이러한 역사의식과 죄에 대한 이해를 갖게 하기 위함이었다. 마침내 바빌론 포로 생활의 목적이 달성된 것이다(Throntveit).

장로들의 증언은 우리가 이미 1장에서 접한 내용과 별 차이가 없다. 다만 이스라엘이 예루살렘 성전을 재건하는 일을 돕도록 고레스가 세스바살을 총독으로 임명한 사실을 추가하고 있다(14절). 바로 이 세스바살이 예루살렘 성전 기초를 놓은 후로 이날까지 줄곧 공사를 하였으나 아직 완공하지 못했다고 한다(16절). 귀향민들이 예루살렘에 돌아오자마자 시작된 성전 공사가(3:8-13) 방해자들 때문에 이때까지 멈추었다가 재개한 것으로 이해하는 사람들은 본문이 성전 공사를 시작한 사람을 스룹바벨(cf. 3:8; 슥 4:9)이 아니라 세스바살로 언급한 것으로 본다. 이에 대해서는 두 사람에 대한 다른 전승들로 인해 저자가 혼동했거나, 아니면 두 이름이 한 사람을 지칭하기 때문이라고 해석하는 주석가들도 있다(Breneman, Klein).

그러나 저자가 두 사람을 혼동했거나 두 이름을 한 사람으로 지칭했을 가능성은 별로 없다. 일부 주석가들은 세스바살이 스룹바벨의 상관이었기 때문에 그의 이름을 언급하고 있다고 하는데 이 역시 그다지 설득력 있어 보이지 않는다. 장로들이 스룹바벨이 아니라 세스바살의 이름을 거론하는 데는 그만한 타당성이 있다. 그들은 페르시아 제국의 역사 기록을 염두에 두고 세스바살을 언급한다. 그가 왕으로부터 이스라엘 사람들의 공사를 도우라는 명령을 받고 성전 그릇들을 직접 인수해 예루살렘으로 가져왔던 자였기 때문에 만일 당시 일에 대한 페르시아 기록이 남아 있다면, 무명인 스룹바벨보다는 총독으로서 이스라엘 사람들의 일에 깊이 관여했던 페르시아 관료 세스바살의 이름이 기록되어 있을 것으로 생각했던 것이다(Williamson).

설령 고레스 칙령에 대한 정확한 기록이 나오지 않더라도 세스바살 총독에 대한 기록이 남아 있다면, 장로들의 주장에 대한 신빙성은 그만큼 높아진다. 장로들은 또한 첫 귀향민들과 함께 예루살렘을 찾은 세스바살 총독 때부터 성전 공사를 진행해 왔음을 암시함으로써 지난 세월 동안 고레스 왕의 명령이 등한시되지 않았음을 강조한다. 자신들은 페르시아 왕들을 존경하고 그들의 명령을 따르려고 최선을 다하고 있다는 것이다.

세스바살을 언급하는 아람어 표현이 예사롭지 않다. 14절은 그를 '세스바살이라고 부르는 자'(לְשֵׁשְׁבַּצַּר שְׁמֵהּ דִּי)라고 하는데(16절), 이 같은 아람어 표현은 대부분 노예를 소개할 때 사용한다(Clines). 귀향민을 이끌고 예루살렘에 도착했을 때 세스바살은 총독이었지만, 얼마 지나지 않아 페르시아 왕의 미움을 사 노예 신분으로 전락했다는 것이다(Clines, Klein). 이 같은 해석이 사실이라면 왜 세스바살이 순식간에 책에서 사라져 다시는 모습을 보이지 않는지도 설명할 수 있다. 이유는 알 수 없지만, 세스바살은 예루살렘에 도착하자마자 정치적으로 숙청을 당한 것으로 보인다. 그래서 학개와 스가랴 선지자도 귀향민 공동체에 중요한 역할을 했던 이 사람을 언급하지 않은 것이다(Klein). 이 학자들이 주장하는 세스바살의 급격한 신분 변화는 가능한 하나의 해석이지만, 아직까지 증거가 확실하지 않으니 다소 신중할 필요가 있다.

만일 성전 재건 공사가 귀향민이 돌아오자마자 시작되었다가 반대에 부딪혀 주전 520년에 재개한 것이 아니라 주전 520년에 처음 시작한 것이라면, "세스바살이 이르러 예루살렘 하나님의 성전 지대를 놓았고 그 때로부터 지금까지 건축하여 오나 아직도 마치지 못하였다"라는(16절) 말을 어떻게 이해해야 하는가? 먼저, 이 말씀은 성전 공사가 시작된 후 한 번도 멈춘 적이 없음을 전제한다. 일부 주석가들이 주장하는 것처럼 공사가 십수 년 진행되는 동안 중간에 멈춘 적이 없었다는 것이다(cf. Kidner).

성전 건축 공사가 주전 520년에 시작되었기 때문에 장로들의 증언이 전적으로 잘못되었다는 주장도(Clines) 그다지 만족스럽지 않다. 세스바살이 아니라 스룹바벨이 이 공사를 주관하고 있음에도 불구하고(2절) 장로들이 마치 세스바살이 성전 공사를 시작한 것처럼 말하고자 했던 이유는 위에서 충분히 설명했다. 그러나 실제로 세스바살 총독이 성전 공사를 시작한 것으로 볼 수 있는가? 충분히 가능하다. 만일 성전 재건 공사의 범위를 본 건물 건축으로 제한하지 않고 성전 뜰에 있던 제단 건축까지 포함한다면, 이 제단은 세스바살이 총독으로 있을 때 세워졌으니 그렇게 말할 수 있다. 즉, 장로들이 진실을 왜곡하고 있지 않다.

성전 건축 상황을 설명한 닷드내는 왕에게 두 가지 요청을 한다(17절). 첫째, 기록을 살펴서 이스라엘 사람들의 주장이 진실인지 알려 달라고 했다. 유대인들이 성전을 건축하기 위해 고레스 왕을 거짓되게 언급하는지, 아니면 사실을 말하고 있는지 알고 싶다는 것이다. 둘째, 이 일에 대한 다리오 왕의 결정을 알려 달라고 했다. 설령 고레스 왕이 그런 명령을 내렸다 할지라도, 다리오 왕은 선왕의 명령을 뒤집을 수 있는 권한이 있으며, 만일 왕이 그렇게 하기로 결정하면 따르겠다는 것이다. 다리오 왕이 얼마나 대단한 권세를 가지고 있었는지를 엿볼 수 있는 대목이다.

> I. 귀향과 성전 재건(스 1:1-6:22)
>   C. 성전 재건(3:1-6:22)
>   2. 재건 성공(5:1-6:22)

(4) 고레스 칙령 발견(6:1-5)

¹ 이에 다리오 왕이 조서를 내려 문서창고 곧 바벨론의 보물을 쌓아둔 보물 전각에서 조사하게 하여 ² 메대도 악메다 궁성에서 한 두루마리를 찾았으니 거기에 기록하였으되 ³ 고레스 왕 원년에 조서를 내려 이르기를 예루살렘에 있는 하나님의 성전에 대하여 이르노니 이 성전 곧 제사 드리는 처소를 건축하되 지대를 견고히 쌓고 그 성전의 높이는 육십 규빗으로, 너비도 육십 규빗으로 하고 ⁴ 큰 돌 세 켜에 새 나무 한 켜를 놓으라 그 경비는 다 왕실에서 내리라 ⁵ 또 느부갓네살이 예루살렘 성전에서 탈취하여 바벨론으로 옮겼던 하나님의 성전 금, 은 그릇들을 돌려보내어 예루살렘 성전에 가져다가 하나님의 성전 안 각기 제자리에 둘지니라 하였더라

총독의 상소를 받은 다리오는 이스라엘 사람들의 주장이 사실인지 확인하기 위해 곧바로 바빌론의 문서 창고를 조사하라고 명령을 내렸고(1절), 메대 지방 악메다 궁성에서 고레스 칙령이 기록된 두루마리가 발견되었다(2절). 페르시아어는 설형문자로 되어 있고 주로 토판을 사용했던 점을 감안할 때, 이들이 두루마리를 찾았다는 것은 고레스 칙령이 아람어로 되어 있었음을 뜻한다(Williamson). 악메다(Ecbatana)는 고레스가 주전 550년에 정복한 메대의 수도였다(ABD). 악메다는 바빌론보다 훨씬 높은 고도에 있어서 날씨가 건조하고 좋았다. 그래서 페르

(스 1:1-6:22)

시아 왕들은 바빌론의 혹독한 여름 날씨를 피하기 위해 이곳에 별장을 지어 놓고 여름을 보냈다. 이곳에도 문서 창고가 있었던 이유가 여기에 있다. 기록에 의하면 고레스는 주전 538년 봄에 바빌론을 떠났는데, 그가 향한 곳은 악메다였을 것이며 이곳에서 칙령을 선포했기 때문에 문서가 이곳에서 발견된 것은 당연한 일이었다.

발견된 칙령의 원문을 1:2-4과 비교해 볼 때 별다른 차이는 보이지 않으며, 이 칙령은 역대하 36:23에도 기록되어 있다. 페르시아 제국이 아람어를 공용어로 사용했기 때문에 많은 주석가는 고레스 칙령의 아람어 버전이 원문(original)이라고 생각한다. 문제는 1:2-4과 역대하 36:23에 기록된 조서와는 달리 이곳에 기록된 버전은 예루살렘 성전을 건축하라는 명령을 내릴 뿐 귀향을 허락하는 내용은 빠져 있다는 것이다. 그래서 일부 학자들은 이곳에 기록된 아람어 원본을 이스라엘 사람들이 확대 해석한 것이 1:2-4에 기록된 칙령이라고 한다(Noth). 그러나 더 이상 두 버전이 상충된다고 주장하는 사람은 없다(Myers). 두 버전의 기능이 서로 다르다는 점을 파악했기 때문이다.

이곳에 기록된 아람어 버전은 왕의 기록을 보관해 둔 공문서이므로 규칙에 따라 간결하고 정확한 표현으로 저작되었으며, 나머지 히브리어 버전들은 이스라엘 사람에게 왕의 칙령을 알리는 목적으로 비교적 자유롭게 저작되었기 때문에 이러한 차이가 있다는 결론을 내린다(Clines). 일부 학자들은 각 버전의 고유 기능을 들어 세 버전의 차이를 설명하기도 한다. 역대하 36:23은 포로민의 귀향에만 관심이 있기에 성전을 지을 것과 이 일을 위해 바빌론에 거주하고 있는 이스라엘 백성들이 예루살렘으로 돌아갈 수 있다는 것 등 두 가지를 언급한다. 반면 에스라 1:2-4에 기록된 칙령은 귀향을 새로운 출애굽 사건으로 묘사하기에 예루살렘으로 귀향하는 자들이 어려움 없이 성전을 건축할 수 있도록 바빌론 사람들에게 그들을 물질적으로 도우라는 명령을 추가한다(Breneman). 본문에 기록된 공식적인 아람어 버전은 성전 재건 공사의 비용을 모두 왕실에서 지원한다는 것과(4절) 바빌론 사람들이 빼앗아 온 성전 그릇들을 모두 돌려주라는 말을 더한다(5절).

고레스 칙령은 재건할 성전 규격과 시공 방식도 구체적으로 언급한다. 성전 벽은 돌 세 겹에 나무 한 겹씩 쌓고(4절), 높이와 너비는 각각 60규빗이 되도록 하라고 한다(3절). 돌을 쌓아 건축물을 세울 때 중간중간 나무를 사용하는 것은 주전 3,000년대부터 이집트에서 유행했던 공법이다(Bowman). 열왕기에 의하면 솔로몬 성전은 길이 60규빗(27m), 너비 20규빗(9m), 높이 30규빗(13.5m)이었다(왕상 6:2). 본문에는 높이와 너비를 60규빗(27m)으로 하라고 할 뿐 길이는 빠져 있다. 틀림없이 필사자들의 실수로 빠졌으며 지나치게 큰 숫자가 너비와 높이로 제시된 것이 확실하다(Klein).

한때는 고레스 칙령에 성전 규격을 제시한 것에 대해 문제를 제기하는 학자들이 있었다. 어떻게 이방인 왕이 이스라엘의 성전에 대해 이렇게 잘 알 수 있느냐는 반론이었다. 그러나 더 이상 이 점을 문제 삼는 사람은 없다. 당시 관례에 의하면 유대인들이 자신들의 정서와 상황에 맞게 만들어 올린 내용을 고레스가 별다른 수정 없이 칙령으로 발표했을 것이기 때문이다.

어떤 사람들은 국고로 성전 건축을 도우라는 고레스의 배려(잠시 후에는 다리오도 그렇게 함)가 전례에 없는 일이며 사실이 아니라고 주장하기도 했다(cf. De Vaux). 그러나 이 이슈도 더 이상 문제가 되지 않는다. 페르시아 제국의 공식 문서들에 의하면 고레스의 후임자인 캠비스(Cambyses)와 다리오도 자신이 다스리던 백성들의 신전을 건축하고 보수하는 데 국고를 지원했으며, 고레스도 우룩(Uruk; 창 10:10에서는 '에렉'이라고 함)의 에아나 신전 공사를 국고로 도운 흔적이 남아 있다(De Vaux). 자신이 다스리던 백성들의 신전을 국고로 지어 주는 것은 페르시아 왕들에게서 흔히 볼 수 있는 일이다.

국고가 지원된다는 것은 현찰 지원의 의미는 아니며, 유다와 예루살렘에서 거두어들이는 세금에서 지원하거나 비용만큼 세금을 감면해 주라는 뜻이다. 그래서 귀향민들은 돌아오자마자 공사에 착수할 수 없었고(Clines), 학개와 스가랴 선지자는 경제적 어려움에도 불구하고 성전을 건축할 것을 권면했다(Williamson). 외부에서 공사 비용이 현찰로 조달된다면 선지자들이 굳이 이런 말을 할 필요가 없었을 것이다. 하나님이 모든 여건은 만들어 주셨지만, 결국 이스라엘은 자신들이 내는 세금으로 성전을 지어야 했다. 성전은 이스라엘 백성의 헌신과 희생으로 건축되어야만 했다. 이처럼 하나님의 일은 개인적인 희생을 감수하지 않으면 할 수 없을 때가 많다.

```
I. 귀향과 성전 재건(스 1:1-6:22)
   C. 성전 재건(3:1-6:22)
      2. 재건 성공(5:1-6:22)
```

(5) 다리오의 회신(6:6-12)

⁶ 이제 유브라데 강 건너편 총독 닷드내와 스달보스내와 너희 동관 유브라데 강 건너편 아바삭 사람들은 그곳을 멀리하여 ⁷ 하나님의 성전 공사를 막지 말고 유다 **총독**과 장로들이 하나님의 이 성전을 제자리에 건축하게 하라 ⁸ 내가 또 조서를 내려서 하나님의 이 성전을 건축함에 대하여 너희가 유다 사람의 장로들에게 행할 것을 알리노니 왕의 재산 곧 유브라데 강 건너편에서 거둔 세금 중에서 그 경비를 이 사람들에게 끊임없이 주어 그들로 멈추지 않게 하라 ⁹ 또 그들이 필요로 하는 것 곧 하늘의 하나님께 드릴 번제의 수송아지와 숫양과 어린 양과 또 밀과 소금과 포도주와 기름을 예루살렘 제사장의 요구대로 어김없이 날마다 주어 ¹⁰ 그들이 하늘의 하나님께 향기로운 제물을 드려 왕과 왕자들의 생명을 위하여 기도하게 하라 ¹¹ 내가 또 명령을 내리노니 누구를 막론하고 이 명령을 변조하면 그의 집에서 들보를 빼내고 그를 그 위에 매어달게 하고 그의 집은 이로 말미암아 거름더미가 되게 하라 ¹² 만일 왕들이나 백성이 이 명령을 변조하고 손을 들어 예루살렘 하나님

I. 귀향과 성전 재건

의 성전을 헐진대 그 곳에 이름을 두신 하나님이 그들을 멸하시기를 원하노라 나 다리오가 조서를 내렸노니 신속히 행할지어다 하였더라

고레스 칙령에 대해 보고 받은 다리오는 곧바로 닷드내와 그의 부하들에게 회신을 보냈다. 내용을 보면 고레스의 칙령을 자신도 그대로 따르겠으니 성전 건축에 적극적으로 협조하라는 것이다(7절). 또한 공사가 중단되는 일이 없도록 국고를 지원하라고 한다(8절). 다리오 왕의 칙령은 성전 재건 공사가 더 이상 멈추어서는 안 된다는 점을 강조함으로써 이스라엘을 방해하는 모든 대적에게 공사를 방해하지 말라는 경고를 발하고 있다(McConville).

누구든 그의 명령을 어길 경우 받게 될 벌에 대한 경고를 더한다(11-12절). 왕에게 이스라엘 사람을 돕겠다는 의지가 역력하다. 그러나 다리오가 이처럼 적극적으로 유대인을 돕겠다고 나선 것은 이스라엘 백성에 대한 연민보다는 고레스에 대한 공경 때문이었을 것이다. 다리오 앞에 캠비스가 있었지만, 여러 면에서 다리오야말로 고레스의 참 계승자이며 고레스를 매우 존경했다(Williamson). 다리오가 이처럼 선왕의 결정을 계승하여 절대적으로 존중하는 선례를 남겨 놓으면, 훗날 다른 왕들도 따라할 것 아닌가? 다리오는 선왕의 결정을 계승함으로써 자신의 입지도 굳히고 있다. 마치 이상적인 원로 목사와 후임 목사의 관계를 보는 듯하다.

다리오의 칙령은 왕이 이스라엘 종교에 대해 상당히 많이 알고 있음을 시사한다(9-10절). 물론 이 점에 대해 문제를 제기하는 사람들이 있다. 유대인이 아닌 사람이 유대인처럼 알고 말한다는 것이다. 그러나 주전 5세기에 저작된 엘리판틴 파피루스(Eliphantine Papyrus)의 일부인 유월절 파피루스(Passover Papyrus)에 의하면 다리오 2세가 아르사메스(Arsames)에게 유대인의 무교병 절기에 대해 상세히 지시했다고 한다(De Vaux). 페르시아 왕들이 지배하던 백성들의 종교와 풍습에 대해 어느 정도 알고 있는 것은 일상적인 일이었다.

게다가 페르시아 왕들은 주변에 각 민족과 백성에 대한 전문가를 두었으니 본문에서 다리오가 유대인의 종교에 대해 자세히 알고 있음을 과시하는 것은 충분히 가능한 일이라 할 수 있다(Yamauchi). 그래서 "그곳에 이름을 두신 하나님이 그들을 멸하시기를 원하노라"(12절)는 페르시아 사람들이 사용하는 표현이 아니라 전형적인 유대인식 표현이지만(cf. 신 12:11; 14:23; 16:2, 6, 11; 26:2), 페르시아 왕이 유대인 전문가의 조언에 따라 이 같은 표현을 사용하는 것이다(Bowman). 통치자로서 자신이 다스리는 백성의 정서와 종교를 익히 알고 있는 다리오는 리더가 되고자 하는 자들에게 도전이 된다.

> I. 귀향과 성전 재건(스 1:1–6:22)
>   C. 성전 재건(3:1–6:22)
>   2. 재건 성공(5:1–6:22)

(6) 성전 완공(6:13-15)

¹³ 다리오 왕의 조서가 내리매 유브라데 강 건너편 총독 닷드내와 스달보스내와 그들의 동관들이 신속히 준행하니라 ¹⁴ 유다 사람의 장로들이 선지자 학개와 잇도의 손자 스가랴의 권면을 따랐으므로 성전 건축하는 일이 형통한지라 이스라엘 하나님의 명령과 바사 왕 고레스와 다리오와 아닥사스다의 조서를 따라 성전을 건축하며 일을 끝내되 ¹⁵ 다리오 왕 제육년 아달월 삼일에 성전 일을 끝내니라

다리오의 회신을 받은 총독과 부하들은 왕이 조서를 통해 지시한 것들을 신속히 처리했다(13절). 학개와 스가랴도 하나님의 말씀으로 공사를 격려하였다(14a절; cf. 5:1). 성전 건축을 권면한 두 선지자가(5:1) 성전 공사가 마무리될 때까지 함께하면서 하나님의 말씀으로 격려했다는 것은 성전 재건 전 과정이 이들의 지지를 받으며 이루어졌음을 말한다.

공사는 순조롭게 진행되었으며 모두 다 이스라엘 하나님의 명령과 페르시아 왕 고레스, 다리오, 아닥사스다의 칙령에 따라 된 일이라고 한다. 저자는 '이스라엘 하나님'(14절)이라는 용어를 6장에서는 처음 사용하고 있으며, 하나님과 이스라엘의 떼려야 뗄 수 없는 필연적인 관계를 의미한다. 또한 '이스라엘'은 6장에서만 정확하게 일곱 차례 사용된다. 본문이 언급하고 있는 페르시아 왕 중 아닥사스다는 성전이 완공되고 세월이 한참 지난 후 왕위에 올랐다. 아닥사스다 왕은 에스라와 느헤미야를 예루살렘으로 파견하여 유다를 도운 사람이기도 하다.

그런 아닥사스다 왕이 성전 공사를 지원했던 왕의 명단에 등장하는 것은 이미 여러 차례 설명한 것처럼, 첫 귀향민이 예루살렘으로 돌아온 때부터 느헤미야가 성공적으로 성벽을 건설한 때까지 있었던 일을 저자가 마치 한꺼번에 된 일처럼 회고하고 있기 때문이다(Eskenazi). 비록 아닥사스다가 처음에는 이스라엘이 하고자 하는 일을 금지한 왕이었지만(4:17-22), 에스라와 느헤미야를 파견하여 범민족적 사역을 하게 한 것을 감안하면, 주의 백성에게 호의를 베푼 왕들의 명단에 포함될 만하다.

성전 공사는 다리오 왕 제6년 아달월 3일에 모두 끝이 났다(15절). 아달월은 유대인 달력에서 1년 중 마지막 열두 번째 달이며, 이달 3일은 오늘날 연대로 계산하면 주전 515년 3월 12일쯤 된다. 그러나 아달월 3일이 안식일이라는 점을 의식하여 제1에스드라서 7:5이 말하는 것처럼 아달월 23일에 성전이 완공된 것으로 간주하는 학자들이 많다(Clines). 이 경우 성전 공사는 주전 515년 4월 1일에 끝이 났다. 학개 선지자가 주전 520년 9월 21일에 선포한 말씀을 바탕으로 공사가 시작되었으니 거의 4년 6개월 만에 완공된 것이다.

솔로몬 성전이 주전 586년에 불에 탔으니 거의 71년 만에 재건되었다. 예레미야의 70년 예언이 성취되는 순간이다(cf. 렘 25:11-12; 29:10).

귀향민이 예루살렘으로 돌아온 지 23년 만의 일이었다. 하나님의 일을 늦게라도 하는 것이 아예 하지 않는 것보다 낫기는 하지만, 복의 통로를 이때까지 막아 두었다는 것이 조금은 아쉽다. 하나님의 일은 기회가 주어질 때 주저없이 하는 것이 좋다.

```
I. 귀향과 성전 재건(스 1:1-6:22)
    C. 성전 재건(3:1-6:22)
        2. 재건 성공(5:1-6:22)
```

(7) 성전 헌당(6:16-18)

¹⁶ 이스라엘 자손과 제사장들과 레위 사람들과 기타 사로잡혔던 자의 자손이 즐거이 하나님의 성전 봉헌식을 행하니 ¹⁷ 하나님의 성전 봉헌식을 행할 때에 수소 백 마리와 숫양 이백 마리와 어린 양 사백 마리를 드리고 또 이스라엘 지파의 수를 따라 숫염소 열두 마리로 이스라엘 전체를 위하여 속죄제를 드리고 ¹⁸ 제사장을 그 분반대로, 레위 사람을 그 순차대로 세워 예루살렘에서 하나님을 섬기게 하되 모세의 책에 기록된 대로 하게 하니라

성전 공사가 끝나고 헌당할 때 온 백성이 하나되어 기쁜 마음으로 봉헌식(חֲנֻכָּה)을 올렸다(16절). 봉헌식을 뜻하는 아람어 단어(חֲנֻכָּה)는 안티오쿠스 4세가 오염시킨 예루살렘 성전을 빼앗아 정결하게 하여 다시 헌당했던 수전절의 이름이기도 하다(cf. 제1마카비 4:52-59). 옛 성전이 불타 없어진 지 70여 년 만이었으니 얼마나 감개무량했겠는가! 게다가 그들이 바빌론에서 돌아온 가장 큰 목적이 성전을 재건하는 일이었음에도 불구하고 그간 주변 민족들과 방해꾼들이 두려워 엄두를 못 내다가 마침내 20여 년 만에 실현했으니 말이다.

그들이 성전을 봉헌하면서 하나님께 드린 제물은 수소 100마리, 숫양 200마리, 어린 양 400마리였다(17절). 총 700마리의 짐승을 제물로 드린 것이다. 그러나 과거에 솔로몬이 성전을 헌당하면서 바친 예물(수

소 2만 2,000마리, 양 12만 마리)에 비하면 턱없이 초라했다(왕상 8:63). 반면에 기쁨과 감격은 솔로몬 성전 헌당 예배에 뒤지지 않았을 것이다. 속죄 제물로는 이스라엘 지파의 수대로 숫염소 12마리를 드렸다(17절). 실제로 이 공동체를 구성하고 있는 지파는 유다, 베냐민, 레위가 대부분이지만, 이들은 상징적으로 하나님 앞에 선 12지파였으며 과거 이스라엘의 맥을 이어가는 백성이었다(Throntveit).

성전을 봉헌한 다음, 백성들은 분반대로 제사장을 세우고, 순차대로 레위 사람을 세워 율법에 기록된 대로 하나님을 섬기게 하였다(18절). 봉헌식을 위해 모인 공동체는 율법을 철두철미하게 지키는 것이 가장 중요한 사명이라고 생각했다. 하나님의 말씀에 순종하지 않던 사람들이 바빌론 포로 생활을 겪으면서 가치관이 많이 바뀌었다. 제사장을 분반대로 나누고 순차대로 레위 사람을 세우는 것은 다윗이 첫 성전 건축을 준비하면서 해 놓은 일이었다(cf. 대상 23-26장). 세월이 지나면서 다윗은 모세처럼 이스라엘에게 율법을 준 자가 되어 있었다. 아람어 섹션이 이 구절(6:18)로 끝이 난다.

> I. 귀향과 성전 재건(스 1:1-6:22)
>   C. 성전 재건(3:1-6:22)
>   2. 재건 성공(5:1-6:22)

(8) 유월절 기념(6:19-22)

[19] 사로잡혔던 자의 자손이 첫째 달 십사일에 유월절을 지키되 [20] 제사장들과 레위 사람들이 일제히 몸을 정결하게 하여 다 정결하매 사로잡혔던 자들의 모든 자손과 자기 형제 제사장들과 자기를 위하여 유월절 양을 잡으니 [21] 사로잡혔다가 돌아온 이스라엘 자손과 자기 땅에 사는 이방 사람의 더러운 것으로부터 스스로를 구별한 모든 이스라엘 사람들에게 속하여 이스라엘의 하나님 여호와를 찾는 자들이 다 먹고 [22] 즐거움으로 이레 동안 무교절을 지켰으니 이는 여호와께서 그들을 즐겁게 하시고 또 앗수르 왕의 마음을 그들에

게로 돌려 이스라엘의 하나님이신 하나님의 성전 건축하는 손을 힘 있게 하도록 하셨음이었더라

저자는 여기서부터 다시 히브리어를 사용해 이야기를 진행한다. 성전이 완공된 다음 귀향민들은 율법이 규정하는 대로 첫째 달 14일에 유월절을 지켰다. 아빕월이라고도 불리는 첫째 달은 오늘날 달력으로 3-4월에 해당한다. 주전 515년 니산월 14일은 우리 달력으로 4월 21일이다(Clines). 성전 봉헌 기념 예배를 드린 후 3주 만에 백성들이 다시 성전에 모인 것이다. 이스라엘 남자들은 의무적으로 매년 세 번씩 성전을 찾아가 예배를 드렸다. 바로 이집트에서 떠나온 일을 기념하는 유월절(무교절), 봄철 수확의 시작을 알리며 감사 제단을 쌓는 칠칠절(맥추절), 가을 추수의 끝맺음과 이스라엘의 광야 여정을 기념하는 장막절(수장절) 때였다(출 23:14-17; 신 16:16-17). 이 중에서도 유월절은 1년 중 맨 처음 있는 절기이며, 유월절 바로 다음 날부터 일주일 동안 지키는 것이 무교절이다. 그래서 두 절기는 흔히 하나로 취급된다. 이스라엘이 종살이하던 이집트를 떠나게 된 일을 기념하는 이 절기들은 주의 백성의 정체성 확립에 가장 크게 기여했다.

이스라엘 사람들이 성전을 봉헌하고 난 뒤 3주 만에 다시 성전에 모여 옛적에 선조들이 그랬던 것처럼 종교 절기를 지켰다는 것은 성전의 모든 일이 기대한 대로 잘 되어 가고 있음을 시사한다. 드디어 70여 년 만에 성전이 본 모습과 제 기능을 찾은 것이다. 아울러 귀향민들이 성전을 재건하고 제일 먼저 지키게 된 절기가 유월절이라는 사실에는 상징적 의미가 크다. 성경에 기록된 최초의 유월절이 이스라엘 공동체가 이집트에서 떠나온 일을 기념했던 것처럼, 귀향민들은 이 절기를 통해 바빌론을 떠나온 새 출애굽을 기념했다. 또한 이 절기가 한 해를 시작하는 첫째 달에 있다는 것은 근간에 완공된 성전을 통해 하나님과의 관계를 새로이 시작하고자 하는 귀향민들의 염원이 담겨 있다.

제사장들과 레위 사람들은 일제히 정결 예식을 치렀으며, 레위 사람들은 온 공동체가 먹을 수 있도록 양을 잡았다(20절). 율법은 유월절 양을 집안 단위로 각자 집에서 잡으라고 하지만(출 12:6), 세월이 지나면서 레위 사람들이 양을 잡는 것이 일상화되었다(cf. 대하 30:17; 35:3-6). 유월절을 지키기 위해 성전에 모인 사람들은 유월절 양을 함께 먹음으로써 하나가 되었다(21절).

유월절 다음 날부터 일주일 동안 진행되는 무교절도 기쁜 마음으로 지켰다(22절). 저자는 여호와께서 페르시아 왕이 아니라 '아시리아 왕'의 마음을 돌이켜 그들에게 호의를 베풀도록 하셨다는 말을 더한다. 지금까지 페르시아 왕들에 대해 언급해 오던 저자가 갑자기 페르시아와 아시리아를 혼동한 것일까? 오늘날 이것을 저자의 실수로 보는 사람은 거의 없다. 대부분의 학자는 저자가 의도적으로 이런 표현을 사용하고 있다고 결론짓는다(McConville). 성전 재건에 관해 이스라엘에게 호의를 베푼 왕은 고레스와 다리오다. 저자가 특히 다리오를 두고 이런 말을 하는 것이 확실하다. 그렇다면 저자는 왜 다리오를 '아시리아 왕'이라고 하는 것일까? 페르시아가 계승하고 있는 바빌론이 아시리아를 계승했다는 정서에서 비롯된 것일까? 많은 사람이 그렇게 생각한다(Williamson). 아울러 바빌론을 통해 아시리아를 계승한 페르시아 왕이 이스라엘에게 자비를 베풀어 그들이 지난날 이스라엘에 저지른 모든 만행을 되돌렸다는 상징성도 포함하는 듯하다(Clines).

II. 에스라의 사역
(7:1-10:44)

첫 번째 섹션(1-6장)은 성전 봉헌식과 새 성전에서 드린 첫 유월절 예배를 통해 성전이 정상적으로 운영되고 있음을 강조하며 마무리된다. 이제 두 번째 섹션(7-10장)에서는 주제를 바꿔 율법학자(7:11) 에스라의 귀향과 사역 이야기를 시작한다. 첫 번째 섹션이 성전 재건에 관한 것이라면, 두 번째 섹션은 수의 백성 공동체 재건에 관한 내용이다(Eskenazi). 성전 재건 이야기(1-6장)가 바빌론을 출발한 귀향민 이야기로 시작했듯이, 공동체 재건 이야기(7-10장)도 바빌론을 출발하는 에스라로부터 시작한다.

이 섹션에 포함된 글의 일부(7:27-8:34; 9:1-15; cf. 7:1-11; 8:35-36; 10:1-44)가 에스라의 1인칭 회고인 것을 근거로 학자들은 이 섹션을 '에스라 회고'(Ezra Memoir)라고 부르기도 한다. 책의 세 번째 섹션이자 '느헤미야 회고'(Nehemiah Memoir)로 불리는 느헤미야 1:1-7:3 역시 예루살렘이 아닌 수산 성에서 시작한다. 이제부터는 이 책과 직접 연관이 있는 두 지도자(에스라, 느헤미야)의 회고록을 중심으로 이야기가 전개된다. 그래서 일부 학자들은 에스라 7장-느헤미야 14장이 먼저 정리된

II. 에스라의 사역

후에 에스라 1-6장이 서론으로 첨부되었다고 본다(Williamson).

세 이야기 모두 예루살렘에서 전개되지만, 시작은 1,500km 떨어진 바빌론과 수산에서 출발한다. 아울러 세 이야기는(스 1:1-6:22; 7:1-10:44; 느 1:1-7:3) 다음과 같은 공통적인 패턴을 지녔다. (1) 페르시아 왕이 허락한 귀향으로 시작한다(스 1:1; 7:6; 느 2:8-9), (2) 이루고자 하는 재건 프로젝트에 끊임없는 반대와 방해가 있다, (3) 하나님의 도우심으로 주변 족속의 훼방을 이겨내고 재건을 이루어낸다.

책의 첫 번째 섹션(1-6장)이 귀향(1-2장)과 성전 재건(3-6장)으로 나뉜 것처럼, 에스라 이야기(7-10장)도 귀향(7-8장)과 공동체 재건(9-10장)으로 나뉜다. 에스라의 귀향과 사역을 회고하는 본문(7-10장)은 다음과 같이 세 부분으로 구분할 수 있다.[14]

    A. 에스라의 귀향 준비(7:1-26)
    B. 예루살렘 귀향(7:27-8:36)
    C. 개혁: 이방인들과의 결혼(9:1-10:44)

---

14 에스라 7-8장을 함께 취급하여 다음과 같은 구조가 제시되기도 한다(Throntveit).
  A. 예루살렘 여정(7:1-10)
    B. 에스라 임명(7:11-26)
      C. 기도(7:27-28a)
        D. 지도자들이 귀향을 위해 모임(7:28b)
          X. 이스라엘의 재회(8:1-14)
        D'. 지도자들이 귀향을 위해 모임(8:15-20)
      C'. 기도와 금식(8:21-23)
    B'. 그릇 운반자들 임명(8:24-30)
  A'. 예루살렘 여정(8:31-36)

II. 에스라의 사역(7:1-10:44)

A. 에스라의 귀향 준비(7:1-26)

서론에서 언급한 것처럼 에스라를 예루살렘으로 보낸 왕이 아닥사스다 1세(주전 464-423년)인가, 2세(주전 404-359년)인가에 대해 학자들 사이에 의견이 분분하지만(Williamson, Blenkinsopp), 아닥사스다 1세로 간주하는 것이 역사적 정황에 잘 어울린다. 에스라가 아닥사스다 1세 즉위 7년 되던(7:7) 해인 주전 458년에 예루살렘을 찾았다고 보면, 성전 재건과 유월절 예배로 끝맺은 6장(주전 515년)과 에스라 이야기가 시작되는 7장(주전 458년) 사이에 57년의 세월이 흐른 것이다.

이 기간에 예루살렘에 정착한 귀향민은 대부분 정치적·경제적으로 매우 어려운 시기를 보내고 있었다. 성전만 재건하면 모든 것이 잘되고 삶도 풍요로워질 것이라는 기대감은 완전히 무너졌다. 다시금 패배감과 좌절감이 이들을 지배하게 되었다. 소수를 제외한 대부분은 신앙적으로도 냉담해졌다. 때가 되면 성전에 가서 제사는 드리지만, 의무감에서 하는 것일 뿐 기쁨으로 드리는 예배는 아니었다. 성전을 재건한 다음 귀향민 공동체는 처절한 실패와 신가한 분열을 경험하고 있었다(Klein).

물질적 풍요를 기대했지만, 그렇게 해주지 않으시는 하나님에 대한 서운함도 많았다. 하나님과의 관계가 흔들리면서 야기된 심각한 문제는 귀향민들 사이의 관계였다. 한때는 힘을 합해 이 땅에 하나님의 나라를 이루어 보자며 서로 손을 잡고 귀향했던 사람들이 이제는 개인적인 이익을 위해 서로를 이용하거나 배신하는 시대가 되었다. 공동체 의식이 심히 훼손된 것이다.

이스라엘이 이처럼 영적으로 침체되고 공동체가 붕괴될 위기에 하나님은 무엇을 하셨는가? 사람들은 주님의 침묵을 이스라엘에 대한 무관심으로 해석했다. 하나님은 더 이상 이스라엘을 사랑하지 않으신다는

II. 에스라의 사역

것이다. 그러나 하나님은 이 어두운 순간에도 이스라엘의 역사를 일구어 갈 사람을 준비하고 계셨다. 그것도 예루살렘 현장에서 1,500㎞나 떨어진 곳에서 말이다. 하나님이 예루살렘 공동체를 위해 준비하신 인물은 에스라였다.

에스라는 율법을 깊이 연구하고 지켰으며, 율례와 규례를 가르치는 일에 헌신한 제사장이다(7:10-11). 우리는 무너진 예루살렘 공동체를 세우기 위해 하나님이 율법학자를 보내셨다는 사실을 통해 믿음 공동체에 대한 하나님의 의중을 읽을 수 있다. 세상 단체들과 달리 하나님의 이름으로 모인 신앙 공동체는 무엇보다 하나님 말씀 위에 서야 한다는 것이다. 공동체는 하나님 말씀의 지배를 받아야 하며, 구성원은 하나님 말씀이 제시하는 가치관과 지침에 따라 서로를 대하고 섬겨야 한다. 믿음 공동체를 형성한다는 것은, 각자 소견대로 살아가는 사람들이 모인 집단이 아니라 하나님 말씀이 각 구성원의 삶을 지배하는 공동체를 만들어 가는 것을 의미한다. 이 본문은 다음과 같이 구분할 수 있다.

 A. 에스라 계보(7:1-5)
 B. 에스라 소개(7:6-10)
 C. 아닥사스다의 칙령(7:11-26)

```
II. 에스라의 사역(7:1-10:44)
    A. 에스라의 귀향 준비(7:1-26)
```

1. 에스라 계보(7:1-5)

¹ 이 일 후에 바사 왕 아닥사스다가 왕위에 있을 때에 에스라라 하는 자가 있으니라 그는 스라야의 아들이요 아사랴의 손자요 힐기야의 증손이요 ² 살룸의 현손이요 사독의 오대 손이요 아히둡의 육대 손이요 ³ 아마랴의 칠대 손

이요 아사랴의 팔대 손이요 므라욧의 구대 손이요 ⁴ 스라히야의 십대 손이요 웃시엘의 십일대 손이요 북기의 십이대 손이요 ⁵ 아비수아의 십삼대 손이요 비느하스의 십사대 손이요 엘르아살의 십오대 손이요 대제사장 아론의 십육대 손이라

저자는 에스라 이야기를 '이 일 후에'(וְאַחַר הַדְּבָרִים הָאֵלֶּה) 있었던 일로 소개한다(1절). 물론 '이 일'이란 귀향과 성전 건축을 중심으로 한 1-6장에 기록된 사건을 뜻한다. 언뜻 보면 성전 건축과 에스라의 귀향 사이에 그다지 많은 세월이 지나지 않은 것처럼 보이지만, 실제로 에스라가 예루살렘으로 돌아온 것은 성전이 완공된 주전 515년으로부터 거의 60년 세월이 지난 주전 458년의 일이다. 이때쯤이면 80년 전인 주전 538년에 세스바살과 함께 바빌론에서 돌아온 사람들은 거의 다 죽었다. 귀향민 1세대가 완전히 역사 속으로 사라진 것이다.

유토피아를 꿈꾸며 귀향했다가 별다른 부귀영화를 누리지 못하고 죽은 귀향민 1세대는 그래도 하나님을 의지하는 믿음이 있었고, 그분의 뜻을 이루려는 소망과 열정이 어느 정도 있었다. 그러나 1세대의 열정과 믿음은 다음 세대에 전수되지 않았으며 어느새 이스라엘 공동체는 명맥만 유지할 뿐 별다른 믿음이나 사명감 없이 그저 흐르는 세월에 몸을 맡겨 함께 흘러가고 있었다. 이때쯤 쓰인 책인 말라기를 살펴보면 이들의 냉담함은 무엇보다도 하나님에 대한 서운함에서 비롯된 것으로 생각된다. 그들은 하나님이 자신들에게 충분한 복을 내려 주시지 않는다고 생각하며 내내 불만을 품고 있었던 것이다.

귀향민들이 하나님에 대한 불만과 주변 민족들과 비교해 상대적 패배감에 젖어 있는 동안 예루살렘 성벽은 여전히 허물어진 채 방치되어 있었다. 포로기를 지나면서 흔들린 민족 정체성은 아직도 뿌리를 내리지 못하였으며, 귀향민 공동체는 순수 혈통의 중요성에 대해 냉담했다. 주전 538년 귀향 이후 이스라엘 공동체가 최대 위기를 맞은 것이

다. 이 기간에 하나님은 그들을 돕기 위해 한 사람을 준비시키셨다.

에스라가 바로 하나님이 준비시키신 사람이다. 에스라(עֶזְרָא, lit., '도움')는 '하나님이 도우시다'라는 뜻을 지닌 '아자르엘'(עֲזַרְאֵל) 혹은 '여호와께서 도우시다'라는 뜻을 지닌 '아사랴'(עֲזַרְיָה)를 줄인 이름이다(HALOT). 소명 의식을 잃고 방황하는 이스라엘을 돕기 위해 보냄 받은 자의 이름으로 매우 적절하며 상징적이다. 에스라는 종교적·사회적으로 표류하고 있는 예루살렘 공동체에 하나님이 보내신 '도움'이었다.

저자는 먼저 그의 족보를 소개한다. 에스라는 아론의 자손이므로 제사장이다(5절). 본문은 두 사람의 관계를 17개의 이름으로 정리한다. 이 기록을 액면 그대로 수용한다면 에스라는 아론의 16대손이다. 그러나 구약의 계보는 필요에 따라 여러 세대를 건너뛰기도 하기 때문에 그렇게 단정 짓는 것은 바람직하지 않다. 실제로 이 계보를 역대상 6:3-15과 비교해 보면, 아론에서 므라욧까지는 같지만, 므라욧에서 에스라 사이에 여러 이름이 빠져 있다(viz., 요하난, 아사랴, 아히마아스, 사독, 아히둡, 아마랴). 또한 에스라의 바로 윗대로 표기된 스라야는 주전 586년 느부갓네살에 의해 처형된 마지막 대제사장이었다(cf. 왕하 25:18-21).

두 사람 사이에 130여 년의 세월이 흘렀지만 마치 에스라가 스라야 바로 다음 세대인 것처럼 기록되어 있다. 스라야와 에스라 사이에 아무도 언급되지 않은 것에 대해서는 다음과 같은 두 가지 추론이 있다. 하나는 에스라의 아버지가 스라야이기 때문에 필사자가 한 스라야의 이름을 읽고 실수로 곧장 다음 스라야로 건너뛰어 빚어진 일이라는 추론이다. 다른 하나는 에스라가 스라야 대제사장의 후손이지만 방계(a collateral line)이기 때문이라는 추측이다(Clines, Williamson). 그러나 정확한 이유는 알 수 없다.

구약의 계보는 필요에 따라 종종 여러 세대를 건너뛰기도 하므로 의도적으로 계보를 16대로 정리한 것으로 생각된다. 그렇다면 어떤 목적을 가지고 에스라 계보를 17명의 이름으로 정리한 것일까? 두 가지 이유를 생각해 볼 수 있다. 첫째, 계보의 한 중심에 아사랴를 두기 위해서이다. '아사랴'(עֲזַרְיָה)는 에스라의 이름과 동일한 뜻 곧 '여호와께서 도우시다'라는 뜻을 지녔을 뿐만 아니라 이 이름을 줄여서 '에스라'(עֶזְרָא)가 되었다. 계보의 한 중심에 에스라와 동일한 이름을 둠으로써 에스라의 중요성을 부각한다(Breneman). 실제로 이 책에서 가장 중요한 인물이 에스라이며, 무언가 큰일이 일어날 것을 예고하는데 그 일의 중심에 에스라가 있을 것을 암시하고자 하는 것이다(Eskenazi). 둘째, 아론에서 에스라에 이르는 계보를 성전의 운명과 연결하고자 함이다. 다음 구조를 생각해 보라(Throntveit).

　A. 에스라, 모세 율법 강화
　　B. 성전이 파괴될 때까지 사역한 일곱 제사장
　　　X. 아사랴, 솔로몬 성전의 첫 번째 제사장
　　B'. 성전이 완성될 때까지 사역한 일곱 제사장
　A'. 아론, 모세 율법의 시작

위와 같은 구조를 바탕으로 계보의 중요성을 생각해 보면 두 가지가 확실하다. 첫째, 이스라엘의 광야 공동체에 아론이 있었듯이 귀향민 공동체에는 에스라가 있다. 에스라가 귀향민 공동체에 의미하는 바는 마치 광야 공동체의 아론에 견줄 만큼 중요하다는 뜻이다. 둘째, 성전이 제 기능을 발휘하려면 철두철미하게 율법의 가르침을 따라야 한다. 제사장은 율법에 따라 제물을 드려야 하며, 백성들은 율법에 따라 예배를 드려야 한다. 그러므로 성전은 율법을 예배 매뉴얼로 사용해야 한다.

불행하게도 에스라 시대를 역사적 배경으로 하는 말라기서를 살펴보면 제사장들부터 율법을 등한시하였다. 에스라는 이스라엘의 율법 준수를 강화하기 위해 예루살렘을 찾은 제사장이다. 그래서 저자는 이스라엘이 율법에 따라 제사를 드리기 시작한 때를 상징하는 아론과 율법 강화를 상징하는 에스라를 틀(frame)로 삼고 있다. 이 본문의 히브리어 사본이 악센트를 사용해 계보를 시작하는 에스라와 끝을 맺는 아론을 다른 이름들로부터 구별하는 것도 이 같은 사실을 보여 주고 있다(Throntveit).

에스라는 평범한 제사장이 아니라 대제사장 집안의 자손이다. 그의 조상들은 대제사장이다. 사독은 솔로몬 왕의 대제사장이며(왕상 2:35), 힐기야는 요시야 왕 시대의 대제사장이다(왕하 22:4). 에스라의 바로 윗대로 표기된 스라야는 주전 586년에 느부갓네살이 불태운 성전의 마지막 대제사장이다(왕하 25:18-21). 에스라가 대제사장으로 귀향하는 것은 아니지만, 그가 이처럼 유명하고 유력한 집안의 자손이라는 사실은 독자들로 하여금 상당한 기대감을 갖게 한다. 또한 이스라엘 종교에서 예식의 중심에 있던 대제사장의 후손인 에스라가 예식이 아니라 하나님의 말씀을 가르치기 위해 예루살렘으로 돌아왔다는 것은 이스라엘 종교의 중심이 '예배'에서 '말씀 강론'으로 옮겨 가고 있음을 암시한다.

계보의 내용을 정리해 보면 아래 표와 같다. 본문이 제시하는 계보는 자손에서 조상으로 거슬러 올라가는 '올림 계보'이다. 그러나 여기서는 편의상 조상에서 시작해 자손으로 내려가는 '내림 계보' 방식으로 표기하겠다.

(7:1-10:44)

II. 에스라의 사역(7:1-10:44)
　A. 에스라의 귀향 준비(7:1-26)

2. 에스라 소개(7:6-10)

⁶ 이 에스라가 바벨론에서 올라왔으니 그는 이스라엘의 하나님 여호와께서 주신 모세의 율법에 익숙한 학자로서 그의 하나님 여호와의 도우심을 입음으로 왕에게 구하는 것은 다 받는 자이더니 ⁷ 아닥사스다 왕 제칠년에 이스라엘 자손과 제사장들과 레위 사람들과 노래하는 자들과 문지기들과 느디님

II. 에스라의 사역

사람들 중에 몇 사람이 예루살렘으로 올라올 때에 ⁸ 이 에스라가 올라왔으니 왕의 제칠년 다섯째 달이라 ⁹ 첫째 달 초하루에 바벨론에서 길을 떠났고 하나님의 선한 손의 도우심을 입어 다섯째 달 초하루에 예루살렘에 이르니라 ¹⁰ 에스라가 여호와의 율법을 연구하여 준행하며 율례와 규례를 이스라엘에게 가르치기로 결심하였었더라

에스라의 족보를 소개한 다음 '바로 그 에스라'(새번역, הוּא עֶזְרָא)가 바빌론에서 돌아왔다며 그의 예루살렘 도착에 대한 기대를 한층 높이고 있다(6절). 에스라는 '모세의 율법에 익숙한 학자'(סֹפֵר מָהִיר בְּתוֹרַת מֹשֶׁה)이다(6절). 에스라는 이스라엘 사람들에게 율례와 규례를 가르치기로 결심한 사람이다(10절). 저자는 에스라를 율법과 연관해 세 가지로 묘사한다(10절). (1) 율법을 연구하는 사람이다, (2) 율법을 스스로 준행하며 살아가는 사람이다, (3) 율법을 가르치는 사람이다. 그의 학문과 연구는 개인의 지적(知的) 만족으로 끝나지 않고 사람들을 가르치고 변화시키는 일로 연결되었던 것이다. 에스라는 학자와 사역자가 어떠해야 하는지를 보여 주는 훌륭한 모델이다.

기독교 학문, 특히 신학은 결코 지식에만 그쳐서는 안 된다. 삶의 방식과 목표를 바꾸는 생기로 승화되어야 한다. 우리가 성경을 묵상하고 연구하는 근본 목적은 세상이 하나님의 말씀으로 가득 차서 소명과 생명으로 넘치게 하는 데 있기 때문이다. 에스라 이후로 이스라엘에는 율법 연구, 해석, 보존에 평생을 바친 그룹이 생겼다(Talmon). 이들이 마소라 학파의 원조가 되었으며 신약은 그들을 '서기관'이라 부른다.

'학자'(סֹפֵר)(새번역, 개역개정; 공동번역: 선비)가 율법에 대해 많이 아는 사람을 뜻하기도 하지만(cf. HALOT), 이 단어가 페르시아 제국의 관료 체계에서는 상당히 높은 벼슬을 뜻하기도 한다(Clines, cf. HALOT, 삼하 8:17; 20:20; 왕하 23:3-13). 아닥사스다 왕이 친히 에스라를 예루살렘으로 보냈다는 것도 이 같은 사실을 암시한다(cf. 7:11-12). 모든 정황

을 고려할 때, 에스라는 오늘날의 개념으로 페르시아 제국에서 '유대인 업무를 전담하는 장관'(a secretary of state for Jewish affairs) 정도가 된다(cf. Klein). 게다가 그는 율법에 '능통한'(מָהִיר) 사람이었다. 이 표현은 높은 관직에 있는 사람의 지혜와 경험을 뜻하는 말로 사용된다(Williamson). 에스라는 모세오경에 능통할 뿐만 아니라 페르시아 제국에서 상당히 높은 관직을 겸했던 사람이다. '여호와의 율법을 연구하여 준행'하던 (10절) 에스라는 여러 가지 면에서 귀향민들이 건축한 제2성전에 완벽하게 어울리는 학자이다(Throntveit).

에스라가 율법학자인 것은, 이스라엘이 당면한 가장 시급한 문제가 하나님 말씀에 대한 올바른 이해와 적용 부족이기 때문이다. 예루살렘 공동체는 정치적·경제적 문제가 심각하다고 여겼겠지만, 하나님 보시기에 가장 큰 문제는 신학적 문제였다. 각 개인의 신학에서 삶의 방식, 가치관, 세계관 등 모든 것이 출발하기 때문이다.

페르시아 제국의 관료인 에스라는 아닥사스다 왕과도 각별한 관계를 유지했다. 왕이 그를 얼마나 아끼고 사랑했는지 그가 청하는 것은 무엇이든 다 들어주었다고 한다. 이런 일이 가능했던 것은 그가 하나님 여호와의 도우심을 입었기 때문이다(6절). 모두 다 하나님이 하신 일이며, 하나님이 이스라엘을 돕기 위해 에스라와 왕 사이에 친밀한 관계를 허락하셨다. 또한 에스라도 아닥사스다와 좋은 관계를 유지하기 위해 많은 노력을 했을 것이다. 인간의 노력과 하나님의 도우심이 함께한 결과이다.

율법학자로서 누구보다 하나님의 말씀에 대해 깊이 알고 실천하던 에스라가 아닥사스다의 신임도 얻었다는 것은, 기독교인은 세상과 담을 쌓고 살아야 한다고 주장하는 사람들에게 신선한 도전이 된다. 우리는 이 세상에서 빛과 소금의 역할을 하도록 하나님의 부르심을 받았지 세상을 떠나 살거나 회피하라는 소명을 받은 것이 아니다. 하늘나라 시민으로서 이 세상을 살아가는 동안 성경적 가치관을 바탕으로 세상의 일에도 열심과 최선을 다해야 한다.

II. 에스라의 사역

에스라가 인도한 유다 사람들의 귀향은 아닥사스다 왕 즉위 7년째 되던 해(주전 458)에 이루어졌다(7절). 주전 538년에 세스바살이 첫 그룹을 이끌고 예루살렘을 찾은 지 80년만의 일이다. 에스라의 귀향은 성경에 기록된 두 번째 주요 귀향이다. 저자는 이 귀향민 무리가 일반인, 제사장, 레위 사람, 노래하는 사람, 성전 문지기, 성전 막일꾼 등 여섯 부류로 구성되었다고 한다(7절, 새번역). 9절에 의하면 에스라가 2차 귀향민과 함께 바빌론을 떠난 것은 아닥사스다 7년 첫째 달(니산월/아빕월) 1일이며(viz., 주전 458년 4월 8일), 예루살렘에 도착한 것은 다섯째 달(아브월) 1일(viz., 주전 458년 8월 4일)이다(cf. Breneman). 에스라가 원래는 아빕월 1일(viz., 주전 458년 4월 8일)에 떠나기를 원했지만, 레위 사람들을 데려오기 위해 12일(viz., 주전 458년 4월 19일)까지 바빌론을 떠나지 못했다(cf. 8:31).

에스라는 주전 458년에 바빌론을 떠났는데, 이 해는 안식년이다(cf. 마카비1서 6:49, 53). 그가 주전 458년 첫째 달 아빕월에 바빌론을 떠난 것은 상징적인 의미를 지닌다. 아빕월은 이스라엘의 이집트 탈출이 시작된 유월절이 있는 달이다(출 12:2; 민 33:3). 그러므로 에스라와 귀향민이 아빕월에 바빌론을 떠나 조국으로 돌아온 것은 새로운 출애굽을 상징한다(Klein). 옛적에 이스라엘이 이집트를 탈출하고 맨 처음 한 일이 시내 산에서 율법을 받은 일인 것처럼, 에스라가 예루살렘에 도착하자마자 제일 먼저 율법을 찾은 것도 출애굽 모티프를 연상시킨다.

약 1,500km 되는 거리를 14주 동안 걸었으니, 안식일을 제외하면 하루 평균 16km 이상을 걸어 목적지에 도달한 것이다. 바빌론에서 가나안까지 오는 길은 매우 덥고 위험했다(cf. 8:21-22). 그러나 에스라 일행은 별 탈 없이 예루살렘에 도착했다. 저자는 이 모든 것이 아닥사스다 왕의 마음을 움직이신 하나님이(6절) 에스라 일행을 보살펴 주셨기 때문이라고 한다(9절). 비록 에스라가 결단하고 희생과 헌신을 각오하며 떠나온 길이지만, 하나님은 그와 동행하며 눈동자같이 지켜 주셨다. 하나님을 경험할 수 있는 가장 확실한 방법은 하나님만 믿고 모험의 길을 떠나는 것이 아닐까?

저자는 율법에 대한 에스라의 열정과 헌신을 다시 한 번 강조한다(10절). 첫째, 율법을 깊이 연구하였다(לִדְרוֹשׁ לִבָבוֹ). 하나님의 말씀을 깨닫기 위해 심혈을 기울여 연구와 묵상을 지속했다는 뜻이다. 세상에는 깊은 연구와 묵상을 통해서만 얻을 수 있는 지식이 있다. 바로 하나님의 말씀을 깨달아 아는 고귀한 지식이 그렇다. 둘째, 자신이 연구해서 얻은 결과를 준행했다(עשׂה). 이 동사의 기본적인 뜻은 '행하다/실천하다'이며, 에스라가 연구를 통해 배우고 깨달은 것을 머리에만 담아 둔 것이 아니라 행동으로 옮겼음을 강조한다. 그는 배운 대로 실천함으로써 하나님을 아는 사람이 어떻게 살아야 하는지를 솔선수범하여 보여 주었다. 셋째, 자신이 연구하여 깨달은 지식으로 이스라엘 사람들을 가르치는 일에 헌신했다. 하나님을 아는 삶의 모델/대안을 몸소 제시한 다음, 다른 사람들도 그렇게 살도록 설득하고 권면한 것이다. 지식으로만 가르치는 것이 아니라 삶으로 모범을 보인 그는 참(眞) 선생이었다.

II. 에스라의 사역(7:1-10:44)
   A. 에스라의 귀향 준비(7:1-26)

3. 아닥사스다의 칙령(7:11-26)

¹¹ 여호와의 계명의 말씀과 이스라엘에게 주신 율례 학자요 학자 겸 제사장인 에스라에게 아닥사스다 왕이 내린 조서의 초본은 아래와 같으니라 ¹² 모든 왕의 왕 아닥사스다는 하늘의 하나님의 율법에 완전한 학자 겸 제사장 에스라에게 ¹³ 조서를 내리노니 우리 나라에 있는 이스라엘 백성과 그들 제사장들과 레위 사람들 중에 예루살렘으로 올라갈 뜻이 있는 자는 누구든지 너와 함께 갈지어다 ¹⁴ 너는 네 손에 있는 네 하나님의 율법을 따라 유다와 예루살렘의 형편을 살피기 위하여 왕과 일곱 자문관의 보냄을 받았으니 ¹⁵ 왕과 자

II. 에스라의 사역

문관들이 예루살렘에 거하시는 이스라엘 하나님께 성심으로 드리는 은금을 가져가고 16 또 네가 바벨론 온 도에서 얻을 모든 은금과 및 백성과 제사장들이 예루살렘에 있는 그들의 하나님의 성전을 위하여 기쁘게 드릴 예물을 가져다가 17 그들의 돈으로 수송아지와 숫양과 어린 양과 그 소제와 그 전제의 물품을 신속히 사서 예루살렘 네 하나님의 성전 제단 위에 드리고 18 그 나머지 은금은 너와 너의 형제가 좋게 여기는 일에 너희 하나님의 뜻을 따라 쓸지며 19 네 하나님의 성전에서 섬기는 일을 위하여 네게 준 그릇은 예루살렘 하나님 앞에 드리고 20 그 외에도 네 하나님의 성전에 쓰일 것이 있어서 네가 드리고자 하거든 무엇이든지 궁중창고에서 내다가 드릴지니라 21 나 곧 아닥사스다 왕이 유브라데 강 건너편 모든 창고지기에게 조서를 내려 이르기를 하늘의 하나님의 율법 학자 겸 제사장 에스라가 무릇 너희에게 구하는 것을 신속히 시행하되 22 은은 백 달란트까지, 밀은 백 고르까지, 포도주는 백 밧까지, 기름도 백 밧까지 하고 소금은 정량 없이 하라 23 무릇 하늘의 하나님의 전을 위하여 하늘의 하나님이 명령하신 것은 삼가 행하라 어찌하여 진노가 왕과 왕자의 나라에 임하게 하랴 24 내가 너희에게 이르노니 제사장들이나 레위 사람들이나 노래하는 자들이나 문지기들이나 느디님 사람들이나 혹 하나님의 성전에서 일하는 자들에게 조공과 관세와 통행세를 받는 것이 옳지 않으니라 하였노라 25 에스라여 너는 네 손에 있는 네 하나님의 지혜를 따라 네 하나님의 율법을 아는 자를 법관과 재판관을 삼아 강 건너편 모든 백성을 재판하게 하고 그 중 알지 못하는 자는 너희가 가르치라 26 무릇 네 하나님의 명령과 왕의 명령을 준행하지 아니하는 자는 속히 그 죄를 정하여 혹 죽이거나 귀양 보내거나 가산을 몰수하거나 옥에 가둘지니라 하였더라

저자는 에스라를 중심으로 한 2차 귀향을 80년 전에 있었던 첫 귀향처럼 새로운/제2의 출애굽으로 묘사한다. 또한 에스라는 율례 학자, 곧 율법을 매우 잘 아는 사람이라는 말로 이 섹션을 시작한다(11절). 7장에서만 이 사실이 벌써 세 번째 강조되고 있다(6, 10절). 하나님의 율

법에 대해 에스라만큼 능통한 사람이 없다는 것이다.

나머지 부분(12-26절)은 아닥사스다 왕이 에스라에게 내린 칙령을 옮겨 적은 것이다. 아닥사스다 왕은 에스라에게 조서를 내리면서 자신에게 '왕의 왕'(מֶלֶךְ מַלְכַיָּא)이라는 아람어 타이틀을 사용하는데 이 표현은 그의 절대적인 권위를 강조한다(Klein). 이 칙령은 페르시아 제국의 공식 언어인 아람어로 되어 있으며, 저자는 이 문서의 역사적 신빙성을 보존하기 위해 히브리어로 번역하지 않고 아람어 원본을 그대로 수록했다. 예전에 일부 학자들은 다음 두 가지 근거를 들어 이곳에 실린 칙령의 진실성을 부인했다. (1) 에스라에게 약속된 돈의 액수와 농산물의 양이 너무 많다, (2) 칙령에 유대교적 성향이 진하게 배어 있다(Torrey). 그러나 오늘날에는 대부분 학자가 이에 대해 더 이상 문제 제기를 하지 않는다. 역사적 정황을 고려할 때 둘 다 충분히 가능한 일이기 때문이다. 유대교적 성향의 칙령은 왕을 섬기는 유대인 관원(viz., 에스라 같은 사람)이 작성한 것을 아닥사스다 왕이 선포한 것으로 이해할 수 있다(Clines; cf Bowman).

아닥사스다가 자신을 소개하면서 '왕의 왕'이라고 하는데(12절), 이 호칭은 바빌론 왕들도 종종 사용했지만 페르시아 왕들은 일상적으로 사용하였다(Cross). 반면에 페르시아의 뒤를 이은 그리스 왕들은 이 타이틀을 거의 사용하지 않았다. 그래서 일부 주석가들은 이를 칙령의 진실성을 뒷받침하는 작은 증거로 삼는다(Williamson).

아닥사스다가 에스라에게 직접 칙령을 내렸다는 것과 누구든지 에스라와 함께 예루살렘으로 돌아갈 수 있다는 내용이 담긴 서론(12-13절)을 마친 다음, 에스라의 임무를 집중적으로 정의하고 있는 14-26절은 다음과 같은 교차대구법적 구조를 지니고 있다(Throntveit). 전반적으로 강조되는 것은 성전 예물뿐만 아니라 성전 유지 비용 전체가 페르시아 제국의 국고에서 지출된다는 사실이다. 에스라의 귀향은 귀향민 공동체에게 금전적인 부담을 전혀 주지 않았다.

II. 에스라의 사역

  A. 임무: 율법에 따라 조사하라(7:14)
    B. 바빌론에서 성전에 바치는 예물(7:15-18)
      X. 국고에서 지출될 성전 유지 비용과 헌납될 그릇들(7:19-20)
    B'. 유프라테스 강 서쪽 지방에서 성전에 바치는 예물(7:21-24)
  A'. 임무: 율법에 따라 가르치라(7:25-26)

내용을 살펴보면 왕의 칙령은 크게 여섯 가지로 구성되어 있다. (1) 페르시아 제국에 흩어져 사는 이스라엘 사람 중 누구든지 예루살렘으로 돌아가고자 하는 사람은 에스라와 함께 떠날 수 있다(13절), (2) 예루살렘과 유다의 상황에 대해 조사/청문할 수 있다(14절), (3) 성전에 드려진 헌물과 하사금을 적절하게 사용할 수 있다(15-20절), (4) 유프라테스 강 서쪽 지방 관리들은 에스라가 필요로 하는 것을 모두 채워 주어야 한다(21-23절), (5) 성전에서 일하는 사람들은 모두 면세 대상자로 삼아야 한다(24절), (6) 에스라는 법관과 재판관을 세워 율법 준행을 강제해야 한다(25-26절). 이제 하나씩 살펴보자.

첫째, 페르시아 제국에 흩어져 사는 이스라엘 사람 중 누구든지 예루살렘으로 가고자 하는 사람은 에스라와 함께 떠날 수 있다(13절). 왕이 이 같은 칙령을 선포하는 것은 메소포타미아에 여전히 많은 유대인이 살고 있음을 암시한다(Breneman). 왕은 이들 중 누구든지 원하면 신분에 상관없이 예루살렘으로 돌아갈 수 있다고 한다. 물론 이러한 정책은 아닥사스다 왕만의 고유 정책이 아니다. 이미 고레스 시대부터 페르시아 왕들이 지속해 온 정책이다.

둘째, 예루살렘과 유다의 상황에 대해 조사/청문할 수 있다(14절). 에스라가 예루살렘과 유다에 정착한 이스라엘 사람들을 도우려면 문제점이 무엇인지 먼저 살펴야 한다. 그래서 왕과 그의 일곱 보좌관은 에스라에게 이스라엘 공동체의 성전 운영과 율법 준수에 대한 전반적인 청문회를 개최할 수 있도록 허락하는 것이다. 왕의 일곱 보좌관은 왕

(7:1-10:44)

이 가장 신뢰하는 그룹이며, 헤로도투스는 이들이 페르시아 제국에서 가장 유력한 집안 대표들이라고 한다(Clines). 에스라가 예루살렘의 상황을 충분히 살필 수 있도록 페르시아 제국의 최고 결정 기관이 허락한 것이다.

셋째, 성전에 드려진 헌물과 하사금을 적절하게 사용할 수 있다(15-20절). 아닥사스다 왕과 보좌관들은 에스라를 예루살렘으로 보내면서 성전에 들여놓을 헌물을 함께 보냈다(15절). 닷드내의 질의에 대한 다리오의 회신(6:6-12)에서도 언급한 것처럼, 당시 페르시아 왕들이 다스리는 타민족의 신전에 큰 기부를 하는 것은 흔한 일이었다(Yamauchi). 아닥사스다도 이러한 전례에 따라 에스라를 통해 예루살렘 성전을 지원한 것이다.

에스라는 또한 바빌론 모든 지방에서 모금한 돈을 전부 가지고 갈 수 있다는 허락을 받았다(16절). 아마 대부분의 기부자는 고향으로 돌아가지 못하는 유대인들이었을 것이다. 에스라는 모인 헌금을 예루살렘 성전을 위해 적절하게 사용할 수 있었다. 하나님께 드리는 제물뿐만 아니라(17절), 성전 유지를 위해 필요한 여러 비용과 제사장들에 대한 사례 등에도 사용할 수 있었다(18-19절). 아닥사스다는 혹시 돈이 더 필요하면 궁중 창고에서 내어 쓰라는 말까지 더한다(20절). 왕은 에스라에게 전적인 신임을 표하고 있다. 그는 에스라가 무엇을 청하든지 모두 해줄 의향이 있는 사람이었다(cf. 6절).

넷째, 유프라테스 강 서쪽 지방 관리들은 에스라가 필요로 하는 것을 모두 주어야 한다(21-23절). 왕은 국고 책임자에게 에스라가 필요하다고 하면 은은 100달란트(כִּכָּר)까지, 밀은 100고르(כֹּר)까지, 포도주는 100밧(בַּת)까지, 기름은 100밧(בַּת)까지 내어 주고 소금은 무제한으로 주라고 한다(22절). 고대 사회에서 무게와 분량의 단위는 끊임없이 변했기 때문에 정확히 알 수 없지만 은이 3,500kg, 밀이 1만 3,600ℓ, 포도주와 기름은 각각 1,800ℓ 정도 된다(Breneman). 당시 페르시아가 소금을 독점했기 때문에 소금은 무제한으로 주라고 한다(Klein).

이 정도의 밀, 포도주, 기름이면 성전에서 2년 동안 사용할 수 있는 분량이다(Batten). 일부 학자들은 은이 100달란트나 되는 것에 대해 문제를 제기한다. 헤로도투스에 의하면 당시 유프라테스 강 서쪽에서 걷힌 세금이 1년에 350달란트밖에 되지 않았기에(Herodotus, III.91), 이에 비하면 에스라에게 허락된 액수가 너무 크다는 것이다. 그래서 이 칙령의 신빙성을 의심하는 사람들도 있다(Torrey). 그러나 우리가 염두에 두어야 할 것은, 필요하면 이 액수까지 사용할 수 있다는 것이지 꼭 모두 사용하라고 한 것은 아니라는 점이다(22절). 이 엄청난 액수는 무엇보다도 페르시아 제국의 관대함을 강조하는 데 초점이 맞춰져 있다(Klein). 또한 나머지가 모두 100단위로 언급된 것으로 보아 필사자가 혼동한 결과일 수도 있다(Williamson). 너무 많은 돈이 에스라에게 주어진다고 해서 문서의 신빙성을 의심하는 것은 바람직하지 않으며, 당시 페르시아 사람들의 종교적 관대함을 감안하면 충분히 가능한 일이다(cf. Bowman).

다섯째, 성전에서 일하는 사람들은 모두 면세 대상자로 삼아야 한다(24절). 이러한 결정이 지나친 특혜라고 생각될 수 있지만, 성직자에게 면세 혜택을 주는 것은 페르시아 왕들이 종종 펼치던 정책이다(Olmstead, cf. Herodotus). 다리오 1세 때 가다타스(Gadatas)라는 관료가 아폴로 신전에서 일하는 사람들에게 세금을 받아 호되게 야단맞은 일이 기록으로 남아 있다(De Vaux).

여섯째, 에스라는 법관과 재판관을 세워 율법 준행을 강제해야 한다(25-26절). 왕은 백성들이 지켜야 할 질서와 준법정신이 이스라엘의 율법 준수와 일치한다고 생각한다. 여호와 하나님이 세상 법의 기초가 되는 일반 계시(은총)를 주신 창조주이며, 세상 법이 그분의 가치관과 윤리를 반영하고 있다고 본다면 당연한 생각이다. 세상 권세가 도덕과 합리성을 유지한다면 그들이 요구하는 상당 부분은 하나님이 주의 백성에게 요구하시는 것과 일치할 것이다.

> II. 에스라의 사역(7:1-10:44)

B. 예루살렘 귀향(7:27-8:36)

아닥사스다의 칙령(12-26절)을 아람어로 기록한 저자는 다시 히브리어를 사용하기 시작한다. 또한 이제부터 에스라의 관점에서 1인칭으로 이야기를 이어가는데, 이곳에 일명 '에스라 회고'(Ezra Memoir=EM)가 본격적으로 도입된다. 에스라 회고(EM)는 9장 끝까지 이어진다. 이 본문은 다음과 같이 구분할 수 있다.

　A. 에스라의 찬양(7:27-28)
　B. 함께 돌아온 백성 명단(8:1-14)
　C. 레위 사람 모집(8:15-20)
　D. 여행 준비(8:21-30)
　E. 여정(8:31-32)
　F. 성전 헌물과 예배(8:33-36)

> II. 에스라의 사역(7:1-10:44)
> 　B. 예루살렘 귀향(7:27-8:36)

1. 에스라의 찬양(7:27-28)

²⁷ 우리 조상들의 하나님 여호와를 송축할지로다 그가 왕의 마음에 예루살렘 여호와의 성전을 아름답게 할 뜻을 두시고 ²⁸ 또 나로 왕과 그의 보좌관들 앞과 왕의 권세 있는 모든 방백의 앞에서 은혜를 얻게 하셨도다 내 하나님 여호와의 손이 내 위에 있으므로 내가 힘을 얻어 이스라엘 중에 우두머리들을 모아 나와 함께 올라오게 하였노라

에스라는 하나님에 대한 찬양으로 가득한 사람이다. 본문에서 그의

찬양 장르는 여러 양식 중 가장 간결한 '선언적 찬양'(declarative psalm)에 속한다(Williamson). 에스라는 다음 세 가지를 중심으로 하나님을 찬양한다.

첫째, 하나님이 예루살렘 성전을 영화롭게 하기 위해 아닥사스다 왕의 마음을 움직이셨다(27절). 세상의 눈에는 아닥사스다가 결정하고 칙령을 내려 진행한 일로 보이지만, 에스라는 역사의 주관자이신 하나님이 하신 일이라고 고백한다.

둘째, 에스라가 왕을 비롯한 그의 보좌관들과 좋은 관계를 유지할 수 있도록 하나님이 축복하셨다(28a절). 우리는 흔히 좋은 대인관계가 우리의 노력으로 이루어지는 것이라 생각한다. 에스라도 분명 최선을 다했을 것이다. 그러나 그는 자신이 누리고 있는 좋은 관계마저도 하나님이 축복하셨기에 가능했다고 고백한다.

셋째, 하나님이 예루살렘으로 돌아올 수 있는 용기와 여건을 만들어 주셨다(28b절). 에스라가 바빌론의 삶을 정리하고, 한 번도 방문한 적이 없는 조상의 땅 예루살렘으로 돌아온다는 것은 대단한 결단이 필요한 일이다. 헌신과 희생을 각오한 에스라는 분명 큰 결정을 내려야 했다. 그러나 에스라는 모든 영광을 하나님께 돌린다. 그는 사람의 마음에 많은 계획이 있어도 오직 여호와의 뜻만이 온전히 이루어진다는 사실을 잘 알고 있었다(cf. 잠 19:21).

II. 에스라의 사역(7:1-10:44)
　　B. 예루살렘 귀향(7:27-8:36)

2. 함께 돌아온 백성 명단(8:1-14)

¹ 아닥사스다 왕이 왕위에 있을 때에 나와 함께 바벨론에서 올라온 족장들과 그들의 계보는 이러하니라 ² 비느하스 자손 중에서는 게르솜이요 이다말 자손 중에서는 다니엘이요 다윗 자손 중에서는 핫두스요 ³ 스가냐 자손 곧 바

(7:1–10:44)

로스 자손 중에서는 스가랴니 그와 함께 족보에 기록된 남자가 백오십 명이요 ⁴ 바핫모압 자손 중에서는 스라히야의 아들 엘여호에내니 그와 함께 있는 남자가 이백 명이요 ⁵ 스가냐 자손 중에서는 야하시엘의 아들이니 그와 함께 있는 남자가 삼백 명이요 ⁶ 아딘 자손 중에서는 요나단의 아들 에벳이니 그와 함께 있는 남자가 오십 명이요 ⁷ 엘람 자손 중에서는 아달리야의 아들 여사야니 그와 함께 있는 남자가 칠십 명이요 ⁸ 스바댜 자손 중에서는 미가엘의 아들 스바댜니 그와 함께 있는 남자가 팔십 명이요 ⁹ 요압 자손 중에서는 여히엘의 아들 오바댜니 그와 함께 있는 남자가 이백십팔 명이요 ¹⁰ 슬로밋 자손 중에서는 요시뱌의 아들이니 그와 함께 있는 남자가 백육십 명이요 ¹¹ 베배 자손 중에서는 베배의 아들 스가랴니 그와 함께 있는 남자가 이십팔 명이요 ¹² 아스갓 자손 중에서는 학가단의 아들 요하난이니 그와 함께 있는 남자가 백십 명이요 ¹³ 아도니감 자손 중에 나중된 자의 이름은 엘리벨렛과 여우엘과 스마야니 그와 함께 있는 남자가 육십 명이요 ¹⁴ 비그왜 자손 중에서는 우대와 사붓이니 그와 함께 있는 남자가 칠십 명이었느니라

에스라와 함께 주전 458년에 바빌론에서 돌아온 사람의 수는 성인 남자가 1,513명에 달했으니 여자들과 아이들을 더하면 5,000명 징도 되었을 것으로 생각된다.¹⁵ 세스바살이 인도해 온 4만 2,360명에 비하면(2:64) 초라하지만, 유다와 예루살렘이 처한 어려운 형편을 감안하면 그래도 많은 사람이 고생을 감수하는 용기를 내어 조상의 나라로 돌아온 것이다. 그들이 예루살렘으로 돌아온 가장 큰 이유는 예루살렘 성전에서 여호와 하나님을 마음껏 예배하겠다는 종교적인 동기였다.

돌아온 사람들은 세 그룹으로 구분된다. (1) 제사장(2a절), (2) 왕족(2b절), (3) 일반인(3–14절). 일부 학자들은 이 명단이 에스라 2장을 근거로 저작된 것이라고 하지만(Mowinckel), 각 명단의 특성과 차이점을 감안할

---

15 같은 일을 회고하고 있는 제1에스드라서는 에스라와 함께 돌아온 성인 남자 수가 1,690명이라고 한다.

때 그다지 설득력 있는 주장은 아니다(Williamson). 일반인을 먼저 언급한 2장과는 달리, 이 본문에서는 제사장을 제일 먼저 나열하는 것으로 보아 에스라가 직접 저작한 것이라고 생각하는 학자도 있다(Clines).

저자는 상류층에 대한 언급을 최소화한다. 2절에서 제사장을 먼저 언급하는 것은 저자가 왕족보다 제사장에게 더 큰 관심을 두고 있음을 암시한다(Williamson). 시간이 지날수록 귀향민 공동체에 제사장의 역할이 중요해졌음을 의미한다(Klein). 비느하스는 아론의 손자이고 이다말은 아론의 아들이다(출 6:25). 핫두스 왕자는 스룹바벨의 후손이며 역대상 3:19-22은 스룹바벨에서 핫두스에 이르는 계보를 다음과 같이 기록하고 있다.

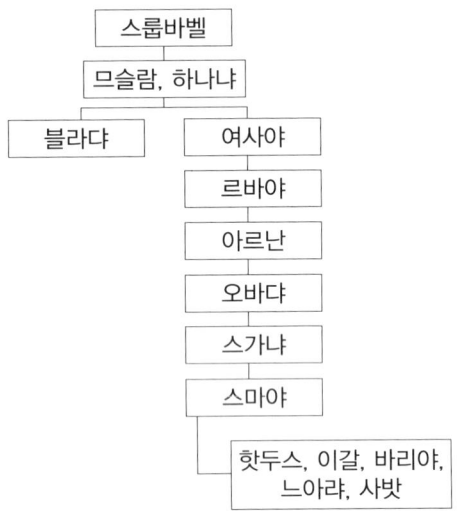

에스라와 함께 돌아온 일반인들을 계수하고 있는 3-14절은 총 열두 집안을 나열한다. 바빌론을 떠나온 열두 집안은 옛적에 이집트를 탈출하던 이스라엘 열두 지파를 연상케 하며, 동시에 열두 지파로 이루어진 이상적인 이스라엘의 모습을 제시한다(Dumbrell). 저자는 첫 귀향도

그랬듯이 에스라의 귀향도 새로운/제2의 출애굽으로 묘사한다. 아닥사스다 왕과 바빌론에 있는 사람들이 에스라와 귀향민들에게 많은 선물을 안겨 준 것도 이 같은 모티프를 강화시킨다.[16]

아도니감 자손들(13절)에 대한 언급은 정확히 무엇을 뜻하는지 확실하지 않다. 이 히브리어 문구(וּמִבְּנֵי אֲדֹנִיקָם אַחֲרֹנִים)를 문자적으로 번역하면 '그리고 아도니감의 아들들, 마지막 사람들'이 된다. 그래서 우리말 성경들도 다양하게 번역하고 있다. '아도니감 자손 중에 나중된 자'(개역; 개역개정), '아도니감 일가 중에서 작은 아들들'(공동번역), '아도니감 자손 가운데서는 남은 아들들'(새번역). 영어 번역본들도 혼란을 빚고 있으며, 이들을 '명단에 올린 마지막 사람들'(TNK) 혹은 '에스라와 함께 귀향하지 않고 그 뒤에 온 사람들'로(NRS) 해석하기도 한다.

문맥과 정황을 고려할 때, 아마도 아도니감 자손 중에는 더 이상 바빌론에 남은 자들이 없다는 뜻으로 풀이하는 것이 가장 바람직할 것이다(Clines). 이 집안 사람들은 1, 2차 귀향을 통해 모두 예루살렘으로 돌아온 것이다. 이 명단에 나열된 이름들은 모두 에스라 2장에도 등장한다. 모두 80년 전에 예루살렘으로 돌아온 귀향민 중에 친척이 있다는 뜻이다(Breneman).

집안	대표와 인원수
바로스 자손	스가랴 및 150명
바핫모압 자손	엘여호에내 및 200명
삿두 자손(cf. 새번역)	스가냐 및 300명
아딘 자손	에벳 및 50명
엘람 자손	여사야 및 70명
스바댜 자손	스바댜 및 80명

16 이 외 출애굽을 연상케 하는 여러 연결점에 대해서는 Throntveit을 참조하라.

요압 자손	오바댜 및 218명
바니 자손(cf. 새번역)	슬로밋 및 160명
베배 자손	스가랴 및 28명
아스갓 자손	요하난 및 110명[17]
아도니감 자손	엘리벨렛, 여우엘, 스마야 및 60명
비그왜 자손	우대, 사붓 및 70명

```
II. 에스라의 사역(7:1-10:44)
  B. 예루살렘 귀향(7:27-8:36)
```

3. 레위 사람 모집(8:15-20)

[15] 내가 무리를 아하와로 흐르는 강 가에 모으고 거기서 삼 일 동안 장막에 머물며 백성과 제사장들을 살핀즉 그 중에 레위 자손이 한 사람도 없는지라 [16] 이에 모든 족장 곧 엘리에셀과 아리엘과 스마야와 엘라단과 야립과 엘라단과 나단과 스가랴와 므술람을 부르고 또 명철한 사람 요야립과 엘라단을 불러 [17] 가시뱌 지방으로 보내어 그 곳 족장 잇도에게 나아가게 하고 잇도와 그의 형제 곧 가시뱌 지방에 사는 느디님 사람들에게 할 말을 일러 주고 우리 하나님의 성전을 위하여 섬길 자를 데리고 오라 하였더니 [18] 우리 하나님의 선한 손의 도우심을 입고 그들이 이스라엘의 손자 레위의 아들 말리의 자손 중에서 한 명철한 사람을 데려오고 또 세레뱌와 그의 아들들과 형제 십팔 명과 [19] 하사뱌와 므라리 자손 중 여사야와 그의 형제와 그의 아들들 이십 명을 데려오고 [20] 다윗과 방백들이 레위 사람들을 섬기라고 준 느디님 사람 중 성전 일꾼은 이백이십 명이었는데 그들은 모두 지명 받은 이들이었더라

에스라는 길을 떠나기 전에 사람들을 아하와 강가에 불러 모으고 3

---

17 일부 칠십인역 사본들과 시리아어 버전은 120으로 표기하고 있음.

일 동안 여정을 위한 마지막 준비에 들어갔다. 에스라 일행은 예루살렘에 도착해서도 처음 3일 동안은 휴식을 취한다(32절). 여정의 시작과 끝에 3일의 휴식을 둔 것이다. 바빌론은 유프라테스 강 유역에 있었고, 외부의 침략을 차단하기 위해 여러 개의 샛강을 두었다. 아하와 강은 이 샛강 중 하나로, 아하와라는 곳으로 흘렀을 것이다(21절). 그러나 정확한 위치는 아직까지 밝혀진 것이 없다.

에스라가 사람들을 모으고 보니 문제가 생겼다. 5,000여 명에 달하는 무리 중에 레위 사람이 하나도 없었다(15절). 세스바살이 첫 번째 귀향민 무리를 이끌고 예루살렘으로 돌아올 때에도 레위 사람의 수는 상대적으로 적었다(2:40). 레위 사람이 예루살렘으로 돌아가면 맡게 될 일이 제사장의 일처럼 빛나는 것도 아니고 경제적으로도 풍요롭지 못할 텐데, 굳이 안정적인 바빌론의 삶을 정리하고 유다로 돌아갈 필요를 느끼지 못했기 때문이다.

에스라가 레위 사람들을 귀향민 무리에 포함하고자 하는 것은 성전에서 일할 노동력이 필요해서가 아니다. 이미 예루살렘에서 사역하는 레위 사람으로도 이 부분은 충분히 감당할 수 있다. 에스라는 이 귀향을 상징적으로나마 이스라엘 열두 지파, 곧 온 이스라엘이 참가한 새로운 출애굽으로 인식하고 있다. 그러므로 귀향민 무리에 레위 사람이 꼭 있어야 한다고 생각한 것이다(Koch). 그가 열한 명의 지도자를 보내 레위 사람을 모아 오게 한 것도 레위 지파가 없는 이스라엘 열한 지파를 상징하기 위해서인 듯하다. 또한 아하수에로 왕의 명령, 곧 레위 사람들도 함께 가라(7:13)는 명령을 수행하기 위해서라도 그들이 필요하다(Klein).

에스라는 엘리에셀, 아리엘, 스마야, 엘라단, 야립, 엘라단, 나단, 스가랴, 므술람, 요야립, 엘라단 등 열한 명의 지도자를 가시뱌 지방의 지도자 잇도에게 보냈다(16-17절). 가시뱌의 위치에 대해서는 아직까지 알려진 바가 없다. 열한 명의 지도자는 레위 지파가 없는 이스라

II. 에스라의 사역

엘을 상징하며 귀향민 무리가 레위 사람을 얼마나 필요로 하는지를 극대화시켜 보여 주기 위한 조치로 보인다. 에스라가 이들을 곧바로 가시뱌(כִּסְפְיָא)로 보낸 것을 보면 레위 사람들이 이곳에 모여 살았으며, 포로민들의 예배 중심지였을 가능성이 매우 크다. 본문이 가시뱌를 '그곳'(הַמָּקוֹם)으로 부르는 것도 이를 뒷받침해 준다(Blenkensopp). 이러한 정황에서 볼 때 지도자들이 찾아간 잇도는 그곳에 살며 사역하는 레위 사람들의 지도자임이 확실하다.

지도자들의 도전에 레위 사람 38명이 에스라를 따라 예루살렘으로 가겠다고 나섰다. 말리 자손 세레뱌 등 18명(18절)과 하사뱌와 므라리 자손 여사야 등 20명이다(19절). 세레뱌는 이 책에서 앞으로 몇 차례 더 언급될 중요한 인물이다(24절; 느 8:7; 9:4, 5; 10:12; 12:8, 24). 귀향하는 성인 남자 1,500명 중 레위 사람 38명은 참으로 적은 수이지만, 짧은 모집 기간 동안 급히 결단하고 길을 떠나야 했던 점을 감안하면 그리 적지만은 않은 수다.

에스라는 귀향민 행렬이 이스라엘 열두 지파를 상징할 수 있게 된 것에 대해 하나님께 감사했다. 그는 레위 사람들이 동참하게 된 것을 하나님이 이 귀향을 축복하고 함께하신다는 뜻으로 이해했다(18절). 지도자들은 레위 사람 외에도 성전 일꾼 220명을 추가로 모집할 수 있었다(20절). 첫 번째 귀향에도 상당수의 성전 일꾼이 동참했었다(2:43-58).

```
II. 에스라의 사역(7:1-10:44)
   B. 예루살렘 귀향(7:27-8:36)
```

4. 여행 준비(8:21-30)

²¹ 그 때에 내가 아하와 강 가에서 금식을 선포하고 우리 하나님 앞에서 스스로 겸비하여 우리와 우리 어린 아이와 모든 소유를 위하여 평탄한 길을 그에게 간구하였으니 ²² 이는 우리가 전에 왕에게 아뢰기를 우리 하나님의 손

(7:1-10:44)

은 자기를 찾는 모든 자에게 선을 베푸시고 자기를 배반하는 모든 자에게는 권능과 진노를 내리신다 하였으므로 길에서 적군을 막고 우리를 도울 보병과 마병을 왕에게 구하기를 부끄러워 하였음이라 ^{23} 그러므로 우리가 이를 위하여 금식하며 우리 하나님께 간구하였더니 그의 응낙하심을 입었느니라 ^{24} 그 때에 내가 제사장의 우두머리들 중 열두 명 곧 세레뱌와 하사뱌와 그의 형제 열 명을 따로 세우고 ^{25} 그들에게 왕과 모사들과 방백들과 또 그곳에 있는 이스라엘 무리가 우리 하나님의 성전을 위하여 드린 은과 금과 그릇들을 달아서 주었으니 ^{26} 내가 달아서 그들 손에 준 것은 은이 육백오십 달란트요 은 그릇이 백 달란트요 금이 백 달란트며 ^{27} 또 금잔이 스무 개라 그 무게는 천 다릭이요 또 아름답고 빛나 금 같이 보배로운 놋 그릇이 두 개라 ^{28} 내가 그들에게 이르되 너희는 여호와께 거룩한 자요 이 그릇들도 거룩하고 그 은과 금은 너희 조상들의 하나님 여호와께 즐거이 드린 예물이니 ^{29} 너희는 예루살렘 여호와의 성전 골방에 이르러 제사장들과 레위 사람의 우두머리들과 이스라엘의 족장들 앞에서 이 그릇을 달기까지 삼가 지키라 ^{30} 이에 제사장들과 레위 사람들이 은과 금과 그릇을 예루살렘 우리 하나님의 성전으로 가져가려 하여 그 무게대로 받으니라

장장 4개월이나 걸리는 먼 길에 강도와 도적들이 곳곳에 도사리고 있는 위험천만한 여행을 앞둔 에스라는 금식과 기도로 여행을 준비했다(21절). 율법에 의하면 온 이스라엘이 금식하는 날은 속죄일뿐이며, 그 외에는 아주 특별한 날에만 금식을 했다(삿 20:26; 렘 14:12; 36:6, 9; 시 35:13; 69:11). 그러나 세월이 지나면서, 특히 포로기 이후로는 금식이 이스라엘 종교의 중요한 풍습으로 자리 잡았다(렘 41:4-5; 슥 7:2-7; 스 10:6; 느 9:1; 에 4:3, 16). 스가랴 선지자는 4월, 5월, 7월, 10월에 정기적인 금식이 있다고 언급한다(슥 8:19). 에스라는 금식을 통해 오직 하나님만이 그와 무리를 도우실 수 있기에 그분만을 바라본다는 겸손한 고백을 한다.

II. 에스라의 사역

에스라가 아닥사스다 왕에게 부탁을 했다면, 왕은 성전에 기부된 보화를 보호하기 위해서라도 기꺼이 군대를 보내 귀향민 무리를 보호해 주었겠지만, 하나님을 찾는 사람은 하나님이 보호해 주신다고 왕에게 말한 바가 있어 차마 군대를 파견해 달라는 부끄러운 말은 할 수 없었다(22절). 에스라는 하나님에 대한 믿음이 확실했을 뿐 아니라 자신이 한 말에 책임을 지는 일관성 있는 신앙인이다. 그래서 귀향민 무리와 함께 금식하며 하나님이 보호해 주실 것을 기도했다. 에스라의 유일한 선택은 오직 하나님만 바라보는 믿음뿐이었으며, 하나님은 그 믿음을 귀히 여기셨다(23절). 하나님의 보호하심으로 에스라 일행은 아무 탈 없이 예루살렘에 도착할 수 있었다.

에스라가 왕에게 군사적 보호를 요청하지 않고 오직 하나님만 의지하여 귀향을 성공적으로 마친 일은 그가 어떤 믿음의 소유자인지 보여 주는 좋은 사례이다. 그러나 에스라의 행위를 우리 모두 답습해야 할 모범 사례로 여기거나 다른 사람의 믿음을 판단하는 잣대로 생각할 필요는 없다(Clines). 군대의 호위를 받으며 예루살렘으로 돌아온 느헤미야의 경우를 에스라의 기준으로 판단한다면 느헤미야는 믿음 없는 사람이 된다(cf. 느 2:9). 그러나 잘 알다시피 저자는 느헤미야의 믿음을 에스라의 것만큼이나 귀하게 여긴다. 우리는 종종 한 가지 잣대로만 남을 판단하는 경우가 있는데 결코 바람직한 일은 아니다.

에스라는 바빌론을 떠나기 전 제사장 중 지도자 12명에게 바빌론에서 모금한 여러 가지 헌물을 맡겼다(24절). 왕과 보좌관들과 관리들과 이스라엘 사람들이 성전을 위해 쓰라고 기부한 것들이다(25절). 문제는 규모가 지나치게 크다는 것이다. 은이 650달란트, 은그릇이 100달란트, 금이 100달란트, 1,000다릭의 금잔이 20개, 놋그릇이 두 개였다(26절). 한 달란트를 대략 35kg으로 계산해도 은이 2만 2,750kg, 은그릇이 3,500kg, 금이 3,500kg이나 되었다. 여기에 한 다릭이 8.4g 정도였으니 8.4kg짜리 금잔이 20개나 되었다.

학자들은 놋그릇과 금잔에 대한 정보는 액면 그대로 수용하지만, 금과 은의 양은 과장이나 오류가 있는 것으로 생각한다(cf. 7:22). 왜냐하면 에스라가 가지고 온 금과 은의 양을 당시 시세로 환산해 보면 적게는 10만 명, 많게는 50만 명의 연봉에 해당하는 대단한 액수이기 때문이다(Clines). 저자가 원래 훨씬 더 작은 실제 숫자를 기록했거나 단위가 달란트가 아니라 훨씬 더 작은 것(viz., 미나)이었는데, 이 목록이 반복적으로 복사되면서 필사자의 실수로 이렇게 된 것이라고 설명한다(Williamson). 그러나 페르시아 왕들이 신전에 큰 기부를 하는 것은 일상적인 일이라며 이 숫자들을 액면 그대로 수용하는 사람들도 있다(Fensham).

에스라가 이 물건들을 제사장들에게 맡기는 이유는 하나님께 바친 거룩한 예물을 거룩한 제사장들이 맡아서 예루살렘으로 가져가 거룩한 성전에 들여 놓아야 하기 때문이다(28-29절). 거룩한 물건들은 부정에 접하지 않도록 보호되어야 한다. 제사장들보다 이런 일을 더 잘할 사람은 없다. 에스라는 이 일의 투명성을 위해 예루살렘 성전에 이르러 각 가문의 족장들이 지켜보는 가운데 제사장들이 예물을 넘겨주게 될 것이라고 한다(29절). 투명성은 경건의 가장 기본이 되는 요소이다. 교회는 성도들의 헌금을 어디에 어떻게 사용했는가에 대해 투명해야 한다.

Ⅱ. 에스라의 사역(7:1-10:44)
　　B. 예루살렘 귀향(7:27-8:36)

5. 여정(8:31-32)

³¹ 첫째 달 십이 일에 우리가 아하와 강을 떠나 예루살렘으로 갈새 우리 하나님의 손이 우리를 도우사 대적과 길에 매복한 자의 손에서 건지신지라 ³² 이에 예루살렘에 이르러 거기서 삼 일 간 머물고

에스라 일행은 원래 아닥사스다 즉위 7년 1월 1일에 바빌론을 출발해 5월 1일에 예루살렘에 도착했다(7:9). 오늘날 달력으로 환산하면 4월 8일에 떠나 8월 4일에 도착했다(Breneman). 반면에 본문은 그들이 바빌론을 떠난 것이 1월 12일(=4월 19일)이었다고 한다. 길을 떠나기 전 1월 1일에 아하와 강가에 모여 3일 동안 마지막 점검을 하던 중 일행 중에 레위 사람이 하나도 없는 것을 깨닫고 이들을 모집하기 위해 9일을 더 머물렀기 때문이다.

바빌론을 떠나 예루살렘으로 1,500km를 여행하는 도중에 매복한 도적들의 습격을 받기도 했지만, 하나님이 보살펴 주셔서 그들의 손을 벗어날 수 있었다(31절). 저자는 다시 한번 모든 영광을 하나님께 돌린다. 드디어 그들은 5월 1일(=8월 4일)에 예루살렘에 도착하였고, 처음 3일은 푹 쉬었다(32절). 매우 위험하고 험악한 길을 매일 15km씩 걸으며 4개월 동안 왔으니 얼마나 피곤하고 긴장하였겠는가! 그들의 휴식은 꿀처럼 달았을 것이다.

```
II. 에스라의 사역(7:1–10:44)
   B. 예루살렘 귀향(7:27–8:36)
```

6. 성전 헌물과 예배(8:33-36)

³³ 제사일에 우리 하나님의 성전에서 은과 금과 그릇을 달아서 제사장 우리아의 아들 므레못의 손에 넘기니 비느하스의 아들 엘르아살과 레위 사람 예수아의 아들 요사밧과 빈누이의 아들 노아댜가 함께 있어 ³⁴ 모든 것을 다 세고 달아 보고 그 무게의 총량을 그 때에 기록하였느니라 ³⁵ 사로잡혔던 자의 자손 곧 이방에서 돌아온 자들이 이스라엘의 하나님께 번제를 드렸는데 이스라엘 전체를 위한 수송아지가 열두 마리요 또 숫양이 아흔여섯 마리요 어린 양이 일흔일곱 마리요 또 속죄제의 숫염소가 열두 마리니 모두 여호와께 드린 번제물이라 ³⁶ 무리가 또 왕의 조서를 왕의 총독들과 유브라데 강 건너

(7:1–10:44)

편 총독들에게 넘겨 주매 그들이 백성과 하나님의 성전을 도왔느니라

귀향민들은 예루살렘에 도착한 후 3일을 푹 쉬었다. 4일째 되던 날에 귀향한 제사장들이 바빌론에서 가져온 예물을 성전에서 사역하던 제사장들에게 넘겨주었다. 므레못 제사장이 인수를 받았으며(33절), 그 자리에는 엘르아살과 요사밧과 노아댜가 함께 있어 물건의 무게를 확인하고 장부에 적었다(34절). 두 제사장과 두 레위 사람이 성전을 대표해 물건들을 인수받은 것이다. 그들은 에스라가 바빌론을 떠나기 전 제사장들에게 맡긴 물건과 액수가 맞는지 확인하며 장부에 기록했다. 역시 투명성이 강조되고 있다. 제사장들이 물건들을 잘 간수했다가 그대로 성전에 들여놓았으며, 하나님은 이 물건 중 하나도 분실되지 않도록 지켜 주셨다.

바빌론에서 가져온 예물을 성전 사역자들에게 넘겨준 다음 귀향민들은 하나님께 제물을 드리며 예배했다. 그들은 온 이스라엘을 위해 수송아지 12마리, 숫양 96(=12x8)마리, 어린 양 77마리를 드렸으며, 속죄 제물로 숫염소 12마리를 드렸다(35절). 제물로 드린 짐승의 수는 모두 12를 중심으로 하며, 이는 이스라엘이 12지파로 구성된 것을 염두에 둔 것으로, 귀향민은 온 이스라엘을 상징한다. 다만 예외는 77이다. 77이 많은 숫자를 뜻하므로 본문이 처음부터 77로 되어 있다고 주장하는 주석가들도 있지만(Fensham), 이들이 드린 어린 양의 수를 72(=12x6)로 기록하고 있는 제1에스드라서 8:66을 근거로 72로 수정하는 번역본과 학자들도 있다(공동번역; NEB; JB). 다른 숫자들이 모두 12를 중심으로 한다는 점을 고려할 때 본문이 원래 72인 것으로 생각된다.

에스라는 왕에게서 받은 칙령을 왕의 총독들에게 보냈다. 칙령을 받은 페르시아 관료들은 유다 백성과 하나님의 성전을 도왔다(36절). 우리말 성경 중 새번역과 공동번역은 이 구절을 오역해 혼선을 빚는다. 공동번역은 "지방장관들과 총독들은 백성을 도와 하느님의 성전 짓는

II. 에스라의 사역

일을 거들었다"라고 하고, 새번역은 "명령을 받은 관리들은, 돌아온 사람들이 하나님의 성전을 다시 지을 수 있도록 도왔다"라고 한다. 그러나 성전은 에스라가 예루살렘에 도착하기 수십 년 전에 완공되었다(cf. 6장). 번역본들이 이처럼 번역하고 있는 히브리어 문구(וְאֶת־בֵּית־הָאֱלֹהִים וּנִשְּׂאוּ אֶת־הָעָם)에서 사용된 동사(נשא)의 피엘(piel)형 의미는 '유지하다/높이다(maintain/exalt)'이다(HALOT). 이 문구는 칙령으로 인해 그들[페르시아 관료들]이 매우 협조적으로 유다 백성을 도와 성전이 잘 유지되도록 했다는 의미이지, 성전을 다시 지을 수 있도록 했다는 뜻은 아니다(cf. 개역; NAS; NIV; NRS; TNK). 에스라가 전달한 왕의 칙령이 이제껏 이스라엘에게 부정적이었던 페르시아 관리들을 호의적으로 바꾸었다.

II. 에스라의 사역(7:1-10:44)

C. 개혁: 이방인들과의 결혼(9:1-10:44)

에스라가 예루살렘에 도착한 후로 얼마나 시간이 흘렀을까? 백성의 지도자들이 에스라를 찾아와 직업과 신분에 상관없이 이방인들과 자유자재로 결혼하는 이스라엘 공동체의 결혼 정서에 대해 말해 주었다(9:1). 하나님의 선민 공동체를 재건하겠다는 원대한 꿈을 안고 세스바살의 인도하에 바빌론에서 돌아온 백성들은 시간이 지나면서 차츰 정체성을 잃어갔다. 처음에는 뚜렷하게 보이던 이스라엘과 주변 민족 간의 차이점이 점점 흐려진 것이다. 결국 이스라엘 공동체는 귀향 이후 최대의 정체성 위기를 맞고 있다.

이 섹션(9-10장)은 스가냐의 용기 있는 말(10:1-4)을 중심으로 교차대구법적인 구조를 지니고 있다. 본문은 국제결혼 문제로 시작해(A) 이 문제의 해결(A')로 끝을 맺는다. 국제결혼이 무엇보다 하나님의 말씀을 거역하는 죄임을 강조하며 동시에 이 섹션에 통일성을 부여하기 위해 우리말로 '죄/범죄'로 번역된 히브리어 단어(מעל)가 다섯 차례 사용된다 (9:2, 4, 10:2, 6, 10). 하나님의 백성이 지녀야 할 모습과 그렇지 못한 현실을 그리는 이 섹션은 에스라서의 가장 중심부이다(McConville).

에스라의 행동과 움직임도 본문의 구조에 기여하는 듯하다. 타민족과의 결혼 소식을 들은 에스라는 기가 막혀 앉았다가(9:3) 근심 중에 일어났지만 기도하기 위해 다시 앉아 무릎을 꿇었다(5절). 그가 기도하는 동안(10:1) 공동체 구성원들이 모두 모여 자신의 죄를 고백하고 행동을 취하기로 결단했다(2-4절). 에스라는 자리에서 일어나(5절) 백성들에게 말한 대로 행하겠다는 맹세를 요구했다. 백성들이 맹세하자 에스라는 조용한 방을 찾아 금식하고자 그 자리를 떠났다(6절).

에스라는 다시 나타나(10:10) 백성들에게 말씀을 선포했다. 에스라의 행동이 이처럼 슬픔 표현(9:3-4; 10:6)과 기도(9:5-10:1)와 권면(10:5; 10-11)과 일할 사람을 세우는 일(10:16)에 국한되어 있는 것은, 이 변화가 '평신도들'이 자발적으로 일구어 낸 일임을 강조하기 위해서다. 본 구조의 중심을 차지하고 있는 스가냐의 발언은 예루살렘 공동체에 속한 사람들이 심적 변화를 대표하는 것이며, 공동체의 결단은 에스라가 강요한 것이 아니라 백성들이 스스로 이루어 낸 결과임을 강조한다. 이 섹션은 다음과 같이 구분할 수 있다.[18]

  A. 에스라의 탄식과 근신(9:1-5)
  B. 에스라의 기도(9:6-15)

---

18 한 주석가는 이 섹션을 더 세분화하여 다음과 같은 구조를 제시한다(Throntveit).
  A. 타민족과의 결혼 문제(9:1-2)
    B. 에스라의 공개적 탄식(9:3-4)
      C. 에스라의 기도(9:5-10:1)
        X. 스가냐의 고백과 결단(10:2-4)
      C'. 에스라의 권면(10:5)
    B'. 에스라의 비공개적 탄식(10:6)
  A'. 타민족과의 결혼 문제 해결(10:7-44)과
    이방 여인과 결혼한 사람들의 명단(10:18-44)

C. 백성들의 회개와 서약(10:1-6)
      B'. 백성들의 성회(10:7-17)
   A'. 타민족을 아내로 맞이한 사람 명단(10:18-44)


```
II. 에스라의 사역(7:1-10:44)
      C. 개혁: 이방인들과의 결혼(9:1-10:44)
```

1. 에스라의 탄식과 근신(9:1-5)

¹ 이 일 후에 방백들이 내게 나아와 이르되 이스라엘 백성과 제사장들과 레위 사람들이 이 땅 백성들에게서 떠나지 아니하고 가나안 사람들과 헷 사람들과 브리스 사람들과 여부스 사람들과 암몬 사람들과 모압 사람들과 애굽 사람들과 아모리 사람들의 가증한 일을 행하여 ² 그들의 딸을 맞이하여 아내와 며느리로 삼아 거룩한 자손이 그 지방 사람들과 서로 섞이게 하는데 방백들과 고관들이 이 죄에 더욱 으뜸이 되었다 하는지라 ³ 내가 이 일을 듣고 속옷과 겉옷을 찢고 머리털과 수염을 뜯으며 기가 막혀 앉으니 ⁴ 이에 이스라엘의 하나님의 말씀으로 말미암아 떠는 자가 사로잡혔던 이 사람들의 죄 때문에 다 내게로 모여오더라 내가 저녁 제사 드릴 때까지 기가 막혀 앉았더니 ⁵ 저녁 제사를 드릴 때에 내가 근심 중에 일어나서 속옷과 겉옷을 찢은 채 무릎을 꿇고 나의 하나님 여호와를 향하여 손을 들고

에스라서는 귀향민들이 지금까지 꾸준히 주변 민족들로부터 자신들을 구별해 왔다고 증언한다. 심지어 이스라엘 민족이라는 테두리 안에서도 외부 사람과 내부 사람을 구별하였다. 바빌론으로 끌려갔던 모든 사람이 예루살렘으로 돌아와 성전을 건축하려 했던 것이 아니라, 오직 '마음이 하나님께 감동을 받은 자들' 20-30%만이 그렇게 했다(1:5). 귀향길에 오르기 전 바빌론에서부터 이스라엘 백성은 두 부류로 구분된 것이다.

(7:1-10:44)

또한 예루살렘으로 돌아온 후에도 귀향민 중에 자신이 이스라엘 자손임을 증명하지 못한 사람은 이방인처럼 취급했다(2:59-60). 계보가 확실하지 않은 사람은 제사장이라도 직분을 행하지 못하게 했다(2:62). 귀향민 공동체는 성전을 건축하는 일에 있어서도 동참하려는 도성과 주변 지역 주민들을 거부했다(4장). 이 같은 이스라엘의 외형적인 차별화 노력은 "사로잡혔다가 돌아온 이스라엘 자손과 무릇 스스로를 구별하여 자기 땅 이방 사람의 더러운 것을 버리고 이스라엘 무리에게 속하여 이스라엘 하나님 여호와를 구하는 자"만이 유월절을 지냄으로써 절정에 달한다(6:21).

예루살렘 공동체가 주변 민족들과 바빌론에 거하던 이스라엘 사람들로부터 차별을 두는 데 성공했다고 해서 모든 일이 끝난 것은 아니었다. 하나님이 사용하실 '남은 자' 공동체의 정체성 확립에 있어서 내적 차별이 외적 차별보다 더 중요할 수 있기 때문이다. 이러한 상황에서 에스라의 귀향(7-8장)은 예루살렘 공동체가 필요로 하는 내적 차별화 작업의 시작을 알리는 신호탄이었다. 공동체가 그동안 외형적인 차별화를 추구해 왔다면, 이제 에스라는 내적인 변화를 요구한다. 이스라엘의 내적 차별화가 실현되어야 다음 단계로 나아갈 수 있기 때문이다.

다음 단계는 여호와와의 언약 갱신을 통해 공동체의 정체성을 신학적으로 재정비하는 것이다. 언약 갱신은 느헤미야 8-10장에서 펼쳐지며, 그 일이 있기 전에 예루살렘 공동체는 먼저 하나님 말씀에 순종하려는 의지를 삶으로 보여 주어야 한다. 에스라는 훗날 개혁을 기대하며 그들에게 율법을 읽어 주는 것이 아니라, 개혁된 백성들에게 율법을 읽어 줄 것이다(느 8장). 이러한 차원에서 에스라 9-10장은 예루살렘 공동체의 정체성 확립과 율법 순종을 달성하는 내용을 담고 있어 매우 중요하다.

에스라가 예루살렘에 돌아와 하나님께 예배를 드리고 나자 이스라

II. 에스라의 사역

엘의 지도자들이 그를 찾아와 공동체가 안고 있는 현실적인 문제에 대해 보고했다(1-2절). 상당수의 이스라엘 백성이 율법을 어기고 이방인과 결혼했으며, 이들 중에는 제사장들과 레위 사람들까지 섞여 있다는 것이다. 스룹바벨과 함께 돌아온 귀향민 1세대부터 이런 문제가 있지는 않았을 것이다. 그들은 성전을 재건하는 일에 있어서도 철두철미하게 이방인과 자신들을 구별했다. 그러나 에스라가 예루살렘을 찾은 때는 그로부터 3세대 정도가 흐른 시점이다. 세월이 지나면서 이스라엘과 주변 민족의 구별이 희미해진 것이다.

지도자들이 나열하는 이방 족속들의 이름이 예사롭지 않다. 이스라엘 사람들이 "가나안 사람들과 헷 사람들과 브리스 사람들과 여부스 사람들과 암몬 사람들과 모압 사람들과 애굽 사람들과 아모리 사람들"과 결혼했다고 하는데(1절), 이 족속들의 상당수가 에스라 시대에는 더 이상 민족으로 존재하지 않았다(Clines). 그렇다면 지도자들이 왜 이 족속들을 언급하는 것일까? 출애굽 모티프와의 연관성 때문이다. 이들은 이스라엘이 여호수아의 지휘하에 가나안을 정복하면서 진멸해야 했던 민족들이다(cf. 창 15:20-21; 출 23:23; 신 7:1). 이스라엘은 모세가 인도한 첫 출애굽 이후 여호수아의 지도하에 가나안 진멸에 나섰지만 실패한 것처럼, 바빌론을 떠난 '제2출애굽' 이후에도 같은 실수를 반복하고 있다. 출애굽 모티프가 지속되고 있는 것이다. 이스라엘은 '가나안을 여호와화'하는 사명을 받았지만, 오히려 '가나안화'하고 있다. 오늘날로 말하자면 세속화의 물결이 믿음 공동체에 깊숙이 스며들었다는 뜻이다.

오직 하나님이 주신 율법만을 지키며 살겠다고 돌아온 사람들이 100년도 지나지 않아 하나님 말씀을 등한시하는 일이 일어났다. 사실 국제결혼 문제는 표면적으로 드러난 것에 불과하다. 국제결혼이 상징하는 가장 큰 문제는 종교적인 문제이다. 귀향민이 이방인과의 결혼을 통해 하나님께 등을 돌리고 이방 종교에 빠져 있었기 때문이다(Porten, cf. 신 7:4; 20:10-8; 출 34:11-16). 비록 저자가 언급하지는 않지만, 타민족과의 결혼을 예로 볼 때, 이 공동체가 얼마나 많이 율법을 어기며 살아가고 있는지 상상이 간다. 이름만 하나님의 공동체이지 실제로는 하나님에게서 많이 멀어져 있다. 더 충격적인 사실은 종교 지도자들이 이 같은 영적 와해에 앞장섰다는 것이다. 언약 공동체의 지도자들이 언약의 핵심 요소에 상반되는 삶의 방식을 도입한다는 것은 공동체의 미래를 포기하거나 희생시키는 것과 같다(Holmgren).

공동체 지도자들이 에스라에게 이러한 보고를 하는 것은 아마도 그가 율법을 깊이 알고 연구하는 학자이자 제사장이기 때문일 것이다(cf. 7:6-10). 그동안 이 이슈에 대해 문제의식을 가지고 있었지만, 레위 사람들과 제사장들이 앞장서서 이방 여인을 아내로 취하니 평신도 지도자들이 누구와 이 문제를 상의해야 할지 난감해 하다가 바빌론에서 온 에스라를 찾은 것이다. 지도자들이 에스라를 찾은 때는 오늘날 달력으로 12월 중순경에 시작하는 테벳월 바로 전이었다(10:16). 에스라가 예루살렘에 도착한 때가 오늘날 달력으로 8월 4일경이었으니(7:9), 약 4개월이 지난 후에 일어난 일이다.

에스라가 지난 4개월 동안 이런 심각한 문제를 전혀 모르고 있었다는 것에 대해 의문을 제기하는 사람들이 종종 있다. 그래서 일부 주석가들은 '4개월 문제'를 해결하기 위해 에스라서 본문의 순서를 바꾸기도 한다(cf. Williamson). 그러나 이 문제는 본문의 순서를 바꾸면서까지 해결해야 할 정도로 심각하지 않다. 두 가지 가능성이 있는데, 첫째는 에스라가 예루살렘에 도착한 후 다른 일에 몰두하다 보니 국제결혼 문제가 눈에 띄지 않았다고 생각할 수도 있고, 둘째는 짐작은 하고 있었지만 지도자들이 이 문제에 대해 공식적으로 논의해 오기를 기다리고 있었다고 생각할 수도 있다. 에스라의 성격이 느헤미야와는 대조적으로 어떠한 상황에서도 적극적으로 행동하지 않는다는 점을 감안할 때, 아마도 그는 이 문제에 대해 알고 있으면서도 지도자들이 논의해 오기

II. 에스라의 사역

를 기다렸을 것으로 생각된다.

에스라가 아무런 행동을 취하지 않은 것이 오히려 더 많은 백성에게 이 문제의 심각성을 깨닫게 하여 스스로 해결책을 강구하게 했다(Kidner). 또한 백성들이 제시하는 해결책(10:3)에 이미 에스라의 제안이 반영되어 있는 것도 에스라가 이 문제에 대해 익히 알고 있었지만, 백성들이 스스로 고백하기를 기다리고 있었다는 해석을 더욱 설득력 있게 만든다. 여기에 지도자들이 지난 4개월 동안 에스라를 어떤 시선으로 예의주시했을지 생각해 보자.

지도자들은 4개월 동안 에스라의 인격과 신앙을 묵묵히 지켜보다가 그에게 믿음이 가고 이 문제를 함께 고민할 수 있겠다는 확신이 섰을 것이다. 지도자들이 에스라를 신뢰하여 마음을 여는 데 4개월이 걸린 것이다. 이처럼 신뢰는 강요해서 될 문제가 아니라 시간이 걸리더라도 삶을 통해 자연스럽게 얻어내야 한다. 우리는 이웃에게 믿어 달라고 요구하지 말고 이웃이 우리를 믿고 따를 수 있는 삶을 살아야 한다.

소식을 들은 에스라는 경악을 금치 못하여 겉옷과 속옷을 찢고, 자기 머리와 수염을 뽑으며 하나님 앞에서 근신했다(3절). 슬픔을 당한 사람이 옷을 찢는 풍습은 '의식적 벌거벗음'(ritual nakedness)에서 비롯되었다(cf. 창 37:34; 삼하 11:1; 욥 1:20; 2:12; 겔 16:39; 미 1:8). 머리와 수염을 뽑는 것 역시 극한 수치를 경험한 사람이 슬픔을 표현하는 방법이다(욥 1:20; 사 22:12; 렘 16:6; 41:5; 겔 7:18; 암 8:10). 그는 저녁 제사 때까지 넋을 잃고 괴로워했다고 하는데(4-5절), 저녁 제사는 해 질 녘에 드렸다(민 28:4).[19] 슬픔과 수모를 표현할 때 겉옷만 찢는 것이 일상적인 관행이었는데, 에스라는 속옷까지 찢었다. 그의 행위는 하나님 앞에 완전히 벌거벗음과 수치와 죽음을 뜻했다(Clines).

오늘날처럼 용납과 포용을 강조하는 사회에서 에스라의 극단적인 행

---

19 한 주석가는 열왕기상 18:36과 사도행전 3:1을 근거로 오후 3시경에 드려졌다고 한다(Bowman).

동은 그리 매력적으로 보이지 않을 수 있다. 그러나 무한한 용서와 관용만이 문제의 해결책은 아니다. 모든 이슈에 대해 거룩한 분별력을 상실하고 느슨해진 주의 백성에게 에스라의 '지나친 경건'(immoderate godliness)은 신선한 자극제가 되었다(McConville).

에스라의 행동은 많은 사람에게 충격을 주었다. 자신들은 별로 심각하게 생각하지 않던 일이 율법학자를 이처럼 당혹스럽게 했다면, 하나님께는 얼마나 큰 죄일까 하는 생각이 그들을 사로잡았기 때문이다. 에스라의 망연자실한 모습이 자극이 되어 하나님을 경외하는 사람들이 하나둘씩 모여들기 시작했다(4절). 일종의 '에스라 서포터즈'가 형성된 것이다(Klein). 저자는 에스라 주변에 모인 사람들이 '이스라엘의 하나님의 말씀으로 말미암아 떠는 자'(חָרֵד בְּדִבְרֵי אֱלֹהֵי־יִשְׂרָאֵל)들이었다고 한다. 이 죄에 대해 어떠한 대가를 치르든지 에스라와 함께하겠다는 신앙적 여론이 형성된다.

우리는 본문을 포함한 에스라—느헤미야 시대에 문제가 된 것은 타민족 간의 결혼이 아니라, 이스라엘 백성과 주변 족속과의 결혼이었다는 사실을 의식해야 한다. 율법이 이스라엘 사람과 타민족 간의 결혼을 금하는 듯한 말씀을 담고 있기는 하지만(출 34:11-16; 신 7:1-4; 20:10-18), 내용을 살펴보면 결혼 자체를 금한다기보다는 이러한 결혼이 내포하고 있는 우상숭배를 이슈화시킨다. 그래서 이스라엘 선조 중에는 타국에서 어쩔 수 없는 상황이거나 우상숭배가 이슈가 되지 않는 범위 내에서 비(非)이스라엘 사람과 결혼한 이들이 제법 있다(창 16:3; 41:45; 출 2:21; 민 12:1; 룻 1:1; 삼하 3:3 등등). 또한 이스라엘 사람과 결혼한 모압 여인 룻과 이방인 왕과 결혼한 이스라엘 여인 에스더의 경우 결혼을 통해 하나님의 영광을 드러냈다.

본문에서도 일부 귀향민의 결혼으로 빚어진 종교와 윤리 문제를 명확히 이슈화하고 있다. '[이 가나안] 사람들의 가증한 일을 행하여'(1절; cf. 11, 14절). 성경에서 '가증한 일'(תּוֹעֵבָה)은 우상숭배나 우상숭배와 연관된 온갖 부도덕한 행위를 의미한다. 에스라를 찾아온 지도자들은 제사장들을 포함한 일부 귀향민이 우상숭배에 빠져 있다고 증언하고 있는 것이다(cf. 느 13:26-27). 그러므로 본문이 우려하는 것은 타민족과의 결혼 자체가 아니라 그 결혼을 통해 신앙적으로 타협하게 되는 우상숭배에 있다. 이러한 염려가 결코 지나친 것이 아님은 솔로몬의 삶에서 확고하게 입증된 바 있다(cf. 왕상 11장).

에스라 시대처럼 주의 백성이 하나의 국가로 존재하려고 안간힘을 쓰는 동안에는 민족적 순수성을 지킴으로써 정체성을 유지해야 했다(McConville). 게다가 이스라엘의 율법은 표면적으로 타민족과의 결혼을 금하고 있다(출 34:11-16; 신 7:3). 그런데 주의 백성이라고 자칭하는 자들이 스스로 율법을 어기고 있다. 그것도 이미 결혼한 히브리 여인에게 이혼 증서를 써 주면서까지 이방 여인들과 결혼을 했다(cf. 말 2:10-16). 그러므로 본문의 이슈는 종교적 순수성 상실과 율법에 대한 불순종이다.

오늘날 우리가 처해 있는 상황은 다르다. 주의 백성이 더 이상 국가나 민족으로 존재하는 것이 아니라 교회로 존재한다. 그러므로 이 말씀을 오늘날 그대로 적용하는 것은 무리가 있다. 이러한 차원에서 우리는 구약의 율법에 제한받지 않는다. 따라서 본문의 적용점은 주를 믿는 자들과 믿지 않는 자들의 결혼에 관한 것이지, 결코 국제결혼 자체가 문제인 것은 아니다.

```
II. 에스라의 사역(7:1-10:44)
    C. 개혁: 이방인들과의 결혼(9:1-10:44)
```

2. 에스라의 기도(9:6-15)

⁶ 말하기를 나의 하나님이여 내가 부끄럽고 낯이 뜨거워서 감히 나의 하나님을 향하여 얼굴을 들지 못하오니 이는 우리 죄악이 많아 정수리에 넘치고

(7:1–10:44)

우리 허물이 커서 하늘에 미침이니이다 ⁷ 우리 조상들의 때로부터 오늘까지 우리의 죄가 심하매 우리의 죄악으로 말미암아 우리와 우리 왕들과 우리 제사장들을 여러 나라 왕들의 손에 넘기사 칼에 죽으며 사로잡히며 노략을 당하며 얼굴을 부끄럽게 하심이 오늘날과 같으니이다 ⁸ 이제 우리 하나님 여호와께서 우리에게 잠시 동안 은혜를 베푸사 얼마를 남겨 두어 피하게 하신 우리를 그 거룩한 처소에 박힌 못과 같게 하시고 우리 하나님이 우리 눈을 밝히사 우리가 종노릇 하는 중에서 조금 소생하게 하셨나이다 ⁹ 우리가 비록 노예가 되었사오나 우리 하나님이 우리를 그 종살이하는 중에 버려 두지 아니하시고 바사 왕들 앞에서 우리가 불쌍히 여김을 입고 소생하여 우리 하나님의 성전을 세우게 하시며 그 무너진 것을 수리하게 하시며 유다와 예루살렘에서 우리에게 울타리를 주셨나이다 ¹⁰ 우리 하나님이여 이렇게 하신 후에도 우리가 주의 계명을 저버렸사오니 이제 무슨 말씀을 하오리이까 ¹¹ 전에 주께서 주의 종 선지자들에게 명령하여 이르시되 너희가 가서 얻으려 하는 땅은 더러운 땅이니 이는 이방 백성들이 더럽고 가증한 일을 행하여 이 끝에서 저 끝까지 그 더러움으로 채웠음이라 ¹² 그런즉 너희 여자들을 그들의 아들들에게 주지 말고 그들의 딸들을 너희 아들들을 위하여 데려오지 말며 그들을 위하여 평화와 행복을 영원히 구하지 말라 그리하면 너희가 왕성하여 그 땅의 아름다운 것을 먹으며 그 땅을 자손에게 물려 주어 영원한 유산으로 물려 주게 되리라 하셨나이다 ¹³ 우리의 악한 행실과 큰 죄로 말미암아 이 모든 일을 당하였사오나 우리 하나님이 우리 죄악보다 형벌을 가볍게 하시고 이만큼 백성을 남겨 주셨사오니 ¹⁴ 우리가 어찌 다시 주의 계명을 거역하고 이 가증한 백성들과 통혼하오리이까 그리하면 주께서 어찌 우리를 멸하시고 남아 피할 자가 없도록 진노하시지 아니하시리이까 ¹⁵ 이스라엘의 하나님 여호와여 주는 의로우시니 우리가 남아 피한 것이 오늘날과 같사옵거늘 도리어 주께 범죄하였사오니 이로 말미암아 주 앞에 한 사람도 감히 서지 못하겠나이다 하니라

II. 에스라의 사역

저녁 제물을 드리는 시간이 되어 에스라를 비롯해 함께하던 사람들이 하나님께 기도했다. 성경에서 이 시간은 기도하는 시간으로 알려져 있기도 하다(cf. 행 3:1). 에스라는 무릎을 꿇고 두 팔을 들고 기도했다(5절). 무릎을 꿇는 것은 겸손의 표현이며, 팔을 들고 기도하는 것은 자신의 무능을 고백하고 하나님의 도움을 간절히 바라는 몸짓이다(cf. ANET, 289). 에스라가 이 같은 자세로 기도하는 것은 이 일의 심각성을 알리고, 이방인들과 결혼한 사람들을 설득하기 위해서이다(Klein).

경악을 금치 못한 에스라가 백성들에게 화를 내기는커녕 오히려 그들과 하나되어 기도했다는 점이 매우 인상적이다. 스스로 하나님의 역할을 하지 않을 것이며, 이 문제에 대해 하나님께 아뢰고 도움을 청하겠다는 의지를 보인 것이다. 에스라의 기도는 성경의 다른 기도들과 비교할 때 두 가지 특징을 가지고 있다. 대체로 성경에 기록된 기도문들은 시(詩)로 구성되어 있는 반면, 에스라의 기도는 내러티브(narrative) 양식을 취하고 있다. 또한 여기서 드리는 기도는 전적으로 하나님께만 올려 드리는 기도가 아니라 백성들이 듣고 회개하도록 설교적 성향을 띠고 있다. 이 기도에는 구체적인 간구나 하나님의 은혜가 지속되게 해 달라는 부탁, 혹은 용서해 달라는 표현이 등장하지 않는다. 그래서 그의 기도는 종종 '설교-기도'(sermon-prayer)로 불리기도 한다(Breneman).

에스라는 여호와께 드리는 기도를 통해 곁에 서서 기도를 듣고 있는 사람들의 마음을 움직이고자 한다. 기도는 네 가지 요소로 구성되어 있다. (1) 하나됨(solidarity), (2) 고백(confession), (3) 변화에 대한 결단(readiness to change), (4) 하나님의 자비에 대한 믿음(faith in God's mercy)(McConville). 에스라의 기도는 다음과 같은 구조를 지니고 있기도 하다(Throntveit).

A. 일반적인 고백(9:6-7)

B. 하나님의 자비가 함께하고 있는 증거(9:8-9)
　　　C. 구체적인 고백(9:10-12)
　　B'. 하나님의 자비가 지속될 것인지에 대한 불안(9:13-14)
　A'. 일반적인 고백(9:15)

　첫째, 하나됨에 대해 생각해 보자. 에스라는 일부 백성들이 저지른 죄(viz., 타민족과의 결혼)와는 무관하다. 게다가 예루살렘으로 돌아온 지 불과 4개월밖에 되지 않았다. 그러나 에스라는 '저들'이란 용어를 사용하지 않는다. '우리'라는 단어를 사용해 회개 기도를 드림으로써 스스로 공동체와 결속한다. 공동체에 속한 구성원의 일이 곧 자신의 일이고, 공동체의 죄가 곧 자신의 죄가 된 것이다. 남에게 좋은 일이 있을 때는 앞장서서 그 일을 자신의 일로 여기지만, 공동체에 어려운 일이 생기면 슬며시 자리를 뜨는 사람들이 허다한 오늘날, 에스라는 우리에게 진정한 지도자의 모습을 보여 준다.

　에스라는 기도를 통해 자신을 공동체의 일원으로 여길 뿐만 아니라, 모세 시대 때 형성되어 주전 586년에 망해 버린 과거 이스라엘 공동체가 지금도 이어지고 있다는 사실을 부각한다(7절ff.). 그가 국제결혼을 문제 삼는 것도 하나님이 이미 오래전부터 선지자들을 통해 금하셨던 일이기 때문이다(11-12절). 이처럼 에스라는 그의 시대를 과거와 연결시키고 있으며, 타민족과의 결혼 문제를 지난 수백 년간 지속된 이스라엘의 반역과 불순종의 역사의 일부분으로 보고 있다. 흔히 후손들은 지금의 고난이 조상의 죄 때문이라고 주장하기 일쑤인데(cf. 렘 31:29; 겔 18:2), 에스라는 자신의 시대를 미래와도 연결한다. "이제 주님께서 분노하셔서, 한 명도 남기지 않고 없애 버리신다고 해도, 드릴 말씀이 없습니다"(14절, 새번역). 결국 에스라는 자신이 죄인들과 하나됨같이 이스라엘 공동체의 과거, 현재, 미래도 하나이며, 공동체의 생존 여부는 하나님의 자비와 긍휼에 달려 있음을 고백한다.

II. 에스라의 사역

　에스라가 예루살렘 공동체와 결속하여 하나님께 회개한 일이 시나브로 결속력을 잃어가던 공동체에 신선한 도전이 되었다. 성경은 한 공동체에 속한 구성원이 죄를 지으면 그 죄가 결코 그 개인의 문제만은 아니라고 한다. 그가 죄를 짓도록 방관하거나 죄를 용납한 공동체에도 분명 책임이 있다(cf. 고전 5:1-8). 이 같은 성경적 공동체 의식을 상실한 이스라엘 백성에게 에스라의 솔선수범하는 회개는 큰 도전과 자극이 되었다. 큰 가르침은 삶으로 본을 보일 때 일어난다.

　둘째, 죄에 대한 고백이다. 에스라는 기도를 통해 현존하는 예루살렘 공동체뿐만 아니라 과거 이스라엘 공동체의 죄와 실패까지 낱낱이 고백한다(6-7, 10-12, 15절). 이스라엘이 망하게 된 것이 과거의 죄 때문인데 주의 백성은 아직도 나라를 망하게 하는 죄에서 자유롭지 못하다는 사실을 고백한다(6-7절). 그렇다면 조상 때부터 지어온 죄, 즉 이 민족을 망하게 했던 죄가 무엇인가? 에스라는 두 가지를 고백한다. 하나님이 선지자를 통해 주신 '우상숭배하지 말라'라는 계명을 무시했으며, 이방인과 결혼하지 말라고 명령하신 것을 어겼다는 것이다(10-12절). 그는 하나님 앞에 떳떳하지 못한 주의 백성은 그저 주의 자비로운 처분을 바랄 뿐이라는 고백으로 기도를 마무리한다(15절).

　이처럼 에스라의 기도에서 죄에 대한 고백을 가장 중요한 요소로 부각하고 있다. 회개 기도가 어떤 것인지를 단편적으로 보여 주는 사례이다. 진정으로 자신을 성찰하는 사람만이 이런 기도를 할 수 있다. 자신을 아는 사람만이 회개할 수 있다. 에스라의 기도는 듣고 있는 백성들의 마음에 진정한 뉘우침의 싹을 틔우기에 충분했다.

　셋째, 변화를 추구하는 결단이 있다. 만일 기도가 단순히 과거에 대한 회상과 현재에 대한 묵상으로 끝나 버린다면, 이스라엘 공동체에 별 의미가 없다. 에스라는 주의 백성들에게 회개와 함께 미래에 대한 결단과 행동을 요구한다. 바빌론으로부터의 귀향은 이 세상에 공의와 정의가 넘치게 하려는 하나님의 계획의 첫 단계였다(McConville). 그런데 이스라엘은 오히려 하나님의 계획에 역행하는 공동체가 되어 있다. 그러므로 이제 그들은 선택해야 한다. 계속 하나님의 계획을 역행하는 삶을 살 것인가, 아니면 지금부터라도 변하겠다는 결단과 의지로 살아갈 것인가.

에스라가 조상의 죄를 회상하는 것은 단순히 공동체의 과거를 논하자는 것은 아니다. 이 일을 통해 과거 조상들이 짓던 죄를 다시는 반복하지 말고 이제부터 변해 보자고 호소하는 것이다. 우리가 과거를 회상하는 것은 단순히 진실을 밝히는 차원을 넘어서야 한다. 과거를 거울삼아 선조들의 죄와 실수를 반복하지 않겠다는 의지가 함께해야 한다. 이런 면에서 과거를 회상하는 것은 미래를 지향하는 원동력이 되어야 한다. 에스라는 기도문을 통해 백성들에게 이 점을 호소하고 있다.

넷째, 하나님의 자비에 대한 믿음이 있다. 에스라는 이스라엘이 조상 때부터 끊임없이 죄를 범해 왔으며, 기업으로 받은 약속의 땅에서 쫓겨난 것도 당연한 결과라고 고백한다(6-7절). 그러나 하나님은 자비하셔서 일부를 남겨 두셨다(8절). 도저히 용서할 수 없는 백성을 용서하시고, 이들의 형편을 헤아려 복을 내려 주시고, 귀향민들에게 끊어진 역사의 맥을 잇는 특권도 주셨다(9절). 그런데 포로 생활에서 돌아온 이스라엘이 불과 80여 년 만에 지금처럼 부패하였다. 그러므로 하나님이 어떠한 벌을 내리셔도 이스라엘은 할 말이 없다는 것이 에스라의 고백이다(10절).

그러나 이처럼 조상들의 죄를 반복하는 백성을 하나님이 용서하시고 축복하시고 생명을 주셨다는 사실을 수차례 되뇜으로써 하나님의 용서와 은혜에 대한 기대를 표현한다(8-9, 13절). 이러한 맥락에서 15절은 하나님이 이 백성을 용서치 않으실 것이라는 불안함의 표현이 아니라, 다시 한번 용서하실 것이라는 믿음과 기대의 표현이다: "그렇지만, 주 이스라엘의 하나님, 주님은 너그러우셔서 우리를 이렇게 살아 남게 하셨습니다. 진정, 우리는 우리의 허물을 주님께 자백합니다. 우리 가운데서, 어느 누구도 감히 주님 앞에 나설 수 없습니다"(새번역).

> II. 에스라의 사역(7:1-10:44)
>   C. 개혁: 이방인들과의 결혼(9:1-10:44)

3. 백성들의 회개와 서약(10:1-6)

¹ 에스라가 하나님의 성전 앞에 엎드려 울며 기도하여 죄를 자복할 때에 많은 백성이 크게 통곡하매 이스라엘 중에서 백성의 남녀와 어린 아이의 큰 무리가 그 앞에 모인지라 ² 엘람 자손 중 여히엘의 아들 스가냐가 에스라에게 이르되 우리가 우리 하나님께 범죄하여 이 땅 이방 여자를 맞이하여 아내로 삼았으나 이스라엘에게 아직도 소망이 있나니 ³ 곧 내 주의 교훈을 따르며 우리 하나님의 명령을 떨며 준행하는 자의 가르침을 따라 이 모든 아내와 그들의 소생을 다 내보내기로 우리 하나님과 언약을 세우고 율법대로 행할 것이라 ⁴ 이는 당신이 주장할 일이니 일어나소서 우리가 도우리니 힘써 행하소서 하니라 ⁵ 이에 에스라가 일어나 제사장들과 레위 사람들과 온 이스라엘에게 이 말대로 행하기를 맹세하게 하매 무리가 맹세하는지라 ⁶ 이에 에스라가 하나님의 성전 앞에서 일어나 엘리아십의 아들 여호하난의 방으로 들어가니라 그가 들어가서 사로잡혔던 자들의 죄를 근심하여 음식도 먹지 아니하며 물도 마시지 아니하더니

에스라의 충격과 경악으로 인해 일부 사람들이 그와 함께 금식하며 탄식하게 되었다(9:4). 에스라를 비롯해 함께한 회중의 회개 기도가 끝나갈 무렵에는 '이스라엘 중에서 백성의 남녀와 어린 아이의 큰 무리'가 그의 곁에 꿇어 엎드려 크게 통곡했다(1절). 에스라의 경건과 헌신은 옳고 그름에 대해, 죄에 대한 하나님의 심판에 대해 그 어떠한 열변보다 설득력 있는 설교가 되어 이스라엘에게 임했다(McConville). 지도

자 에스라의 회개가 걷잡을 수 없는 불길이 되어 온 이스라엘을 휩쓸기 시작한 것이다(Fensham).

함께 회개한 백성들이 국제결혼 문제에 대해 에스라와 입장을 같이 한다는 것은 의심할 여지가 없다. 주목할 만한 사실은 이 회개 운동이 결코 강요된 것이 아니며, 에스라는 국제결혼 문제에 대해 백성들에게 한마디도 한 적이 없다는 것이다. 에스라는 말보다 행동으로 영향력을 끼치는 지도자였다. 그의 금식과 기도는 그 어떠한 설교보다 감동적이며 설득력 있었다.

에스라의 근신과 기도에 감동된, 주를 경외하는 사람들(9:4)을 중심으로 온 땅에 큰 회개 운동이 일었다. 또한 그들은 이 일을 해결할 구체적인 대안을 마련하고 행동으로 옮겼다. 입으로 시인한 것을 행함으로 책임진 것이다. 백성들이 어떠한 회개의 열매를 맺었는지 묘사하고 있는 10:2-44은 다음과 같은 구조를 지닌다(Throntveit).

  A. 이방인 아내들을 내보내겠다고 약속함(10:2-4)
    B. 백성들이 약속한 것을 이행하겠다고 맹세함(10:5)
      C. 에스라가 죄(מַעַל)에 대해 슬퍼함(10:6)
        D. 이스라엘 사람 모두가 3일 내로 예루살렘에 모일 것을 요구함(10:7-8)
        D'. 이스라엘 사람 모두가 3일 만에 예루살렘에 모임(10:9)
      C'. 에스라가 죄(מַעַל)와 회개에 대해 권고함(10:10-11)
    B'. 백성들이 약속한 대로 이행함(10:12-17)
  A'. 이방인 아내들이 내쫓김(10:18-44)

에스라에게 도전을 받은 백성들이 이 일에 대해 그와 함께하며 끝까지 돕겠다고 결단했다(4절). 어떠한 대가를 치르더라도 죄 문제를 해결하겠다는 의지로 불타는 평신도 운동이 시작되었다. 그들의 결단은 주

II. 에스라의 사역

의 백성의 미래에 대한 기대와 이 일을 시작하면 하나님이 분명히 자비를 베푸셔서 도우실 것이라는 확신에서 비롯되었다. 하나님은 스스로 돕는 자를 도우신다는 것을 믿었던 것이다. 스가냐는 슬퍼하는 에스라에게 '이스라엘에게 아직도 소망이 있다'라며 위로했다(2절). 주의 백성은 아무리 절망적인 현실에 처해도 소망을 버리지 말아야 한다. 우리의 과거, 현재, 미래가 모두 하나님의 자비와 간섭하심에 좌우되고, 앞으로도 그렇게 될 것이라는 확신이 있기 때문이다.

스가냐는 백성들을 대표하여 지금부터라도 율법대로 행하여 잘못된 관행과 죄를 해결하겠다는 의지를 보였다. 즉, 이방인 아내들과 자식들을 내보내겠다는 것이다(3절). 이미 언급했듯이 이 본문의 초점은 강제 이혼, 혹은 이방인에 대한 무차별적이고 비윤리적인 처사에 맞춰져 있지 않다. 핵심은 하나님의 백성인 이스라엘의 순수성, 특히 율법에 순종하는 종교적 순수성을 회복하는 것이다. 백성들은 귀향 이후 지난 80여 년 동안 해이해진 자신들의 신앙 자세를 재정비하겠다는 의지를 표현하고 있다. 이방인과 결혼하는 일에서 비롯된 온갖 우상 숭배와 가증스러운 일들을 제거하겠다는 것이다(9:1). 물론 치러야 할 대가는 잔인하지만 하나님과의 관계를 회복하기 위해서는 어떤 대가라도 치르겠다는 의지가 부각된다. 때로는 죄에 대한 대가가 이처럼 혹독하다. 죄를 짓고 회개하는 것도 아름답지만, 애초에 죄를 짓지 않는 것은 더 아름답다.

에스라는 백성들이 스스로 약속한 것을 지키도록 맹세하게 했다(5절). 그는 이스라엘 공동체가 추구해야 할 여러 가지 비전을 가지고 있었지만, 백성들이 스스로 깨닫고, 스스로 결단하게 할 뿐 그 어떤 것도 강요하지 않았다. 우리는 에스라를 통해 설득의 리더십을 볼 수 있다. 백성들이 기꺼이 맹세하자 에스라는 한 제사장의 방으로 자리를 옮겨 계속 금식하며 이들을 위해 밤새 중보 기도를 드렸다(6절). 성경은 죄를 범한 공동체를 위해 중보 기도를 드리는 주의 종들로 가득하다. 모세(출 32:9-14), 예레미야(렘 14:7-9), 에스겔(겔 22:30), 아모스(암 7:1-6), 바울(롬 9:3) 등등 수없이 많다. 참 목자는 하나님이 맡겨 주신 양들을 위해 끊임없이 중보 기도를 한다.

> II. 에스라의 사역(7:1-10:44)
>   C. 개혁: 이방인들과의 결혼(9:1-10:44)

4. 백성들의 성회(10:7-17)

⁷ 유다와 예루살렘에 사로잡혔던 자들의 자손들에게 공포하기를 너희는 예루살렘으로 모이라 ⁸ 누구든지 방백들과 장로들의 훈시를 따라 삼일 내에 오지 아니하면 그의 재산을 적몰하고 사로잡혔던 자의 모임에서 쫓아내리라 하매 ⁹ 유다와 베냐민 모든 사람들이 삼 일 내에 예루살렘에 모이니 때는 아홉째 달 이십일이라 무리가 하나님의 성전 앞 광장에 앉아서 이 일과 큰 비 때문에 떨고 있더니 ¹⁰ 제사장 에스라가 일어나 그들에게 이르되 너희가 범죄하여 이방 여자를 아내로 삼아 이스라엘의 죄를 더하게 하였으니 ¹¹ 이제 너희 조상들의 하나님 앞에서 죄를 자복하고 그의 뜻대로 행하여 그 지방 사람들과 이방 여인을 끊어 버리라 하니 ¹² 모든 회중이 큰 소리로 대답하여 이르되 당신의 말씀대로 우리가 마땅히 행할 것이니이다 ¹³ 그러나 백성이 많고 또 큰 비가 내리는 때니 능히 밖에 서지 못할 것이요 우리가 이 일로 크게 범죄하였은즉 하루 이틀에 할 일이 아니오니 ¹⁴ 이제 온 회중을 위하여 우리의 방백들을 세우고 우리 모든 성읍에 이방 여자에게 장가든 자는 다 기한에 각 고을의 장로들과 재판장과 함께 오게 하여 이 일로 인한 우리 하나님의 진노가 우리에게서 떠나게 하소서 하나 ¹⁵ 오직 아사헬의 아들 요나단과 디과의 아들 야스야가 일어나 그 일을 반대하고 므술람과 레위 사람 삽브대가 그들을 돕더라 ¹⁶ 사로잡혔던 자들의 자손이 그대로 한지라 제사장 에스라가 그 종족을 따라 각각 지명된 족장들 몇 사람을 선임하고 열째 달 초하루에 앉아 그 일을 조사하여 ¹⁷ 첫째 달 초하루에 이르러 이방 여인을 아

내로 맞이한 자의 일 조사하기를 마치니라

이스라엘 백성에게 만연해 있는 타민족과의 결혼 문제를 꼭 해결하겠다고 맹세한 백성들이 주동이 되어 3일 만에 예루살렘에 성회가 개최되었다(9절). 이 성회가 준비되는 동안 에스라는 아무 말도 하지 않고 성전에서 기도한다(cf. 6절). 진정한 영향력이 어떤 것인지 보여 주는 사건이다. 에스라는 경건하고 헌신적인 삶을 통해 보이지 않는 영향력을 행사하고 있다. 경건하게 사는 사람들은 가시적인 것을 초월한 영향력을 행사할 수 있다(McConville).

성회가 열린 때가 오늘날 달력으로 11월 중순 이후에 시작하는 기슬르월 20일이었으니 12월 초쯤 된다. 이때는 우기라 성회로 모일 때도 큰 비가 내렸다(9, 13절). 그들은 이방인 아내들과 자식들을 이스라엘 공동체에서 모두 내보내기로 결정했다(11, 14절). 이 일로 인한 하나님의 진노를 공동체에서 떠나보내기 위해서였다(14절). 표면적으로는 이방인 아내들과 아이들을 내보내는 것이 잔인하게 느껴질 수 있다. 그러나 결혼과 더불어 이방 종교와 풍습을 별생각 없이 받아들인 이스라엘 공동체로서는 생존을 위한 처절함으로 이 일을 행하고 있다. 한 가지 혼란스러운 것은 일부의 반대이다. 저자는 구체적으로 "아사헬의 아들 요나단과 디과의 아들 야스야가 일어나 그 일을 반대하고 므술람과 레위 사람 삽브대가 그들을 돕더라"라고 기록한다(15절).

4명이 정확히 무엇을 반대했단 말인가? 가장 자연스러운 의미는 '이방인 아내들을 내보내는 일' 자체를 반대한 것인데(Breneman), 10장에서 저자가 강조하고자 하는 것이 국제결혼 이슈에 대해 온 이스라엘 공동체가 하나된 것임을 감안할 때 이러한 해석은 문맥과 잘 어울리지 않는다. 대부분의 주석가는 이들의 반대를 13-14절과 연결시킨다. 에스라 앞에 모인 회중은 이방 아내들을 내보내는 일이 하루 이틀에 될 일이 아니니 시간을 두고 하자고 건의했고(13-14절), 에스라는 3개월의 시간을 허락했다(16-17절). 4명은 이 일이 한시가 급한 일이라며 어느 정도 시간을 두고 해결한다는 회중의 제안에 반대한 것이다(Clines, Williamson). 즉, 신속하게 이 일을 처리해야 한다고 주장했던 것이다.

에스라는 이 일을 효율적으로 진행하기 위해 가문별로 한 사람씩 우두머리를 세워 책임지고 일하도록 모든 것을 위임했다. 가문별로 다른 민족과 결혼한 사람들에 대한 조사는 3개월에 걸쳐 진행되었으며 이듬해 1월 1일에 끝이 났다(16-17절). 전(前)년 1월 1일은 에스라가 바빌론을 떠나기 위해 무리와 아하와 강가에 모인 날이었다(7:9; 8:15). 3개월 동안 겨우 110여 건의 국제결혼 사례가 조사되었다는 것은 이 일이 너무 더디게 진행된 느낌을 줄 수도 있다. 그러나 시즌이 겨울이고 당시 교통과 통신의 열악함을 감안할 때, 본문의 내용은 공동체가 처한 현실을 잘 반영하고 있다.

> II. 에스라의 사역(7:1-10:44)
>   C. 개혁: 이방인들과의 결혼(9:1-10:44)

5. 타민족을 아내로 맞이한 사람 명단(10:18-44)

[18] 제사장의 무리 중에 이방 여인을 아내로 맞이한 자는 예수아 자손 중 요사닥의 아들과 그의 형제 마아세야와 엘리에셀과 야립과 그달랴라 [19] 그들이 다 손을 잡아 맹세하여 그들의 아내를 내보내기로 하고 또 그 죄로 말미암아 숫양 한 마리를 속건제로 드렸으며 [20] 또 임멜 자손 중에서는 하나니와 스바댜요 [21] 하림 자손 중에서는 마아세야와 엘리야와 스마야와 여히엘과 웃시야요 [22] 바스훌 자손 중에서는 엘료에내와 마아세야와 이스마엘과 느다넬과 요사밧과 엘라사였더라 [23] 레위 사람 중에서는 요사밧과 시므이와 글라야라 하는 글리다와 브다히야와 유다와 엘리에셀이었더라 [24] 노래하는 자 중에서는 엘리아십이요 문지기 중에서는 살룸과 델렘과 우리였더라 [25] 이스라엘 중에서는 바로스 자손 중에서는 라먀와 잇시야와 말기야와 미야민과 엘르

아살과 말기야와 브나야요 ²⁶ 엘람 자손 중에서는 맛다냐와 스가랴와 여히엘과 압디와 여레못과 엘리야요 ²⁷ 삿두 자손 중에서는 엘료에내와 엘리아십과 맛다냐와 여레못과 사밧과 아시사요 ²⁸ 베배 자손 중에서는 여호하난과 하나냐와 삽배와 아들래요 ²⁹ 바니 자손 중에서는 므술람과 말룩과 아다야와 야숩과 스알과 여레못이요 ³⁰ 바핫모압 자손 중에서는 앗나와 글랄과 브나야와 마아세야와 맛다냐와 브살렐과 빈누이와 므낫세요 ³¹ 하림 자손 중에서는 엘리에셀과 잇시야와 말기야와 스마야와 시므온과 ³² 베냐민과 말룩과 스마랴요 ³³ 하숨 자손 중에서는 맛드내와 맛닷다와 사밧과 엘리벨렛과 여레매와 므낫세와 시므이요 ³⁴ 바니 자손 중에서는 마아대와 아므람과 우엘과 ³⁵ 브나야와 베드야와 글루히와 ³⁶ 와냐와 므레못과 에랴십과 ³⁷ 맛다냐와 맛드내와 야아수와 ³⁸ 바니와 빈누이와 시므이와 ³⁹ 셀레먀와 나단과 아다야와 ⁴⁰ 막나드배와 사새와 사래와 ⁴¹ 아사렐과 셀레먀와 스마랴와 ⁴² 살룸과 아마랴와 요셉이요 ⁴³ 느보 자손 중에서는 여이엘과 맛디디야와 사밧과 스비내와 잇도와 요엘과 브나야더라 ⁴⁴ 이상은 모두 이방 여인을 아내로 맞이한 자라 그 중에는 자녀를 낳은 여인도 있었더라

일부 주석가들은 본문이 총 113건의 이혼을 기록하고 있는 것으로 풀이하지만(Clines), 제사장 이혼 17건, 레위 사람 이혼 10건, 일반인 이혼 83 혹은 84건 등 총 110건 혹은 111건의 이혼을 말한다(Breneman). 한 건의 차이는 40절을 어떻게 이해하느냐에 따라 달라진다. 에스라 2장에 제시된 숫자들을 바탕으로 이 숫자들을 분석해 보면 0.58%의 제사장들, 0.68%의 일반인들이 이방인 아내와 아이들을 내보냈다. 집안별로 아내를 내보낸 사람들의 수와 비율을 계산해 보면 다음과 같다(Klein).

(7:1–10:44)

집안별로 이방인 아내를 내보낸 제사장들

집안 이름	내보낸 수	에스라 2장 구절과 수		백분율(%)
예수아	4	36절	973	0.41
임멜	2	37절	1,052	0.19
하림	5	39절	1,017	0.49
바스훌	6	38절	1,247	0.48
레위 사람들	6	40절	74	8.10
찬양대	1	41절	128	0.78
문지기들	3	42절	139	2.15
총계	27		4,630	0.58

집안별로 이방인 아내를 내보낸 일반인들

집안 이름	내보낸 수	에스라 2장 구절과 수		백분율(%)
바로스	7	3절	2,172	0.32
엘람	6	7절	1,254	0.48
삿두	6	8절	945	0.63
베베(브배)	4	11절	623	0.64
바니	6	10절	642	0.93
바핫모압	8	6절	2,812	0.28
하림	8	32절	320	2.5
하숨	7	19절	223	3.13
빈누이	4	느 7:15	648	0.61
비그왜	12	14절	2,056	0.58
아델 (혹은) 삭개	8 8	16절 9절	432 760	1.85 1.05
느보	7	29절	52	13.40
총계 1 (아델 포함)	83		12,127	0.68
총계 2 (삭개 포함)	83		12,455	0.67

II. 에스라의 사역

　에스라가 이방인과의 결혼 문제에 대해 큰 위기감을 느끼고 심각하게 반응한 것에 비하면 실제로 이방인 아내와 이혼하고 내보낸 사람들의 수는 매우 적다. 그래서 일부 학자들은 이방인과 결혼한 사람 중 상당수는 왜 자신의 결혼이 합당한지, 왜 이방인 아내를 내보낼 필요가 없는지를 설득력 있게 설명하여 아내를 내보내지 않은 것으로 해석한다(Klein). 가족들이 이미 여호와 종교로 개종하여 신앙생활을 잘하고 있으며, 이미 이스라엘 성회에도 가입해 있는 사람은 굳이 내보낼 필요가 없다는 논리다. 합리적인 설명이라 생각된다. 또한 학자들은 이곳에 기록된 정보는 제한적이며, 실제로 이방인 아내를 내보낸 이스라엘 사람들의 수는 훨씬 더 많았을 것이라 추측하기도 한다. 이곳에 기록된 명단은 이방인 아내를 맞이했다가 내보낸 사람 중에서도 상류층 사람들의 이름만 나열하고 있다는 것이다(Galling). 명단에 느디님(viz., '성전 막일꾼들')과 솔로몬의 종들의 자손(2:58)과 지방에 정착한 사람들(2:20-35)이 포함되지 않은 것도 이 같은 해석을 지지한다.

　진정한 변화는 지도자들의 개혁에서 시작된다. 그래서 제사장들과 레위 사람들을 예외로 취급하지 않고 동일한 원칙에 따라 이방 아내들을 내보내도록 했다. 이들이 이방 여인과 결혼한 이유는 무엇보다도 경제적인 부분 때문이었던 것 같다. 이방인들이 귀향민들보다 더 잘 살았기 때문에 이런 일이 벌어진 것이다(Fensham). 이 같은 사실은 제사장들보다 훨씬 더 가난하게 살았던 레위 사람들이 이방인과 결혼했다가 아내를 내보낸 비율이 상대적으로 더 높은 것에서도 짐작할 수 있다(cf. 위 표).

　이제까지 부부가 되어 살아온 아내, 양육해 온 자식을 내보내는 일이 결코 쉽지는 않았을 것이다. 생이별을 해야 하는 가정마다 엄청난 아픔과 고통이 함께했을 것이 뻔하다. 종종 우리에게 요구되는 죄의 대가가 이렇다. 그러므로 처음부터 죄를 짓지 않는 것이 가장 현명한 일이며, 고통도 덜하다. 죄는 항상 쾌락을 약속하는 듯 보이지만, 그 끝은 추하다.

수십 년간 함께 살아온 아내와 자식을 내보내야 하는 표면적인 잔인함을 초월하면, 이 섹션의 주제가 이스라엘 공동체의 정체성에 관한 것임이 역력히 드러난다. 성경의 가장 핵심적인 주제 중 하나는 "해방/자유가 아니라 뿌리내림이다"(not emancipation but rootage)(Brueggemann). 본문에 묘사된 사건의 핵심은 하나님 백성의 뿌리내림을 위협하는 것이다.

이 사건은 주의 백성이 하나의 민족으로 규정되던 당시의 특수 상황에서 일어난 일이다. 즉, 인종의 문제라기보다는 종교적 문제이다. 이들이 이방인과 결혼한 것 자체가 아니라, 그로 인해 율법을 어긴 것이 문제가 되었다. 오늘날에는 모든 인종이 모여드는 교회가 주의 백성이다. 그러므로 본문을 오늘날에 적용하자면, 앞서 언급했듯이 민족 간의 결혼을 금하는 것이 아니라, 믿는 자와 믿지 않는 자의 결혼을 금하는 것이다.

III. 느헤미야의 귀환과 성벽 재건
(느 1:1-7:73)

우리는 느헤미야서를 에스라서와 구분해 독립적인 책으로 간주하지만, 이미 서론에서 언급했듯이 에스라서와 느헤미야서를 연속적인 하나의 책으로 취급하는 것은 오랜 전통이다. 에스라의 귀향과 느헤미야의 귀향이 불과 10여 년 사이에 일어난 일이라는 점, 두 사람이 예루살렘 재건과 공동체 재건을 목표로 삼았다는 점, 첫 번째 귀향민 명단(스 2장)이 느헤미야 7장에 다시 등장한다는 점, 에스라가 사역하는 모습이 느헤미야 8장에 묘사되어 있다는 점 등등 두 책의 연계성과 흐름을 감안하면 당연한 일이다. 본서에서도 이 같은 관점을 전제로 본문을 주해하고자 한다. 또한 느헤미야의 리더십은 이미 오래전부터 리더십 전문가들의 연구 대상이었음을 고려해 적용과 묵상은 리더십을 중심으로 해나갈 것이다.

에스라─느헤미야서의 첫 번째 섹션(스 1-6장)이 성전 재건에 관한 것이었고, 두 번째 섹션(스 7-10장)이 공동체 재건에 관한 것이었다면, 느헤미야 1-7장이 구성하고 있는 세 번째 섹션은 성벽 재건에 관한 이야기이다. 학자들은 이 섹션을 포함한 느헤미야서의 대부분을 '느헤미야 회고'(Nehemiah Memoir=NM)라 부르기도 한다. 아마도 처음 기록된 NM은 느헤미야가 아하수에로 1세에게 보낸 보고서였을 것이다(Yamauchi).

책의 전반부를 장식하고 있는 성전 재건 이야기(스 1-6장)와 공동체 재건 이야기(스 7-10장)가 바빌론을 출발한 귀향민과 에스라의 이야기로 시작한 것처럼, 성벽 재건 이야기도 수산을 출발하는 느헤미야의 이야기로 시작한다. 세 이야기 모두 예루살렘에서 전개되지만, 그 시작은 1,500km 떨어진 바빌론과 수산에서 하나님의 말씀에 순종한 사람들로부터 비롯된다.

아울러 이미 언급했듯이 세 이야기는 다음과 같은 공통점을 지닌다. (1) 페르시아 왕이 허락한 귀향으로 시작한다(스 1:1; 7:6; 느 2:8-9), (2) 이루고자 하는 재건 프로젝트에 끊임없는 반대와 방해가 있다, (3) 하나님의 도움으로 훼방을 이겨 내고 재건을 이룬다. 저자는 세 이야기를 동일한 방법으로 전개해 책의 통일성을 확보할 뿐 아니라 귀향민 역사의 맥도 이어 나가고 있다.

성전 재건 이야기가 귀향(스 1-2장)과 재건 공사(스 3-6장)로 나뉘고, 공동체 재건 이야기도 귀향(스 7-8장)과 공동체 재건(스 9-10장)으로 나뉜 것처럼, 예루살렘 성벽 재건 이야기도 귀향(느 1-2장)과 재건 공사(느 3-6장)로 나뉜다. 주변 민족들은 귀향민의 성전 재건을 반대했던 것처럼 성벽 재건도 반대한다. 그러나 이번에는 반대 수위가 더 높아졌다. 예루살렘 성벽이 재건되고 성읍이 요새화되면 자신들의 입지가 약화될 것이라는 우려와 함께, 남이 잘 되는 것을 보지 못하는 악한 심성이 작용한 것이다.

다음은 느헤미야 이야기에 나오는 주변 민족들의 방해에 관한 본문들로 총 7개이다. 산발랏과 도비야가 성벽 재건을 방해하는 무리의 선동자이며 시간이 흐를수록 방해 수위는 높아진다. 산발랏 일당은 느헤미야의 재건 사역이 단계적인 성공을 거둘 때마다 새로운 방해를 모색한다(Blenkinsopp). 그러나 결국에는 이스라엘이 아니라 적들/방해꾼들이 좌절한다(6:16). 느헤미야가 하나님의 은혜를 힘입어 예루살렘 성벽 재건에 성공한 것이다.

2:10	호론 사람 산발랏과 종노릇을 하던 암몬 사람 도비야에게 이 소식이 들어갔다. 그들은, 어떤 사람이 이스라엘 자손의 형편을 좋게 하려고 오고 있다는 것을 알고서, 몹시 근심하였다고 한다.
2:19	그러나 이 일이 호론 사람 산발랏과 종노릇을 하던 암몬 사람 도비야와 아랍 사람 게셈에게 알려지니, 그들은 우리에게로 와서 '당신들은 지금 무슨 일을 하고 있는 거요? 왕에게 반역이라도 하겠다는 것이오?' 하면서, 우리를 업신여기고 비웃었다.
4:1-3	우리가 성벽을 다시 쌓아 올리고 있다는 소식을 들은 산발랏은, 몹시 분개하며 화를 내었다. 그는 유다 사람을 비웃으며, 자기 동료들과 사마리아 군인들이 듣는 데에서 "힘도 없는 유다인들이 도대체 무슨 일을 하는 거냐? 이 성벽을 다시 쌓는다고? 여기에서 제사를 지내겠다는 거냐? 하루 만에 일을 끝낸다는 거냐? 불타 버린 돌을 흙무더기 속에서 다시 꺼내서 쓸 수 있다는 거냐?" 하고 빈정거렸다. 그의 곁에 서 있는 암몬 사람 도비야도 한 마디 거들었다. "다시 쌓으면 뭘 합니까? 돌로 성벽을 쌓는다지만, 여우 한 마리만 기어올라가도 무너지고 말 겁니다."
4:7-8	그 때에 산발랏과 도비야와 아랍 사람들과 암몬 사람들과 아스돗 사람들은, 예루살렘 성벽 재건이 잘 되어 가고 있으며, 군데군데 무너진 벽을 다시 잇기 시작하였다는 소식을 듣고서, 몹시 화를 내면서, 한꺼번에 예루살렘으로 올라와서 성을 치기로 함께 모의하였다. 우리를 혼란에 빠뜨리려는 것이었다.
4:15	드디어 우리의 원수들은 자기들의 음모가 우리에게 새나갔다는 것을 알게 되었다. 하나님이 그들의 음모를 헛되게 하셨으므로, 우리는 모두 성벽으로 돌아와서, 저마다 하던 일을 계속하였다.
6:1-9	내가 성벽을 쌓아 올려 무너진 곳을 다 이었다는 말이 산발랏과 도비야와 아랍 사람 게셈과 그 밖의 우리 원수의 귀에까지 들어갔다… 그들은 우리에게 으름장을 놓았다. 그렇게 하면 우리가 겁을 먹고 공사를 중단하여, 끝내 완성을 못할 것이라고 생각한 것이다.
6:16	우리의 모든 원수와 주변의 여러 민족이 이 소식을 듣고, 완공된 성벽도 보았다. 그제서야 우리의 원수는, 이 공사가 우리 하나님의 도움으로 이루어진 것임을 깨달았다. 그래서 그들은 기가 꺾였다.

한 주석가는 느헤미야 1:1-7:3에 대해 다음과 같은 구조를 제시한다 (Throntveit). 나름대로 매력 있어 보이지만 곳곳에서 핵심 내용을 끼워

(느 1:1-7:73)

맞추고 있다는 느낌을 준다. 또한 7:4-73이 구조에 포함되지 않았다는 아쉬움과 5장을 완전히 배제하여 텍스트의 최종 형태를 무시했다는 문제점을 안고 있다. 그럼에도 불구하고 에스라—느헤미야서의 핵심인 "반대에도 불구하고 하나님의 은총으로 재건할 수 있었다"라는 메시지가 잘 드러난다.

느헤미야의 역사(1:1a)
  A. 하나니의 보고, 느헤미야의 성(城) 재건 임무(1:1b-2:8)
    B. 총독들에게 느헤미야의 임무를 증명하는 편지(2:9)
      C. 반대(2:10)
        D. 야밤 시찰(2:11-18)
          E. 반대: 게셈의 비방(2:19-20)
            F. 성벽 재건(3:1-32)
              G. 반대(4:1)
                H. 비방(4:2-3)
                  I. 기도(4:4-5)
                    J. 성벽이 절반 높이로 '합해짐'(4:6)
                    J'. 반대세력이 '합함'(4:7-8)
                  I'. 기도(4:9)
                H'. 비방의 효과(4:10-14)
              G'. 반대(4:15)
            F'. 성벽 재건(4:16-23)
              (5장: 느헤미야의 2차 사역 시대에 있었던 문제)
          E'. 반대: 게셈의 비방(6:1-9)
        D'. 야밤 위협(6:10-14)
      C'. 반대(6:15-16)
    B'. 도비야에게 보낸 편지에서 느헤미야를 비방함(6:17-19)

A'. 하나니가 예루살렘 재건의 책임을 맡음(7:1-3)

본서에서는 이 본문을 다음과 같이 구분하여 주해하고자 한다.

A. 느헤미야의 귀향 준비(1:1-11)
B. 느헤미야의 귀향(2:1-10)
C. 느헤미야의 성벽 재건(2:11-7:73)

III. 느헤미야의 귀환과 성벽 재건(느 1:1-7:73)

A. 느헤미야의 귀향 준비(1:1-11)

이 섹션은 느헤미야 7:3까지 지속되는 느헤미야 회고(NM)의 시작 부분이다.[1] 느부갓네살이 예루살렘 성벽을 파괴한 지 140여 년이 지났다. 스룹바벨과 세스바살이 첫 번째 귀향민을 이끌고 예루살렘으로 돌아온 지 벌써 90여 년이 흘렀지만, 성벽은 여전히 폐허로 남아 있다. 귀향민들의 두려움과 무관심이 빚어낸 결과이며, 이를 해결하기 위해서는 새로운 촉매(catalyst)가 필요하다(Yamauchi). 하나님은 이 촉매를 예루살렘에서 멀리 떨어진 곳에 예비해 두셨다. 성전 재건과 공동체 재건 이야기가 그랬듯이 예루살렘 성벽 재건 이야기도 이역만리에서 움

---

[1] 학자들은 고대 근동의 문학 장르 중에서 느헤미야 회고와 같은 양식의 문서를 찾아 나섰지만, 아직까지 만족할 만한 결과를 얻지 못했다(Klein). 느헤미야 회고록은 상당히 독특한 성향을 띤 문서이기 때문이다. 최종 저자/편집자가 느헤미야 회고를 인용하는 방법 또한 상당히 독특해서 이 책 안에서 회고를 인용한 부분이 정확히 어느 부분인지 가늠하는 것은 거의 불가능하다(Blenkinsopp). 그렇다고 해서 회고록의 존재와 인용을 부인하는 학자는 거의 없다. 한 학자는 느헤미야 회고가 원래 페르시아 왕에게 예루살렘 성벽 재건을 보고하는 보고서였으며 아람어로 저작되었다고 한다(Williamson). 더 나아가 느헤미야서에서 이 회고록은 하나님께 느헤미야의 선한 노력과 업적을 기억해 달라고 호소하는 호소문이 되었다고 주장한다.

트고 있었다.² 수산 궁에서 예루살렘으로 돌아오는 느헤미야의 귀향이 어떻게 준비되었는지 회고하는 본문은 다음과 같이 두 부분으로 구분된다.

A. 예루살렘에 대한 소식을 들음(1:1-4)
B. 느헤미야의 기도(1:5-11)

III. 느헤미야의 귀환과 성벽 재건(느 1:1-7:73)
　A. 느헤미야의 귀향 준비(1:1-11)

1. 예루살렘에 대한 소식을 들음(1:1-4)

¹하가랴의 아들 느헤미야의 말이라 아닥사스다 왕 제이십년 기슬르월에 내가 수산 궁에 있는데 ²내 형제들 가운데 하나인 하나니가 두어 사람과 함께 유다에서 내게 이르렀기로 내가 그 사로잡힘을 면하고 남아 있는 유다와 예루살렘 사람들의 형편을 물은즉 ³그들이 내게 이르되 사로잡힘을 면하고 남아 있는 자들이 그 지방 거기에서 큰 환난을 당하고 능욕을 받으며 예루살렘 성은 허물어지고 성문들은 불탔다 하는지라 ⁴내가 이 말을 듣고 앉아서 울고 수일 동안 슬퍼하며 하늘의 하나님 앞에 금식하며 기도하여

이 이야기의 중심인물인 느헤미야(נְחֶמְיָה)의 이름은 '여호와께서 위로하신다'라는 의미를 지녔다(HALOT). 그의 아버지 하가랴(חֲכַלְיָה)의 이름은 풀이하기가 쉽지 않다. 한 학자는 하가랴의 의미를 '여호와가 자취

2　이 회고록의 주요 등장인물인 하나님, 느헤미야, 아닥사스다 왕, 산발랏, 도비야, 게셈, 이스라엘 공동체 등을 소개하고 있는 1-2장의 구조는 다음과 같이 분석할 수 있다.
　A. 예루살렘 상황과 느헤미야의 반응(1:1-11)
　　B. 느헤미야의 호소와 아닥사스다의 반응(2:1-8)
　　　C. 방해자들의 우려(2:9-10)
　A'. 예루살렘 상황과 느헤미야의 시찰(2:11-16)
　　B'. 느헤미야의 도전과 지도자들의 반응(2:17-18)
　　　C'. 방해자들의 비방(2:19-20)

를 감추었다'(Clines)로 풀이하는데, '여호와를 기다리다'로도 해석될 수 있다(HALOT). 아들의 이름이 아버지의 이름보다 더 밝고 긍정적인 의미를 지니고 있는 것이다.

이야기가 시작될 때 느헤미야는 수산에 있었다고 하는데(1절), 수산은 페르시아 왕들이 겨울을 나던 곳으로 바빌론, 페르소폴리스(Persepolis)와 함께 제국의 3대 주요 도시였다(ABD). 수산은 페르시아 만에서 240km 떨어진 곳으로 매우 비옥한 땅이었다(Yamauchi). 에스더 이야기가 수산에서 전개되며, 다니엘은 수산에서 미래에 대한 환상을 보았다. 바빌론만큼은 아니지만 수산 역시 이스라엘의 역사와 연관이 깊다. 하나님은 예루살렘 공동체를 돕기 위해 수만 리 떨어진 이곳에서 한 사람을 준비시키셨다.

느헤미야는 자신이 20년 기슬르월에 수산에 있었다고 하는데, 정확히 무엇을 기점으로 20년인지 밝히지 않는다. 그러나 모든 정황과 2:1을 감안할 때 아닥사스다 왕 즉위 20년이 확실하다. 아닥사스다 즉위 20년은 주전 445년이며, 이전까지 수년은 아닥사스다에게 매우 어려운 시기였다. 주전 460년에 있었던 이집트의 반역은 5년간 지속되었으며, 주전 448년에는 유프라테스 강 서편 전(全) 지역을 지배하던 지방장관(satrap) 메가비주스(Megabyzus)가 반역했다. 얼마 후 지방장관과 왕의 관계가 회복되기는 했지만, 이집트와 메가비주스를 생각하면 아닥사스다 왕은 가나안 지역에 충성스러운 부하를 둘 필요가 있었다(Breneman).

이러한 배경에서 왕의 총애를 받은 느헤미야의 이야기가 시작된다. 하나님은 느헤미야가 예루살렘을 방문하여 사역하기에 적합하도록 모든 역사적 정황을 무르익게 하셨다. 우리는 최선의 준비를 하고 있다가 하나님이 만들어 주신 때에 맞추어 사역해야 한다. 사역자가 가장 두려워할 것은 혹시라도 하나님을 앞서가는 일이 아니겠는가!

기슬르월(כִּסְלֵו)은 오늘날 달력으로 11월 중순쯤 시작해 12월에 마무리되는 달이다. 티스리월(Tishri)에 시작하는 유대인의 달력으로는 세 번째 달이며, 니산월에 시작하는 종교 달력으로는 아홉 번째 달이다. 느헤미야 시대에는 니산월에 시작하는 종교 달력으로 날짜를 계산하는 것이 일상화되어 있었다.

이 같은 정황을 고려하면 2:1의 니산월과 본문이 말하는 기슬르월은 아닥사스다 왕 즉위 20년에 함께 있을 수 없다. 니산월은 왕의 즉위 21년을 시작하는 첫째 달이 되어야 하기 때문이다. 그래서 일부 주석가들은 1:1과 2:1의 날짜가 조화롭도록 1:1의 '20년'을 '19년'으로 고칠 것을 제안한다(Clines). 그러나 느헤미야가 어떤 이유에서인지는 알 수 없지만, 종교 달력이 아니라 일반 달력을 사용해 날짜를 언급하고 있는 것으로 보아 1:1의 연수를 바꿀 필요는 없다.

느헤미야는 주전 445년 늦가을에 예루살렘에서 수산으로 온 하나니(חֲנָנִי, lit., '궁휼') 일행을 만나 예루살렘에 있는 유다 사람들과 예루살렘의 형편에 대해 물었다(2절). 느헤미야는 하나니를 '내 형제들 가운데 하나'(אֶחָד מֵאַחַי)라고 부른다. 이런 표현은 광범위한 뜻을 지니므로 두 사람이 정확히 어떤 가족 관계인지 알 수 없지만, 훗날 느헤미야가 그를 다시 '내 형제/아우'(אָחִי)로 부르는 것으로 보아(7:2) 두 사람이 실제 형제였을 가능성이 있기는 하지만(Tuland), 하나니는 당시 흔한 이름이었다.

느헤미야는 하나니에게 예루살렘에 거주하는 사람들의 형편을 먼저 물었다. 그런 다음 예루살렘 성읍의 상태에 대해 물었다. 이 순서가 중요하다. 앞으로 느헤미야는 허물어진 예루살렘 성벽을 쌓는 프로젝트를 진행하게 되지만, 그의 관심은 항상 사람이 먼저였다. 사역이 결코 사람을 앞서거나 희생시켜서는 안 된다. 예수님은 한 사람을 위해 죽으셨고, 한 영혼은 온 천하보다 귀하기 때문이다.

느헤미야가 왕의 총애를 한 몸에 받았다는 것은(cf. 2:1-10) 그가 부귀영화와 명예를 가진 사람이라는 뜻이다. 그는 페르시아의 수도 수산에 거주하던 열방의 포로민은 물론이고 제국의 상류층 사람들과 견주어

봐도 부러울 것이 없는 사람이었다. 그런데 그의 마음은 자신의 안락함보다는 다른 것에 가 있었다. 그는 유다에 남아 있는 자들의 어려운 형편과 예루살렘 성읍이 처한 곤경에 깊은 관심을 가지고 있었다(1:2). 하나님의 자녀들은 항상 자기 자신과 가족보다는 더 연약한 이웃에게 관심을 가져야 한다.

놀라운 사실은 느헤미야는 한 번도 예루살렘을 방문해 본 적이 없었다. 수산과 예루살렘은 1500km나 떨어져 있어서 결코 쉽게 방문할 만한 거리가 아니다. 또한 유다에서 강제로 끌려온 포로민의 후예인 느헤미야에게 예루살렘은 조상의 도성이라는 것 외에 별다른 의미가 없을 수 있다. 그러나 느헤미야는 믿음의 사람이요 민족의 앞날을 염려하는 사람이었기에 유다에 거하는 하나님의 백성과 여호와의 도성 예루살렘은 그의 큰 관심사였다. 또한 대부분의 사람이 입으로 리더십을 발휘하려고 하는 데 반해 느헤미야는 먼저 귀로 듣는 리더십을 실천했다. 지도자는 말하기를 즐기기보다 듣는 귀를 가지는 것이 중요하다.

하나니 일행은 느헤미야의 질문과 관심 순서에 따라 대답했다. (1) 예루살렘 거주민의 고생이 심하다, (2) 성벽은 허물어졌다, (3) 성문들 역시 불탔다(3절). 하나니가 언급하고 있는 예루살렘 거주민은 누구를 두고 하는 말인가? 이 히브리어 문구(נִשְׁאֲרוּ מִן־הַשְּׁבִי, lit., '포로[생활]에서 생존한 자들')는 주전 586년에 바빌론으로 끌려오지 않고 예루살렘에 남은 자들을 뜻할 수도 있고(새번역; NAS; NRS; TNK), 바빌론으로 끌려왔다가 귀향한 자들을 뜻할 수도 있다(공동번역; NIV; CSB). 정황상 전자가 포함되는 것을 배제할 수는 없으나, 주로 후자를 뜻하는 것으로 생각된다. 에스라—느헤미야서의 관심이 귀향민에게 집중되어 있기 때문이다.

느헤미야는 하나니가 전해 준 소식을 듣고 수일간 통곡하며 금식했다(4절). 유대인들은 오늘날에도 슬픈 일이 있으면 주저앉아 통곡을 한다(Slotki). 이스라엘이 바빌론으로 끌려간 이후로 금식은 흔한 종교 행위로 자리잡았다(Yamauchi). 주저앉아 통곡하고 금식하는 것은 슬픔을 표현하는 적절한 방법이지만, 느헤미야가 무엇 때문에 이처럼 통곡하는 것일까? 만일 예루살렘 성벽과 성문이 140여 년 전(viz., 주전 586년)에 파괴된 채로 방치되어 왔다면, 느헤미야가 이제 와서 이처럼 극단적인 반응을 보이는 것은 잘 이해되지 않는다. 그래서 많은 주석가는 에스라가 주전 458년에 예루살렘을 찾아 재건 공사를 시도했는데 대적들의 방해로 뜻을 이루지 못한 일에 대해 느헤미야가 충격과 슬픔을 표하는 것이라고 생각한다(Yamauchi; cf. 스 4:7-23). 본문과 잘 어울리는 해석이다.

느헤미야는 어떤 개인적인 문제로 통곡하거나 금식한 것이 아니었다. 한때는 온 세상의 선망의 대상이었던 하나님의 성읍이 폐허로 남아 있는 것과 그 안에서 어렵게 살아가는 주의 백성들의 형편이 그를 울렸다. 비전이라는 것은 사람들의 고통과 아픔을 헤아리는 것에서 비롯된다. 고통과 아픔을 헤아리다 보면 그들의 필요를 알게 되고 하나님의 도움으로 그 필요를 채우려는 열망이 곧 비전이 된다. 우리는 미국 사회에서 흑인과 소수민족의 인권을 위해 평생을 바친 킹(Martin Luther King, Jr.) 목사가 1963년 링컨 대통령 기념비 앞에서 했던 '꿈/비전' 연설을 기억한다. 킹 목사의 꿈은 미국 최초의 흑인 대통령 오바마를 통해 이루어졌다.

지금은 모든 하나님의 자녀에게 문이 열려 있습니다. … 지금은 불의한 인종차별의 모래성에서 형제애의 굳은 반석으로 우리나라를 바꿀 시기입니다. … 형제들이여, 오늘 제가 여러분께 말씀드리고 싶은 것은, 어려움과 절망의 순간에도 저는 여전히 꿈을 꾸고 있다는 것입니다. … 제가 꾸는 꿈은 언젠가 조지아의 붉은 언덕 위에서 노예의 후예들과 주인의 후예들이 서로 형제애의 따뜻한 식탁을 함께 나누는 날이 오리라는 꿈입니다. 불의와 압제의 열기로 땀 흘리는 사막인 미시시피 주가 언젠가는 자유와 정의의 오아시스로 변할 것이라는 꿈입니다. 언젠가는 저의 어린 네 자녀가 피부색으로 판단 받지 않고, 인물 됨됨이로 판단되는 그런 나라에서 살게 될 것이라는 꿈입니다. … 언젠가는 하나님의 모든 자녀가 흑인이든 백인이든, 유대인이든 이방인이든, 개신교이든 천주교이든 간에 함께 손잡고 흑인영가 "드디어 자유를! 드디어 자유를! 전능하신 하나님께 감사를, 우리는 드디어 자유를 얻었다"를 부를 날이 오리라는 꿈을 가지고 있습니다.

느헤미야의 비전 역시 고통받는 자들의 필요를 의식하는 것에서 비롯되었다. 자신의 생각과 이익만을 추구하는 사람은 결코 참다운 리더가 될 수 없다. 리더가 되려면 자신을 부인하고 하나님과 이웃을 먼저 생각하는 마음이 필요하다. 하나님을 슬프게 하는 일에 통곡하고 이웃을 울리는 것에 괴로워할 때 비로소 사명을 발견하게 된다.

```
Ⅲ. 느헤미야의 귀환과 성벽 재건(느 1:1-7:73)
   A. 느헤미야의 귀향 준비(1:1-11)
```

2. 느헤미야의 기도(1:5-11)

⁵ 이르되 하늘의 하나님 여호와 크고 두려우신 하나님이여 주를 사랑하고 주의 계명을 지키는 자에게 언약을 지키시며 긍휼을 베푸시는 주여 간구하나이다 ⁶ 이제 종이 주의 종들인 이스라엘 자손을 위하여 주야로 기도하오며 우리 이스라엘 자손이 주께 범죄한 죄들을 자복하오니 주는 귀를 기울이시며 눈을 여시사 종의 기도를 들으시옵소서 나와 내 아버지의 집이 범죄하여 ⁷ 주를 향하여 크게 악을 행하여 주께서 주의 종 모세에게 명령하신 계명과 율례와 규례를 지키지 아니하였나이다 ⁸ 옛적에 주께서 주의 종 모세에게 명령하여 이르시되 만일 너희가 범죄하면 내가 너희를 여러 나라 가운데에 흩

을 것이요 ⁹만일 내게로 돌아와 내 계명을 지켜 행하면 너희 쫓긴 자가 하늘 끝에 있을지라도 내가 거기서부터 그들을 모아 내 이름을 두려고 택한 곳에 돌아오게 하리라 하신 말씀을 이제 청하건대 기억하옵소서 ¹⁰ 이들은 주께서 일찍이 큰 권능과 강한 손으로 구속하신 주의 종들이요 주의 백성이니이다 ¹¹ 주여 구하오니 귀를 기울이사 종의 기도와 주의 이름을 경외하기를 기뻐하는 종들의 기도를 들으시고 오늘 종이 형통하여 이 사람 앞에서 은혜를 입게 하옵소서 하였나니 그 때에 내가 왕의 술 관원이 되었느니라

이 책에는 느헤미야의 기도문이 아홉 개나 들어 있으며(1:5-11; 2:4; 4:4-5; 5:19; 6:14; 13:14, 22, 29, 31), 이곳에 기록된 것이 그중 첫 번째이다. 때로는 공동체 탄식시를 연상케 하는 느헤미야의 기도는 서술/산문체로 쓰였으며, 하나님과 말씀에 대한 깊은 이해를 잘 반영하고 있다. 성경의 여느 기도문들처럼 본문에 나오는 기도는 느헤미야가 드린 기도의 전문(全文)이 아니라 주요 내용만 요약해 놓은 것이다. 느헤미야의 첫 번째 기도는 (1) 하나님을 부름(5절), (2) 기도를 들어 달라는 간구(6a절), (3) 고백(6b-7절), (4) 하나님의 언약적 약속에 근거한 호소(8-9절), (5) 백성을 위한 기원(10-11a절), (6) 자신을 위한 기원(11b절) 등으로 구성되어 있다. 한 주석가는 처음 두 요소[(1)과 (2)]를 하나로 묶어 다음과 같은 구조를 제시한다(Throntveit).

A. 하나님을 부름과 간구(5-6a절)
  B. 고백: 이스라엘의 죄(6b-7절)
    X. 회복에 대한 하나님의 약속에 호소(8-9절)
  B'. 고백: 하나님의 구원(10절)
A'. 하나님을 부름과 기원(11a절)

느헤미야는 먼저 하나님이 어떤 분이신가에 대한 묵상과 고백으로

기도를 시작한다(5절). 그는 하나님의 능력과 자비로운 성품을 5가지로 찬양한다.

첫째, 주님은 '하늘의 하나님'(אֱלֹהֵי הַשָּׁמַיִם)이시다(5절). 당시 페르시아 사람들은 페르시아의 신(들)이 하늘을 지배한다고 주장했다. 느헤미야는 페르시아의 신들이 아니라 이스라엘의 하나님 여호와께서 온 우주를 다스리심을 확인한다. 느헤미야는 이러한 사실을 이미 4절에서도 고백했다.

둘째, 주님은 '여호와'(יְהוָה)이시다(5절). 이스라엘과 하나님의 특별한 관계를 강조하는 언약적 성호이다. 느헤미야가 찾고 있는 분은 이스라엘과 언약을 맺은 분으로서 그들과 특별한 관계를 맺고 그들을 사랑하시는 분이라는 뜻이다.

셋째, 주님은 '크고 두려운 하나님'(הָאֵל הַגָּדוֹל וְהַנּוֹרָא)이시다(5절). 느헤미야는 여호와만이 믿음의 바탕이 되는 크신 분이며 자신이 유일하게 두려워하는 신이라 고백하고 있다(Breneman).

넷째, 주님은 '언약을 지키시는 분'(שֹׁמֵר הַבְּרִית)이시다(5절). 주의 백성은 하나님과의 언약을 위반하고 잊기도 하지만, 하나님은 한번 맺은 언약을 지키실 뿐만 아니라 지속적으로 보존하신다. 하나님과 사람 사이의 언약은 하나님이 보존하시고 지키시기 때문에 지속 가능하다.

다섯째, 주님은 '긍휼'(חֶסֶד)을 베푸시는 하나님이시다(5절). 하나님이 아무리 위대하고 능력이 뛰어나도 자비가 없는 분이라면, 우리는 결코 그분 앞에 설 수 없다. 모든 인간은 죄인이고, 죄인은 이처럼 위대하신 하나님 앞에 죽을 수밖에 없기 때문이다. 다행히 하나님의 모든 능력과 성품을 덮는 것이 바로 긍휼이다. 또한 긍휼은 언약 관계를 표현하는 단어다. 하나님은 한번 관계를 맺으면 좋을 때나 좋지 않을 때나 끝까지 책임지신다는 것을 이 단어로 표현한다(cf. Yamauchi). 그래서 죄인이 하나님과 교제할 수 있는 것이다.

본문은 넷째와 다섯째를 함께 묶어 언급하고 있으며, 하나님과의 언약을 누리며 그분의 긍휼의 대상이 될 수 있는 사람이 누구인지 정확히 정의하고 있다. 하나님의 긍휼을 기대할 수 있는 사람은 '그를 사랑하는 이들'(אֹהֲבָיו)이며 '그의 계명을 지키는 이들'(שֹׁמְרֵי מִצְוֺתָיו)이다(5절). 아브라함의 자손이라 할지라도 하나님을 사랑하지 않거나 그의 계명을 지키지 않는 사람은 하나님의 긍휼의 대상이 될 수 없다.

느헤미야는 이처럼 놀랍고 자비로운 하나님께 자신의 기도를 들어 달라고 호소한다(6a절). 자신의 기도는 하나니의 보고를 받고 마음이 상해서 즉흥적으로 드리는 기도가 아니라 오랫동안 이스라엘 백성을 위해 밤낮으로 드려 온 기도라고 밝힌다. 하나님이 가장 좋아하시는 기도가 바로 이런 기도가 아닐까. 당장 이루어지지 않아도 실망하거나 좌절하지 않고 지속하는 기도가 결국 큰일을 해낸다. 긴 시간 동안 같은 기도 제목을 놓고 기도하다 보면 무엇보다도 자신이 그 일을 이루기 위해 무엇을 할 수 있는지 묵상하게 되고 결단하게 되기 때문이다.

깊은 기도는 기도자를 준비시키고 변화시키는 능력이 있다. 기도란 하나님께 단순히 우리의 희망 사항을 알리는 것이 아니라 간구하는 바에 대해 기도자의 역할과 책임도 묵상하게 만든다. 이런 면에서 기도는 곧 책임이고 역할 분담이다. 느헤미야도 머지않아 지난 수년간 자신이 기도해 온 일을 이루기 위해 예루살렘으로 떠나게 된다.

하나님에 대한 찬양(5절)과 기도를 들어 달라는 호소(6a절)가 죄의 고백으로 이어진다(6b-7절). 그는 하나님께서 모세를 통해 주신 계명과 율례와 규례를 온 이스라엘이 지키지 않았음을 시인한다(7절). 느헤미야는 바빌론 포로 생활 이후로 계속되는 이스라엘 백성의 고통과 여전히 허물어진 채 방치된 예루살렘 성벽은 하나님 말씀에 대한 불순종의 결과임을 자백한다. 중요한 것은 에스라가 그랬던 것처럼(cf. 스 9:6-9), 느헤미야도 자신과 자기 집안을 범죄한 이스라엘의 일원으로 간주한다는 사실이다. 그는 하나님 앞에서 죄지은 백성들만큼이나 자신도 죄인임을 고백한다. 공동체의 일원으로 책임을 통감하는 바른 리더의 모습이라 할 수 있다. 공동체의 리더는 결코 '나와 저들'로 구분해서는 안

되며 마음속 깊이 '우리'라는 생각을 품어야 한다.

그렇다면 하나님 말씀에 순종하겠다는 언약을 지키지 않아 주님의 심판을 받고 타국으로 내몰린 백성에게 소망이 있는가? 느헤미야는 소망이 있을 뿐만 아니라 이스라엘이 어긴 바로 그 언약에 회복의 소망이 있다고 한다(8-9절). 이스라엘은 분명 언약이 제시한 대로 벌을 받아 바빌론까지 왔다(8절). 그러나 만일 쫓겨난 백성이 하나님을 찾으면 하늘 끝이라도 다시 그들을 모으고 약속의 땅(하나님이 이름을 두신 곳)에서 살게 하겠다는 것이 이 언약에 포함되어 있다(9절; cf. 신 12:5).

느헤미야는 하나님이 이스라엘과 맺으신 언약은 심판과 회복의 양면성을 지니고 있음을 잘 알고 있다. 이러한 이해는 꾸준히 말씀을 읽고 묵상하는 일을 통해서만 가능하다. 느헤미야는 정치인이었지만, 성경에 대한 깊은 이해를 지닌 사람이었다. 그는 이스라엘의 회복에 대한 소망이 자신의 열심이나 자구력(自救力)에 있는 것이 아니라 오직 언약을 지키시는 하나님의 은총에 있음을(5절) 확실히 알고 고백한다.

느헤미야는 하나님의 언약적 은총에 근거해 기도한다(10-11a절). 하나님이 언약의 조건에 따라 내치셨고 그 언약에 따라 다시 모아 주셔야 할 백성은 다름 아닌 '주께서 일찍이 큰 권능과 강한 손으로 구속하신 주의 종들이요 주의 백성'이라는 점을 강조한다(10절). 이러한 표현은 출애굽을 연상케 한다. 느헤미야는 비록 이스라엘이 죄를 범해 하나님의 버림을 받았지만 옛적에 베푸신 하나님의 구원과 은총이 헛되지 않기 위해서라도 이들을 축복해 달라고 기도한다. 만일 하나님이 이스라엘을 계속 방치하시면 출애굽의 의미가 흐려질 수밖에 없다는 것이다. 그러므로 범죄한 공동체의 기도는 듣지 않으시더라도 '주의 이름을 경외하기를 기뻐하는 종들'의 기도에는 귀를 기울여 달라고 간구한다(11a절). 우리는 느헤미야가 희망하는 것이 당연히 온 이스라엘 공동체가 이 '주의 이름을 경외하기를 기뻐하는 종들' 무리에 속하는 것이지만, 현실은 그렇지 않았다는 것을 역사를 통해 익히 알고 있다. 또한 느헤미야는 이렇게 기도함으로써 자신의 기도와 사역이 어느 날 갑자기 진행된 일이 아니라, 예루살렘에 살고 있는 귀향민들과 하나님의 도성을 위해 끊임없이 기도해 온 신앙 공동체의 염원이라는 것을 확인하고 있다(cf. Bowman).

느헤미야는 자신을 위한 기원으로 기도를 마무리한다(11b절). 하나님께 자신의 모든 일이 형통하여 왕에게 은혜를 입게 해 달라고 간구한다. 느헤미야는 오랜 세월 주의 백성을 위해 기도해 왔다(cf. 6절). 그리고 최근에 예루살렘으로부터 수산에 도착한 하나니 일행을 통해 예루살렘 사람들과 도성의 어려운 형편을 듣고 통곡하며 금식하다가 드디어 자신이 나설 때가 되었음을 기도와 묵상을 통해 깨닫게 된 것이다. 이제 그는 왕 앞에 나서서 자신이 소원하는 바를 말하고자 한다. 그러나 그 전에 하나님께 도와 달라고 기도하고 있다. 느헤미야가 섬기는 왕이 아닥사스다이고 그가 이미 에스라의 사역을 중단시킨 일이 있음을 감안할 때(스 4:21), 느헤미야의 기도는 매우 현실적이고 실질적인 기도이다.

인상적인 것은 느헤미야가 아닥사스다 왕을 '이 사람'(הָאִישׁ הַזֶּה)으로 부른다는 사실이다. 개역개정이 '이 사람 앞에서'로 해석하고 있는 히브리어 문구(לִפְנֵי הָאִישׁ הַזֶּה)는 복수가 아니라 단수이다. 느헤미야는 '이 사람'(왕) 앞에서 은혜를 입게 해 달라고 하나님께 기도하고 있다. 이것은 왕에 대한 불손이 아니라, 아닥사스다가 온 세상을 다스리는 권세를 가진 위대한 왕이라도 역사를 주관하시는 하나님 앞에서는 연약한 한 인간에 불과하다는 뜻이다(Fensham).

느헤미야의 기도는 오랜 세월 자신이 기도해 온 바를 실천으로 옮기려는 한 신앙인의 기도이다. 하나님께 쓰임 받는 자는 기도와 떼려야 뗄 수 없는 관계에 있다. 리더는 하나님을 슬프게 하는 것들을 보고 통곡해야 한다. 하지만 우는 것으로 끝이 아니라 울고 난 후에 기도하는 것이 더욱 중요하다. 느헤미야서는 그의 기도를 아홉 군데나 기록하고 있다. 지도자에게 기도가 왜 이렇게 중요한가? 무엇보다 기도는 기도자와 하나님의 교통을 의미하기 때문이다.

하나님은 지난 140여 년 동안 폐허로 남아 있던 거룩한 성 예루살렘의 성벽 재건 사업을 곧 시작하실 것이다. 이 일은 에스라도 실패한 경험이 있는 어려운 일이다. 이 위대한 역사가 느헤미야 한 사람의 기도로 시작되었다는 점은 우리에게 큰 도전이 된다. 어떤 사람은 "기도는 모든 사역의 근본이다"라고 한다. 설득력 있는 말이지만 2% 부족하다. 우리는 종종 기도 자체가 사역이라는 결론을 내리게 되는 일들을 체험하곤 하기 때문이다.

강제로 끌려와 바빌론에 정착한 이스라엘의 후예인 느헤미야는 페르시아 왕의 상당한 신임을 얻은 자였다. 그의 직업(1:11)에 대한 언급과 왕과의 대면(2:1-8) 장면에서 이 사실을 알 수 있다. 느헤미야는 자신의 직업을 '왕의 술 관원'(מַשְׁקֶה לַמֶּלֶךְ)이라 밝히고 있는데(11절), 술 관원의 임무는 왕이 먹고 마시는 모든 음식물의 안전을 확인하고 왕이 있는 방을 안전하게 지키며, 종종 왕을 상담해 주는 것이었다(Herodotus).

고대 근동에서는 전쟁에 나가 전사한 왕의 수에 비해 평화로운 시절에 독살 당한 왕의 수도 결코 적지 않았던 점을 감안할 때, 왕이 자신의 생명을 믿고 맡길 수 있는 사람, 즉 절대적으로 신뢰할 수 있는 사람을 선별해 이 일을 하게 한 것은 당연하다. 그러므로 느헤미야는 왕의 총애를 한 몸에 받던 사람인 것이다. 이스라엘의 회복을 위해 눈물로 기도하는 느헤미야가 왕의 총애를 받고 있었다는 것은 하나님께서 느헤미야를 통해 하시려는 회복 사역을 이미 시작하셨음을 뜻한다(Breneman).

일부 주석가들은 느헤미야가 왕후와도 함께할 수 있었다는 점과 당시 술 관원 중 상당수가 환관이었다는 사실을 근거로 느헤미야도 환관이라고 주장한다(Clines). 그러나 이러한 추론은 별로 설득력이 없다는 것이 대부분 학자의 결론이다(Ackroyd, Coggins, Kellermann). 환관에 대해 매우 부정적인 견해를 가진 이스라엘 사람들이 느헤미야의 리더십에 적극적인 반응을 보이는 것만 봐도 그가 환관이 아니라는 것을 알 수 있다(Williamson).

III. 느헤미야의 귀환과 성벽 재건(느 1:1-7:73)

B. 느헤미야의 귀향(2:1-10)

하나니를 통해 예루살렘 소식을 들은 느헤미야는 통곡하며 하나님께 기도했다(1:4-11). 그런 다음 자신이 기도한 것에 대해 어떤 대책을 세웠을까? 우리는 느헤미야가 기도하면서 자신의 비전(예루살렘 성벽을 복구하는 일)을 구체적인 청사진으로 그리고 있었음을 본문을 통해 알 수 있다. 느헤미야 2장은 3단계로 그의 리더십을 드러내고 있다. 철저한 사전 준비, 상황 조사 그리고 함께 일할 사람들에게 동기를 부여하는 일 등이다. 본문은 다음과 같이 두 부분으로 구분한다.

  A. 왕이 느헤미야의 예루살렘 방문을 허락함(2:1-8)
  B. 느헤미야의 여정(2:9-10)

III. 느헤미야의 귀환과 성벽 재건(느 1:1-7:73)
  B. 느헤미야의 귀향(2:1-10)

1. 왕이 느헤미야의 예루살렘 방문을 허락함(2:1-8)

¹ 아닥사스다 왕 제이십년 니산월에 왕 앞에 포도주가 있기로 내가 그 포도주를 왕에게 드렸는데 이전에는 내가 왕 앞에서 수심이 없었더니 ² 왕이 내게 이르시되 네가 병이 없거늘 어찌하여 얼굴에 수심이 있느냐 이는 필연 네 마음에 근심이 있음이로다 하더라 그 때에 내가 크게 두려워하여 ³ 왕께

III. 느헤미야의 귀환과 성벽 재건

> 대답하되 왕은 만세수를 하옵소서 내 조상들의 묘실이 있는 성읍이 이제까지 황폐하고 성문이 불탔사오니 내가 어찌 얼굴에 수심이 없사오리이까 하니 ⁴왕이 내게 이르시되 그러면 네가 무엇을 원하느냐 하시기로 내가 곧 하늘의 하나님께 묵도하고 ⁵왕에게 아뢰되 왕이 만일 좋게 여기시고 종이 왕의 목전에서 은혜를 얻었사오면 나를 유다 땅 나의 조상들의 묘실이 있는 성읍에 보내어 그 성을 건축하게 하옵소서 하였는데 ⁶그 때에 왕후도 왕 곁에 앉아 있었더라 왕이 내게 이르시되 네가 몇 날에 다녀올 길이며 어느 때에 돌아오겠느냐 하고 왕이 나를 보내기를 좋게 여기시기로 내가 기한을 정하고 ⁷내가 또 왕에게 아뢰되 왕이 만일 좋게 여기시거든 강 서쪽 총독들에게 내리시는 조서를 내게 주사 그들이 나를 용납하여 유다에 들어가기까지 통과하게 하시고 ⁸또 왕의 삼림 감독 아삽에게 조서를 내리사 그가 성전에 속한 영문의 문과 성곽과 내가 들어갈 집을 위하여 들보로 쓸 재목을 내게 주게 하옵소서 하매 내 하나님의 선한 손이 나를 도우시므로 왕이 허락하고

하나님이 도와주실 것을 바라며 자신의 소원을 왕에게 부탁하려 한 느헤미야에게 드디어 기회가 찾아왔다. 때는 아닥사스다 왕 즉위 20년 니산월이었다(1절). 니산월은 오늘날 달력으로 3월 중순에 시작하는 달이다. 그가 통곡하며 예루살렘 재건을 위해 헌신하겠다고 구체적으로 기도하기 시작한 때가 11월 중순에 시작하는 기슬르월(1:1)이었으니 그로부터 4개월이 지난 시점이다.

인스턴트 시대를 살아가는 우리에게 기다림은 별로 매력적이지 않다. 그러나 기도하며 기다리는 것은 모든 위대한 리더의 특징이다. 하나님은 느헤미야가 주님의 사역에 헌신하자마자 그를 사용하신 것이 아니라 먼저 기도로 준비시키셨다. 하나님은 준비된 만큼 우리를 쓰시는 분이다. 그러므로 준비되지 못한 채 하나님 앞에 쓰임 받는 것은 복이 아니다. 느헤미야는 기도를 통해 사역의 청사진을 그리며 때를 기

다렸다. 우리는 기도를 통해서만 하나님이 보시는 것을 볼 수 있다.

느헤미야가 여느 때처럼 아닥사스다 왕에게 술을 바쳤는데, 왕은 느헤미야의 어두운 안색을 보고 왜 그런지 물었다(2절). 정황을 고려할 때 지난 수개월 동안 느헤미야는 이날처럼 왕에게 술을 바쳤을 것이다. 그동안 왕이 느헤미야의 안색을 살피지 않았든지, 아니면 느헤미야가 여태까지 밝은 얼굴로 왕을 대하다가 이날만 어두운 안색으로 술을 바쳤든지 했을 것이다.

페르시아 왕들은 자주 잔치를 벌였는데, 잔치 중에는 왕이 참석자들의 소원을 들어주는 이벤트를 하는 경우가 있었다(Herodotus). 이 일이 있던 니산월이 이스라엘뿐만 아니라 페르시아 사람들도 새해를 시작하는 달이었다는 점을 감안할 때, 느헤미야가 평소에는 밝은 낯으로 왕을 대하다가 왕이 베푸는 축제가 있는 이날에는 왕의 관심을 끌기 위해 어두운 기색을 보였을 가능성이 크다(Breneman).

느헤미야가 안색이 좋지 않은 것으로 왕의 관심을 끈 것은 매우 위험한 일이다. 페르시아 왕궁에서는 모든 사람이 즐거운 표정을 지어야 했다. 찡그리고 있다가 잘못되면 처형당할 수도 있었다(cf. Yamauchi). 이런 상황에서 왕이 느헤미야의 안색이 좋지 않다고 느끼고 질문했을 때, 비록 이 순간을 위해 몇 달을 기도로 준비해 왔지만 느헤미야의 가슴은 철렁했을 것이다.

왕의 질문을 받은 느헤미야의 반응을 공동번역은 '송구스러워 몸 둘 바를 몰라 했다'(새번역은 '너무나도 황공하였다')라고 하는데(2b절), 이 같은 번역은 히브리어 문구(וָאִירָא הַרְבֵּה מְאֹד, lit., '나는 매우/크게 두려웠다'; cf. 개역)의 의미를 제대로 전달하지 못한다. 그가 느끼는 감정은 송구스러움 정도가 아니라 공포다(NAS; NRS; NIV; TNK). 느헤미야는 지금 생명에 위협을 느낄 정도로 두려워하고 있다. 일이 잘못되면 곧바로 처형될 수도 있기 때문이다.

느헤미야가 바라던 대로 왕의 관심을 받았으니 일은 이미 시작되었고 돌이킬 수 없다. 자칫 잘못하면 죽을 수도 있는 상황에서 느헤미야는 자신이 왜 슬픈 표정을 짓고 있는지 왕에게 설명했다(3절). 먼저 자신의 안색이 좋지 않은 것이 결코 왕 때문에 그런 것이 아님을 밝혀 적대감이 생기지 않도록 했다. 느헤미야는 에스라가 10여 년 전에 한 무리를 이끌고 예루살렘으로 돌아가 성벽을 재건하려 했을 때, 주변 민족들의 모함을 듣고 공사를 중단시키고 쌓은 벽을 다시 허물고 문을 불태우라 명령한 왕이 바로 지금 대화하고 있는 아닥사스다 왕이라는 사실을 잘 알고 있다(cf. 스 4:7-23).

그러나 느헤미야는 이 왕에게 조금도 책임을 추궁하지 않는다. 또한 예루살렘이란 이름을 언급하지 않음으로써 과거에 예루살렘 공사를 중단시켰던 왕을 자극하지 않는다. 느헤미야는 조상들을 위해 후손으로서 당연히 해야 할 일을 하지 못하는 아픔을 말할 뿐이다(3절). 그는 조상이 묻혀 있는 조국의 어려운 형편을 온전히 개인의 슬픔으로 표현하는 지혜를 발휘한 것이다.[3] 비록 페르시아 왕들이 난폭하기는 했지만 조상에게 예를 잘 갖추는 자들이었기에 느헤미야의 이런 탄식 소리는 왕의 마음에 좋게 들렸을 것이다. 그러므로 이 사건은 느헤미야가 지닌 탁월한 지혜의 일면을 보여 준다.

처음에 왕으로 하여금 자신의 슬픈 표정을 보고 먼저 질문하게 했던 느헤미야가 이번에는 공손하고 지혜롭게 대답해 다시 왕이 대화의 주도권을 잡도록 했다(Williamson). 왕은 자연스럽게 느헤미야가 바라는 것이 무엇인지를 물으며(4절) 대화의 주도권을 느헤미야에게 넘겨준다. 왕이 자신에게 호의를 베풀고자 한다는 것을 안 느헤미야는 안도의 한숨을 내쉬며 짧게나마 하나님께 기도했다. 느헤미야의 이 기도는 성경에 기록된 찰나의 기도 중 가장 아름다운 것이었다(Yamauchi). 아마도 그는 왕에게 호의를 베풀게 하신 것에 대한 감사와 지난 수개월 동안

---

3 일부 학자들은 느헤미야의 조상들 무덤이 '도성[예루살렘 성] 안에 있다'는 말(3, 5절)을 문자적으로 해석하여 느헤미야가 왕족이었다고 주장하기도 했다(Kellermann). 그러나 이 말은 하나의 표현이기 때문에 그다지 설득력 있어 보이지 않는다.

(느 1:1-7:73)

기도하면서 생각해 왔던 것을 왕에게 정확히 말할 수 있는 지혜와 용기를 달라고 기도했을 것이다.

하나님과 교통하는 사람에게 하나님께서 보여 주신 계획은 반드시 이루어진다. 그러므로 비전을 실현하는 힘은 하나님을 바라는 것(기도하는 것)에서 온다고 해도 과언이 아니다. 느헤미야는 하나님을 다시 한 번 '하늘의 하나님'이라고 부른다(4절). 하나님의 절대적인 능력과 통치하심을 인정하는 표현이다.

느헤미야는 그동안 이 순간을 기대하며 기도해 왔다. 페르시아 사람들이 새해를 맞이하는 절기에 잔치를 베푼 왕은 지금 기분이 좋다. 게다가 일상적으로 잔치에는 모습을 보이지 않던 왕후도 이 잔치에 함께 했다(6절).[4] 느헤미야가 왕에게 무엇을 부탁하기에 최고의 기회인 것이다. 그는 왕에게 예루살렘으로 가서 성벽을 건설하도록 허락해 달라고 간청했다(5절). 또한 예루살렘에서 상당한 시간을 보내더라도 왕이 이해해 줄 것을 부탁했다(6절). 5:14에 의하면 느헤미야는 12년을 요구한 것 같다. 아니면 느헤미야가 처음부터 12년을 예루살렘에서 지낸 것이 아니라, 성벽을 복구한 다음 수산으로 돌아왔다가 총독이 되어 다시 예루살렘을 찾아 12년 동안 그곳에서 지냈다는 해석도 가능하다(Kidner).

느헤미야는 예루살렘까지 무사히 갈 수 있도록 지역 총독들에게 가져갈 왕의 친서를 부탁했다(7절). 심지어는 자신에게 필요한 물자도 하사해 달라는 노골적인 요구를 서슴지 않았다(8절). 느헤미야가 요구한 것은 목재인데 이 목재를 어디에 쓸 것인가가 인상적이다. 그는 세 가지 프로젝트를 왕에게 보고했다. (1) 성전 옆에 있는 성채 문짝을 쌈, (2) 성벽을 쌓음(viz., 성문과 망대 등), (3) 자신이 살 집을 지음(8절). 왕과

---

[4] 우리말 성경들이 '왕후'(개역; 새번역) 혹은 '황후'(공동)로 번역하고 있는 히브리어(שֵׁגַל)는 아카디아어에서 빌려 온 단어로 그 의미가 확실하지 않다. 대체로 왕비도 아니고 후궁도 아닌 그 사이에 있는 '왕의 여자'로 이해된다(cf. HALOT). 왕후가 함께 했다는 것은 왕이 사석에서 베푼 잔치라는 뜻이며, 일부 학자들은 이 잔치를 느헤미야가 환관이었다는 증거로 사용하기도 하지만 설득력 있는 주장은 아니다(Yamauchi).

의 대화에서 처음으로 언급된 성벽 공사가 왕의 인허만 받는다면 느헤미야의 목적이 절반은 달성되는 것이다. 느헤미야는 이날을 위해 기도하며 철저한 계획을 세워 왔다. 이런 면에서 계획이 부족하다는 것은 책임감이 부족하다는 뜻이기도 하다.

느헤미야가 아닥사스다에게 부탁한 것들이 담대하다 못해 당돌하다고 느껴질 수 있다. 그러나 처음부터 어려운 부탁을 기꺼이 허락한 왕에게 이런 배려는 별것이 아니었다. 그것을 잘 아는 느헤미야는 성벽을 재건할 때 필요한 물자까지도 부탁한 것이다. 알렉산더 대왕의 일화가 있다. 한번은 알렉산더 대왕이 원정을 가서 큰 나라를 정복했다. 부상으로 부하들에게 원하는 것을 한 가지씩 말하면 들어주겠다고 했다. 다들 금 몇 냥, 예쁜 여자, 좋은 집 등을 구했다. 그런데 한 부하는 왕에게 다가와 당당하게 요구했다. "한 나라를 주십시오." 이 부하의 요구에 놀란 주변 사람들의 안색이 하얘졌다. 너무나 당돌한 요구라 알렉산더가 이 사람을 죽일 것이라고 생각했다. 그러나 알렉산더는 부하가 자신에게 한 나라라도 줄 수 있는 재량이 있다고 여긴 것에 감동해 실제로 그에게 한 나라를 주었다고 한다.

아닥사스다 왕 역시 자신이 필요로 하는 것을 구체적으로 구하는 느헤미야의 정직성과 패기를 높이 샀다. 그리고 느헤미야가 요구하지 않은 호위병까지 붙여 주었다(9절). 느헤미야에게 예루살렘 재건을 마음대로 해 보라는 일종의 백지수표를 준 것이다(Clines). 또한 5:14에 의하면 느헤미야는 한 개인의 자격으로 나선 것이 아니라 예루살렘의 총독으로 임명을 받고 떠났다. 이러한 왕의 예외적인 배려는 평소에 느헤미야가 얼마나 자신의 상관인 왕을 잘 섬겼는지 암시하고 있다.

느헤미야는 모든 영광을 하나님께 돌린다(8b절). 하나님이 자비를 베푸셨기에 왕이 자신의 청을 들어주었다는 것이다. 느헤미야는 역사를 주관하시는 하나님의 손길을 볼 줄 아는 사람이었다. 동시에 그가 왕에게 이런 구체적인 요구를 할 수 있었던 것은 바로 치밀한 사전 계획이 있었기에 가능했다.

> III. 느헤미야의 귀환과 성벽 재건(느 1:1-7:73)
>   B. 느헤미야의 귀향(2:1-10)

2. 느헤미야의 여정(2:9-10)

⁹ 군대 장관과 마병을 보내어 나와 함께 하게 하시기로 내가 강 서쪽에 있는 총독들에게 이르러 왕의 조서를 전하였더니 ¹⁰ 호론 사람 산발랏과 종이었던 암몬 사람 도비야가 이스라엘 자손을 흥왕하게 하려는 사람이 왔다 함을 듣고 심히 근심하더라

왕의 축복을 받고 길을 떠난 느헤미야는 군대의 호위를 받으며 예루살렘을 찾았다. 그는 오는 길에 여러 총독에게 왕의 친서를 전하여 안전을 보장받았다(9절). 아마도 왕의 기병대가 느헤미야를 호위하고 있어서 그가 왕의 총애를 한 몸에 받고 있음이 역력히 드러났기에 별 어려움이 없었을 것이다.

모든 사람이 느헤미야가 예루살렘을 찾은 것을 기뻐한 것은 아니었다. 그가 이스라엘 자손의 형편을 좋게 하려고 수산에서 왔다는 소식을 듣고 몹시 근심하는(רָעַע) 사람들이 있었다. 호론 사람 산발랏과 암몬 사람 도비야였다(10절). 느헤미야 1:1-2:20에서 '선'(טוֹב, 2:6, 8, 18)과 '악'(רָעָה, 1:3; 2:1-3, 17)이란 표현이 지속적으로 사용되는데 선악의 대립이 본문에서 절정에 달한다(McConville). 선한 일을 하러 예루살렘을 찾은 느헤미야에게 산발랏과 도비야는 악으로 맞설 것을 예고한다.

산발랏(סַנְבַלַּט)은 바빌론 이름으로 '신[달(月)신의 이름]이 생명을 주다'라는 뜻을 지녔다(HALOT). 그는 호론 사람(חֹרֹנִי)이라고 하는데 모압 사람의 성읍 호로나임(cf. 렘 48:34)을 뜻하는지 아니면 예루살렘에서 북서쪽으로 20㎞ 떨어진 벳호른 지역을 뜻하는지 확실히 알 수는 없지만(cf.

Yamauchi), 학자들은 저자가 이 표현을 통해 산발랏을 업신여기고 경멸하는 것으로 생각한다(cf. Clines). 별것 아닌 사람이 하나님의 일을 가로막으려 했다는 것이다. 그렇다면 결과는 뻔한 것 아닌가? 그가 느헤미야를 대적하여 다소 어려움은 주겠지만, 결코 성공하지는 못할 것이다.

앞으로 산발랏과 함께 느헤미야를 괴롭힐 사람이 암몬 사람 도비야(טוֹבִיָּה, lit., '여호와는 선하시다')이다. 그런데 이 이방인은 어떻게 해서 이처럼 좋은 이름을 가지게 되었을까? 하는 짓을 보면 도비야는 절대 이름값을 하는 사람은 아니다. 우리말 번역본들은 도비야가 산발랏의 부하이거나(공동번역), 신분이 낮은 노예인 것으로 풀이하는데(개역; 새번역), 이러한 해석은 그를 설명하는 히브리어 단어(הָעֶבֶד)를 신분을 나타내는 것으로 해석했기 때문이다(cf. TNK). 그러나 비천한 노예가 페르시아 왕의 친서를 가지고 예루살렘을 찾은 느헤미야를 반대한다는 것은 이해가 가지 않는다. 게다가 이 히브리어 단어는 신분을 나타내는 것이 아니라 페르시아 제국 관료의 직위였을 가능성이 크다. 그래서 대부분의 영어 성경이 이 단어를 [페르시아 제국의] '관리'(official)로 번역한다(NAS; NIV; NRS; CSB). 도비야는 요단강 동편과 암몬 지역의 총독이었을 것이다(Yamauchi). 산발랏과 도비야는 앞으로 두고두고 느헤미야를 괴롭힐 자들이다.

III. 느헤미야의 귀환과 성벽 재건(느 1:1-7:73)

C. 느헤미야의 성벽 재건(2:11-7:73)

본문에서 느헤미야는 오랫동안 기도로 준비하고 예루살렘에 온 목적을 달성한다. 예루살렘 성벽 재건에 성공한 것이다. 물론 쉽지는 않았다. 그러나 어려운 순간마다 하나님의 도우심으로 이겨낼 수 있었다.

성벽을 재건하는 것은 대형 프로젝트였다. 바빌론 사람들이 주전 586년에 무너뜨린 예루살렘 성벽은 무려 140여 년이나 폐허로 남아 있었다. 지난 140년간 아무도 하지 못한 일을 드디어 느헤미야가 해낸 것이다. 본문은 다음과 같이 구분할 수 있다.

A. 야밤 시찰(2:11-16)
B. 백성들의 동의(2:17-18)
C. 반대 세력(2:19-20)
D. 성벽 재건 공사와 참가자(3:1-32)
E. 산발랏과 도비야의 방해(4:1-23)
F. 성벽 재건 중 불거진 사회적·경제적 문제(5:1-13)
G. 느헤미야의 모범(5:14-19)
H. 느헤미야가 방해를 물리침(6:1-14)
I. 성벽이 52일 만에 완공됨(6:15-19)
J. 성벽 완공 후 치안(7:1-3)
K. 예루살렘 재번영 계획(7:4-5)
L. 1차 귀향민 명단(7:6-73)

III. 느헤미야의 귀환과 성벽 재건(느 1:1-7:73)
　C. 느헤미야의 성벽 재건(2:11-7:73)

1. 야밤 시찰(2:11-16)

¹¹ 내가 예루살렘에 이르러 머무른 지 사흘 만에 ¹² 내 하나님께서 예루살렘을 위해 무엇을 할 것인지 내 마음에 주신 것을 내가 아무에게도 말하지 아니하고 밤에 일어나 몇몇 사람과 함께 나갈새 내가 탄 짐승 외에는 다른 짐승이 없더라 ¹³ 그 밤에 골짜기 문으로 나가서 용정으로 분문에 이르는 동안에 보니 예루살렘 성벽이 다 무너졌고 성문은 불탔더라 ¹⁴ 앞으로 나아가 샘문

과 왕의 못에 이르러서는 탄 짐승이 지나갈 곳이 없는지라 ¹⁵ 그 밤에 시내를 따라 올라가서 성벽을 살펴본 후에 돌아서 골짜기 문으로 들어와 돌아왔으나 ¹⁶ 방백들은 내가 어디 갔었으며 무엇을 하였는지 알지 못하였고 나도 그 일을 유다 사람들에게나 제사장들에게나 귀족들에게나 방백들에게나 그 외에 일하는 자들에게 알리지 아니하다가

느헤미야는 기나긴 여행 끝에 드디어 꿈에 그리던 예루살렘에 도착했다. 에스라가 바빌론을 떠나 예루살렘에 도착할 때까지 4개월을 길에서 보냈으니(스 7:9), 느헤미야도 아마 그 정도의 시간이 걸렸을 것이다. 그가 예루살렘을 찾은 것은 지난 몇 달 동안 금식하며 서원했던 일을 이루기 위해서다. 그러나 도성에 도착한 뒤 곧장 일에 뛰어들지 않고 3일 동안 휴식을 취했다(11절). 아마도 긴 여정에 지친 심신을 회복하고 사람들을 만나면서 예루살렘에 대한 기초적인 정보를 얻기 위해서였을 것이다(Fensham).

해야 할 일을 최대한 효율적으로 하기 위해 사전에 철저히 조사하는 것은 당연하고 바람직한 일이다. 미국의 여러 선교 단체에는 갈렙 프로젝트(Caleb Project)라는 것이 있다. 장기 선교사를 파송하기 전에 해당 지역에 단기 선교사들을 보내 민족, 문화, 풍습, 사회, 역사 등 그 지역과 사람들에 대해 전반적인 연구를 하는 일이다.

또한 바쁜 일정 중 적절하게 쉬는 것은 낭비가 아니라 투자이다. 지친 몸으로 일에만 매여 있기보다 적절한 쉼으로 건강을 유지하는 것이 능률적이기 때문이다. 좋은 일은 적절한 때에 선한 방법으로 하는 것임을 감안할 때 분주함은 그리 바람직한 것만은 아니다.

느헤미야는 예루살렘에 도착한 후 자신이 예루살렘을 찾아온 이유를 아무에게도 말하지 않았다(12절). 에스라가 주도했던 성벽 재건이 대적들의 방해로 실패한 적이 있기 때문에 그들에게 정보가 새어 나가는 것을 최대한 방지하기 위해서였으며, 예루살렘의 상황이 어떠한가를

전반적으로 살펴본 다음에야 비로소 자신이 하고자 하는 일이 어떤 것인가에 대해서 현실적으로 평가할 수 있기 때문이었다.

예루살렘에 도착한 후 3일 동안 휴식을 취하며 정보를 수집한 느헤미야는 야밤에 수행원 몇 명만 데리고 성을 둘러보았다. 물론 은밀하게 했던 일이다. 그 일행의 발자취를 정확히 추적할 수는 없지만, 13-15절에 기록된 이름을 바탕으로 살펴보면 대략 예루살렘 성 서쪽 내지 북쪽에서 출발하여 시계 반대 방향으로 이동해 동쪽에 이르렀다(Clines). 느헤미야는 자신과 일행이 그날 밤 무엇을 하고 돌아왔는지 아무에게도 알리지 않았다(16절). 아직 아군과 적군이 구분되지 않은 상황이라 최대한 보안을 유지했던 것이다.

III. 느헤미야의 귀환과 성벽 재건(느 1:1-7:73)
  C. 느헤미야의 성벽 재건(2:11-7:73)

2. 백성들의 동의(2:17-18)

¹⁷ 후에 그들에게 이르기를 우리가 당한 곤경은 너희도 보고 있는 바라 예루살렘이 황폐하고 성문이 불탔으니 자, 예루살렘 성을 건축하여 다시 수치를 당하지 말자 하고 ¹⁸ 또 그들에게 하나님의 선한 손이 나를 도우신 일과 왕이 내게 이른 말씀을 전하였더니 그들의 말이 일어나 건축하자 하고 모두 힘을 내어 이 선한 일을 하려 하매

예루살렘에 대한 전반적인 정보를 수집하고 비밀리에 성을 둘러본 다음 느헤미야는 구체적인 계획을 세웠다. 그제서야 그는 이스라엘 백성들에게 자신이 예루살렘에 온 목적이 무엇인지 말해 주었다(17절). 이제 남은 것은 계획한 대로 속히 진행하는 것뿐이므로 더 이상 비밀을 유지할 필요가 없다. 오히려 최대한 빨리 자신의 계획을 알리고 동참할 사람들을 신속하게 모아야 한다. "예루살렘 성을 건축하여 다시 수치를 당하지

말자"(17절)라는 호소로 보아 느헤미야는 자신이 이루고자 하는 일에 대해 백성들과 나누면서 무엇보다 동기부여에 신경을 쓴 것으로 보인다.

느헤미야가 당면한 가장 큰 문제는, 예루살렘 공동체의 지도자들과 일원들이 허물어진 채 방치되어 있는 성벽에 이미 익숙해져 있다는 사실이다(Yamauchi). 예루살렘이 처한 정황과 패배감에 사로잡혀 있던 귀향민들을 고려할 때, 외부에서 온 느헤미야가 성벽 재건을 시작하기 전에 이들에게 동기부여를 하는 것은 매우 중요했다. 성벽 재건은 매우 어려운 일이었다. 두께가 2.7m, 높이가 2-3m에 달하는 성벽을 3km 가까이 다시 쌓는 일은 매우 큰 프로젝트다. 더구나 지난 140년 동안 아무도 해내지 못했던 일이며 에스라조차 10여 년 전에 시도했다가 실패한 일이다. 그러므로 패배감과 경제적 어려움에 시달리고 있는 백성들을 이 일에 동참시키기 위해서는 이 프로젝트가 완성되면 그들에게 어떤 이득이 될 것인지에 대해 명백한 설명이 필요했다.

느헤미야는 예루살렘 주민들과 자신의 동류의식/동질감에 호소했다. 느헤미야는 내가 '당신들이 불쌍해서 도와주러 왔다'라고 하거나 '당신들이 하면 내가 도와주리라'라고 하지 않았다. '우리 같이 하자'였다(17절). 리더는 같이 일하는 사람과 항상 한 팀이 되어야 하며 그들과 같아져야 한다.

그는 또한 상황의 심각성을 부인하지 않았다. "지피지기(知彼知己)면 백전불패(百戰不敗)"라는 말도 있듯이, 적을 과소평가하거나 당면한 어려움을 약화시켜서 말하는 것은 별로 도움이 되지 않는다. 오히려 역효과를 발휘하기도 한다. 그러므로 가장 좋은 정책은 진실이다. 제2차 세계대전 중 처칠(W. Churchill)이 영국의 수상이 되었을 때 상황은 영국에 매우 불리했다. 그는 수상 취임 연설에서 이렇게 말했다.

> 제가 약속할 수 있는 것이라고는 피, 수고, 눈물 그리고 땀밖에는 아무것도 없습니다. 우리의 목표가 무엇입니까? 저는 승리라고 한마디로 말할

수 있습니다. 어떠한 대가를 치르고서라도 얻는 승리, 어떤 두려움이 닥쳐온다 해도 승리, 승리에 이르는 길이 멀고 험할지라도 승리, 우리는 꼭 승리를 얻어야 합니다. 왜냐하면 승리하지 않으면 살아남을 수 없기 때문입니다.

처칠의 연설은 온 영국을 하나로 묶었고 모든 사람이 최선을 다하게끔 동기를 부여했다. 이런 일이 가능한 것은 리더십의 상당 부분이 인간관계를 바탕으로 세워지기 때문이다. 우리는 사람들이 어떤 계획이나 프로젝트를 따르는 것이 아니라 그들을 고무시키는 리더를 따른다는 사실을 기억해야 한다.

느헤미야는 구체적인 행동에 대해 호소했다. "자, 예루살렘 성을 건축하여 다시 수치를 당하지 말자"(17절; 개역개정). 느헤미야는 허물어져 방치되어 있는 성벽을 치안 문제로 보지 않고 이스라엘 민족의 자존심 문제로 보고 있다(Kidner). 또한 여기서 중요한 것은 무엇을 할 것인지, 이 일을 통해 얻는 것은 무엇인지를 구체적으로 밝히는 데 있다.

사람들은 본능적으로 무언가를 얻기 위해 일한다. 일을 하는 사람이나 하지 않는 사람이나, 어려운 일을 하는 사람이나 쉬운 일을 하는 사람이나 얻게 되는 결과물이 모두 같다면 대다수 사람은 일하려 들지 않을 것이다. 우리는 공산주의라는 실패한 실험에서 이 사실을 잘 알게 되었다. 느헤미야가 '성벽을 쌓자'라고만 말했다면 사람들은 별로 설득되지 않았을 것이다. 이 성벽이 재건되면 예루살렘 공동체가 당하고 있는 수모가 저절로 멈출 것이라는 말이 호소력을 발휘했다.

느헤미야는 개인적인 간증도 더했다. 그동안 하나님께서 자신의 삶 속에 어떻게 역사하여 이날까지 인도하셨는지 그들에게 들려주었다. 또한 아닥사스다 왕이 한 말도 들려주었다(18절). 불과 10여 년 전에 공사를 중단시켰던 왕이 마음을 바꿔 성벽 재건을 허락했다는 소식은 이스라엘 백성들을 흥분시키기에 충분했다. 하나님께서 느헤미야와 백성들이 성벽을 재건할 수 있도록 모든 여건을 만들고 계신다는 느헤미야의 간증은, 하나님의 침묵에 서운했던 예루살렘 백성들에게 새로운 위로와 도전이 되었다. 간증이란 이런 것이 아닐까? 간증자의 자랑이 아니라 하나님이 어떻게 간증자를 사용하셨는가를 부각함으로써 듣는 이로 하여금 자신도 하나님께 사용되기를 열망하도록 유도하는 것이다.

> III. 느헤미야의 귀환과 성벽 재건(느 1:1-7:73)
>   C. 느헤미야의 성벽 재건(2:11-7:73)

3. 반대 세력(2:19-20)

> ¹⁹호론 사람 산발랏과 종이었던 암몬 사람 도비야와 아라비아 사람 게셈이 이 말을 듣고 우리를 업신여기고 우리를 비웃어 이르되 너희가 하는 일이 무엇이냐 너희가 왕을 배반하고자 하느냐 하기로 ²⁰내가 그들에게 대답하여 이르되 하늘의 하나님이 우리를 형통하게 하시리니 그의 종들인 우리가 일어나 건축하려니와 오직 너희에게는 예루살렘에서 아무 기업도 없고 권리도 없고 기억되는 바도 없다 하였느니라

이미 10절에서 소개된 방해꾼 산발랏과 도비야가 느헤미야와 이스라엘 백성들이 하고자 하는 일에 대해 소문을 듣고, 아라비아 사람 게셈과 함께 느헤미야를 찾아와 조롱과 비방을 늘어놓았다. 게셈은 고고학적 자료들을 통해 당시 아라비아 북서쪽을 지배하던 유능한 족장으로 밝혀졌다(Blenkinsopp). 그들은 느헤미야가 하고자 하는 일 곧, 예루살렘 성벽을 재건하는 일을 반역이라고 한다(19절). 그들은 10여 년 전에 아닥사스다 왕이 공사를 중단시킨 것을 익히 알고 있는 터라 자신 있게 이렇게 말했을 것이다. 그러나 산발랏은 그가 들먹이는 바로 그 아닥사스다가 몇 달 전 느헤미야에게 성벽 재건을 허락했다는 사실은 모르

고 있다. 그는 낡은 정보로 새로운 상황을 판단하는 억지를 부리고 있는 것이다.

왕의 허락을 받고 온 느헤미야가 이런 말에 기죽을 리 없다. 느헤미야는 직접적으로 반박하거나 대응하지 않고 하나님께서 주신 말씀을 토대로 그들에게 세 가지 사실을 확인시켜 주었다(20절). 악(비방)에 선(하나님 말씀)으로 대응한 것이다.

첫째, 하나님이 주의 백성을 위해 성벽 재건을 꼭 이루실 것이다. 비록 이스라엘 백성이 손에 흙을 묻히지만, 성벽 재건은 하나님이 하시는 일이다. 이스라엘은 이 프로젝트를 하나님을 위해 하는 것으로 생각할지 모르지만, 사실은 하나님이 그들을 위해 하시는 일이다. 성벽이 완성되면 그 혜택을 하나님이 아니라 이스라엘이 보게 되기 때문이다. 또한 이 일을 위해 하나님은 이미 오래전부터 수산에 있는 느헤미야를 준비시켜 이곳까지 보내시지 않았는가! 성벽 공사는 전적으로 하나님이 하시는 일이다.

둘째, 성벽 재건 공사는 주님의 백성인 이스라엘만이 할 수 있는 일이다. 다른 민족들은 참여하고 싶어도 참여할 수 없다. 이러한 관점에서 볼 때 많은 희생과 헌신을 요하는 성벽 재건 공사는 주의 백성에게 강요되는 의무가 아니라 그들만이 누릴 수 있는 특권이다. 하나님의 사역을 위해 헌신하고 헌금하는 것이 '희생'이 아니라 '특권'이라는 사실을 깨닫게 되면 신앙생활이 한결 수월하고 흥미진진해질 것이다.

셋째, 산발랏 일행은 예루살렘에서 차지할 "아무 기업도 없고 권리도 없고 기억되는 바도 없다"(20절). 엘리판틴 파피루스에 의하면 산발랏은 당시 사마리아의 총독이었을 가능성이 매우 크다(Yamauchi). 도비야의 이름은 '여호와는 선하시다'라는 뜻이다. 이처럼 이들이 유대인 사회와 연관되고 이름도 여호와 종교적이라는 정황을 고려할 때 아마도 스스로 유대교의 정당한 교인으로 생각했을 것이다. 그러나 그들은 가짜다. 오늘날로 치면 이단이나 사이비 집단의 일원 정도일 것이다.

정통성을 지향하는 느헤미야는 그들이 여호와 종교의 성지인 예루살렘에서 그 어떠한 기업(חֵלֶק)도, 권리(צְדָקָה)도, 기록되는 바(זִכָּרוֹן)도 없다고 하는데(20절), 이 세 가지는 그들이 법적, 사회적, 종교적 권리를 행사할 수 없음을 뜻한다(Williamson). 느헤미야는 방해자들이 이스라엘의 과거, 현재, 미래에서 그 어떠한 역할도 하지 못하도록 할 것이라는 의지를 밝히는 것이다(Kidner). 그들이 아무리 노력해도 이스라엘 공동체는 결코 그들을 영원히 받아들이지 않겠다는 뜻이다.

```
III. 느헤미야의 귀환과 성벽 재건(느 1:1-7:73)
    C. 느헤미야의 성벽 재건(2:11-7:73)
```

4. 성벽 재건 공사와 참가자(3:1-32)

¹ 그 때에 대제사장 엘리아십이 그의 형제 제사장들과 함께 일어나 양문을 건축하여 성별하고 문짝을 달고 또 성벽을 건축하여 함메아 망대에서부터 하나넬 망대까지 성별하였고 ² 그 다음은 여리고 사람들이 건축하였고 또 그 다음은 이므리의 아들 삭굴이 건축하였으며 ³ 어문은 하스나아의 자손들이 건축하여 그 들보를 얹고 문짝을 달고 자물쇠와 빗장을 갖추었고 ⁴ 그 다음은 학고스의 손자 우리아의 아들 므레못이 중수하였고 그 다음은 므세사벨의 손자 베레갸의 아들 므술람이 중수하였고 그 다음은 바아나의 아들 사독이 중수하였고 ⁵ 그 다음은 드고아 사람들이 중수하였으나 그 귀족들은 그들의 주인들의 공사를 분담하지 아니하였으며 ⁶ 옛 문은 바세아의 아들 요야다와 브소드야의 아들 므술람이 중수하여 그 들보를 얹고 문짝을 달고 자물쇠와 빗장을 갖추었고 ⁷ 그 다음은 기브온 사람 믈라댜와 메로놋 사람 야돈이 강 서쪽 총독의 관할에 속한 기브온 사람들 및 미스바 사람들과 더불어 중수하였고 ⁸ 그 다음은 금장색 할해야의 아들 웃시엘 등이 중수하였고 그 다음은 향품 장사 하나냐 등이 중수하되 그들이 예루살렘의 넓은 성벽까지 하였고 ⁹ 그 다음은 예루살렘 지방의 절반을 다스리는 후르의 아들 르바야가

(느 1:1-7:73)

중수하였고 [10] 그 다음은 하루맙의 아들 여다야가 자기 집과 마주 대한 곳을 중수하였고 그 다음은 하삽느야의 아들 핫두스가 중수하였고 [11] 하림의 아들 말기야와 바핫모압의 아들 핫숩이 한 부분과 화덕 망대를 중수하였고 [12] 그 다음은 예루살렘 지방 절반을 다스리는 할로헤스의 아들 살룸과 그의 딸들이 중수하였고 [13] 골짜기 문은 하눈과 사노아 주민이 중수하여 문을 세우며 문짝을 달고 자물쇠와 빗장을 갖추고 또 분문까지 성벽 천 규빗을 중수하였고 [14] 분문은 벧학게렘 지방을 다스리는 레갑의 아들 말기야가 중수하여 문을 세우며 문짝을 달고 자물쇠와 빗장을 갖추었고 [15] 샘문은 미스바 지방을 다스리는 골호세의 아들 살룬이 중수하여 문을 세우고 덮었으며 문짝을 달고 자물쇠와 빗장을 갖추고 또 왕의 동산 근처 셀라 못 가의 성벽을 중수하여 다윗 성에서 내려오는 층계까지 이르렀고 [16] 그 다음은 벧술 지방 절반을 다스리는 아스북의 아들 느헤미야가 중수하여 다윗의 묘실과 마주 대한 곳에 이르고 또 파서 만든 못을 지나 용사의 집까지 이르렀고 [17] 그 다음은 레위 사람 바니의 아들 르훔이 중수하였고 그 다음은 그일라 지방 절반을 다스리는 하사뱌가 그 지방을 대표하여 중수하였고 [18] 그 다음은 그들의 형제들 가운데 그일라 지방 절반을 다스리는 헤나닷의 아들 바왜가 중수하였고 [19] 그 다음은 미스바를 다스리는 예수아의 아들 에셀이 한 부분을 중수하여 성 굽이에 있는 군기고 맞은편까지 이르렀고 [20] 그 다음은 삽배의 아들 바룩이 한 부분을 힘써 중수하여 성 굽이에서부터 대제사장 엘리아십의 집 문에 이르렀고 [21] 그 다음은 학고스의 손자 우리야의 아들 므레못이 한 부분을 중수하여 엘리아십의 집 문에서부터 엘리아십의 집 모퉁이에 이르렀고 [22] 그 다음은 평지에 사는 제사장들이 중수하였고 [23] 그 다음은 베냐민과 핫숩이 자기 집 맞은편 부분을 중수하였고 그 다음은 아나냐의 손자 마아세야의 아들 아사랴가 자기 집에서 가까운 부분을 중수하였고 [24] 그 다음은 헤나닷의 아들 빈누이가 한 부분을 중수하되 아사랴의 집에서부터 성 굽이를 지나 성 모퉁이에 이르렀고 [25] 우새의 아들 발랄은 성 굽이 맞은편과 왕의 윗 궁에서 내민 망대 맞은편 곧 시위청에서 가까운 부분을 중수하였고 그 다음은 바로

247

스의 아들 브다야가 중수하였고 ²⁶ (그 때에 느디님 사람은 오벨에 거주하여 동쪽 수문과 마주 대한 곳에서부터 내민 망대까지 이르렀느니라) ²⁷ 그 다음은 드고아 사람들이 한 부분을 중수하여 내민 큰 망대와 마주 대한 곳에서부터 오벨 성벽까지 이르렀느니라 ²⁸ 마문 위로부터는 제사장들이 각각 자기 집과 마주 대한 부분을 중수하였고 ²⁹ 그 다음은 임멜의 아들 사독이 자기 집과 마주 대한 부분을 중수하였고 그 다음은 동문지기 스가냐의 아들 스마야가 중수하였고 ³⁰ 그 다음은 셀레먀의 아들 하나냐와 살랍의 여섯째 아들 하눈이 한 부분을 중수하였고 그 다음은 베레갸의 아들 므술람이 자기의 방과 마주 대한 부분을 중수하였고 ³¹ 그 다음은 금장색 말기야가 함밉갓 문과 마주 대한 부분을 중수하여 느디님 사람과 상인들의 집에서부터 성 모퉁이 성루에 이르렀고 ³² 성 모퉁이 성루에서 양문까지는 금장색과 상인들이 중수하였느니라

느헤미야의 권면에 도전 받은 백성들이 힘을 합해 공사를 시작했다. 그들이 성벽을 재건하는 목적은 스스로를 보호하기 위해서이기도 하지만, 무엇보다도 느헤미야가 주장한 것처럼 여호와의 백성으로서 허물어진 하나님의 도성을 방관해 온 수치를 씻기 위해서였다(2:18). 공사에 참가한 사람 중 3장에 언급된 대표 인물만 75명이며, 이들이 종사한 직업의 종류만도 열다섯 가지에 달한다. 또한 이들은 사회적으로 매우 다양한 직위에 있던 사람들이었다. 온 공동체가 하나 되어 성벽 재건 프로젝트에 참여한 것이다.

한때는 느헤미야가 공사 참가자 명단(3장)을 처음부터 자신의 회고록(NM)에 사용하였는지(Kellermann), 아니면 훗날 편집자가 추가한 것인지에 대해 다소 논란이 있었지만, 오늘날에는 대부분의 주석가가 이 명단이 NM의 일부라고 생각한다(Williamson). 공사에 참여한 사람들의 명단인 3장은 성경에 나오는 예루살렘의 모습 중 가장 상세하게 묘사된 본문이기도 하다.

느헤미야는 성벽 재건 공사를 45구간으로 나누어 진행했으며 총 열

개의 성문이 완성되었다. 이 열 개의 문은 도시의 북동쪽에서 시작해 시계 반대 방향으로 나열된다(Klein). 이처럼 큰 공사를 하기 위해서는 계획성 있는 준비와 원활한 물자 조달이 필요했을 것이다. 따라서 공사가 차질 없이 진행된 것은 곧 느헤미야의 놀라운 리더십에 대한 방증이라 할 수 있다. 공사를 위해 누가 어디에 배치되어 어떤 일을 하였는지 기록하고 있는 이 본문은 사람 이름, 성문 이름, 공사 구간 묘사 등 다양한 명칭들이 뒤섞여 전개되기 때문에 주제별로 접근하여 원리를 파악하는 것이 바람직하다.

첫째, 성벽 재건은 느헤미야가 시작한 일이지만, 온 이스라엘 공동체가 주도하고 참여한 역사적인 일이었다. 유일하게 협조하지 않은 사람은 드고아 사람 중 일부였다(5절). 주의 백성이 한마음으로 이 일을 진행했다는 점을 강조하기 위해 성벽 공사의 시작을 알리는 3장과 끝을 알리는 7장에 백성들의 명단이 등장한다. 3장은 성벽 재건 공사에 참여한 이들의 대표자를 75명이나 언급하고 있다. 7장은 스룹바벨과 함께 돌아온 첫 귀향민 명단(스 2장)을 반복하고 있다. 이 사이에 성벽 재건 이야기가 끼어 있는 것이다. 이 같은 구조는 크게 두 가지를 강조한다. 먼저, 성벽 새선은 온 귀향민 공동체가 함께한 프로젝트였다. 모든 사람이 느헤미야의 지도력에 잘 따라 주었으며, 지난 140여 년 동안 하나 되지 못했던 사람들의 마음이 이 일로 완전히 하나가 되었음을 강조한다. 이스라엘은 성벽을 재건하면서 공동체 의식까지 회복하게 된 것이다.

둘째, 성벽 재건을 진행한 사람들의 명단(3장)으로 시작한 공사 이야기가 첫 귀향민의 명단(7장)으로 끝을 맺는 것은 첫 귀향민이 염원했던 일을 이 세대가 드디어 이루었음을 암시한다. 성벽 재건을 꿈꾸며 예루살렘으로 돌아온 귀향 1세대는 죽은 지 오래지만, 그들의 후손이 조상들의 꿈을 실현시켰다. 하나님이 주시는 꿈은 이렇다. 꿈꾸는 자는 죽어도 그 꿈은 살아 있어 적절한 때에 반드시 이루어진다. 조상의 꿈을 후손들이 이루었다는 사실은 역사의 맥이 이어지고 있음을 뜻하기도 한다. 또한 성벽의 완성은 첫 귀향민들이 계획했던 세 가지 곧 성전 재건, 공동체 재건, 성벽 재건이 모두 실현되었음을 뜻한다.

셋째, 느헤미야는 예루살렘 성벽 공사를 진행하면서 "양문"에서 시작해(1절) "양문"으로 마쳤다(32절). 공사를 시작하기 전에 대제사장 엘리아십이 동료 제사장들과 함께 이것을 만들어 하나님께 봉헌하였다(1절). 엘리아십은 스룹바벨과 함께 첫 귀향민을 인도해 온 예수아의 손자이다(12:10-11). 할아버지가 이루지 못한 꿈을 드디어 손주가 이루고 있다. 본문이 언급하는 열 개의 문은 다음과 같다(Klein, Yamauchi).

	이름	참고 구절	설명
1	양문	1, 32절; cf. 12:39	성의 북쪽 벽 중 동쪽에 있는 문. 제물로 삼을 짐승을 파는 시장 근처에 있으며 신약에서는 베데스다 연못(요 5:2) 근처에 있다.
2	어문	3절; cf. 12:38-39	성의 북서쪽 코너에 있으며 근처에 어시장이 있어 이 이름을 가지게 되었다(cf. 13:16).
3	옛 문	6절; cf. 12:39	'옛 문'(הַשַּׁעַר הַיְשָׁנָה)은 여성형 형용사와 남성형 명사로 구성되어 있어 문법상 불가능한 구조다. 그래서 학자들은 히브리어 단어의 소리에 따라 이 문을 '미쉬네 문'(שַׁעַר הַמִּשְׁנֶה)으로 부를 것을 제안한다. 미쉬네 문은 예루살렘의 둘째 구역으로 들어가는 길목에 있었다(cf. 왕하 22:14; 대하 34:22).
4	골짜기 문	13절	예루살렘 성 서쪽에 있는 계곡(Tyropoeon Valley)이 내려다보이는 문이며 옛적에 웃시야가 요새화했다 (대하 26:9).
5	분문	13-14절	성 남쪽 끝에 있는 문이며 골짜기 문에서 남쪽으로 약 450m 떨어진 곳에 있다.
6	샘문	15절	예루살렘 성의 남동쪽 코너에 있으며, 힌놈 골짜기와 기드론 골짜기가 만나는 곳에서 약 200m 떨어져 있는 엔로겔(En Rogel) 샘으로 가는 문이다.

7	수문	26절; cf. 12:37	기혼 샘 근처에 있었다. 느헤미야는 수문에서 더 안쪽으로 성벽을 쌓았기 때문에 이 문은 재건하지 않고 그대로 두었다.
8	마문	28절	바깥쪽 성벽에 있는 문이며 예레미야 32:40에도 언급되어 있다. 이 문은 성전 터 근처에 있었기 때문에 느헤미야는 제사장들에게 이 문을 수리하도록 했다.
9	동문	29절	성전 뜰로 들어가는 문이며 성문이 아니다(cf. 겔 10:19; 11:1; 40:6). 이 문은 레위 사람으로 생각되는 스마야에 의해 재건되었다.
10	함밉갓문 (새번역, 점호 문)	31절	또 하나의 성전 뜰로 들어가는 문일 수 있다(cf. 스 10:9). 일부 학자들은 이 문이 성의 동북쪽에 있는 베냐민 문의 다른 이름이라고 생각한다.

넷째, 느헤미야는 성벽 재건 공사에 다양한 직업에 종사하는 사람들을 참여시켰다. 이 프로젝트는 소수가 독점한 것이 아니라 온 국민이 이룩해 낸 일이다. 본문은 공사에 참여한 사람들을 최소한 열두 부류로 분류한다. 제사장들(1, 22, 28절), 여리고 사람들(2절), 미스바와 기브온 사람들(7절), 전문 직업인들(8, 31, 32절), 성읍 관리들(12, 16, 17, 19절), 여인들(12절), 하눈과 사노아 사람들(13절), 레위 사람들(17절), 성전에서 잡일을 하는 사람들(26절), 드고아 사람들(5, 27절), 문지기들(29절), 상인들(32절). 훌륭한 리더는 결코 혼자 일하지 않는다. 그는 일을 나눌 줄 안다. 리더란 혼자 온갖 일을 감당하는 사람이 아니라 구성원들을 적재적소에 활용할 줄 아는 사람이다. 모든 일을 혼자 도맡아 해내는 원맨쇼가 아니라 사람들이 책임감을 가지고 성심껏 일하도록 여건을 만들어 주고 그들을 믿어 주는 것이 리더의 사명이다. 모세의 장인 이드로가 사위에게 했던 충고를 생각해 보라(cf. 출 18장).

다섯째, 느헤미야는 성벽을 쌓는 사람들에게 격려와 칭찬을 아끼지 않았다. 느헤미야가 구체적으로 어느 누구를 지적하며 칭찬한 것은 아니지만, 3장의 전체적인 분위기는 매우 긍정적이며 일에 참여한 사람들의 노고를 높이 치하하고 있다. 느헤미야는 그들이 '힘써 중수했다'(20절), '백성이 마음 들여 일을 했다'(4:6)라는 말 등으로 칭찬한다. 게다가 느헤미야의 이름이 나오는 곳은 1:1뿐이다. 다시는 그의 이름이 책 안에서 언급되지 않는다. 3:16의 느헤미야는 동명이인이다.

 느헤미야는 왜 자신의 이름을 언급하지 않는가? 이는 사역의 모든 공로를 같이 일한 사람들에게 돌리기 위해서다. 칭찬과 격려는 사람의 최선을 유도한다. 또한 우리는 모두 자신에게 중요한 사람으로부터 인정받기를 원한다. 어떤 역사가는 나폴레옹이 유럽을 정복한 이유를 어머니에게 인정받기 위함이었다고 했다. 무한 경쟁 시대를 살아가는 우리에게 절실한 것은 이런 격려와 칭찬의 사역이 아닐까? 격려를 아끼지 않고 모든 공로를 백성들에게 돌리는 느헤미야에게서 리더의 참모습을 본다.

 여섯째, 느헤미야는 공사에 참여한 사람들이 가장 의욕적으로 일할 수 있도록 배려했다. 본문에 자주 등장하는 표현이 '자기[공사하는 사람의] 집과 마주 대한 부분'(10, 23, 28, 29, 31절)이며 '그의 집 옆쪽'이다(23절, 새번역). 느헤미야는 사람들이 자신의 집에서 가장 가까운 지역에서 사역하도록 했다. 이 같은 배려는 공사하는 사람들이 집에 오가기 편리하게 했고, 자기 가족을 보호하기 위해서라도 최선을 다해 튼튼하고 견고하게 쌓으려는 의욕이 넘치게 했다. 지도자는 일할 사람이 가장 효과적이고 능률적으로 일할 수 있는 여건이 어떤 것인지 파악하는 능력을 갖추어야 한다.

 일곱째, 느헤미야는 성벽 재건 공사를 45구간으로 나누어 진행했으며 총 열 개의 성문을 완성했다(Breneman). 구간마다 책임자를 두었고 이들에게 권한을 위임했다. 느헤미야는 책임자들과 공사에 참여한 사람들을 부하로 여기지 않고 동역자로 간주하여 그 구간 공사에 관한 모든 것을 일임했다. 리더십 스타일은 크게 두 가지로 구분할 수 있는데, 한 사람이 모든 것을 지휘하는 중앙 집권 체제와 팀별로 세분화시

(느 1:1-7:73)

켜 팀장들에게 일임하는 분산화 체제가 있다. 다음 도표를 참조하라.

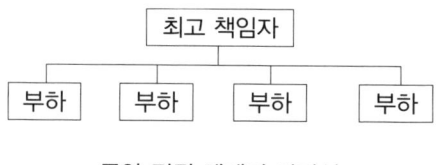

중앙 집권 체제의 리더십

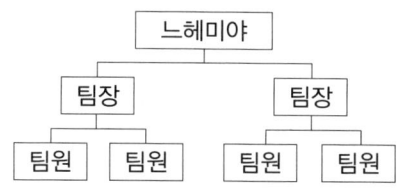

느헤미야가 사용한 분산화 체제의 리더십

「메가트렌드」(Megatrends)의 저자 존 나이스비트(John Naisbitt)는 우리 사회가 경험할 열 가지 트렌드 중 다섯 번째가 '중앙 집권 체제에서 분산화 체제로'(from centralization to decentralization)라고 했다. 여덟 번째 트렌드는 '계급 조직에서 네트워킹으로'(from hierarchies to networking)라고 했다. 이러한 관점에서 볼 때 느헤미야는 시대를 앞서가는 리더십을 발휘했던 것이다. 우리는 종종 일에 중독된 사역자를 목격한다. 꼭 자기만이 할 수 있고 자기가 해야 할 일이라면 어쩔 수 없지만, 하지 않아도 될 일이나 충분히 남에게 맡길 수 있는 일을 자신이 모두 하는 것은 결코 바람직하지도 성경적이지도 않다. 또한 건강을 해칠 수 있는 매우 어리석은 짓이기도 하다.

미국의 루즈벨트(Theodore Roosevelt) 대통령은 이런 말을 남겼다. "가장 좋은 지도자는 이루고자 하는 일을 믿고 맡길 수 있는 훌륭한 사람들을 선발할 수 있는 분별력과 동시에, 그들이 그 일을 하는 동안 성가시게 참견하지 않을 수 있는 자제력을 충분히 갖춘 사람이다." 리더십에 대해 타운센드(Robert Townsend)는 다음과 같이 말했다. "지도자는 중요한 일들을 사람들에게 위임하여 그들로 하여금 성장할 수 있는 기회를 제공한다. … 자신이 이끄는 사람들에게 작업을 위임할 때 조금도 주저하지 않고 전부 위임한다. 사소한 작업만 그렇게 하는 것이 아니라 중요한 작업도 그렇게 하며, 일단 위임하면 더 이상 그 일에 대해 말하지 않는다. 리더는 그들에게 문제가 있을 때에만 보고하고 그 외에는 보고하지 말라고 한다. 그는 일이 어떻게 진행되고 있는지 궁금해도 참고, 묻지 않는다."

```
III. 느헤미야의 귀환과 성벽 재건(느 1:1-7:73)
   C. 느헤미야의 성벽 재건(2:11-7:73)
```

5. 산발랏과 도비야의 방해(4:1-23[3:33-4:17])

느헤미야가 예루살렘에 온 것에 대해 처음부터 못마땅히 여기고(2:10) 시비를 걸었다가 수모를 당한 산발랏과 도비야가(2:19-20) 이스라엘 사람들이 성벽 재건 공사를 시작했다는 소식을 듣고 가만있을 리 없다. 본문은 이들이 어떻게 공사를 저지하려 했으며, 느헤미야는 어떻게 대응했는지 회고하며 크게 두 섹션으로 나뉜다.

    A. 비아냥과 느헤미야의 대응(4:1-6)
    B. 군사적 위협과 느헤미야의 대응(4:7-23)

```
III. 느헤미야의 귀환과 성벽 재건(느 1:1-7:73)
   C. 느헤미야의 성벽 재건(2:11-7:73)
      5. 산발랏과 도비야의 방해(4:1-23[3:33-4:17])
```

(1) 비아냥과 느헤미야의 대응(4:1-6)

¹ 산발랏이 우리가 성을 건축한다 함을 듣고 크게 분노하여 유다 사람들을

(느 1:1-7:73)

비웃으며 ²자기 형제들과 사마리아 군대 앞에서 일러 말하되 이 미약한 유다 사람들이 하는 일이 무엇인가, 스스로 견고하게 하려는가, 제사를 드리려는가, 하루에 일을 마치려는가 불탄 돌을 흙 무더기에서 다시 일으키려는가 하고 ³암몬 사람 도비야는 곁에 있다가 이르되 그들이 건축하는 돌 성벽은 여우가 올라가도 곧 무너지리라 하더라 ⁴우리 하나님이여 들으시옵소서 우리가 업신여김을 당하나이다 원하건대 그들이 욕하는 것을 자기들의 머리에 돌리사 노략거리가 되어 이방에 사로잡히게 하시고 ⁵주 앞에서 그들의 악을 덮어 두지 마시며 그들의 죄를 도말하지 마옵소서 그들이 건축하는 자 앞에서 주를 노하시게 하였음이니이다 하고 ⁶이에 우리가 성을 건축하여 전부가 연결되고 높이가 절반에 이르렀으니 이는 백성이 마음 들여 일을 하였음이니라

이스라엘 사람들이 성벽을 쌓아 올리고 있다는 소식을 들은 산발랏은 몹시 분개하며 화를 냈다(1절). 그는 가나안 지역에서 예루살렘과 맞먹는 사마리아의 총독으로서 예루살렘이 강해지는 것을 결코 원하지 않았다. 성벽이 완성되면 예루살렘에 대한 자신의 영향력이 당연히 줄어들 것이기 때문이다. 느헤미야는 성벽 재건을 이스라엘의 자존심 문제로 본 반면, 이스라엘의 대적 산발랏은 힘겨루기로 본 것이다. 그는 성벽을 재건하는 이스라엘의 사기를 떨어뜨리려고 다섯 개의 수사학적 질문으로 공사하는 사람들을 비웃었다. 그가 던지는 질문의 뜻이 명확하지는 않지만, 대체로 다음과 같이 번역할 수 있다(2절, 새번역). (1) 힘도 없는 유다인들이 도대체 무슨 일을 하는 거냐?, (2) 이 성벽을 다시 쌓는다고?, (3) 여기서 제사를 지내겠다는 거냐?, (4) 하루 만에 일을 끝낸다는 거냐?, (5) 불타 버린 돌을 흙무더기 속에서 다시 꺼내서 쓸 수 있다는 거냐?

첫 번째 질문("힘도 없는 유다인들이 도대체 무슨 일을 하는 거냐?")은 귀향민의 가장 예민한 부분을 건드리고 있다. 패배감과 자격지심에 시달리

던 이스라엘 사람들은 스스로의 가치를 높이 평가하지 않았다. 느헤미야는 이 공사를 통해 이스라엘의 자존심과 자존감을 회복하고자 했다(cf. 2:17). 이런 상황에서 방해자 산발랏은 '너희는 숫자도 많지 않고 무능하다'라는 말을 통해 가뜩이나 낮은 이스라엘의 자존감에 비수를 꼽고 있다. 성벽 재건은 무능한 이스라엘이 해내기에는 너무도 벅찬 일이라는 것이다.

두 번째 질문("이 성벽을 다시 쌓는다고?")은 공사에 참여한 사람들의 능력을 의심한다. 성벽을 쌓는 일은 전문가가 할 일인데 이들에게는 전문성이 없다는 뜻이다(Clines). 또한 이 질문은 공사의 근본적인 목적에 대해 의구심을 갖게 하려는 것으로 이해되기도 한다(Breneman). 성벽 공사를 완성할 능력이 없는 자들이 설령 공사를 성공적으로 마친다 할지라도 무엇을 얻기 위해 이 일을 하느냐는 것이다. 그러므로 공사를 추진하는 것 자체가 시간 낭비이자 어리석은 짓이라는 뜻이다.

세 번째 질문("여기에서 제사를 지내겠다는 거냐?")은 이스라엘 사람들의 신앙심을 공격하는 질문이다. 전적으로 여호와를 의지하여 성벽을 건설한다고는 하지만, 워낙 무능한 자들이 하는 일이기에 아무리 기도와 예배를 드리더라도 성벽이 저절로 세워지지는 않을 것이라는 뜻이다. 한 주석가는 산발랏이 던진 이 질문의 의미를 '이 미친 사람들은 그저 기도 드린다고 성벽이 다시 세워질 것으로 생각하는가? 그것은 그저 바람일 뿐이지!'라고 풀이했다(Kidner). 성벽을 건설하려면 믿음이 아니라 능력이 필요한데, 이스라엘은 믿음과 제사밖에 없으니 어떡하느냐는 비아냥거림이다. 그러나 머지않아 이스라엘은 이 성벽에서 하나님께 예배를 드리게 된다.

네 번째 질문("하루 만에 일을 끝낸다는 거냐?")은 성벽 건설은 아무리 간절한 마음과 의지가 있다 해도 하루 이틀 사이에 끝낼 수 있는 일이 아니다. 오랫동안 많은 물자를 조달해야 하며 긴 시간 집중해야 끝낼 수 있는 큰일인데, 이스라엘은 그럴 만한 능력이 없다고 비아냥대고 있다(Clines). 느헤미야의 꼬드김에 넘어가 별생각 없이 큰일에 참여하게 되었지만, 일에 비해 일꾼들의 능력이 너무 부족해 결코 끝내지 못하고 후회할 날이 올 거라 확신하고 있다.

다섯 번째 질문("불타 버린 돌을 흙무더기 속에서 다시 꺼내서 쓸 수 있다는 거냐?")은 잘못된 정보에 의거한 심리전이다. 성벽 돌은 대부분 불에 타지 않았으며, 허물어지기는 했지만 다시 활용할 수 있을 정도로 견고한 상태였다(Breneman). 그러므로 마지막 질문은 사실무근의 맹목적인 위협과 협박에 가까운 빈정댐이다.

끼리끼리 논다고 산발랏의 파트너 도비야가 곁에서 거들었다. "다시 쌓으면 뭘 합니까? 돌로 성벽을 쌓는다지만, 여우 한 마리만 기어올라가도 무너지고 말 겁니다"(3절, 새번역). 산발랏의 첫 번째 질문에 전적으로 동의한다는 맞장구다. 물론 도비야의 말은 전혀 사실이 아니다. 발굴에 의하면 느헤미야가 재건한 성벽은 두께가 2.7m나 되는 견고하고 탄탄한 것이었다(Kenyon).

느헤미야는 자신이 하고 있는 일에 대해 산발랏과 도비야가 비아냥거린다는 소문을 접했다. 전에도 그랬듯이(cf. 2:20) 이번에도 느헤미야는 산발랏과 도비야의 말에 직접 대응하지 않고 하나님께 기도했다(4-5절). 그들이 하는 말은 대꾸할 가치도 없으며, 모든 것을 하나님이 공정하게 심판해 주시기만 바랄 뿐이었다. 느헤미야의 기도는 산발랏 일당의 심판을 강력히 염원하는 일종의 '저주/심판 기도'였다.

느헤미야는 하나님께 네 가지를 기도했다(4-5절). (1) 이스라엘이 원수에게 받는 조롱을 헤아려 주소서, (2) 원수의 조롱과 비방이 그들에게 돌아가게 하소서, (3) 이스라엘을 비방하는 자들이 노략을 당하게 하시고 다른 나라로 끌려가게 하소서, (4) 그들의 죄를 심판하소서. 느헤미야가 드린 저주/심판 기도의 정당성은 그들이 주의 백성들 앞에서 하나님을 모욕했기 때문이라는 데 있다(5b절). 산발랏과 도비야의 비방을 종교적인 차원에서 이해하고 있는 것이다.

느헤미야의 이와 같은 기도는 '끝까지 무조건 용서하라'라는 기독교적 사고와 많이 다르며 심지어는 비(非) 신약(新約)적이라고 생각할 수도 있다. 그러나 속에서 분노가 치미는데 겉으로는 차분하고 냉정하게 모든 것을 용서한다고 말할 필요는 없다. 이런 행위도 일종의 위선이 아닐까? 우리 마음속 가장 깊은 곳에 감추어진 감정까지도 다 헤아리시는 하나님께 자신의 솔직한 심정과 느낌을 말하는 것도 괜찮다. 일단 분노와 상처받은 것을 다 토로하고 감정을 정리하고 나면, 그다음부터는 가해자를 진정으로 용서할 수 있는 첫 단계에 들어서게 되기 때문이다. 물론 이렇게 내재된 격한 감정을 표현하지 않고도 가해자를 용서할 수 있다면 더 좋다. 그러나 우리 중 이런 성인군자가 몇이나 되겠는가?

산발랏과 도비야의 비방에 사람들은 오히려 이를 악물었다(6절). '백성이 마음 들여 일을 하였다'고 하는데, 문자적으로는 '[의욕으로 가득 찬] 일할 마음이 있었다'는 뜻이다(Yamauchi). 산발랏과 도비야가 비아냥거렸듯이 이스라엘은 지난 수십 년 동안 무능하기 짝이 없는 민족이었다. 그러나 이번에는 성벽 공사를 완벽하게 끝내서 이스라엘이 무능하지 않다는 것을 온 세상에 보여 주겠다는 각오로 열심히 했다. 그동안 자신들이 '노바디'(nobody)로 살아 왔던 과거를 되새기며 '섬바디'(somebody)가 되기를 열망했던 것이다. 그래서 산발랏과 도비야가 기대했던 것과 달리 한마음이 되어 더 열심히 일했다(6절). 일단 성벽 두르기는 모두 마칠 수 있었다. 그러나 성벽의 높이는 원래 계획했던 것의 반(半) 밖에 쌓지 못했다. 아직도 할 일이 많이 남았다는 뜻이다. 일단 성벽 두르기가 모두 끝나 하나로 연결되었으니 예루살렘은 적의 침략에 방어할 수 있는 도성이 되었다.

```
III. 느헤미야의 귀환과 성벽 재건(느 1:1-7:73)
    C. 느헤미야의 성벽 재건(2:11-7:73)
       5. 산발랏과 도비야의 방해(4:1-23[3:33-4:17])
```

(2) 군사적 위협과 느헤미야의 대응(4:7-23)

산발랏과 도비야는 자신들이 예상했던 것과는 달리 오히려 이스라엘 사람들이 힘을 내 성벽 두르기를 마쳤다는 소식을 듣고 더욱 화가 났다. 그래서 예루살렘을 침략하려는 계획을 세웠다. 이 섹션은 느헤미야가 원수들의 군사적 위협에 어떻게 대응하였는가를 회고하고 있으며, 다음과 같은 구조로 이야기를 전개한다(Throntveit).

  A. 예루살렘이 전쟁 위협을 받다(4:7-9)
    B. 사람들이 일할 수 없다고 생각함(4:10-12)
      C. 귀족들과 관리들과 백성들을 격려함(4:13-14)
        X. 주님께서 음모를 헛되게 함: '창과 삽' 방어(4:15-18)
      C'. 귀족들과 관리들과 백성들을 격려함(4:19-20)
    B'. 사람들이 열심히 공사를 진행함(4:21)
  A'. 예루살렘이 사수되다(4:22-23)

```
III. 느헤미야의 귀환과 성벽 재건(느 1:1-7:73)
    C. 느헤미야의 성벽 재건(2:11-7:73)
       5. 산발랏과 도비야의 방해(4:1-23[3:33-4:17])
          (2) 군사적 위협과 느헤미야의 대응(4:7-23)
```

a. 예루살렘이 전쟁 위협을 받다(4:7-9)

[7] 산발랏과 도비야와 아라비아 사람들과 암몬 사람들과 아스돗 사람들이 예루살렘 성이 중수되어 그 허물어진 틈이 메꾸어져 간다 함을 듣고 심히 분노하여 [8] 다 함께 꾀하기를 예루살렘으로 가서 치고 그 곳을 요란하게 하자 하기로 [9] 우리가 우리 하나님께 기도하며 그들로 말미암아 파수꾼을 두어 주야로 방비하는데

산발랏의 비아냥에도 불구하고 이스라엘은 착실하게 성벽을 쌓아올렸다(7절). 예루살렘 성벽이 어느 정도 재건되었다는 소식이 전해지자 산발랏은 몹시 당황하며 화를 냈다(7절). 그는 성벽 재건을 결코 원하지 않았고, 이스라엘 사람들은 성벽을 재건할 능력이 없다고 굳게 믿었는데, 이제 위협을 느끼기 시작한 것이다.

산발랏과 도비야는 주변 민족들과 함께 군사를 일으켜 예루살렘을 칠 계획을 세웠다(8절). 성벽 공사를 저지하기 위해서였다. 아라비아 사람들과 암몬 사람들과 아스돗 사람들이 산발랏과 함께했다. 그렇다면 북쪽으로는 산발랏과 사마리아인들이, 동쪽으로는 도비야와 암몬 사람들이, 남쪽으로는 게셈과 아라비아 사람들이, 그리고 서쪽에는 아스돗 사람들이 에워싸 예루살렘을 고립시킨 상황이다(7절). 게다가 이스라엘 사람들은 성벽을 재건하느라 피곤하고 지친 상태였다. 그래서 느헤미야는 파수꾼들을 두어 주야로 그들의 침략에 대비했다(9절). 이스라엘 공동체는 성전을 재건하는 노동과 함께 돌아가면서 불침번을 서야 하는 이중고를 겪게 된 것이다. 산발랏 일당은 자신의 이권을 위해서는 예루살렘 성벽이 재건되고 이스라엘이 안정되어서는 안 된다고 생각하던 자들이다. 국제 정치라는 것이 이렇다. 옳고 그름의 문제가 아니라 자국의 이권으로 모든 것을 판단한다.

정보를 입수한 느헤미야는 두 가지 대책을 세웠다(9절). 첫째, 기도를 통해 이스라엘이 처한 상황을 하나님께 알렸다. 느헤미야는 참으로 기도의 사람이었다. 하나님은 이런 느헤미야를 기뻐하시며 당연히 보호하고 도와주셨다. 둘째, 경비병을 세워 밤낮으로 성과 성벽을 쌓는 사람들을 지키게 했다. 하나님께 이스라엘을 보호해 달라고 간구한 느헤미야는 자신이 할 수 있는 최선을 다해 침략에 대비했다. 첫 번째(기도)는 영적인 대책이고, 두 번째(파수꾼을 세우는 일)는 현실적인 대책이었다. 하나님을 의지한다는 것이 현실은 무시해도 좋다는 뜻은 아니다. 올바른 신앙인은 영적 세계와 현실 세계 중 어느 하나도 소홀히 하지 않는다.

```
III. 느헤미야의 귀환과 성벽 재건(느 1:1-7:73)
   C. 느헤미야의 성벽 재건(2:11-7:73)
      5. 산발랏과 도비야의 방해(4:1-23[3:33-4:17])
         (2) 군사적 위협과 느헤미야의 대응(4:7-23)
```

b. 사람들이 일할 수 없다고 생각함(4:10-12)

> [10] 유다 사람들은 이르기를
> 흙 무더기가 아직도 많거늘
> 짐을 나르는 자의 힘이 다 빠졌으니
> 우리가 성을 건축하지 못하리라
> 하고 [11] 우리의 원수들은 이르기를 그들이 알지 못하고 보지 못하는 사이에 우리가 그들 가운데 달려 들어가서 살륙하여 역사를 그치게 하리라 하고 [12] 그 원수들의 근처에 거주하는 유다 사람들도 그 각처에서 와서 열 번이나 우리에게 말하기를 너희가 우리에게로 와야 하리라 하기로

산발랏 일당이 빈정댈 때에는 오히려 더 열심히 성벽을 쌓던 사람들이 군사 도발이 임박했다는 소식을 듣자 일할 의욕을 잃어버렸다. 그들이 노래하기를 "흙 무더기가 아직도 많거늘 짐을 나르는 자의 힘이 다 빠졌으니 우리가 성을 건축하지 못하리라"라고 하였다(10절). 일부 주석가들은 이 노래가 '하나님의 도움과 느헤미야의 능력이 성벽을 쌓기에 충분하다'라는 뜻이라고 하지만(McConville), 이 노래는 탄식이 섞인 비관적인 노래다(Clines). 이번에는 적들의 위협이 효과가 있었다.

원수들은 호시탐탐 도성을 쑥대밭으로 만들 기회만 노리고 있었고(11절), 원수들 가까이에 사는 유다 사람들은 그들의 침략 계획을 알게 되었다(12절). 임박한 침략 정보를 입수한 사람들이 예루살렘에 와서 무엇을 열 차례나 했는지는 확실하지 않다. 히브리어 문구(תָּשׁוּבוּ עָלֵינוּ מִכָּל־הַמְּקֹמוֹת אֲשֶׁר; 개역개정은 '너희가 우리에게로 와야 하리라'로 번역함)(12절)의

의미가 매우 불확실하기 때문이다.

한 번역본은(TNK) 본문에서 일부 문구가 분실된 것으로 취급해 본문의 모호함을 그대로 보존하기도 하지만("...from all the places where...you shall come back to us...."), 대부분의 번역본과 주석가들은 다음 두 가지로 해석한다. 첫째, 침략이 임박했으며 그들이 사방에서 쳐들어올 것이라는 뜻이다(새번역; 공동; NAS; NIV; NRS). 지금 예루살렘은 적들에 의해 사방에서 "포위된" 상태임을 감안하면 적절한 해석이다. 둘째, 정보를 입수한 사람들이 예루살렘에 찾아와서 적들의 공격이 임박했으니 빨리 성을 떠나 각자 집으로 돌아가라고 말했다는 뜻이다(개역; ESV; KJV). 형제와 부모를 잃고 싶지 않은 백성들의 심정을 감안할 때 이 해석도 가능하다. 두 해석 모두 저자가 상황의 절박함을 강조하고 있음을 느낄 수 있다.

일부 학자들은 산발랏 일당이 심리전을 펼치기 위해 일부러 침략이 임박했다는 소문을 퍼트린 것을 유다 사람들이 듣고 전해 준 것이라 풀이하기도 하지만(Breneman), "우리의 대적이 우리가 그들의 의도를 눈치챘다 함을 들으니라"(15절)라는 구절을 감안하면, 그렇지 않은 것이 확실하다. 산발랏 일당은 비밀리에 예루살렘을 치려고 했지만 정보가 새어 나간 것이다. 하나님이 상황을 이렇게 만드신 것이다(15절). 느헤미야는 성벽을 재건하겠다고 모인 사람들이 공사를 그만두고 각자 집으로 돌아가 버릴 수도 있는 위기를 맞았다. 그는 과연 이 위기를 어떻게 해결해 나갈 것인가?

```
III. 느헤미야의 귀환과 성벽 재건(느 1:1-7:73)
   C. 느헤미야의 성벽 재건(2:11-7:73)
      5. 산발랏과 도비야의 방해(4:1-23[3:33-4:17])
         (2) 군사적 위협과 느헤미야의 대응(4:7-23)
```

c. 귀족들과 관리들과 백성들을 격려함(4:13-14)

¹³ 내가 성벽 뒤의 낮고 넓은 곳에 백성이 그들의 종족을 따라 칼과 창과 활

(느 1:1-7:73)

을 가지고 서 있게 하고 ¹⁴ 내가 돌아본 후에 일어나서 귀족들과 민장들과 남은 백성에게 말하기를 너희는 그들을 두려워하지 말고 지극히 크시고 두려우신 주를 기억하고 너희 형제와 자녀와 아내와 집을 위하여 싸우라 하였느니라

느헤미야는 동요하는 백성들을 안정시키기 위해 두 가지 조치를 취했다. 첫째, 백성 중 일부를 완전 무장시켜 성벽 쌓는 사람들 뒤에 배치했다(13절). 전에는 경비병/파수꾼을 세웠지만(9절), 위협 수위가 높아짐에 따라 아예 군대를 일으켜 성벽을 쌓는 사람들을 보호했다. 적들이 언제 쳐들어올지 모르는 불안한 상황에서 성벽을 쌓던 사람들은 이 군대를 볼 때마다 어느 정도 안도가 되었을 것이다.

둘째, 느헤미야는 공사를 하는 사람들을 격려했다(14절). 그의 격려 방법은 간단했다. 하나님을 두려워하고 가족을 생각하라는 것이다. 성벽 재건은 하나님이 기뻐하시는 일이기 때문에 주께서 꼭 보호해 주실 것이라는 확신과 믿음이 없이는 할 수 없다. 만일 이런 확신이 없다면 성벽을 완공한다 해도 신앙적 차원에서는 별 의미가 없을 것이다. 그러므로 이들에게 가장 필요한 것은 성벽 재건에 대한 신앙적 확신이었다. 그들을 통해 성벽 재건을 시작하신 분이 하나님이라는 사실만 기억한다면 원수들의 위협에도 걱정할 필요가 없다. 그들 가운데 선한 일을 시작하신 이가 이제 와서 그들을 버리실 리 없기 때문이다. 이처럼 과거를 기억하는 것은 당면한 문제를 헤쳐 나갈 믿음과 확신을 준다.

느헤미야는 또한 백성들에게 적들을 두려워하지 말고 지극히 크신 하나님을 두려워하라고 권면했다(14절). 또한 성벽을 건설하는 것은 곧 외부의 침략으로부터 자기 가족을 보호하는 일이기도 하다는 점을 상기시켰다(14절). 만일 이스라엘이 성벽 건설을 중단하면 원수들은 더 비웃을 것이고, 가족들은 보호받지 못하게 된다. 성벽을 쌓는 사람들

은, 수모와 비웃음은 자기 세대에서 끝내고 자녀들에게는 자부심과 영광만 물려주고 싶을 것이다. 이것이 다음 세대를 향한 부모 세대의 마음이기 때문이다. 느헤미야는 어떻게 해야 사람들이 위험한 상황에서도 의욕을 잃지 않을 수 있을지 잘 알고 있었다.

```
III. 느헤미야의 귀환과 성벽 재건(느 1:1-7:73)
   C. 느헤미야의 성벽 재건(2:11-7:73)
      5. 산발랏과 도비야의 방해(4:1-23[3:33-4:17])
         (2) 군사적 위협과 느헤미야의 대응(4:7-23)
```

d. 주님께서 음모를 헛되게 함: '창과 삽' 방어(4:15-18)

¹⁵ 우리의 대적이 우리가 그들의 의도를 눈치챘다 함을 들으니라 하나님이 그들의 꾀를 폐하셨으므로 우리가 다 성에 돌아와서 각각 일하였는데 ¹⁶ 그 때로부터 내 수하 사람들의 절반은 일하고 절반은 갑옷을 입고 창과 방패와 활을 가졌고 민장은 유다 온 족속의 뒤에 있었으며 ¹⁷ 성을 건축하는 자와 짐을 나르는 자는 다 각각 한 손으로 일을 하며 한 손에는 병기를 잡았는데 ¹⁸ 건축하는 자는 각각 허리에 칼을 차고 건축하며 나팔 부는 자는 내 곁에 섰었느니라

무방비 상태의 예루살렘을 예고 없이 치려는 음모를 꾸몄던 산발랏 일당이 침략에 대비한 느헤미야의 철저한 대응을 보고 자신들의 음모가 실패한 것을 깨달았다(15절). 이미 음모가 알려졌고, 이스라엘 백성 중 일부가 완전 무장을 하고 성벽을 지키고 있으니 침략이 어려워졌다. 여러 정황을 고려할 때 수(數)적으로 우세한 침략자들이 이길 수는 있겠지만 전쟁에 대비해 만반의 준비를 갖춘 예루살렘을 상대로 싸우면 그들의 피해도 만만치 않을 것이었다. 게다가 성벽이 아직 완성되지는 않았지만, 지리적 우위를 선점하고 있는 이스라엘을 상대로 싸우는 것은 매우 어려운 일이다.

산발랏 일당이 예루살렘 침략을 쉽게 생각했다가 예상치 못한 상황을 맞아 고심하는 동안 이스라엘 사람들은 성벽 쌓는 일을 계속해 나갔다. 느헤미야는 적들의 침략 음모가 발각되어 쉽게 쳐들어올 수 없게 된 것도 하나님의 은총임을 고백한다(15절). 그는 눈에 보이지 않는 것을 보는 영성을 지닌 사람이었다.

느헤미야와 백성들은 일단 한고비를 넘기고 안도했다. 그러나 그들은 방심하지 않았다. 오히려 군대를 더 늘리고 정비해 만약의 사태에 철저히 대비했다. 처음 협박에는 경비병을 세웠고(9절), 두 번째 협박에는 '칼과 창과 활로 무장한' 군대를 세웠던(13절) 느헤미야가 이번에는 '갑옷을 입고 창과 방패와 활로' 군대를 무장시켰다(16절). 갑옷이 더해진 것이다. 적들의 위협이 커짐에 따라 더 확실한 대비가 이루어지고 있다.

얼마 전에는 종족별로 군대를 세웠는데(13절), 이번에는 직접 통솔하던 젊은이 중 반을 군인으로 추가했다(16절). 아마도 두 조로 나누어 한 조가 일하는 동안 다른 조는 무장을 하고 일하는 사람들을 지키다가 시간이 지나면 서로 역할을 바꾸어 공사를 계속한 것으로 생각된다. 공사가 다소 지연되더라도 도성의 방어와 백성들의 안전을 위해서는 꼭 필요한 조치였다.

그뿐만이 아니다. 짐을 나르는 사람들은 한 손에는 짐을 들고, 다른 한 손에는 병기를 잡도록 했고(17절), 성벽을 쌓는 사람들은 허리에 칼을 차고 일을 하도록 했고, 만일을 대비해서 나팔수는 항상 느헤미야 곁에 있도록 했다(18절). 20절을 감안할 때 느헤미야는 공사가 진행되는 곳곳에 나팔수를 배치해 둔 것으로 생각된다. 적의 위협이 한풀 꺾였다 해서 긴장을 푼 것이 아니라, 오히려 무장을 더 강화해서 만반의 준비를 갖추고 일했다. 시간이 흐를수록 산발랏 일당이 예루살렘을 침략하기가 점점 더 어려워졌다. 적을 알고 철저히 준비하는 자는 절대 쉽게 패하지 않는다. 또한 하나님은 자신이 처한 상황에서 최선을 다하며 주를 바라는 사람을 도우신다.

> III. 느헤미야의 귀환과 성벽 재건(느 1:1-7:73)
>   C. 느헤미야의 성벽 재건(2:11-7:73)
>   5. 산발랏과 도비야의 방해(4:1-23[3:33-4:17])
>   (2) 군사적 위협과 느헤미야의 대응(4:7-23)

e. 귀족들과 관리들과 백성들을 격려함(4:19-20)

¹⁹ 내가 귀족들과 민장들과 남은 백성에게 이르기를 이 공사는 크고 넓으므로 우리가 성에서 떨어져 거리가 먼즉 ²⁰ 너희는 어디서든지 나팔 소리를 듣거든 그리로 모여서 우리에게로 나아오라 우리 하나님이 우리를 위하여 싸우시리라 하였느니라

느헤미야는 비상 연락망도 만들고 귀족들과 관리들과 백성들에게 명령하여 곳곳에 나팔수를 배치하게 했다. 요세푸스는 느헤미야가 150m 간격으로 나팔수들을 배치했다고 한다(Ant. 11.177). 성벽 공사가 제법 넓은 지역에서 동시다발로 진행되는 상황에서 혹시라도 한 곳이 적의 공격을 받게 되면 다른 곳에서 일하던 사람들이 무장하고 신속하게 그곳으로 모이기 위함이었다. 나팔소리가 나면 누구든지 하던 일을 멈추고 무기를 들고 소리 나는 곳으로 달려가도록 했다(20절).

느헤미야는 이처럼 사람이 할 수 있는 모든 준비를 철저히 하도록 지시했지만 동시에 도움이 어디서 오는지 잊지 않도록 했다. "우리 하나님이 우리를 위하여 싸우시리라"(20절). 느헤미야는 방해하는 자들과 싸우게 되면 하나님께서 분명 성전(聖戰)을 해주실 것을 믿었다. 이스라엘이 이 사실을 망각하면 모든 일이 헛되다. 성경은 하나님이 지키시지 않으면 파수꾼의 수고가 헛되다고 말한다(시 127:1). 느헤미야는 아마 과거에 하나님이 이스라엘의 나팔 소리를 들으시고 그들을 위해 싸워 주신 일을 회상하며 확신을 가지고 선포했을 것이다(cf. 출 14:14; 신 1:30; 3:22; 20:4; 수 10:14; 23:10). 그는 성벽 재건을 기뻐하시는 하나님이 이스라엘과 함께하시며 그들을 보호해 주실 것이라고 백성을 위로한다. 하나님이 그들과 함께하시면 누가 그들을 대적하리요!

```
III. 느헤미야의 귀환과 성벽 재건(느 1:1-7:73)
    C. 느헤미야의 성벽 재건(2:11-7:73)
        5. 산발랏과 도비야의 방해(4:1-23[3:33-4:17])
            (2) 군사적 위협과 느헤미야의 대응(4:7-23)
```

f. 사람들이 열심히 공사를 진행함(4:21)

²¹ 우리가 이같이 공사하는데 무리의 절반은 동틀 때부터 별이 나기까지 창을 잡았으며

백성들은 느헤미야의 위로와 격려에 힘을 얻고, 필요하면 하나님이 그들을 위해 성전(聖戰)을 하실 것이라는 확신으로 무장한 채 더 열심히 성벽을 쌓았다. 절반 정도 쌓인 성벽을(cf. 6절) 계속 높여간 것이다. 적들이 호시탐탐 노리는 상황에서 백성들은 빨리 성벽을 완성하고자 이른 새벽부터 밤에 별이 보일 때까지 일을 하였다. 일상적으로 해가 질 무렵에 하루일이 마무리되었는데, 이들은 고대판 '별보기 운동'을 전개한 것이다. 그만큼 의욕적이었다.

이들은 칼을 차고 일을 했으며, 반이 일하는 동안 나머지 반은 무장한 채 보초를 섰다. 적들의 위협에서 한시라도 빨리 벗어나고자 최선을 다했다. 산발랏 일당은 이스라엘의 성벽 재건을 막기 위해 침략하려 했지만, 오히려 협박으로 인해 성벽은 더 신속하게 쌓여 가고 있다. 산발랏 일당이 전혀 원치 않은 결과를 초래한 것이다. 이스라엘이 일시적으로 산발랏의 심리전에 걸려든 것은 사실이지만(cf. 10-11절), 하나님이 함께하시며 보호하신다는 확신으로 위기를 모면했다(cf. 14절). 악한 방해가 있을 때는 주의 백성들의 선한 열심이 최선의 대응이다.

> III. 느헤미야의 귀환과 성벽 재건(느 1:1-7:73)
>   C. 느헤미야의 성벽 재건(2:11-7:73)
>   5. 산발랏과 도비야의 방해(4:1-23[3:33-4:17])
>   (2) 군사적 위협과 느헤미야의 대응(4:7-23)

g. 예루살렘이 사수되다(4:22-23)

> ²² 그 때에 내가 또 백성에게 말하기를 사람마다 그 종자와 함께 예루살렘 안에서 잘지니 밤에는 우리를 위하여 파수하겠고 낮에는 일하리라 하고 ²³ 나나 내 형제들이나 종자들이나 나를 따라 파수하는 사람들이나 우리가 다 우리의 옷을 벗지 아니하였으며 물을 길으러 갈 때에도 각각 병기를 잡았느니라

느헤미야는 성벽을 쌓는 사람들에게 한 가지를 더 요구했다. 일이 끝나면 예루살렘 성안에서 자며 경계를 서라는 것이었다(22절). 물론 밤에 경계를 선다고 해서 모든 사람이 잠을 자지 않은 것은 아니다. 아마도 여러 조로 나누어 돌아가며 불침번을 서고 나머지 사람들은 잠을 자거나 휴식을 취했을 것이다. 일꾼 중 상당수가 주변 마을에서 온 사람들이었음을 감안할 때, 이 정책은 두 가지 목적을 둔 것으로 생각된다. 첫째는 출퇴근 시간을 최대한 줄이기 위해서였다. 둘째는 혹시라도 마음이 해이해진 사람들이 이탈하는 것을 막기 위해서였다. 함께 묵으면 이런 일은 최소화될 것이기 때문이다.

수년씩 걸리는 프로젝트에 이런 요구를 하면 무리지만, 이 일은 그다지 오래 걸리지 않았다. 총 공사 기간이 52일이었는데, 공사가 후반부에 접어들었을 때 느헤미야가 이런 정책을 펼친 것으로 생각된다. 만일 느헤미야가 자신은 누릴 것을 다 누리며 백성들에게만 이런 요구를 했다면 많은 불만을 샀을 것이다. 그는 늘 솔선수범하였고, 그의 형제들과 그가 데리고 있는 젊은이들, 그의 경비병들도 모두 똑같이 이 일에 동참했다(23절). 그들은 항상 무장한 상태로 생활했으며, 물을 길으러 갈 때에도 무기를 들고 다녔다. "물을 길으러 갈 때에도 각각 병

기를 잡았느니라"(23절)의 정확한 번역은 매우 어렵다(cf. Yamauchi). 그러나 전반적인 의미는 확실하다. 느헤미야와 백성들은 하루 24시간 적들의 침략에 대비하고 있었다는 뜻이다.

참된 지도자는 어떠한 경우에도 최선을 다한다. 지도자의 솔선수범은 그 무엇보다도 사람들의 마음을 설득시키는 능력을 가지고 있다. 오늘날 교회는 느헤미야처럼 삶으로 본을 보이는 지도자가 절실히 요구된다.

```
III. 느헤미야의 귀환과 성벽 재건(느 1:1-7:73)
    C. 느헤미야의 성벽 재건(2:11-7:73)
```

6. 성벽 재건 중 불거진 사회적·경제적 문제(5:1-13)

이 섹션이 기록하고 있는 사건이 언제 일어난 일인가에 대해서는 학자들의 의견이 크게 둘로 나뉜다. 전통적으로 대부분의 주석가는 이 일이 성벽 재건 공사가 진행되는 동안에 있었던 일로 이해한다(Clines). 느헤미야서의 전개를 감안할 때 이러한 해석이 가장 자연스럽다.

반면에 일부 주석가들은 이 일이 성벽이 완성되고 어느 정도 시간이 지난 다음에 생긴 일이라고 한다(Ackroyd, Throntveit). 그들이 제시하는 증거는 이러하다. (1) 성벽 공사 기간이 52일인데 본문이 언급하는 경제적 어려움과 갈등을 초래했다고 보기에는 너무 짧다. 이 문제는 훨씬 오래전부터 진행되어 왔다는 느낌이 강하다. (2) 본문은 이 일을 성벽 재건 공사와 직접 연관시키지 않는다. 공사 기간 동안 있었던 일이 아닌데 여기에 삽입되었을 뿐이다. (3) 느헤미야가 이런 일로 성벽 재건 공사가 중단되도록 허락하지는 않았을 것이다. 이 문제를 해결하는 동안 공사가 완전히 멈추었다. (4) 느헤미야의 총독 임기(12년)를 언급하고 있는 14절은 훨씬 오랜 시간 동안 이 문제가 전개되었음을 암시한다. 느헤미야가 한참 후에 있었던 일을 이곳에 삽입하고 있다. 그렇다면 저자는 왜 이때 일어나지 않은 일을 이곳에 삽입한 것일까? 어떤 이는 성벽 공사가 진행되는 동안 상당한 시간이 흘렀음을 보여 주기 위해서라고 한다(Bowman).

이 섹션에 기록된 사건이 성벽 공사가 진행되는 동안 불거진 일이 아니라는 결정적인 증거는 없다. 공사가 진행되는 동안 상당한 시간이 흘렀음을 보여 주기 위해서 이곳에 삽입된 것이라는 논리도 별로 설득력이 없어 보인다. 왜냐하면 3-4장은 이미 성벽이 건축되는 과정을 상세히 묘사하고 있기 때문에 시간이 흘렀다는 점을 강조하기 위해 추가 내용을 담을 필요는 없기 때문이다(Williamson). 더욱이 저자가 이 엄청난 프로젝트를 느헤미야가 얼마나 신속하게 해냈는지 회고하고 있다는 점을 감안할 때 세부 사항은 가급적 생략하려 했을 것이다. 만일 5장의 이야기가 그때 일어난 일이 아니라면 굳이 이곳에 추가할 필요가 없다. 그러므로 5장의 이야기는 성벽 공사 중에 불거진 일로 간주하는 것이 바람직하다(Neufeld; McConville). 귀향민 공동체의 경제적 불평등에 대한 문제 제기와 느헤미야의 해결책을 회고하는 본문은 다음과 같이 두 부분으로 나뉜다.

  A. 문제: 경제적 불공평(5:1-5)
  B. 해법: 공동체 정신 회복(5:6-13)

```
III. 느헤미야의 귀환과 성벽 재건(느 1:1-7:73)
    C. 느헤미야의 성벽 재건(2:11-7:73)
        6. 성벽 재건 중 불거진 사회적·경제적 문제(5:1-13)
```

(1) 문제: 경제적 불공평(5:1-5)

¹ 그 때에 백성들이 그들의 아내와 함께 크게 부르짖어 그들의 형제인 유다 사람들을 원망하는데 ² 어떤 사람은 말하기를 우리와 우리 자녀가 많으니 양식을 얻어 먹고 살아야 하겠다 하고 ³ 어떤 사람은 말하기를 우리가 밭과 포도원과 집이라도 저당 잡히고 이 흉년에 곡식을 얻자 하고 ⁴ 어떤 사람은 말

하기를 우리는 밭과 포도원으로 돈을 빚내서 왕에게 세금을 바쳤도다 ⁵ 우리 육체도 우리 형제의 육체와 같고 우리 자녀도 그들의 자녀와 같거늘 이제 우리 자녀를 종으로 파는도다 우리 딸 중에 벌써 종된 자가 있고 우리의 밭과 포도원이 이미 남의 것이 되었으나 우리에게는 아무런 힘이 없도다 하더라

성벽 공사가 한참 진행되는 동안 예기치 못한 문제가 생겼다. 생활고에 시달리던 백성들이 '울부짖었다'(צְעָקָה). 이 단어(צְעָקָה)는 이집트에서 노예 생활을 하던 이스라엘이 너무나도 고통스러워 하나님께 부르짖은 일을 묘사하는 것이기도 하다(출 3:9). 옛적에는 이집트 사람들이 가해자였는데 이번에는 동족이 가해자가 되었다. 남편들은 자원봉사로 성벽 공사에 참여하고 있었기 때문에 여자들이 더 큰소리를 내는 것은 당연한 일이었다(1절). 남편이 돈을 전혀 가져다주지 않는 상황에서 이들이 생계를 꾸려야 했기 때문이다. 땅이 없는 사람들은 곡식을 사기 위해서 빚을 졌고(2절), 땅이 있는 사람들도 가뭄과 기근 때문에 밭을 담보로 곡식을 얻었으며(3절), 어떤 이들은 세금을 내기 위해 땅을 저당 잡히기도 했다(4절). 바빌론과 페르시아 제국은 부동산에도 세금을 부과했으며 다리오는 올해의 소산뿐만 아니라 지난해의 소산에도 세금을 물리는 과세 정책을 강요하기도 했다(Breneman).

개인적인 사정으로 빚을 진 사람들도 있었다(2절). 당시 연(年) 이율이 보통 20%였는데 최고 40-60%까지 치솟았다고 한다(Olmstead). 이런 상황에서 이스라엘의 부유층이 가난한 사람들에게 합리적인 선에서 돈을 꾸어 주며 도움의 손길을 내밀었다면 참 좋았을 텐데 오히려 서민들의 처지를 악용해 더 많은 돈을 벌어들이려고 했다. 사실 율법은 이자를 받고 돈을 빌려주는 것을 금하고 있다.

문제는 이들이 처한 상황이 스스로 감당하기에는 너무 벅찼다는 것이다. 심지어는 빚을 갚기 위해 자식을 노예로 파는 일도 생겨났다(5절). 율법은 자식을 노예로 보내는 것이 하나님께 불순종한 백성에게

내리는 큰 저주 중 하나라고 하는데(신 28:32), 이런 끔찍한 일이 이스라엘 백성들 사이에 벌어지고 있었던 것이다. 생각해 보면 믿음의 공동체를 위협하는 것은 대체로 외부의 압력보다 내부적인 요인들이다. 외부의 압력을 잘 이겨내며 성벽 재건 프로젝트를 열심히 진행하던 느헤미야에게 내부의 복병이 나타난 것이다.

가난한 백성들은 '우리는 주님의 한 백성'이라며 하루 벌어 하루 사는 것도 버거운 사람들을 자원봉사자로 동원하여 성벽을 쌓는 총독 느헤미야와 그들에게 높은 이율로 돈을 꾸어 주는 귀족과 관리들의 위선을 이해할 수 없었다. 이스라엘 사람들 사이에 높은 이자를 받고 돈을 빌려주고, 채무를 갚지 못하면 법적 조치를 취하는 것이 지난 수십 년간 해오던 관행이었을 텐데 그동안에는 잠잠하다가 왜 성벽 공사 중인 이때 불거진 것일까? 처음에는 원대한 꿈을 안고 한 민족으로 바빌론에서 돌아왔지만, 현실의 어려움을 헤쳐 나가다 보니 피를 나눈 한 민족이라는 사실이 별로 중요하지 않게 된 것이다. 공동체 정신이 거의 붕괴된 것이다.

그러다가 느헤미야가 예루살렘으로 와서 자원봉사자들을 동원해 성벽 공사를 시작하면서 내건 슬로건이 '우리는 한 민족'이었다(2:17-18). 귀족과 관리들도 느헤미야를 도와 적극적으로 이 일을 진행하고 있다. 의도는 좋았지만 가난한 백성들에게 요구된 자원봉사는 그들의 허리를 휘게 하기에 충분했다. 특히 남편이 없는 동안 가정을 꾸려야 하는 아내들의 고충은 이만저만이 아니었다. 결국 어려움이 불만이 되어 터진 것이다. 입으로만 한 공동체라 떠들지 말고 가난한 지체들이 살 수 있도록 대안을 제시해 달라는 것이었다.

```
III. 느헤미야의 귀환과 성벽 재건(느 1:1-7:73)
   C. 느헤미야의 성벽 재건(2:11-7:73)
      6. 성벽 재건 중 불거진 사회적·경제적 문제(5:1-13)
```

(2) 해법: 공동체 정신 회복(5:6-13)

⁶ 내가 백성의 부르짖음과 이런 말을 듣고 크게 노하였으나 ⁷ 깊이 생각하고 귀족들과 민장들을 꾸짖어 그들에게 이르기를 너희가 각기 형제에게 높은 이자를 취하는도다 하고 대회를 열고 그들을 쳐서 ⁸ 그들에게 이르기를 우리는 이방인의 손에 팔린 우리 형제 유다 사람들을 우리의 힘을 다하여 도로 찾았거늘 너희는 너희 형제를 팔고자 하느냐 더구나 우리의 손에 팔리게 하겠느냐 하매 그들이 잠잠하여 말이 없기로 ⁹ 내가 또 이르기를 너희의 소행이 좋지 못하도다 우리의 대적 이방 사람의 비방을 생각하고 우리 하나님을 경외하는 가운데 행할 것이 아니냐 ¹⁰ 나와 내 형제와 종자들도 역시 돈과 양식을 백성에게 꾸어 주었거니와 우리가 그 이자 받기를 그치자 ¹¹ 그런즉 너희는 그들에게 오늘이라도 그들의 밭과 포도원과 감람원과 집이며 너희가 꾸어 준 돈이나 양식이나 새 포도주나 기름의 백분의 일을 돌려보내라 하였더니 ¹² 그들이 말하기를 우리가 당신의 말씀대로 행하여 돌려보내고 그들에게서 아무것도 요구하지 아니하리이다 하기로 내가 제사장들을 불러 그들에게 그 말대로 행하겠다고 맹세하게 하고 ¹³ 내가 옷자락을 털며 이르기를 이 말대로 행하지 아니하는 자는 모두 하나님이 또한 이와 같이 그 집과 산업에서 털어 버리실지니 그는 곧 이렇게 털려서 빈손이 될지로다 하매 회중이 다 아멘 하고 여호와를 찬송하고 백성들이 그 말한 대로 행하였느니라

동족들 사이에 이런 일이 있으리라고는 상상도 못했던 느헤미야는 이들의 울부짖음을 듣고 분노했다(6절). 불의를 보고 참지 못하는 거룩한 분노였다. 참는 것만이 미덕은 아니다. 우리는 때로 하나님을 분노케 하는 일에 분노할 필요가 있다. 느헤미야가 이처럼 분노하는 것은 성벽을 재건하며 꿈꾸던 공동체와는 너무나도 거리가 먼 이야기가 펼

쳐지고 있었기 때문이다.

만일 이스라엘 사람들이 앞으로도 이런 식으로 서로를 남처럼 대한다면, 온갖 어려움을 감수하면서까지 성벽을 재건할 필요가 없다고 느꼈을 것이다. 예수님께서 성전 앞에서 장사하던 사람들의 상을 엎으면서 분노하신 것을 보면 지도자는 분노할 때는 분노해야 한다. 원칙과 윤리를 지키려면 화를 내야 할 때가 있는 법이다.

그러나 느헤미야는 곧장 감정적으로 대응하지 않았다. 먼저 피해자들의 탄식과 원망을 신중하게 살폈다(7절). 상황의 심각성에 대해 더 자세히 알고 확실한 증거를 수집하기 위해서였다. 책에 묘사된 느헤미야가 어떤 때는 상당한 다혈질로 보이지만, 그는 동시에 자신의 분노를 냉정히 다스릴 줄 아는 사람이었다.

백성들의 원망 소리를 신중하게 살핀 느헤미야는 이 상황을 어떻게 헤쳐 나가야 할지 스스로 결정하고 가해자인 귀족과 관리들을 만났다. 그는 지도자들을 만난 자리에서 자신의 불편한 심기를 확실하게 표현하면서 문제의 심각성에 대해 그들을 질타했다(7절). 이스라엘 공동체의 지도자들로서 다른 사람들이 이런 일을 하면 막아야 할 텐데 어찌 스스로가 이런 일을 자행하고 있느냐는 것이다. 주의 백성들이 서로를 대할 때 준수해야 할 가이드라인이 율법이다. 그런데 귀족들이 율법을 무시하고 이런 짓을 했으니 입이 열 개라도 할 말이 없었다.

느헤미야는 한걸음 더 나아가 공동체 전체 모임을 소집했다(7c절). 그는 이번에 불거진 문제의 어이없음을 지적했다. 이방인에게 팔려간 동포를 겨우 몸값을 치르고 데려왔는데, 그런 동포를 다시 팔 수 있느냐는 것이다(8절). 바빌론 포로 생활과 귀향을 두고 한 말이다. 이스라엘 공동체는 지체가 이방인에게 팔리는 일을 막아야 할 의무가 있었다. 그런데 공동체가 서로를 팔고 있다! 누가 봐도 이런 일을 한 사람은 변명의 여지가 없다(8c절). 하나님이 다시 이 백성의 몸값을 지불하고 데려와야겠는가.

느헤미야는 세 가지 이유를 제시하며 이런 일은 당장 멈춰야 한다고 주장한다(9절). 첫째, 옳지 않다. 하나님의 선민인 이스라엘은 세상 민족과 다른 신앙과 가치관을 가지고 살아야 하는데, 그에 비추어 볼 때 이런 일은 옳지 않다. 하나님의 기준에 어긋나기 때문이다. 둘째, 원수들의 조롱거리가 될 것이다. 이스라엘이 힘을 들여 성벽을 쌓은들 서로를 이방인 대하듯 한다면, 무엇 때문에 성벽을 재건하느냐는 비아냥거림과 조롱을 살 것이다. 셋째, 하나님을 두려워한다면 있을 수 없는 일이다. 만일 이스라엘이 하나님을 두려워한다면, 그분의 말씀이 금하는 일을 할 리가 없다. 이 문제는 단순히 경제적 문제가 아니라 종교적 문제이기도 하다. 곧 하나님께 대한 올바른 태도를 가지라는 것이다.

느헤미야는 자신의 사례를 들며 백성들에게 돈과 곡식을 꾸어 준 사람들이 어떻게 해야 하는지 알려 주었다. 자신과 친족들도 형편이 어려운 사람들에게 돈과 곡식을 꾸어 주고 있지만, 이자는 받지 않고 있다면서(10절), 동포에게 돈을 꾸어 주며 밭과 집을 담보로 잡았다면 당장 돌려주고 이자도 받지 말라고 한다(11절). 만일 서로를 이방인 대하듯이 한다면 동족으로서 함께 살아간다는 것이 무엇을 의미하는지 깊이 생각해 보라는 취지다. 만일 서로를 동족으로 생각한다면 그렇게 해야 한다며 단호한 결단을 요구하고 있다. 그가 평소에 몸소 실천한 일들이 가장 큰 설득력을 발휘하고 있다.

서민들에게 지나친 담보를 잡고 착취 수준의 이율을 적용하여 돈을 빌려준 사람들이 모두 그렇게 하겠다고 했다(12절). 이자도 받지 않고 담보도 돌려주겠다는 것이다. 사실 백성들이 성벽을 열심히 쌓으면 가장 큰 이익을 볼 사람이 이들이다. 가진 것이 없는 사람들은 침략자들이 성을 공략해도 잃을 게 별로 없기 때문이다. 반면에 부자들은 잃을 게 많다. 그러므로 종교적인 이유뿐만 아니라 경제적인 이유에서도 이들은 그렇게 할 필요가 있다.

느헤미야는 이들이 혹시 나중에 이 자리에서 한 약속을 번복할 것을 염려해 당장 제사장들을 불러 하나님 앞에 이 모든 것에 대해 서약하도록 했다 (12c절). 그는 자신의 옷자락을 털어 보이면서 하나님 앞에서 서약한 것을 지키지 않는 사람은 서약의 증인이신 하나님이 이처럼 빈털터리로 만들어 버리실 것이라고 선언했다(13a절). 모두 아멘으로 화답했으며 약속을 잘 지켰다(13b절). 모든 일이 잘 되었다. 이스라엘 공동체는 처음으로 하나님의 백성답게 서로를 대하게 되었다. 느헤미야는 허물어진 성벽만 쌓은 것이 아니라 무너진 공동체 의식도 다시 쌓아가고 있었다.

III. 느헤미야의 귀환과 성벽 재건(느 1:1-7:73)
　C. 느헤미야의 성벽 재건(2:11-7:73)

7. 느헤미야의 모범(5:14-19)

¹⁴ 또한 유다 땅 총독으로 세움을 받은 때 곧 아닥사스다 왕 제이십년부터 제삼십이년까지 십이 년 동안은 나와 내 형제들이 총독의 녹을 먹지 아니하였느니라 ¹⁵ 나보다 먼저 있었던 총독들은 백성에게서, 양식과 포도주와 또 은 사십 세겔을 그들에게서 빼앗았고 또한 그들의 종자들도 백성을 압제하였으나 나는 하나님을 경외하므로 이같이 행하지 아니하고 ¹⁶ 도리어 이 성벽 공사에 힘을 다하며 땅을 사지 아니하였고 내 모든 종자들도 모여서 일을 하였으며 ¹⁷ 또 내 상에는 유다 사람들과 민장들 백오십 명이 있고 그 외에도 우리 주위에 있는 이방 족속들 중에서 우리에게 나아온 자들이 있었는데 ¹⁸ 매일 나를 위하여 소 한 마리와 살진 양 여섯 마리를 준비하며 닭도 많이 준비하고 열흘에 한 번씩은 각종 포도주를 갖추었나니 비록 이같이 하였을지라도 내가 총독의 녹을 요구하지 아니하였음은 이 백성의 부역이 중함이었더라 ¹⁹ 내 하나님이여 내가 이 백성을 위하여 행한 모든 일을 기억하사 내게 **은혜를 베푸시옵소서**

느헤미야는 잠시 성벽 재건 이야기를 멈추고 자기 이야기를 회고한다. 총독으로 있던 12년 동안 백성을 사랑하고 배려하는 마음에서 자신의 정당한 권리를 행사하지 않았다. 하나님의 백성 공동체는 서로를 보살피는 일에 있어서 세상의 법과 관례가 허용하는 것 이상으로 해야 한다는 교훈을 주기 위해서다.

그는 자신이 아닥사스다 왕의 임명을 받은 총독으로서 도성을 찾았다는 사실을 처음으로 언급한다(14절). 그가 처음부터 유다의 총독으로 왔는지, 아니면 개인적으로 예루살렘을 방문해 성벽을 쌓은 다음 수산으로 돌아가 총독으로 임명을 받고 다시 돌아온 것인지에 대해서는 학자들의 견해가 다소 분분하다. 왕과 느헤미야의 대화(cf. 2장)를 감안할 때, 성벽이 완성된 다음 잠시 수산에 다녀왔을 가능성이 높다. 그럼에도 불구하고 예루살렘에 처음으로 발을 들여놓은 때부터 그는 총독이었을 것이다. 그가 총독들에게 왕의 친서를 전달한 일과 백성들이 느헤미야의 말에 설득되어 성벽을 쌓은 것도 이러한 정황을 지지한다. 게다가 만일 느헤미야에게 총독과 같은 권위가 없었다면, 사마리아의 총독 산발랏은 더욱 그를 가만두지 않았을 것이다.

느헤미야는 아닥사스다 왕 20년부터 32년까지(주전 445-433년) 12년간 유다 땅 총독으로 활동했다. 이 기간에 그는 백성들에게 세금을 거두어 생활할 권리를 가지고 있었다. 그가 임직하기 전 모든 총독이 그렇게 했다(15절). 총독들은 중앙정부에 상납할 것 외에도 자신이 먹고 살 양식과 포도주와 그밖에 매일 은 40세겔(44g)을 거두어들였다(Batten). 은만 해도 두세 사람의 1년 치 봉급이었다. 매우 많은 돈을 착취한 것이다. 게다가 총독 밑에 있던 자들도 백성들을 착취했다. 백성들의 고충이 이만저만이 아니었다.

느헤미야는 가난한 동포들을 배려하는 차원뿐만 아니라 하나님이 두려워서 세금을 거두지 않았다고 회고한다(15c절). 그의 삶에는 거룩하신 하나님을 향한 경건한 두려움이 있었다. 그는 오직 성벽 쌓는 일에만 전념했다(16절). 하나님이 자기에게 주신 소명이 우선이었다. 느헤미야는 함께 온 백성들과 부하들의 정착도 도와야 했다. 이 과정에서 어떤 부당한 행위도 하지 않았다(16b절).

느헤미야는 수많은 식솔을 거느렸으며 끊임없이 많은 방문자를 대접해야 했다(17절). 이들을 먹이기 위해서는 매일 황소 한 마리와 양 여섯 마리, 닭과 같은 날짐승도 여럿 잡아야 했다(18a절). 당시에 이 정도 양이면 600-800명을 먹일 수 있었다(Yamauchi). 열흘에 한 번씩은 포도주도 넉넉하게 마련해 주어야 했다. 이렇게 많은 비용을 어찌 백성들에게 요구할 수 있겠느냐는 것이 그의 마음이었다. 새번역의 "그런데 내가 총독으로서 마땅히 받아야 할 녹까지 요구하였다면, 백성에게 얼마나 큰 짐이 되었겠는가!"(18b절)는 마치 이 비용을 백성들이 부담했을 것이라는 오해를 유발한다. 그러나 그렇지 않다. 원래 백성들이 이 비용을 감당했어야 하는데, 느헤미야가 사비를 털어 이 문제를 해결했다는 뜻이다(cf. 개역).

그는 하나님께 드리는 기도로 이 섹션을 마친다. "내 하나님이여 내가 이 백성을 위하여 행한 모든 일을 기억하사 내게 은혜를 베푸시옵소서"(19절). 일부 주석가들은 느헤미야의 이 바람을 자기 자랑이라며 못마땅하게 여긴다(Eskenazi). 그러나 느헤미야의 이러한 바람은 자신의 행위를 자랑하기 위해서가 아니라, 사람의 마음을 살피시는 하나님을 믿고 신뢰하며 이 모든 일을 좋은 목적으로 신실하게 실천했음을 선언하기 위해서이다(McConville). 하나님이 이 일에 증인이 되신다는 뜻이다.

설령 자랑이면 어떤가? 느헤미야만큼 신실하고 하나님을 경외하는 사람, 게다가 동족들을 위해 개인적인 희생을 감수하는 사람은 자랑할 만하다. 자랑스러운 일을 별로 하지 못하는 우리가 부끄러운 것이지 자랑할 만한 일을 하고 당당하게 말하는 느헤미야는 문제가 없다.

> III. 느헤미야의 귀환과 성벽 재건(느 1:1-7:73)
>   C. 느헤미야의 성벽 재건(2:11-7:73)

8. 느헤미야가 방해를 물리침(6:1-14)

성벽 재건 공사가 막바지에 접어들었다. 이제 남은 일은 성문을 만들어 다는 것뿐이었다. 이런 상황에서 원수들의 반대는 계속된다. 물론 산발랏, 도비야, 아라비아 사람 게셈이 '악의 축'을 형성하고 있었다. 느헤미야는 이번에도 적절한 방법으로 방해를 물리치고 공사를 성공적으로 마무리한다. 이 섹션은 다음과 같이 원수들의 세 가지 방해를 기록하고 있다.

  A. 대화를 빙자한 암살 음모(6:1-4)
  B. 유다가 반역을 준비한다는 공개 서신(6:5-9)
  C. 거짓 예언자를 통한 권면(6:10-14)

> III. 느헤미야의 귀환과 성벽 재건(느 1:1-7:73)
>   C. 느헤미야의 성벽 재건(2:11-7:73)
>   8. 느헤미야가 방해를 물리침(6:1-14)

(1) 대화를 빙자한 암살 음모(6:1-4)

¹ 산발랏과 도비야와 아라비아 사람 게셈과 그 나머지 우리의 원수들이 내가 성벽을 건축하여 허물어진 틈을 남기지 아니하였다 함을 들었는데 그 때는 내가 아직 성문에 문짝을 달지 못한 때였더라 ² 산발랏과 게셈이 내게 사람을 보내어 이르기를 오라 우리가 오노 평지 한 촌에서 서로 만나자 하니 실상은 나를 해하고자 함이었더라 ³ 내가 곧 그들에게 사자들을 보내어 이르기를 내가 이제 큰 역사를 하니 내려가지 못하겠노라 어찌하여 역사를 중지하게 하고 너희에게로 내려가겠느냐 하매 ⁴ 그들이 네 번이나 이같이 내게 사람을 보내되 나는 꼭 같이 대답하였더니

성벽 공사가 끝나 간다는 소문을 접한 원수들이 느헤미야에게 전갈을 보냈다(1-2절). '오노 평지'(בְּבִקְעַת אוֹנוֹ)에서 만나자는 것이었다(2절). 오노(אוֹנוֹ)는 욥바에서 약 12km 남동쪽에 있는 곳으로(Breneman), 유다와 사마리아의 접경 지역에 있었다(cf. 스 2:33; 느 11:35). 오노가 유다에 속했는지, 아니면 유다를 견제하는 이방 땅이었는지에 대해 학자들의 의견이 분분하다(cf. Yamauchi). 우리말 성경들이 '한 마을'(개역; 새번역)과 '하끄비림'(공동번역)으로 번역하고 있는 히브리어 단어(כְּפִירִים)가 고유명사인지, 아니면 마을을 뜻하는 일반명사인지 확실하지 않다. 그래서 영어 번역본들도 둘로 나뉜다. 'one of the villages'(NIV; NRS; CSV); 'Chephirim'(NAS; TNK; ESV).

원수들이 화해의 제스처를 취하는 것이라고 풀이하는 학자도 있지만(Ackroyd), 그렇지 않다. 만일 진정으로 화해를 원했다면 스스로 무장을 해제하고 예루살렘에서 만나자고 해야 했다. 이들에 대한 우려와 반감이 극에 달해 있는 상황에서 이렇게 하는 것은 당연한 일이다. 또한 악의(惡意)가 다분한 편지를 보낸 것을 보아(cf. 6-7절) 그들에게는 화해할 생각이 없다. 그들은 대화를 빙자한 암살 음모를 꾸민 것이다(Yamauchi). 느헤미야도 그들의 제안을 듣자마자 직감적으로 이러한 사실을 알아차렸다(2절). 그래서 사람을 보내 공사 때문에 바쁘니 갈 수 없다고 회신했다(3절).

그러나 산발랏 일당은 쉽게 물러나려 하지 않았다. 그들은 똑같은 요청, 곧 만나자는 제안을 네 번이나 했다(4절). 같은 요청을 반복하면 상대의 마음이 약해질 수도 있다는 사실을 알고 있었던 것이다. 그럴 때마다 느헤미야는 같은 말로 회신했다. '성벽 공사 때문에 바빠서 갈 수 없다.' 바보가 아니라면 누가 죽이겠다고 음모를 꾸미고 있는 사람들을 찾아가겠는가!

(느 1:1-7:73)

> III. 느헤미야의 귀환과 성벽 재건(느 1:1-7:73)
>   C. 느헤미야의 성벽 재건(2:11-7:73)
>   8. 느헤미야가 방해를 물리침(6:1-14)

(2) 유다가 반역을 준비한다는 공개 서신(6:5-9)

⁵ 산발랏이 다섯 번째는 그 종자의 손에 봉하지 않은 편지를 들려 내게 보냈는데 ⁶ 그 글에 이르기를 이방 중에도 소문이 있고 가스무도 말하기를 너와 유다 사람들이 모반하려 하여 성벽을 건축한다 하나니 네가 그 말과 같이 왕이 되려 하는도다 ⁷ 또 네가 선지자를 세워 예루살렘에서 너를 들어 선전하기를 유다에 왕이 있다 하게 하였으니 지금 이 말이 왕에게 들릴지라 그런즉 너는 이제 오라 함께 의논하자 하였기로 ⁸ 내가 사람을 보내어 그에게 이르기를 네가 말한 바 이런 일은 없는 일이요 네 마음에서 지어낸 것이라 하였나니 ⁹ 이는 그들이 다 우리를 두렵게 하고자 하여 말하기를 그들의 손이 피곤하여 역사를 중지하고 이루지 못하리라 함이라 이제 내 손을 힘있게 하옵소서 하였노라

느헤미야가 만나자는 말에 전혀 응하지 않자 산발랏 일당이 방법을 바꿨다. 어떻게 해서든 공사를 중단시키려고 안간힘을 쓰고 있다(9절). 이번에는 공개 서신을 느헤미야에게 보냈다(5절). 공개 서신은 근거 없는 루머로 지도자를 흠집 낼 수 있는 악한 방법 중 하나다(Breneman). 내용은 유다 사람들이 반역을 꾀하고 있고 느헤미야가 성벽을 쌓는 일도 이 반역을 도모하기 위해서라는 소문이 여러 민족 사이에 퍼져 있다는 것이다(6절). 이 소문에 의하면, 느헤미야가 유다의 왕이 되려 하고 있으며 이 사실을 선포할 예언자들까지 임명해 놓았다는 것이다(7절). 산발랏이 이렇게 주장할 수 있는 것은 느헤미야가 다윗의 후손이기 때문이라고 하는 학자(Kellermann)도 있지만, 대부분 주석가는 느헤미야가 왕족이라는 데 동의하지 않는다(Yamauchi). 산발랏은 이 사실이 곧 왕에게 보고될 것이라는 말을 더하며 느헤미야에게 압력을 가

한다.

산발랏이 이 같은 억지 주장을 담은 공개 서신을 느헤미야에게 보낸 것은 일종의 협박이었다. 만일 요청에 응하지 않으면 서신에 담긴 내용이 사실이라고 소문을 내겠다는 것이다(Clines). 느헤미야의 입장에서는 이번만큼은 결코 묵인할 수 없는 상황이다.

산발랏이 느헤미야를 만나기 위해 이처럼 거짓말을 꾸며댔지만 느헤미야는 끝내 그를 만나지 않았다. 만일 느헤미야가 그를 만났다면 소문의 내용이 어느 정도는 사실이라는 것을 인정하는 것이 된다(Williamson). 소문을 무마시키려고 만난 격이 된다. 그래서 느헤미야는 산발랏을 만나지 않고 회답을 보내 모든 것이 꾸며낸 말이라며 단호히 반박했다(8절). 느헤미야는 성벽을 완성하지 못하도록 안간힘을 쓰는 원수들의 방해를 생각하며 하나님께 기도했다. "하나님, 이제 내 손을 힘있게 하옵소서!"(9절). 위기의 순간에 또 하나님을 찾은 것이다. 자신의 억울함을 헤아려 주시고, 그가 하려는 선한 일을 꼭 이루어 달라고 기도했을 것이다.

```
III. 느헤미야의 귀환과 성벽 재건(느 1:1-7:73)
   C. 느헤미야의 성벽 재건(2:11-7:73)
      8. 느헤미야가 방해를 물리침(6:1-14)
```

(3) 거짓 예언자를 통한 권면(6:10-14)

¹⁰ 이 후에 므헤다벨의 손자 들라야의 아들 스마야가 두문불출 하기로 내가 그 집에 가니 그가 이르기를 그들이 너를 죽이러 올 터이니 우리가 하나님의 전으로 가서 외소 안에 머물고 그 문을 닫자 저들이 반드시 밤에 와서 너를 죽이리라 하기로 ¹¹ 내가 이르기를 나 같은 자가 어찌 도망하며 나 같은 몸이면 누가 외소에 들어가서 생명을 보존하겠느냐 나는 들어가지 않겠노라 하고 ¹² 깨달은즉 그는 하나님께서 보내신 바가 아니라 도비야와 산발랏에게 뇌물을 받고 내게 이런 예언을 함이라 ¹³ 그들이 뇌물을 준 까닭은 나를 두렵

(느 1:1-7:73)

게 하고 이렇게 함으로 범죄하게 하고 악한 말을 지어 나를 비방하려 함이 었느니라 ¹⁴ 내 하나님이여 도비야와 산발랏과 여선지 노아댜와 그 남은 선지자들 곧 나를 두렵게 하고자 한 자들의 소행을 기억하옵소서 하였노라

공개 서신도 별다른 효과를 발휘하지 못하여 성벽 공사가 계속되자 이번에는 예루살렘에 아는 사람이 많은 도비야가 나섰다(Williamson, cf. 12절). 그는 예루살렘에 사는 스마야라는 선지자를 매수했다. 며칠 동안 스마야가 보이지 않아 느헤미야가 그를 찾아갔다. 스마야는 그를 찾아온 느헤미야에게 원수들이 그의 생명을 노리고 야밤에 자객들을 보낼 것이니 자기와 함께 성소 안으로 들어가 성소 출입문을 걸어 잠그자고 하였다(10절). 스마야가 성전에 들어갈 수 있다는 것은 그가 제사장이었음을 암시한다(Bowman). 이 사람은 거짓 선지자이자 엉터리 제사장이었던 것이다.

그러나 느헤미야는 제사장이 아니어서 성소에 들어갈 수 없으므로 그의 행동은 율법을 범하는 것이 된다. 그리고 자신의 생명을 보존하기 위해 율법을 범한 자라는 지탄을 받게 된다. 그의 리더십에 치명적인 손상을 입을 수밖에 없는 상황이다(cf. 13절). 예언을 빙자해 느헤미야의 불안감을 증폭시켜 죄를 짓게 하려는 음모였다.

느헤미야는 스마야가 도비야와 산발랏에게 매수되어 거짓말을 하고 있다는 것을 곧바로 알아차렸다(12절). 율법을 주신 하나님이 그 율법을 범하게 하시는 일은 없다는 것을 알고 있었기 때문이다(11절). 신명기 18:20과 이사야 8:19-20은 하나님으로부터 온 말씀이 이미 주신 계시/말씀에 위배된다면 그 예언을 의심하라고 한다.

오늘날에도 종종 하나님의 이름을 빙자하여 별 망측한 일들을 자행하는 기독교적 무당들이 있다. 이들이 하나님으로부터 온 자인지, 아니면 마귀의 사도인지는 행위와 삶의 열매가 말씀에 얼마나 일치하는가를 기준으로 판단해 보면 쉽게 드러난다. 느헤미야도 이런 방법으로

스마야가 '짝퉁'임을 대번에 알아차린 것이다.

느헤미야는 만약 자객들이 오는 것이 사실이라면 하나님은 다른 방법으로 구원하실 것이라는 확신을 가지고 있었다. 그는 스마야에게 '나 같은 평신도 죄인이 거룩한 성소에 들어가면 살아 나올 수 없다'라는 논리로 얼버무리며 성소에 들어가기를 거부했다(11절). 그러나 속으로는 스마야가 도비야와 산발랏에게 매수되었다는 사실을 알아차렸다(12절). 원수들은 느헤미야의 명예를 떨어뜨리고 비방하려고 이 일을 꾸민 것이다(13절).

느헤미야는 영적인 분별력을 주신 하나님께 도비야와 산발랏이 한 일을 기억해 달라고 기도했다. 그들을 꼭 심판해 달라는 부탁이었다. 또한 여선지자(נְבִיאָה) 노아댜와 그밖에 거짓 예언자들을 잊지 말라고 기도했다(14절). 느헤미야의 사역을 반대하는 사람들이 제법 많았음을 알 수 있다. 더욱 안타까운 것은 하나님의 이름을 파는 종교인들이 느헤미야를 대적하거나 이스라엘의 원수들에게 매수되었다는 사실이다. 느헤미야는 재판관이신 하나님이 이 모든 것을 판결해 달라고 기도한다.

> III. 느헤미야의 귀환과 성벽 재건(느 1:1-7:73)
>   C. 느헤미야의 성벽 재건(2:11-7:73)

9. 성벽이 52일 만에 완공됨(6:15-19)

¹⁵ 성벽 역사가 오십이 일 만인 엘룰월 이십오일에 끝나매 ¹⁶ 우리의 모든 대적과 주위에 있는 이방 족속들이 이를 듣고 다 두려워하여 크게 낙담하였으니 그들이 우리 하나님께서 이 역사를 이루신 것을 앎이니라 ¹⁷ 또한 그 때에 유다의 귀족들이 여러 번 도비야에게 편지하였고 도비야의 편지도 그들에게 이르렀으니 ¹⁸ 도비야는 아라의 아들 스가냐의 사위가 되었고 도비야의 아들 여호하난도 베레갸의 아들 므술람의 딸을 아내로 맞이하였으므로 유다에서 그

와 동맹한 자가 많음이라 ¹⁹ 그들이 도비야의 선행을 내 앞에 말하고 또 내 말도 그에게 전하매 도비야가 내게 편지하여 나를 두렵게 하고자 하였느니라

원수들의 집요한 반대에도 불구하고 느헤미야는 성벽 공사를 시작한 지 52일 만에 끝냈다(15절). 지난 140여 년 동안 누구도 해내지 못한 일을 두 달도 채 안 걸려 해낸 것이다. 엘룰(אֱלוּל)월 25일의 일이었다. 오늘날 달력으로 환산하면 주전 445년 10월 27일이다(Yamauchi).[5] 그렇다면 공사가 시작된 날은 8월 11일이다. 느헤미야는 예루살렘에 도착한 지 100일도 되지 않아 이 엄청난 프로젝트를 끝낸 것이다. 요세푸스는 공사가 2년 4개월 걸렸다고 하지만(Ant. II, 5.8), 근거가 없을 뿐만 아니라 본문이 잘 보존되지 않아서 빚어진 일로 보인다(Clines).

성벽이 완성되자 이 일을 방해했던 이스라엘의 원수들이 두려워했다. 그러나 이스라엘을 두려워한 것이 아니라, 이스라엘의 하나님을 두려워했다(16절). 그들도 하나님이 도우셨기 때문에 성벽이 완공된 사실을 잘 알고 있었기 때문이다. 이처럼 하나님의 사역은 믿지 않는 사람들에게도 하나님에 대한 경건한 두려움을 자아낸다. 또한 온갖 수모와 어려움을 이겨내고 이 일을 해낸 이스라엘 사람들은 얼마나 뿌듯하고 기뻤을까 조금이나마 상상할 수 있다.

성벽이 완성되었다고 해서 모든 것이 끝난 것은 아니었다. 아직도 할 일이 많이 남아 있었고, 특히 도비야가 예루살렘과 이스라엘 공동체에 행사하는 영향력은 무시할 수 없을 정도로 컸다. 문제는 결혼으로 도비야 집안과 얽혀 있는 유다의 귀족들이었다. 도비야는 아라(스 2:5; 느 7:10)의 아들인 스가냐의 사위였으며, 도비야의 아들 여호하난도 베레갸의 아들인 므술람(느 3:4)의 딸과 결혼하였다(18절). 그뿐만 아니라 그는 대제사장 엘리아십 집안과도 혼인 관계를 맺고 있었다(느

---

5 엘룰월이 8월 중반에 시작되는 달이라 해서 9월에 완공된 것으로 보는 사람도 있다 (Blenkinsopp).

13:4).

그래서 유다의 귀족들은 느헤미야의 일거일동에 대해 도비야에게 자주 편지를 보내 알려 주었고 도비야도 편지를 보내 어떻게 대처할 것인지를 지시했다(17, 19절). 심지어 이 귀족들은 느헤미야 앞에서 도비야를 칭찬하기까지 했다(19절). 유다 귀족을 등에 업은 도비야는 느헤미야에게 여러 통의 협박 편지를 보내기도 했다(19절).

에스라와 느헤미야가 국제 결혼을 반대한 이유가 현실적인 문제로 대두되고 있다. 일부 귀족들의 이 같은 행위가 느헤미야의 입장에서는 가장 힘 빠지는 일이었다. 다른 사람도 아닌 이스라엘의 영적 지도자들이 느헤미야의 개혁을 돕지는 못할망정 오히려 걸림돌이 되고 있다. 이 같은 사실은 오늘날 한국 교회의 모습과 비슷하다.

III. 느헤미야의 귀환과 성벽 재건(느 1:1-7:73)
   C. 느헤미야의 성벽 재건(2:11-7:73)

10. 성벽 완공 후 치안(7:1-3)

¹성벽이 건축되매 문짝을 달고 문지기와 노래하는 자들과 레위 사람들을 세운 후에 ²내 아우 하나니와 영문의 관원 하나냐가 함께 예루살렘을 다스리게 하였는데 하나냐는 충성스러운 사람이요 하나님을 경외함이 무리 중에서 뛰어난 자라 ³내가 그들에게 이르기를 해가 높이 뜨기 전에는 예루살렘 성문을 열지 말고 아직 파수할 때에 곧 문을 닫고 빗장을 지르며 또 예루살렘 주민이 각각 자기가 지키는 곳에서 파수하되 자기 집 맞은편을 지키게 하라 하였노니

성벽이 완성되어 예루살렘은 드디어 도성의 모습을 갖추었다. 그렇다고 해서 모든 일이 끝난 것은 아니었다. 이제부터는 예루살렘 성과 성전을 잘 지키고 유지하는 것이 중요하다. 느헤미야는 성전 문지기와

노래하는 사람과 레위 사람을 세웠다(1절). 그는 예루살렘 성벽에만 관심 있는 것이 아니라 성벽 안에 있는 성전이 잘 보존되고 운영되는 일에도 관심을 가졌다. 그토록 열심히 성벽 공사를 추진한 이유 중 하나는 성전을 안전하게 보존하기 위해서였다. 예루살렘 공동체는 하나님을 예배하기 위해 존재하는 공동체였기 때문이다(Kidner).

예루살렘 성 관리와 경비는 동생 하나니(1:2)와 하나냐(חֲנַנְיָה)(lit., '여호와는 자비로우시다')에게 일임했다(2절). 두 사람의 이름이 비슷해 일부 주석가들은 같은 사람이라 하지만, 저자는 이 둘을 확실히 구분한다. 하나냐는 충성스러운 사람이었고 누구보다도 하나님을 두려워하는 사람이었다. '충성스러운 사람'(אִישׁ אֱמֶת)은 곧 중요한 일을 맡길 수 있는 신실한 자를 뜻한다(cf. HALOT).

하나냐는 하나님에 대한 경건한 두려움이 그의 삶의 중심에 서 있었다. 느헤미야가 사람을 세워 일을 맡길 때 그의 행정력이나 전투력을 본 것이 아니라 신앙과 성품을 보았다는 점이 인상적이다. 비록 성벽이 완성되기는 했지만, 아직도 적들의 위협이 산재해 있는 점을 감안할 때 신실하고 믿을 만한 사람을 세운 것은 지혜로운 결정이다.

히브리어 사본 3절에 기록된 내용이 느헤미야가 한 말인지, 아니면 하나냐가 보초들에게 한 말인지 혼란을 빚고 있지만, 느헤미야가 하나냐에게 한 것이 거의 확실하다(개역; 새번역; 공동번역; NAS; NIV). 느헤미야는 그들에게 해가 환하게 뜨기 전까지는 예루살렘 성문을 열지 말고, 해가 지기 전에 성문을 닫으라는 명령을 내렸다. 아침에 동이 트자마자 성문을 열고, 해질녘에 닫는 것에 비하면 예루살렘 성문이 열려 있는 시간이 반(半)밖에 되지 않는다 해서 성문을 지킬 문지기가 부족해서 이런 조치를 취한 것이라는 해석이 있다(Allen & Laniak). 또한 느헤미야가 햇볕이 가장 뜨거운 대낮, 곧 사람들이 낮잠 잘 시간(siesta)에 성문을 걸어 잠그라는 뜻으로 해석되기도 한다(Williamson). 그러나 문맥을 고려할 때 아침에는 어느 정도 시간이 지난 다음에 문을 열고, 저녘에는 어두워지기 전에 성문을 잠그라는 뜻으로 해석하는 것이 바람직하다. 예루살렘을 노리는 적들에게 어떠한 빈틈도 주지 않기 위해서다. 보초는 예루살렘 주민들이 서도록 했다(3절). 그들은 지정된 초소와 자기 집 가까운 곳에서 경비를 섰으며 자기 집과 가족을 보호하기 위해서라도 최선을 다해 경비했을 것이다.

> III. 느헤미야의 귀환과 성벽 재건(느 1:1-7:73)
>   C. 느헤미야의 성벽 재건(2:11-7:73)

11. 예루살렘 재번영 계획(7:4-5)

⁴ 그 성읍은 광대하고 그 주민은 적으며 가옥은 미처 건축하지 못하였음이니라 ⁵ 내 하나님이 내 마음을 감동하사 귀족들과 민장들과 백성을 모아 그 계보대로 등록하게 하시므로 내가 처음으로 돌아온 자의 계보를 얻었는데 거기에 기록된 것을 보면

성벽이 완성되어 예루살렘은 드디어 적들의 침략을 물리치고 안전하게 살 수 있는 도성의 면모를 갖추었다. 바빌론 사람들이 주전 586년에 무너뜨린 이후 140여 년 만의 일이다. 그러나 성안에서 사는 사람들이 그다지 많지 않았다(4절). 게다가 성벽을 재건하기 위해 예루살렘에 머물던 사람들이 각자 집으로 돌아가면서 도시는 더욱 썰렁해졌을 것이다(Allen & Laniak). 예루살렘이 살기에 안전한 도시가 되고 유다의 중심이 되어 옛적 영화를 회복하려면 지금보다 훨씬 더 많은 가옥과 인구가 필요했다. 그러나 선뜻 예루살렘으로 이주해 와 살겠다는 자원자는 많지 않았다(Breneman).

느헤미야는 하나님이 주신 감동에 따라 예루살렘으로 이주해 와서 살 사람들을 각 집안에서 징집할 생각으로 계보별 명단을 작성하게 했다(5절). 그는 끊임없이 하나님의 인도하심에 자신을 맡기며 일해 나갔

(느 1:1-7:73)

다. 이 일이 진행되는 동안 느헤미야는 세스바살과 함께 돌아왔던 1차 귀향민의 자손별 명단(스 2장)을 접하게 되었으며 상징적 의미를 강조하기 위해 이곳에 삽입했다(6-73절).

```
III. 느헤미야의 귀환과 성벽 재건(느 1:1-7:73)
    C. 느헤미야의 성벽 재건(2:11-7:73)
```

12. 1차 귀향민 명단(7:6-73)

이 명단은 첫 귀향민들이 돌아온 때와 느헤미야 시대의 이스라엘 인구를 비교할 수 있는 좋은 자료가 되었을 것이다. 또한 첫 귀향민들이 하고자 했지만 이루지 못한 예루살렘 성벽 재건을 드디어 느헤미야가 이루었다는 역사적 연계성을 나타낸다. 이 명단이 처음 등장한 에스라 2장은 모든 재건 사역의 시작을 알렸다. 명단이 이곳에 다시 등장함으로 드디어 모든 재건 사역이 마무리됨을 암시한다. 첫 귀향민들이 바빌론에서 품고 왔던 비전이 느헤미야 시대에 와서 성취되고 있다. 본 명단은 다음과 같이 구분한다.

A. 귀향민 대표들(7:6-7)
B. 집안별로 구분된 사람들(7:8-25)
C. 지역별로 구분된 사람들(7:26-38)
D. 제사장들(7:39-42)
E. 레위 사람들(7:43-45)
F. 성전 막일꾼들(7:46-56)
G. 솔로몬 종들의 자손(7:57-60)
H. 기타 사람들(7:61-65)
I. 합계와 성전 기부(7:66-72)
J. 정착(7:73)

III. 느헤미야의 귀환과 성벽 재건(느 1:1-7:73)
　C. 느헤미야의 성벽 재건(2:11-7:73)
　　12. 1차 귀향민 명단(7:6-73)

(1) 귀향민 대표들(7:6-7)

⁶ 옛적에 바벨론 왕 느부갓네살에게 사로잡혀 갔던 자들 중에서 놓임을 받고 예루살렘과 유다에 돌아와 각기 자기들의 성읍에 이른 자들 곧 ⁷ 스룹바벨과 예수아와 느헤미야와 아사랴와 라아먀와 나하마니와 모르드개와 빌산과 미스베렛과 비그왜와 느훔과 바아나와 함께 나온 이스라엘 백성의 명수가 이러하니라

이미 언급했듯이 학자들은 당시 바빌론에 거주하던 이스라엘 사람 중 10-30%만 귀국한 것으로 추측한다. 그러나 저자는 매우 많은 사람이 돌아온 것으로 묘사한다. 처음 출애굽처럼 이번 '바빌론으로부터의 출애굽'도 많은 사람에게 해방과 자유를 주었다는 것이다. 유다와 예루살렘에서 바빌론으로 끌려간 포로민 수에 비해 귀향민 수가 많은 점도 출애굽 모티프로 설명할 수 있다. 야곱이 자손들을 거느리고 이집트로 내려갈 때 남자의 수가 불과 70명이었는데 이집트에 머무는 동안 60만 장정을 앞세운 큰 민족으로 번성한 것처럼, 이스라엘은 바빌론 포로 생활을 통해 훨씬 더 왕성해졌다. 그동안 하나님께서 바빌론에서 아브라함의 후손들을 직접 보호하시고 번성하도록 축복하셨기 때문이다. 마치 이집트에서 노예살이 하던 야곱의 자손들을 보호하시고 번성하게 하신 것처럼 말이다. 주의 백성들에게 새로운 출애굽을 경험하게 하기 위해 바빌론에 머무는 동안 그들을 축복하셨다.

바빌론에서 이스라엘 사람들을 이끌고 귀국한 지도자는 12명이었다. 본문은 11명만 언급하지만 느헤미야 7:7에 의하면 '나하마니'라는 사람이 포함되어 있다. 아마도 필사하던 사람의 실수로 이름이 누락된 것으로 생각된다. 이스라엘 귀향민을 인도해 온 열두 대표의 이름은 이

러하다. 스룹바벨, 예수아, 느헤미야, 스라야, 르엘라야, 모르드개, 빌산, 미스발, 비그왜, 르훔, 바아나, 나하마니.

성경은 이들 중 처음 두 사람에 대해서만 추가 정보를 제공한다. 스룹바벨은 다윗 집안의 자손이며 스알디엘의 아들로 알려졌지만(3:2; cf. 학 1:1), 역대상 3:19은 그를 '브다야의 아들'로 표기한다. 이 점에 대해 여러 가능성이 제기되지만, 대체로 주석가들은 그가 브다야의 아들이지만, 양자 제도 등을 통해 법적으로는 스알디엘의 아들이 된 것이라고 생각한다(Williamson). '예수아'(יֵשׁוּעַ, '그는 구원을 받았다')는 '여호수아'(יְהוֹשׁוּעַ, lit., '여호와가 구원이시다')(학 1:1)로도 불렸다. 그는 여호사닥의 아들이며, 예루살렘이 멸망할 때 대제사장이었던 스라야의 손자이기도 하다(왕하 25:18; 대상 6:14-15). 예수아는 예루살렘으로 돌아온 지 얼마 되지 않아 대제사장 자리에 올랐다. 조상의 대를 이어 이스라엘 종교의 가장 중요한 위치에 오르게 된 것이다.

저자가 지도자 12명을 지명하는 것은 처음 출애굽 때처럼 이번에도 이스라엘 12 지파가 모두 상징적으로나마 귀향 행렬에 동참했다는 것과 귀향민들이 예루살렘 멸망 이전의 이스라엘 민족의 맥을 정통으로 잇고 있음을 강조하기 위해서다(Breneman). 오늘날에도 우리는 주의 백성의 맥을 이어가고 있으며, 사탄의 나라를 탈출해 하나님의 나라로 옮겨 오는 사람들의 행렬이 계속되고 있음을 본다.

```
Ⅲ. 느헤미야의 귀환과 성벽 재건(느 1:1-7:73)
   C. 느헤미야의 성벽 재건(2:11-7:73)
      12. 1차 귀향민 명단(7:6-73)
```

(2) 집안별로 구분된 사람들(7:8-25)

⁸ 바로스 자손이 이천 백칠십이 명이요 ⁹ 스바댜 자손이 삼백칠십이 명이요 ¹⁰ 아라 자손이 육백오십이 명이요 ¹¹ 바핫모압 자손 곧 예수아와 요압 자손이 이천팔백십팔 명이요 ¹² 엘람 자손이 천이백오십사 명이요 ¹³ 삿두 자손이 팔

백사십오 명이요 ¹⁴ 삭개 자손이 칠백육십 명이요 ¹⁵ 빈누이 자손이 육백사십팔 명이요 ¹⁶ 브배 자손이 육백이십팔 명이요 ¹⁷ 아스갓 자손이 이천삼백이십이 명이요 ¹⁸ 아도니감 자손이 육백육십칠 명이요 ¹⁹ 비그왜 자손이 이천육십칠 명이요 ²⁰ 아딘 자손이 육백오십오 명이요 ²¹ 아델 자손 곧 히스기야 자손이 구십팔 명이요 ²² 하숨 자손이 삼백이십팔 명이요 ²³ 베새 자손이 삼백이십사 명이요 ²⁴ 하립 자손이 백십이 명이요 ²⁵ 기브온 사람이 구십오 명이요

이 섹션은 총 1만 5,604명을 언급하고 있으며 예루살렘으로 돌아온 사람 중 집안별로 사람의 수를 나열하고 있다. 이곳에 실린 이름 중 11개는 에스라 8장에서 에스라와 함께 귀향한 사람들이 속한 가문의 명단에 등장한다. 또한 14개는 이스라엘 공동체와 이방인들을 구분하기로 한 협약에 서명한 사람들의 명단에도 실려 있다(느 10장).

에스라 2장의 명단과 비교했을 때 가장 큰 차이는 요라와 깁발 대신 하립과 기브온이라는 이름이 기록되어 있다는 점이다. 아마도 하립은 요라의 다른 이름이었으며, 깁발 역시 기브온으로도 불렸던 것으로 생각된다. 숫자에 다소 차이를 보이는 집안이 있는데(cf. 아라, 삿두, 빈누이, 브배 등등), 이 중 가장 큰 차이를 보이는 집안은 아스갓 자손들이다. 에스라 2장은 1,222명이라 하는 반면 본문은 2,322명이라 한다. 이 차이에 대해 심각하게 문제를 제기하는 사람들은 별로 없다. 대부분 주석가는 복사하는 과정에서 비롯된 실수로 간주하기 때문이다(Blenkinsopp). 집안별로 돌아온 사람들의 수는 다음과 같다.

가문	느헤미야 7장	에스라 2장
바로스	2,172	2,172
스바댜	372	372
아라	652	775
바핫모압(예수아와 모압 집안을 통하여)	2,818	2,812

엘람	1,254	1,254
삿두	845	945
삭개	760	760
빈누이	648	642
브배	628	623
아스갓	2,322	1,222
아도니감	667	666
비그왜	2,067	2,056
아딘	655	454
아델(히스기야 집안을 통해)	98	98
하숨	328	223
베새	324	323
요라	(하립) 112	112
깁발	(기브온) 95	95

III. 느헤미야의 귀환과 성벽 재건(느 1:1-7:73)
  C. 느헤미야의 성벽 재건(2:11-7:73)
    12. 1차 귀향민 명단(7:6-73)

(3) 지역별로 구분된 사람들(7:26-38)

[26] 베들레헴과 느도바 사람이 백팔십팔 명이요 [27] 아나돗 사람이 백이십팔 명이요 [28] 벧아스마웻 사람이 사십이 명이요 [29] 기랴여아림과 그비라와 브에롯 사람이 칠백사십삼 명이요 [30] 라마와 게바 사람이 육백이십일 명이요 [31] 믹마스 사람이 백이십이 명이요 [32] 벧엘과 아이 사람이 백이십삼 명이요 [33] 기타 느보 사람이 오십이 명이요 [34] 기타 엘람 자손이 천이백오십사 명이요 [35] 하림 자손이 삼백이십 명이요 [36] 여리고 자손이 삼백사십오 명이요 [37] 로드와 하딧과 오노 자손이 칠백이십일 명이요 [38] 스나아 자손이 삼천 구백삼십 명이었느니라

III. 느헤미야의 귀환과 성벽 재건

이 섹션은 총 20개의 성읍/지역 이름을 나열하고 있는데, 이 중 베들레헴과 느도바 등 2개만이 유다 지파에 속한 것이고 나머지 18개는 모두 베냐민 지파에 속한 성읍들이다(Klein). 남 왕국 유다가 바빌론 사람들의 손에 멸망될 때 베냐민 지파가 유다 지파보다 빨리 항복해 성읍 파괴를 면할 수 있었기 때문에 후손들이 곧바로 조상의 성읍으로 돌아갈 수 있었다. 혹은 귀향민이 예루살렘으로 돌아왔을 때에는 모압 사람들이 유다 지파의 땅을 대부분 차지하고 있었기 때문에 유다 사람들은 자신의 성읍으로 돌아갈 수 없었다는 것을 의미할 수도 있지만, 확실하지는 않다(Clines).

에스라 2장의 명단과 비교할 때, 본문이 막비스를 누락한 것과 베들레헴과 느도바를 합해 188명(스 2장은 179명이라고 함)으로 표기한 것 외에는 숫자상 큰 차이를 보이지 않는다. 역시 사본을 복사하던 사람들의 실수로 빚어진 일일 것이다. 본문은 8,589명의 귀향민이 자신의 조상이 살던 20개 성읍/지역에 정착했다고 한다. 세부적인 사항은 다음 표를 참조하라.

성읍/지역	느헤미야 7장	에스라 2장
베들레헴	188	123
느도바	56	
아나돗	128	128
벧아스마웻	42	42
기럇여아림—그비라—브에롯	743	743
라마—게바	621	621
믹마스	122	122
벧엘—아이	123	223
느보	52	52
막비스		156
다른 엘람	1,254	1,254

하림	320	320
여리고	345	345
로드―하딧―오노	721	725
스나아	3,930	3,630

```
III. 느헤미야의 귀환과 성벽 재건(느 1:1-7:73)
   C. 느헤미야의 성벽 재건(2:11-7:73)
      12. 1차 귀향민 명단(7:6-73)
```

(4) 제사장들(7:39-42)

[39] 제사장들은 예수아의 집 여다야 자손이 구백칠십삼 명이요 [40] 임멜 자손이 천오십이 명이요 [41] 바스훌 자손이 천이백사십칠 명이요 [42] 하림 자손이 천십칠 명이었느니라

오래전에 다윗이 제사장들을 스물네 집안/그룹으로 정비했는데(대상 24장), 이 중 네 집안만 바빌론에서 돌아왔다. 에스라와 함께 돌아온 제사상들도 네 집안 사람들이다(스 10:18-22). 바빌론에서 돌아온 제사장은 네 집안을 중심으로 4,289명에 달했다. 귀향민 중 제사장이 10분의 1을 차지한 것이다. 에스라 2장의 명단과 비교했을 때 돌아온 제사장 집안의 이름과 수가 일치한다. 집안별로 돌아온 제사장들의 수는 다음 도표를 참조하라.

제사장 가문	느헤미야 7장	에스라 2장
여다야(예수아 집안 통해)	973	973
임멜	1,052	1,052
바스훌	1,247	1,247
하림	1,017	1,017

> III. 느헤미야의 귀환과 성벽 재건(느 1:1-7:73)
>   C. 느헤미야의 성벽 재건(2:11-7:73)
>   12. 1차 귀향민 명단(7:6-73)

(5) 레위 사람들(7:43-45)

⁴³ 레위 사람들은 호드야 자손 곧 예수아와 갓미엘 자손이 칠십사 명이요 ⁴⁴ 노래하는 자들은 아삽 자손이 백사십팔 명이요 ⁴⁵ 문지기들은 살룸 자손과 아델 자손과 달문 자손과 악굽 자손과 하디다 자손과 소배 자손이 모두 백삼십팔 명이었느니라

  제사장들을 도와 성전에서 사역할 레위 사람들은 역할에 따라 세 그룹으로 나뉜다. 첫째 그룹인 호드야 집안을 통해서 보존된 예수아와 갓미엘의 자손은 성전에서 제사장의 사역을 돕는 일을 했다. 둘째 그룹인 아삽의 자손은 성전에서 찬양을 맡은 자들이었다. 다윗은 제사장을 스물네 그룹으로 나눈 것처럼 찬양을 맡은 레위 사람들을 스물네 그룹으로 나누었다(대상 15:16-24). 셋째 그룹에 속한 살룸, 아델, 달문, 악굽, 하디다, 소배 자손은 모두 성전 문지기 직분을 받았다.
  레위 사람들에게 성전 문지기의 역할을 맡기고 작은 그룹으로 분류한 것은 사무엘과 다윗이 함께 한 일이었다(대상 9:17-29). 그런데 귀향한 레위 사람의 수가 제사장의 10분의 1에도 못 미친다. 세 그룹을 모두 합해 341명밖에 되지 않는다. 다윗 시대에 레위 사람의 수가 3만 8,000명에 달했던 점을 감안하면(대상 23:3) 너무나도 적은 수다. 예루살렘에 새로 형성된 이스라엘 공동체에 레위 사람의 수가 매우 부족했던 것이다.
  에스라가 1,500여 명의 무리를 이끌고 귀향할 때에도 레위 사람들이 부족해 출발을 늦추면서까지 추가로 모집했지만 결국 38명만 데리고 예루살렘으로 돌아왔다(스 8:15-20). 레위 사람의 신분이 제사장에 비해 상대적으로 낮아 바빌론으로 끌려간 수가 그다지 많지 않았기 때문

이라는 설명이 있는가 하면(Williamson), 포로기를 지나는 동안 레위 사람들이 상당히 천대를 받았기 때문에 빚어진 현상이라는 추측도 있다(Myers).

아마도 제사장들과는 달리 레위 사람들은 귀향과 성전 재건에 대해 그다지 좋게 받아들이지 않은 것으로 생각된다. 예루살렘으로 돌아와도 차지할 유산이 없었을 뿐만 아니라(cf. 수 13:33; 14:3-4; 18:7; 21:1-42), 제사장에 비해 자신들의 입지와 이권이 상당히 열악했기 때문이다(Clines). 레위 사람들은 개인적인 이권을 따지느라 이 영광스러운 회복 사역의 주역이 되지 못했다. 하나님은 스스로 낮추는 자를 존귀하게 여기시고 자기의 이권을 내려놓은 사람을 축복하신다. 그룹별 레위 사람들의 수는 다음 표를 참조하라.

레위 집안	느헤미야 7장	에스라 2장
예수아와 갓미엘(호드야 집안을 통해)	74	74
아삽	148	128
살룸, 아델, 달문, 악굽, 하디다, 소배	138	139

```
III. 느헤미야의 귀환과 성벽 재건(느 1:1-7:73)
   C. 느헤미야의 성벽 재건(2:11-7:73)
      12. 1차 귀향민 명단(7:6-73)
```

(6) 성전 막일꾼들(7:46-56)

[46] 느디님 사람들은 시하 자손과 하수바 자손과 답바옷 자손과 [47] 게로스 자손과 시아 자손과 바돈 자손과 [48] 르바나 자손과 하가바 자손과 살매 자손과 [49] 하난 자손과 깃델 자손과 가할 자손과 [50] 르아야 자손과 르신 자손과 느고다 자손과 [51] 갓삼 자손과 웃사 자손과 바세아 자손과 [52] 베새 자손과 므우님 자손과 느비스심 자손과 [53] 박북 자손과 하그바 자손과 할훌 자손과 [54] 바슬

릿 자손과 므히다 자손과 하르사 자손과 ⁵⁵ 바르고스 자손과 시스라 자손과 데마 자손과 ⁵⁶ 느시야 자손과 하디바 자손이었느니라

오늘날에 이르러서는 번역본들 대부분이(공동; 새번역; NAS; NIV; NRS; TNK) '성전 막일꾼'(temple servant)으로 번역하고 있는 히브리어 단어(הַנְּתִינִים)(lit., '선물로 주어짐/바쳐진 자들'; cf. HALOT)의 뜻이 명확하지 않다 보니 개역성경과 개역개정은 칠십인역(LXX)과 킹제임스역(KJV)을 따라 이 히브리어 단어를 음역해 '느디님 사람들'이라 한다. 그러나 최근에 와서는 이 단어가 무엇을 뜻하는지 확실하게 밝혀졌으므로 더는 음역할 필요가 없다. 느디님은 성전 막일꾼을 지칭하는 표현이다(HALOT).

성전 막일꾼은 성전에서 레위 사람들을 도와 온갖 잡일을 하던 사람들이다(스 8:20). 이들 중에는 이스라엘이 여러 전쟁을 통해 얻은 이방인 노예의 후손들이 섞여 있었을 것이다(cf. 출 12:48; 민 15:14-16). 오래 전부터 랍비들은 이들이 여호수아를 속여 이스라엘과 언약을 맺은 기브온 사람의 후손들이라고 했다(cf. 수 9:27). 또한 이들 중에는 바빌론에서 이스라엘 사람들의 포교 활동을 통해 여호와를 알게 된 이방인도 있었을 것이다. 이 명단에 수록된 이름 중 상당수가 비(非)히브리어 이름이라는 점도 이런 가능성을 뒷받침한다(Breneman).

이들이야말로 참으로 믿음 때문에 이스라엘을 찾아온 자들이다. 예루살렘으로 돌아온다고 그들의 생활이나 신분이 보장되는 것도 아니고, 제사장이나 레위 사람이 소유한 노예라서 어쩔 수 없이 돌아온 것도 아니다(Williamson). 만일 제사장의 노예였다면 이 명단에 들지도 않았을 것이다. 제사장이 자신의 집에 이들을 두고 개인적으로 부렸을 것이기 때문이다. 게다가 67절은 이스라엘 귀향민들이 소유한 노예들을 따로 분류하고 있다.

이 사람들이 이렇다 할 이권이 없는데도 자원해서 예루살렘에 정착

해 성전에서 막일을 하는 것을 보면 그저 여호와 하나님이 좋아서 이스라엘 귀향민과 함께 온 것으로 생각된다. 이들은 옛적에 이방 여인 룻이 시어머니 나오미와 함께 베들레헴을 찾아온 일을 연상케 한다. 저자는 이들에 대해 총 35개의 이름을 제공할 뿐 구체적인 수는 밝히지 않으며, 다음 섹션(57-59절)에서 언급될 솔로몬 종들의 자손들과 합해 392명이라고 한다(60절).

```
III. 느헤미야의 귀환과 성벽 재건(느 1:1-7:73)
    C. 느헤미야의 성벽 재건(2:11-7:73)
        12. 1차 귀향민 명단(7:6-73)
```

(7) 솔로몬 종들의 자손(7:57-60)

⁵⁷ 솔로몬의 신하의 자손은 소대 자손과 소베렛 자손과 브리다 자손과 ⁵⁸ 야알라 자손과 다르곤 자손과 깃델 자손과 ⁵⁹ 스바댜 자손과 핫딜 자손과 보게렛하스바임 자손과 아몬 자손이니 ⁶⁰ 모든 느디님 사람과 솔로몬의 신하의 자손이 삼백구십이 명이었느니라

솔로몬 종늘의 자손과 성전 막일꾼의 수가 함께 취급된 것으로 보아 두 그룹 사이에 밀접한 관계가 있는 것으로 생각된다. 저자는 이 섹션에서 10개의 이름을 제시하고 있는데, 이 중 '소베렛'(סֹפֶרֶת, lit., '서기관들')(57절)과 '보게렛하스바임'(פֹּכֶרֶת הַצְּבָיִים, lit., '가젤/영양 관리자')(59절)은 그들이나 그들의 조상이 종사했던 특정 직업과 연관이 있음을 알 수 있다(cf. HALOT).

여기서 우리는 솔로몬의 위상을 잠시 엿볼 수 있다. 솔로몬은 수백 년 전에 죽은 왕이다. 그런데 아직도 그를 섬기던 종들의 자손이 '우리 조상은 위대한 왕 솔로몬을 섬기던 자들이었다'라는 자부심을 가지고 당당하게 밝히고 있다. 다윗도 이런 영예는 누리지 못했다. 열왕기와 역대기에 기록된 솔로몬의 영화와 위상이 결코 과장된 것이 아님을 알

수 있다. 우리는 몇 백 년까지는 아니더라도 살아 있는 동안 우리 이웃이 우리와 교제하는 것을 축복과 기쁨으로 생각하는 삶을 살아야겠다.

성전 막일꾼과 솔로몬 종들의 자손을 합한 숫자는 392명이다(60절). 성전 막일꾼들의 서른다섯 집안과 솔로몬 종들의 자손 열 집안 등 총 마흔다섯 집안에 속한 인구수치고는 상당히 빈약하다. 한 집안당 평균 아홉 명도 채 되지 않는 수로는 앞으로 이스라엘 예배의 중심에 설 성전 운영이 불안할 수밖에 없다. 예배를 인도할 제사장들은 충분하지만(귀향민의 1/10이 제사장들이다!), 그들을 도와 잡일을 해주어야 할 막일꾼들과 레위 사람들이 턱없이 부족하기 때문이다. 예나 지금이나 이름없이 빛도 없이 기꺼이 잡일을 하려는 사람이 귀하기는 마찬가지인가 보다.

> III. 느헤미야의 귀환과 성벽 재건(느 1:1-7:73)
>   C. 느헤미야의 성벽 재건(2:11-7:73)
>   12. 1차 귀향민 명단(7:6-73)

(8) 기타 사람들(7:61-65)

[61] 델멜라와 델하르사와 그룹과 앗돈과 임멜로부터 올라온 자가 있으나 그들의 종족이나 계보가 이스라엘에 속하였는지는 증거할 수 없으니 [62] 그들은 들라야 자손과 도비야 자손과 느고다 자손이라 모두가 육백사십이 명이요 [63] 제사장 중에는 호바야 자손과 학고스 자손과 바르실래 자손이니 바르실래는 길르앗 사람 바르실래의 딸 중의 하나로 아내를 삼고 바르실래의 이름으로 불린 자라 [64] 이 사람들은 계보 중에서 자기 이름을 찾아도 찾지 못하였으므로 그들을 부정하게 여겨 제사장의 직분을 행하지 못하게 하고 [65] 총독이 그들에게 명령하여 우림과 둠밈을 가진 제사장이 일어나기 전에는 지성물을 먹지 말라 하였느니라

귀향민 중 일부는 자신이 이스라엘 자손임을 입증하지 못했다. 이스

라엘 사람들은 집안 족보를 가지고 있었으며(cf. 느 7:5; 대상 7:5), 지역 관료들 또한 그 지역 사람에 대한 기록을 보존하고 있었다(cf. 대상 5:17; 9:22). 그런데 족보를 뒤져보아도 이들에 대한 기록이 없었던 것이다(61절). 아마도 주전 586년 전쟁과 이어진 포로 생활로 족보를 정확하게 보존하는 일이 쉽지 않아 빚어진 일이었을 것이다. 그러나 그 어느 때보다 순수 혈통에 대해 예민했던 귀향민들은 이들을 공동체에서 따로 구분했다. 물론 이것은 일시적 조치이며, 시간이 지나면서 이들도 자연스럽게 이스라엘 공동체에 속하게 되었을 것이다. 그러나 족보 문제가 해결될 때까지는 할례받은 이방인처럼 취급받았다(Breneman). 일반인 중 642명(62절)과 제사장 중에는 호바야, 학고스, 바르실래 집안 사람들이 이스라엘 혈통임을 증명하지 못했다(63-64절).

유다 총독은 이스라엘 자손이라는 사실을 입증하지 못한 제사장 자손들에게 이스라엘의 예배가 정상화되어 다시 우림과 둠밈으로 판결하는 제사장이 취임할 때까지 성전 음식을 먹지 못하게 했다. 성전에서 드리는 모든 예배와 예식이 오염되어 부정해질 수 있기 때문에 이스라엘 사람들이 총독에게 이렇게 요청한 것으로 보인다. 우림과 둠밈은 제사장이 히니님의 뜻을 물을 내 사용한 제비뽑기였다. 이를 통해 하나님께 이들의 정통성을 여쭈어 확인한 다음에야 사역 여부를 결정하겠다는 뜻이다.

이스라엘 민족의 정체성과 귀향민이 포로기 이전 이스라엘 공동체의 맥을 잇기에 적격이라는 점을 매우 중시하던 당시 상황을 고려하면 새로이 형성된 예루살렘 공동체가 혈통에 집착하여 이 같은 조치를 내린 것을 충분히 이해할 수 있다(Williamson). 그러나 세월이 지나면서 이들은 혈통을 초월하여 여호와에 대한 믿음을 바탕으로 공동체를 변화시켜야만 한다. 한 시대의 영적 필요 때문에 선호되고 강조되던 것이 다른 시대에 가서는 무의미하거나 오히려 영적인 걸림돌이 될 수도 있기 때문이다. 이스라엘 사람들은 이 사실을 깨닫지 못해 계속 혈통에 집착했고, 예수님과 사도들은 이러한 영적 교만을 강도 높게 비판했다

(cf. 요 8장; 롬 9:6; 빌 3:3-8).

우리도 영적 교만에 빠지지 않으려면 신앙생활에서 시대와 장소에 상관없이 지켜야 할 절대적인 것들과 상대적/가변적인 것들을 구분할 줄 알아야 하며, 시대적 필요에서 비롯된 관례나 풍습들은 과감하게 포기할 줄도 알아야 한다. 이렇게 신앙생활은 끊임없는 변화와 성찰을 요하기 때문에 어려운 것이다.

> III. 느헤미야의 귀환과 성벽 재건(느 1:1-7:73)
>   C. 느헤미야의 성벽 재건(2:11-7:73)
>   12. 1차 귀향민 명단(7:6-73)

(9) 합계와 성전 기부(7:66-72)

⁶⁶ 온 회중의 합계는 사만 이천삼백육십 명이요 ⁶⁷ 그 외에 노비가 칠천삼백 삼십삼 명이요 그들에게 노래하는 남녀가 이백사십오 명이 있었고 ⁶⁸ 말이 칠백삼십육 마리요 노새가 이백사십오 마리요 ⁶⁹ 낙타가 사백삼십오 마리요 나귀가 육천칠백이십 마리였느니라 ⁷⁰ 어떤 족장들은 역사를 위하여 보조하였고 총독은 금 천 드라크마와 대접 오십과 제사장의 의복 오백삼십 벌을 보물 곳간에 드렸고 ⁷¹ 또 어떤 족장들은 금 이만 드라크마와 은 이천이백 마네를 역사 곳간에 드렸고 ⁷² 그 나머지 백성은 금 이만 드라크마와 은 이천 마네와 제사장의 의복 육십칠 벌을 드렸느니라

본문은 돌아온 이스라엘 회중의 수가 총 4만 2,360명이었다고 한다 (66절). 그러나 에스라 1장에서 그릇의 합계가 세부적으로 제시한 수를 모두 더한 것보다 많았던 것처럼, 지금까지 제시한 각 그룹의 수를 더한 것(=31,089; 스 2장의 숫자들을 더하면 29,818명)보다 1만 1,000정도가 많다. 저자가 본문에서 따로 언급하지는 않았지만, 합계에 포함된 사람이 1만 1,000여 명이나 더 있다는 뜻이다.

여기에 노예 7,337명과 그밖에 노래하는 남녀 245명이 더 있다(67절;

(느 1:1-7:73)

스 2장은 200명이라고 함). 이들은 저자가 언급하지는 않았지만 합계에 포함시킨 1만 1,000명의 일부일 수도 있다(Williamson). 그러나 당시 노예는 짐승과 함께 소유물로 취급된 점을 감안하면 이들을 1만 1,000명에 포함시키지 않는 것이 바람직하다. 일부 주석가들은 이 수가 여자들, 유다와 베냐민 지파 사람들을 제외한 수라고 하지만, 확실하지 않다. 노래하는 남녀 245명은 성전에서 찬양하는 자들과 구분되어야 한다(44절). 이들은 부자들이 사적인 즐거움과 유흥을 위해 고용한 '가수들'이었다(cf. 삼하 19:35; 전 2:8).

귀향민이 끌고 온 짐승으로는 말 736마리, 노새 245마리, 낙타 435마리, 나귀 6,720마리 등이 있었다(68-69절). 당시에는 먼 길을 떠날 때 부자는 주로 말을, 가난한 사람은 나귀를 이용했다(Breneman). 함께 온 노예와 짐승의 규모로 볼 때, 첫 귀향민 중 상당수가 부자였음을 알 수 있다. 이들이 성전 재건을 위해 자원하여 내놓은 '건축 헌금'의 규모를 보아도 이들의 재력을 짐작할 수 있다.[6] 그들은 금 4만 1,000드라크마, 은 4,200마네, 제사장 예복으로 597벌과 쟁반 50개를 기부했다. 이러한 내용은 에스라 2장과 상당한 차이를 보인다. 다음 표를 참소하라.

헌물	느헤미야 7장	에스라 2장
금	(총독+지도자들+평민들) 4만 1,000	(몇몇 지도자들) 6만 1,000
은	(지도자들+평민들) 4,200	(몇몇 지도자들) 5,000
제사장 예복	(총독+평민들) 597	(몇몇 지도자들) 100
쟁반	(총독) 50	

---

6 이들이 귀향하자마자 이 헌물을 기부한 것인지, 아니면 십수 년이 지난 후 성전 건축에 대한 분위기가 조성되었을 때 기부한 것인지는 확실하지 않다. 후자일 가능성이 크다(cf. 3:8 주해).

'드라크마'(דרכמונים)는 8.424g의 금으로 만든 동전이었다. 드라크마란 명칭은 다리오 1세(주전 521-486년)의 이름에서 유래했으며, 이 동전에는 다리오가 반쯤 무릎을 꿇고 활과 화살을 쥔 모습이 새겨져 있었다. 본문이 주전 530년대의 일을 회고하면서 몇십 년 뒤에 통용될 동전을 언급한다고 해서 일부 주석가들은 저자가 시대착오(anachronism)를 범하고 있다고 한다(Clines, Williamson). 그러나 그렇게 간주하기보다는 저자가 이 동전에 익숙한 후세대를 위해 원래 금액을 드라크마로 환산해 놓은 것으로 보는 것이 바람직하다. 특히 귀향민이 예루살렘에 정착한 지 100여 년이 지난 후에 저자가 역사적 자료들을 활용해 이 책을 저작했다는 사실을 생각하면 더욱 그렇다.

마네(מנה)는 바빌론 사람들이 이미 사용한 무게 단위로 570g에 달한다(cf. ABD). 그렇다면 성전 재건을 위해 들여놓은 귀금속은 금이 513.9kg, 은이 2,850kg이었다. 엄청난 액수이다. 제사장이 입는 예복(כתנות)은 매우 섬세하고 고급스러운 옷감으로 만든 값진 것이었다.

```
III. 느헤미야의 귀환과 성벽 재건(느 1:1-7:73)
    C. 느헤미야의 성벽 재건(2:11-7:73)
        12. 1차 귀향민 명단(7:6-73)
```

(10) 정착(7:73)

⁷³ 이와 같이 제사장들과 레위 사람들과 문지기들과 노래하는 자들과 백성 몇 명과 느디님 사람들과 온 이스라엘 자손이 다 자기들의 성읍에 거주하였느니라

귀향민 대부분은 폐허가 된 예루살렘에 정착할 수 없었다. 치안도 문제였지만, 무엇보다 그들의 수가 너무 많았기 때문이다. 그래서 자연스럽게 각자 조상이 살던 성읍과 지역으로 옮겨가 정착했다. 물론 조상의 땅에 대한 권한을 가진 자들은 땅을 다시 찾기도 했을 것이다.

정착 과정이 모두 평화스럽게 끝나고 있음을 암시한다.

　옛적에 여호수아가 가나안을 정복한 후에 백성들이 안식할 수 있었던 것처럼(cf. 수 11:23), 귀향민들도 오랜 여정 끝에 안식을 누릴 수 있었다. 하나님이 주신 휴식이었다. 또한 처음 출애굽 때처럼 이들은 약속의 땅 곳곳에 흩어져 살게 되었다. 다른 점이 있다면, 여호수아 시대에는 전쟁을 통해 땅을 차지했지만, 이번에는 수십 년 동안 행사하지 못했던 재산권을 행사해 땅을 얻게 되었다는 것이다.

IV. 언약 갱신
(8:1–10:39)

 이 섹션에 기록된 일들의 시대적 정황과 순서를 논하는 것은 매우 어려운 일이다. 느헤미야 1장 이후 이때까지 이야기 중심에 서 있던 느헤미야는 갑자기 자취를 감춘다. 그가 두 차례 모습을 보이기는 하지만(8:9; 10:1), 한마디도 하지 않고 주도적인 역할을 맡지도 않는다. 게다가 느헤미야가 8:9에 언급되는 것은 훗날 삽입된 것일 수 있다(cf. Clines). 반면에 백성들에게 율법을 가르치기 위해 10여 년 전에 예루살렘을 찾았던 에스라가(스 7:10) 그동안의 침묵을 깨고 이야기의 중심에 선다. 게다가 두 사람은 거의 비슷한 시기에 같은 곳에 머물며 사역했음에도 불구하고 서로 어떠한 교류도 하지 않는다. 마치 서로 다른 시대에 다른 곳에서 사역한 낯선 사람들 같다.
 성벽이 완공된 다음에 시작된 예루살렘 재(再)부흥 사업(느 7장)에 대한 내용을 이곳에서는 찾아볼 수 없다. 이 섹션이 완전히 끝난 뒤인 11장에 가서야 비로소 유다에 흩어져 살던 백성의 10분의 1이 제비뽑기를 통해 예루살렘으로 이주하기로 했다는 말로 이야기가 계속된다(11:1). 7장에서 완성된 성벽 봉헌 예배도 12장에 가서야 드려진다

(12:27ff.). 이와 같은 이유로 이 본문의 시대적 배경뿐만 아니라, 책 안에서의 위치와 역할에 관한 학자들의 추측이 난무하다. 사실 느헤미야 8-10장의 내용이 이곳에 위치한 것이 에스라—느헤미야서 연구에서 가장 난해한 문제 중 하나로 남아 있다(Williamson).

본문의 역사적인 이슈들을 뒤로하면, 이 섹션의 의미와 역할을 가늠하는 것은 그다지 어려운 일이 아니다. 공동체의 언약 갱신에 관한 이야기로 구성된 이 섹션은 에스라—느헤미야서의 절정이라 할 수 있다(Childs). 이때까지 귀향민들은 성전 회복(스 1-6장)과 공동체 회복(스 7-10장), 성벽 회복(느 1-7장)에 치중했다. 이스라엘 공동체의 숙원 사업이 첫 귀향이 시작된 지 100년 만에 드디어 완성된 것이다. 그러나 아직 하나님과의 언약을 갱신하지 못했다. 이 섹션은 그동안 예루살렘과 성전 회복 등 이스라엘 공동체가 지녀야 할 필수 조건들을 갖추느라 분주했던 귀향민들이 드디어 하나님과 언약을 갱신했다는 내용을 중심으로 다루고 있다. 언약 갱신은 지난 100여 년의 수고에 의미를 부여한다.

사실 언약 갱신이 언제 이루어진 일인지는 정확하지 않다. 그러나 저자는 언약 갱신 이야기가 예루살렘 성벽이 모두 복구된 다음에 있었던 것으로 읽히기 원한다. 이스라엘 백성들이 귀향하면서 계획했던 프로젝트를 모두 완성한 다음, 비로소 온전한 백성으로 하나님 앞에 섰다는 사실을 강조하기 위해서다. 이와 비슷한 맥락에서 한 학자는 에스라—느헤미야서의 흐름을 다음과 같이 세 부분으로 본다. (1) 가능성: 공동체에 내려진 하나님의 집을 지으라는 명령(스 1:1-4), (2) 현실화 과정: 공동체가 명령에 따라 하나님의 집을 지음(스 1:5-느 7:72), (3) 성공: 공동체가 율법에 따라 하나님의 집을 완성한 것을 기뻐함(느 7:73-13:31)(Eskenazi). 이러한 분석은 이야기 전개를 이해하는 데 많은 도움이 된다.

그렇다면 느헤미야 8-10장의 시대적 배경은 언제인가? 느헤미야가

IV. 언약 갱신

자취를 감추고 에스라가 이야기의 중심에 서 있는 것을 보면 느헤미야가 성벽을 완성하기 한참 전으로 생각된다. 에스라 9장에 기록된 에스라 사역의 바로 전이나 후에 있었던 일로 보아도 무리는 없을 듯싶고, 특히 에스라가 예루살렘에 도착한 후 몇 달 되지 않아 일어난 일이며, 이 일 후에 에스라 9장의 일이 있었던 것으로 이해하는 것이 가장 자연스럽다(Clines).

에스라가 예루살렘에 도착한 지 얼마 되지 않았을 때, 하나님의 말씀에 갈급했던 이스라엘 사람들이 그가 율법학자라는 말을 듣고 찾아와 하나님의 말씀 듣기를 청했다. 에스라는 흔쾌히 그들의 청을 들어주었고 한걸음 더 나아가 언약 갱신까지 했다. 이 여세를 몰아 언약 백성이라고 자부하는 이스라엘 사람들에게 이방 여인과 결혼한 일을 회개하고 자녀들과 아내들을 내보내게 했다. 백성들이 느헤미야 10장에서 선포한 언약 내용 중 이방인과 결혼하지 않겠다는 조항(10:30)도 이 같은 결론을 지지한다. 에스라의 예루살렘 도착(다섯째 달; 스 7:9)-언약 갱신 예배(일곱째 달; 느 7:73)-이방 여인들과 결혼 조사 시기(열째 달-이듬해 첫째 달; 스 10:16-17)도 이러한 해석을 지지한다. 언약 갱신을 주제로 하고 있는 이 섹션은 다음과 같이 구분할 수 있다.[7]

  A. 율법 낭독(8:1-12)

  B. 초막절 기념 예배(8:13-18)

  C. 회개와 고백(9:1-37)

---

7 한 주석가는 7:73b-10:39를 3막으로 나누어 다음과 같이 구분한다(Throntveit). 문제는 다른 막에 비해 2막이 지나치게 짧으며 주제별 구분 중 일부는 매우 주관적인 판단에 의한 것이라는 점이다.

시기(time reference)	7:73b; 8:2	8:13a	9:1a
성회(assembly)	8:1	8:13b	9:1b-2
율법 강론(encounter with Law)	8:3-6	18:13c	9:3
묵상(application)	8:7-11	8:14-15	9:4-37
반응(response)	8:12	8:16-18	9:38-10:39

D. 언약 갱신(9:38-10:39)

IV. 언약 갱신(8:1-10:39)

A. 율법 낭독(8:1-12)

¹ 이스라엘 자손이 자기들의 성읍에 거주하였더니 일곱째 달에 이르러 모든 백성이 일제히 수문 앞 광장에 모여 학사 에스라에게 여호와께서 이스라엘에게 명령하신 모세의 율법책을 가져오기를 청하매 ² 일곱째 달 초하루에 제사장 에스라가 율법책을 가지고 회중 앞 곧 남자나 여자나 알아들을 만한 모든 사람 앞에 이르러 ³ 수문 앞 광장에서 새벽부터 정오까지 남자나 여자나 알아들을 만한 모든 사람 앞에서 읽으매 뭇 백성이 그 율법책에 귀를 기울였는데 ⁴ 그 때에 학사 에스라가 특별히 지은 나무 강단에 서고 그의 곁 오른쪽에 선 자는 맛디댜와 스마와 아나야와 우리야와 힐기야와 마아세야요 그의 왼쪽에 선 자는 브다야와 미사엘과 말기야와 하숨과 하스밧다나와 스가랴와 므슐람이라 ⁵ 에스라가 모든 백성 위에 서서 그들 목전에 책을 펴니 책을 펼 때에 모든 백성이 일어서니라 ⁶ 에스라가 위대하신 하나님 여호와를 송축하매 모든 백성이 손을 들고 아멘 아멘 하고 응답하고 몸을 굽혀 얼굴을 땅에 대고 여호와께 경배하니라 ⁷ 예수아와 바니와 세레뱌와 야민과 악굽과 사브대와 호디야와 마아세야와 그리다와 아사랴와 요사밧과 하난과 블라야와 레위 사람들은 백성이 제자리에 서 있는 동안 그들에게 율법을 깨닫게 하였는데 ⁸ 하나님의 율법책을 낭독하고 그 뜻을 해석하여 백성에게 그 낭독하는 것을 다 깨닫게 하니 ⁹ 백성이 율법의 말씀을 듣고 다 우는지라 총독 느헤미야와 제사장 겸 학사 에스라와 백성을 가르치는 레위 사람들이 모든 백성에게 이르기를 오늘은 너희 하나님 여호와의 성일이니 슬퍼하지 말며 울지 말라 하고 ¹⁰ 느헤미야가 또 그들에게 이르기를 너희는 가서 살진 것을 먹고 단 것을 마시되 준비하지 못한 자에게는 나누어 주라 이 날은 우리 주의

IV. 언약 갱신

성일이니 근심하지 말라 여호와로 인하여 기뻐하는 것이 너희의 힘이니라 하고 ¹¹ 레위 사람들도 모든 백성을 정숙하게 하여 이르기를 오늘은 성일이니 마땅히 조용하고 근심하지 말라 하니 ¹² 모든 백성이 곧 가서 먹고 마시며 나누어 주고 크게 즐거워하니 이는 그들이 그 읽어 들려 준 말을 밝히 앎이라

이 이야기는 어느 해 일곱째 달 초하루에 시작한다(2절). 백성들이 며칠 전에 에스라를 찾아와 율법책을 읽어 달라고 부탁했고(1절), 에스라는 백성들에게 티스리월 1일에 모이라고 했던 것이다. 티스리월(Tishri)로 알려진 일곱째 달은 오늘날로 말하면 9-10월에 걸쳐 있으며 이스라엘 종교에서 매우 중요한 달이었다. 티스리월 1일은 새해가 시작되는 날이며, 10일에는 속죄일이 있고, 15-21일에는 초막절이 있었다. 새로운 한 해를 말씀으로 시작하고 싶은 열망과 각오가 작용한 것일까? 이스라엘 사람들은 티스리월 1일에 모두 모여 하나님의 말씀을 들었다(2절).

이때가 에스라가 예루살렘에 도착한 주전 458년이었다면, 오늘날 달력으로 10월 2일에 있었던 일이다(Clines). 아울러 에스라가 예루살렘에 도착한 때가 다섯째 달 초하루였으니까(스 7:9), 지난 두 달 동안 바빌론에서 온 율법학자 에스라에 대한 소문이 조금씩 퍼지기 시작했을 것이다. 말씀을 갈망하던 백성들이 에스라에 대한 소문을 접하고 찾아온 것이다.

에스라가 율법을 읽고 가르치지만, 본문의 모든 관심은 백성들에게 가 있다. 저자가 이 섹션에서 '백성'(עָם)이라는 단어를 열세 차례나 사용하며 이 중 아홉 번은 '모든 백성'(כָל־הָעָם)이라는 문구를 사용하는 것에서도 이 사실이 역력히 드러난다(Breneman). 예루살렘 공동체의 영적 부흥은 백성들의 말씀 낭독 요청에서 시작되었다. 성도들의 요청에 따라 에스라는 하나님의 말씀을 그들에게 안겨 주었다. 이 사건의 중요성이 여기에 있다(Williamson). 성도들이 프로그램이나 프로젝트가 아닌

말씀을 사모하면 공동체가 변화된다.

이 사건이 성전에서 제사장들 중심으로 벌어진 일이 아니라 수문(1절) 앞에서 율법학자 에스라를 중심으로 진행된 일이라는 사실에 근거해 일부 학자들은 본문의 이야기가 성경에서 접하는 최초의 '회당'(synagogue) 모임이라고 한다. 이 모임을 회당 모임과 비교했을 때 다음과 같은 공통점을 지녔다. (1) 백성들이 회중으로 모임, (2) 율법을 읽어 달라는 회중의 부탁, (3) 두루마리를 펼침, (4) 백성들이 서서 들음, (5) 찬양, (6) 백성들의 반응, (7) 강론, (8) 율법 낭독, (9) 구두 설명과 권면, (10) 함께 음식을 나눔(Williamson). 이때부터 이스라엘 종교에서 율법(Torah)이 성전보다 더 중요한 자리를 차지하게 된 것이다(Breneman). 이후 이스라엘 종교에서 제사나 예식보다 말씀이 더 중요시 된다. 오늘날 그리스도인의 삶에서도 교회를 포함한 건물이나 장소가 하나님 말씀보다 우선될 수 없다.

저자는 율법책을 두 가지로 묘사한다(1절). 첫째, 율법은 하나님이 이스라엘에게 명하신 것이다. 하나님의 말씀은 백성들이 지표로 삼아 실천하며 살라고 주신 것이다. 하나님의 말씀은 단순히 연구하고 묵상하는 것이 아니라 실천하고 순종하는 것이다. 성경을 읽고 묵상하는 것이 지식을 쌓는 일로 끝나서는 안 되며, 하나님이 그 말씀을 통해 주시는 명령을 깨닫고 실천해야 한다.

둘째, 율법은 하나님이 모세를 통해 주신 것이다. 율법은 귀향민 공동체가 새로 만들어 낸 것이 아니며, 벌써 수백 년 전부터 이스라엘 종교의 일부였다. 그들은 이 오래된 율법을 새로이 깨달아 하나님 백성의 전통을 이어가길 원한다. 우리가 이 세상에서 지표로 삼아야 할 가치관과 지침은 이미 주신 하나님의 말씀인 성경에 기록되어 있다. 따라서 이단들이 주장하는 일명 '새로운 진리'를 찾아 나서기 전에 이미 받은 말씀을 잘 이해하고 적용할 의무가 있다. 또한 말씀을 따라 살다 보면 이단들이 말하는 '새로운 진리'는 전혀 필요가 없다는 결론에 이

IV. 언약 갱신

르게 된다. 이 땅을 살아가는 주의 백성에게 이미 주신 하나님의 말씀만으로 충분하기 때문이다.

에스라는 그들의 요청에 따라 일곱째 달 초하루에 율법책을 들고 백성들 앞에 섰다(2절). 남녀노소를 막론하고 말씀을 알아들을 수 있는 사람은 모두 모였다. 모세는 율법을 선포하면서 이처럼 지혜롭고 이해력 있는 백성을 꿈꾸었는데, 드디어 그 꿈이 실현된 것이다(Kidner). 이스라엘 공동체에 속한 모든 사람이 한자리에 모여 새벽부터 정오까지 큰 소리로 울리는 율법책의 말씀을 들었다(3절). 모세오경이 다섯 시간 이상 울려 퍼진 것이다(Yamauchi). 일부 주석가들은 오경 전체를 읽기에는 다섯 시간이 부족하므로 오경의 일부를 읽은 것으로 해석한다. 에스라가 '그것에서 읽었다'(וַיִּקְרָא־בוֹ)(3절)라는 말씀도 이러한 해석을 가능하게 한다. 백성들은 심혈을 기울여 에스라가 읽어 내려가는 하나님의 말씀 한 마디 한 마디를 경청했다(3절).

사람들이 많았기 때문에 무대/단(מִגְדַּל־עֵץ)이 세워졌으며, 에스라와 13명의 인사들이 이 단 위에 섰다(4절). 이 단은 오늘날 목사들이 말씀을 선포하는 강단의 시작이라 할 수 있다(McConville). 에스라의 오른쪽에는 맛디댜와 스마와 아나야와 우리야와 힐기야와 마아세야가 섰고, 그의 왼쪽에는 브다야와 미사엘과 말기야와 하숨과 하스밧다나와 스가랴와 므술람이 섰다(4절). 이들이 누구인지는 알 수 없다. 그러나 제사장이나 레위 사람들을 언급할 경우 그들의 신분을 밝히는 것이 에스라—느헤미야서의 전반적인 성향이라는 점을 감안할 때, 아마도 이들은 평신도를 대표하는 자들로 생각된다(Williamson). 이들은 에스라의 개혁을 전적으로 지지하는 사람들이었을 것이다.

에스라가 높은 단에 있었기 때문에 사람들은 그의 일거일동을 지켜볼 수 있었다. 그가 책을 펴면 백성들이 모두 일어섰다(5절). 당시에는 오늘날의 책 개념인 사본(codex)이 아니라 두루마리밖에 없었기 때문에 그가 '책을 폈다'라기 보다는 '두루마리를 열었다'라는 표현이 더 정확하다. 정경에서 말씀이 읽혀질 때 백성들이 일어서는 것은 경외와 순종의 표현이며, 이미 오래전에 시작된 전통이었다(cf. 느 9:3).

에스라가 주님을 찬양하면 백성들은 세 가지로 답례했다(6절). 첫째, 손을 들었다. 자신들은 연약한 존재이기에 하나님을 믿고 의지한다는 고백이다. 둘째, '아멘! 아멘!'(אָמֵן אָמֵן)을 외쳤다. 에스라의 말에 전적으로 동의하고 함께하겠다는 것을 강조하는 표현이다. 셋째, 몸을 굽혀 얼굴을 땅에 댔다. 하나님께 대한 경배를 표하는 자세다. 이런 자세를 취한 다음, 다시 일어서서 하나님의 말씀을 들었다.

에스라가 말씀을 읽으면 레위 사람들이 통역하고 설명해 주었다(7-8절). 이 일을 맡은 레위 사람은 예수아와 바니와 세레뱌와 야민과 악굽과 사브대와 호디야와 마아세야와 그리다와 아사랴와 요사밧과 하난과 블라야 등이었다(7절). 에스라와 함께 단에 서 있는 사람의 수가 13명이었는데, 백성들에게 말씀을 설명해 준 레위 사람도 13명이다. 왜 통역이 필요했던 것일까? 구약 정경은 대부분 히브리어로 기록되어 있었는데, 바빌론 포로 생활을 지나면서 대부분 이스라엘 사람들이 히브리어를 잊었다. 귀향민들은 예루살렘으로 돌아온 후에도 주로 아람어를 사용했기 때문에 히브리어는 그들에게 생소한 언어가 되어 버렸다. 그러므로 에스라가 히브리어로 말씀을 읽으면, 레위 사람들이 아람어로 통역하고 설명해 주었던 것이다(cf. Yamauchi).[8]

백성들은 선포된 말씀을 들으면서 모두 울었다(9절). 많은 학자가 이러한 풍습은 가나안 종교의 신년 예식의 일부였다며, 이스라엘 사람들이 그들을 답습하고 있다고 주장한다(Eskenazi). 이스라엘이 새해 첫날 모인 것은 사실이지만, 지금 신년 예배를 위해 모인 것이 아니라 율법을 듣기 위해 모여 있다. 게다가 문맥상 특정한 예식에 따라 울고 있는 것이 아니라, 자신의 삶을 돌아보면서 지금 들리는 말씀대로 살지 못

---

8 마소라 텍스트에 의하면 누가 율법책에서 읽고 설명해 주었는가(8절)에 대해 다소 혼란이 있다. 전체적인 문맥을 감안할 때, 에스라가 읽고 레위 사람들이 통역하고 설명해 주었다는 해석이 가장 자연스럽다.

IV. 언약 갱신

한 것에 대한 통회의 눈물을 흘리고 있음을 전제한다. 그러므로 이 학자들의 주장은 문맥과 어울리지 않는다(Clines).

통곡하며 자기 죄를 통회하는 백성들에게 느헤미야와 에스라와 레위 사람들이 위로하며 권면했다(9절). 본문이 느헤미야를 포함하고 있지만, 이 일이 주전 458년의 일이라면 느헤미야가 이들과 함께 있을 리 만무하다. 원래는 그의 이름이 없었는데 아마도 필사자가 실수로 삽입한 것으로 생각된다.[9]

지도자들은 이날이 하나님의 거룩한 날이니 슬퍼하지도, 울지도 말라고 백성들을 위로했다. 이날(티스리월 1일)은 새해 첫날이자 나팔절이었다. 율법은 나팔절에 기뻐하라고 한다(레 23:23-25; 신 16:15). 그래서 백성들에게 집으로 돌아가 기쁜 마음으로 이웃과 함께 먹고 마시라고 권면했다. 미처 음식을 준비하지 못한 사람들에게도 음식을 나누어 주어 온 공동체가 함께 즐길 수 있도록 했다. 이렇게 하면서 "여호와로 인하여 기뻐하는 것이 너희의 힘이라"라는 말을 더하였다(10절). 주님 안에서 기뻐하는 것은 주의 백성이 주님의 진노를 피하는 가장 좋은 방법임을 암시한다.

백성들은 지도자들의 권면을 통해 기뻐할 때와 슬퍼할 때가 있으며, 이 둘을 구분할 줄 아는 것도 신앙의 일부라는 것을 깨달았다(11절). 그들은 집으로 돌아가 서로 나누며 하나님 안에서 크게 기뻐하였다(12절). 오랜만에 말씀을 통해 풍성함을 누린 날이었기에 기쁨이 더욱 컸을 것이다. 통곡(9절)이 기쁨으로(12절) 바뀐 날이었다. 하나님은 이처럼 우리의 슬픔을 기쁨으로 바꾸어 주시는 분이다.

---

9 펜샴(Fensham)과 키드너(Kidner) 등은 원래 10절이 느헤미야의 이름을 포함하고 있었다는 주장을 펼치지만, 그들은 에스라―느헤미야서가 시대적 순서에 따라 쓰인 책이라 전제하기 때문에 이런 주장을 펼칠 수밖에 없다. 그러나 이미 서론과 주해에서 여러 차례 언급한 것처럼, 이 책은 사건들이 시대적 순서로 전개된다고 전제할 필요가 없을 뿐만 아니라, 그러한 관점은 얻는 것보다 잃는 것이 더 많다.

IV. 언약 갱신(8:1-10:39)

B. 초막절 기념예배(8:13-18)

¹³ 그 이튿날 뭇 백성의 족장들과 제사장들과 레위 사람들이 율법의 말씀을 밝히 알고자 하여 학사 에스라에게 모여서 ¹⁴ 율법에 기록된 바를 본즉 여호와께서 모세를 통하여 명령하시기를 이스라엘 자손은 일곱째 달 절기에 초막에서 거할지니라 하였고 ¹⁵ 또 일렀으되 모든 성읍과 예루살렘에 공포하여 이르기를 너희는 산에 가서 감람나무 가지와 들감람나무 가지와 화석류나무 가지와 종려나무 가지와 기타 무성한 나무 가지를 가져다가 기록한 바를 따라 초막을 지으라 하라 한지라 ¹⁶ 백성이 이에 나가서 나뭇가지를 가져다가 혹은 지붕 위에, 혹은 뜰 안에, 혹은 하나님의 전 뜰에, 혹은 수문 광장에, 혹은 에브라임 문 광장에 초막을 짓되 ¹⁷ 사로잡혔다가 돌아온 회중이 다 초막을 짓고 그 안에서 거하니 눈의 아들 여호수아 때로부터 그 날까지 이스라엘 자손이 이같이 행한 일이 없었으므로 이에 크게 기뻐하며 ¹⁸ 에스라는 첫날부터 끝날까지 날마다 하나님의 율법책을 낭독하고 무리가 이레 동안 절기를 지키고 여덟째 날에 규례를 따라 성회를 열었느니라

에스라가 모든 백성에게 율법을 읽어 준 다음날, 백성들을 대표하는 각 가문의 족장들과 제사장들과 레위 사람들이 율법의 말씀을 밝히 알고자 에스라를 찾았다(13절). 그들은 함께 말씀을 읽다가 초막절에 대해 알게 되었다. 초막절은 이스라엘 달력으로 7월(티스리월) 15일부터 7일 동안이다(레 23:34).

초막절 첫날과 초막절이 끝난 다음날에는 아무 일도 해서는 안 되며, 성회로 모여야 한다. 초막절이 진행되는 동안에는 매일 번제를 드리며, 첫날 아름다운 나무 실과와 종려나무 가지와 무성한 나무 가지와 시내 버들을 취해 이레 동안 하나님 앞에서 즐거워하라고 한다(레 23:40). 종려나무 가지, 무성한 나무 가지, 시내 버들 등 푸르름이 가득

IV. 언약 갱신

한 잎사귀들로 초막을 장식하는 이유는 그것이 오아시스, 풍부한 물 그리고 이스라엘 땅의 아름다움을 상징하기 때문이다(Levine). 초막질은 자손 대대로 매년 지켜야 하는 절기다. 이 절기가 진행되는 일주일 동안 사람들은 자신이 지은 초막 안에서 지내야 한다.

초막절(חג הסכות)이라는 이름은 이 기간에 이스라엘 사람들이 초막 안에서(בסכת) 지내는 것에서 비롯되었다. 초막을 뜻하는 히브리어가 '수콧'(סכות)인데 수콧은 이스라엘 백성들이 이집트를 떠나 처음 머문 곳의 지명이다(출 12:37). 초막절이 지닌 가장 큰 의미는 하나님이 출애굽 때 베푸셨던 은혜와 이스라엘 사람들이 광야 생활을 하면서 초막에서 살았던 것을 기념하는 데 있다(레 23:43).

이 절기는 한 해의 추수를 모두 마치고 하나님이 베풀어 주신 풍요를 감사하는 데에만 목적이 있는 것은 아니다. 물론 이스라엘은 이 절기를 통해 한 해의 추수에 대해 하나님께 감사함으로써 주님께서 앞으로도 비를 충분히 주셔서 이듬해 농사도 풍작이 될 것을 기원했다. 그러나 초막절 절기를 지키는 가장 중요한 이유는 옛적에 이스라엘이 이집트에서 노예 생활을 하고 있을 때 하나님께서 그들을 찾아오셔서 풀무불 같은 이집트에서 구원하시고 가나안으로 인도하셔서 가나안에서 풍요로운 추수를 누릴 수 있게 하신 은혜를 기념하고 감사하는 데 있다. 즉 이스라엘 역사 속에서 역사하신 하나님을 기념하는 일종의 '대하(大河) 절기'인 것이다.

에스라를 찾아온 지도자들은 초막절에 대해 듣고(14절), 이 절기를 널리 알려 모든 백성이 지키게 해야 한다는 생각을 하게 되었다(15절). 귀향민 공동체는 그동안 이 절기를 잊고 살았던 것이 확실하다. 그래서 그들은 나뭇가지를 꺾어다가 곳곳에 초막을 세우고 그 초막 안에서 머물렀다(16절). 여호수아 때부터 이때까지 이렇게 축제를 즐긴 일이 없었으므로 온 이스라엘이 즐거워하였다(17절). 하나님의 말씀은 실천하는 자들에게 이 세상 그 무엇으로도 얻을 수 없는 감동과 기쁨을 준다.

　바빌론 포로 생활을 지나며 잊어버리기 전까지는 이스라엘이 과거에도 초막절을 지켰지만, 이처럼 기쁜 마음으로 온 백성이 초막절의 의미를 제대로 이해하고 지킨 일은 흔하지 않았다. 특히 초막절이 출애굽 이후 40여 년 광야 생활 동안 이스라엘이 초막에서 살았던 일을 기념하는 절기였다는 것은 바빌론으로부터 새로운 출애굽을 경험한 귀향민들에게 감회가 새로웠을 것이다. 에스라는 절기 첫날부터 마지막 날까지 날마다 백성들에게 율법책을 읽어 주었다. 느헤미야 8장은 일부 종교인들(제사장들과 레위 사람들)뿐만 아니라 온 백성이 하나님 말씀을 배우고 알아야 한다는 점을 거듭 강조한다(Breneman). 그들은 율법이 정한 대로 8일째 되던 날에는 성회를 열었다(18절).

　오늘날 유대인들은 초막절이 진행되는 동안 매일 종려나무 한 가지, 도금양(桃金孃)(myrtle) 세 가지, 갯버들 한 가지를 한데 묶어 오른손에 들고, 왼손에는 열매가 달린 시트론(citron) 나뭇가지를 들고 회당(synagogue)으로 줄을 지어 간다(Kaiser). 그들은 여호수아가 백성을 이끌고 여리고 성을 돌았던 일을 기념하며 회당 안에 있는 책상들 주변을 돌며 호산나를 노래한다. 랍비들이 '위대한 호산나'(great Hosannah)라고 부르는 마지막 날에는 같은 지역을 7번 행렬한다. 여리고 성 함락 사건의 마지막 날을 기념하기 위해서다. 이처럼 초막절은 이스라엘의 출애굽-광야 생활-가나안 정착과 밀접한 연관이 있는 절기이다.

　구약 종교는 과거에 베풀어 주신 하나님의 은혜를 기념하는 데 초점이 맞춰져 있다. 주의 백성들이 이미 체험한 하나님의 은혜를 기념하는 것은 당연한 일이다. 그러나 이스라엘은 한걸음 더 나아가 국가적인 위기를 맞을 때마다 출애굽의 하나님을 기념하며 다시 한번 하나님의 구원하시는 역사가 임할 것을 확신했다. 과거를 기념하는 것이 하나님이 곤경에 처한 백성과 함께하신다는 증거가 되고, 주의 백성에게 미래가 있음을 보장하는 역사적 근거가 되기 때문이다. 오늘날도 곤경에 처한 성도들이 자신의 문제에서 눈을 떼고 고개를 들어 과거에 베풀어 주신 주님의 은혜를 기념한다면 미래에 대한 불안감은 사라지고 주님이 함께하신다는 확신이 설 것이다.

티스리월 10일에 있었던 속죄일이 느헤미야 8장에 언급되지 않은 것에 대해 학자들은 다양한 추측을 내놓았다. 어떤 이들은 에스라 시대에는 아직 속죄일이 종교적 절기로 자리를 잡지 않았다고 한다. 즉, 속죄일은 훗날 이스라엘 공동체가 만들어 낸 절기라는 것이다. 그러나 이러한 주장을 입증할 만한 근거가 없기 때문에 설득력을 얻지 못한다. 어떤 이들은 느헤미야 9장에 묘사된 일을 속죄일에 있었던 것으로 간주하여 이때에는 속죄일이 24일에 있었다고 한다. 그러나 느헤미야 9장이 속죄일 절기를 묘사하는 것으로 보기는 어려우므로 이 해석도 별로 지지를 얻지 못한다.

이 문제에 대해서는 문맥과 8장에서 강조된 메시지가 중요한 힌트가 된다. 저자는 이 장에서 평신도의 역할을 강조하고 있다. 율법 낭독이 그들의 요청에 따라 시작되었고(1절), 초막절에 대한 율법도 이들이 먼저 에스라를 찾아와 알게 되었다. 반면에 속죄일은 전적으로 성직자들이 진행하는 행사였다. 이 같은 차이를 고려할 때, 속죄일은 사역자(제사장과 레위 사람들)가 아니라 백성들(평신도들)의 역할을 부각시키고자 하는 저자의 목적에 부응하지 않는다. 그래서 본문은 속죄일 행사에 대해 언급하지 않은 것이다(Williamson).

IV. 언약 갱신(8:1-10:39)

C. 회개와 고백(9:1-37)

이 섹션이 시작된 후 세 번째 율법책 낭독이 진행된다(9:3; cf. 8:4-8,

13-18).[10] 처음 말씀이 낭독되었을 때에는 모든 사람이 함께 기뻐하며 음식을 나누는 의식이 뒤따랐다(8:12). 두 번째 말씀이 낭독되었을 때에는 기뻐하며 초막절을 지켰다(8:17). 이번 말씀 낭독은 감격과 기쁨이 아니라 회개와 고백으로 이어진다(9:5b-37). 첫 번째는 새해의 시작을 알리는 축제인 나팔절이었고, 두 번째는 선조들의 출애굽 이후 시작된 40년 광야 생활 동안 그들을 보호하시고 인도해 주신 하나님의 은혜를 기념하는 축제였다. 이 절기에는 근신하고 회개하는 것이 적절하지 않기에(8:9-14, 17) 백성들은 율법이 지시하는 대로 마음껏 기뻐하고, 정한 날에 다시 모이기로 한 것으로 생각된다. 이들은 함께 모여 회개하고 하나님과의 언약을 갱신하고자 했다. 바빌론에서 돌아온 에스라가 율법책을 읽어 줄 때까지 그들은 율법에 대해 잘 알지 못했다. 어느새 모세의 율법책은 상당 부분 잊혀진 책이 되었던 것이다.

에스라가 말씀을 읽어 줄 때, 자신들이 얼마나 율법을 어기며 살아왔는지 깨닫게 되었다. 물론 의도적인 불순종은 아니었다. 말씀을 제대로 가르쳐 주는 사람이 없어 무지에서 빚어진 일이다. 그럼에도 불구하고 그들은 말씀대로 실지 못한 것에 대한 책임을 통감했다. 그래서 하루를 정해 다시 하나님 앞에 함께 모이기로 했다. 이날이 바로 그 달(티스리월) 24일이었다(9:1). 이 섹션은 다음과 같이 두 부분으로 구분된다.

---

10 발저(Baltzer)는 느헤미야 9-10장을 다음과 같이 오경에서 사용되는 언약 양식과 헷 족속의 계약 양식에 비교한다(Yamauchi).

계약 양식	느헤미야 9-10장
타이틀/전문(前文)	없음
역사적 정황	9:7-37
계약 조항: 기본	10:29b
계약 조항: 구체적	10:30-39
증인	9:38-10:29a
저주와 축복	10:29 (저주는 암시됨. 미래 축복은 구체화되지 않음)

IV. 언약 갱신

  A. 회개(9:1-5a)
  B. 고백(9:5b-37)

```
IV. 언약 갱신(8:1-10:39)
   C. 회개와 고백(9:1-37)
```

1. 회개(9:1-5a)

¹그 달 스무나흘 날에 이스라엘 자손이 다 모여 금식하며 굵은 베 옷을 입고 티끌을 무릅쓰며 ²모든 이방 사람들과 절교하고 서서 자기의 죄와 조상들의 허물을 자복하고 ³이 날에 낮 사분의 일은 그 제자리에 서서 그들의 하나님 여호와의 율법책을 낭독하고 낮 사분의 일은 죄를 자복하며 그들의 하나님 여호와께 경배하는데 ⁴레위 사람 예수아와 바니와 갓미엘과 스바냐와 분니와 세레뱌와 바니와 그나니는 단에 올라서서 큰 소리로 그들의 하나님 여호와께 부르짖고 ⁵ᵃ또 레위 사람 예수아와 갓미엘과 바니와 하삽느야와 세레뱌와 호디야와 스바냐와 브다히야는 이르기를

이 일은 '그달'(החדש) 24일에 있었던 일이다(1절). 그달은 언제를 뜻하는가? 일부 주석가들은 이스라엘 자손이 "모든 이방 사람들과 절교했다"(2절)라는 말씀에 근거해 이 사건을 에스라 10장에 기록된 국제결혼 해체 사건과 연결 짓는다(Clines). 이 일은 에스라가 예루살렘에 도착한 이듬해 첫째 달 초하루에 끝났는데(스 10:17), 만일 그달이 이때를 두고 하는 말이라면 '그달 24일'은 니산월 24일이며, 오늘날 달력으로는 주전 457년 4월 19일이 된다. 그러나 이 해석은 이스라엘이 모든 이방 사람과 절교했다는 말에 너무 많이 의존하는 해석이다. 이 말씀은 이스라엘이 삶과 종교에 배어 있는 이방 풍습을 제거했다는 뜻으로 해석될 수도 있기 때문이다. 백성의 기도(5-37절)가 이방인과의 결혼을 전혀 언급하지 않은 것도 이 사건과 에스라 10장에 기록된 일이 직접적

인 관계가 없음을 시사한다. 오히려 이 사건은 8장에 묘사된 일들의 자연스러운 결과로 보인다(Breneman). 그러므로 '그달'은 곧 에스라가 예루살렘에 도착한 해 티스리월 24일이며, 오늘날 달력으로 주전 458년 10월 25일이 된다(cf. 8:2 주해).

티스리월 첫날은 새해를 시작하는 나팔절(8:2)로 기뻐했고, 15-21일은 초막절로(8:14-17) 기뻐했던 백성들이 며칠 후에 굵은 베옷을 입고 하나님 앞에 모여 금식하며 재를 뒤집어썼다(1절). 금식과 베옷과 재를 뒤집어쓰는 일은 극도의 슬픔과 낮아짐을 상징한다. 말씀을 깨달을수록 자신들이 얼마나 율법대로 살지 못했는가를 깨닫고 슬퍼하게 되었고, 그 깨달음이 커짐에 따라 부족하고 부끄러운 자신의 모습을 발견하게 된 것이다. 지금 그들은 하나님 앞에 용서를 구하는 죄인으로 서 있다.

백성들은 자신들이 하나님과의 관계를 얼마나 중요시 여기며 앞으로 하나님과의 올바른 관계 맺기를 얼마나 열망하고 있는가를 보여 주기 위해 그들의 삶과 종교에 깊숙이 들어와 있던 모든 이방인의 풍습과 영향력을 정리했다(2a절). 또한 이 모임은 하나님과 이스라엘 공동체에 관한 것이기 때문에 그들 중에 살고 있던 이방인들은 이 예배에 참석하지 못하게 했다(Blenkinsopp). 에스라 앞에 서 있는 이스라엘 공동체는 죄인이 하나님의 용서를 구할 때 어떻게 해야 하는지 잘 알고 있었다. 주님의 용서를 구하는 열정만큼 자신의 삶을 돌아보고 개혁할 부분은 개혁하는 결단과 용기가 있어야 한다.

백성들은 서서 자신의 죄와 조상들의 허물을 자복했다(2b절). 그들은 자신들이 오랜 역사와 전통을 이어 온 이스라엘 백성의 맥을 잇고 있음을 의식하고 있었다. 그래서 조상들의 허물까지 자복하며 하나님께 용서를 구했다. 이것은 오늘날 대부분의 교회와 기독교인들이 잃어버린 공동체 의식이다.

예배는 8:1-8에서 보듯이 여섯 시간 정도 걸렸다(Throntveit). 온종일

IV. 언약 갱신

말씀을 읽고 죄를 자복하고 하나님을 경배하였다(3절). 레위 사람들이 단 위에 서서 예배를 인도하였다(4-5절). 예배를 인도한 레위 사람의 명단이 4절과 5절에 두 차례 제시되며, 이 중 5절에 제시된 명단은 4절에 제시된 이름 중 다섯 명만 반복하고 있다. 이들은 아마 레위 사람의 지도자들이었을 것이다. 에스라가 전혀 언급되지 않은 것이 특이하지만, 이 모든 것이 백성들의 자발성을 강조하고자 하는 저자의 의도임을 생각하면 충분히 이해가 간다.

> IV. 언약 갱신(8:1-10:39)
>   C. 회개와 고백(9:1-37)

2. 고백(9:5b-37)

이 섹션의 가장 큰 이슈는 이 기도가 시/노래인가, 아니면 내러티브(narrative)인가를 결정하는 일이다. 대부분 번역본이 내러티브로 간주하지만(개역; 새번역; NAS; NIV; TNK), 시로 간주하는 번역본도 있다(공동번역; cf. BHS). 문체를 살펴보면 평행법(15a-b절), 운율(6-7절), 한 줄의 생각이 다음 줄까지 이어지는 것(6b-c절) 등등 시적(詩的)인 요소들이 있지만, 그 어떤 것도 지속적으로 사용되거나 유지되지는 않아 시로 간주하기에는 부족한 점이 있다. 그러므로 더 설득력 있는 연구가 제시되기 전까지는 이 책의 다른 기도문처럼(스 9:6-15; 느 1:5-11) 내러티브로 취급하는 것이 바람직하다.

레위 사람들의 "여호와를 송축하라"(5b절)라는 권면에 따라 시작된 백성들의 기도는 천지 창조 때부터 자신들이 살고 있는 시대까지 하나님이 주의 백성 이스라엘에게 어떤 은혜를 베풀어 주셨는가를 묵상한다. 본문에 실린 느헤미야의 기도는 이후 유대인 회당에서 드리는 예배에 큰 영향력을 끼쳤다(Liebreich). 하나님에 대한 찬양으로(5b절) 시작하는 이 기도를 주제별로 분석해 보면 다음과 같다(Williamson).

A. 찬양 권면(9:5b)
B. 창조(9:6)
C. 아브라함(9:7-8)
D. 출애굽(9:9-11)
E. 광야 생활(9:12-21)
F. 가나안에서의 이스라엘(9:22-31)
G. 다시 시작된 노예 생활(9:32-37)

> IV. 언약 갱신(8:1-10:39)
>   C. 회개와 고백(9:1-37)
>   2. 고백(9:5b-37)

(1) 찬양 권면(9:5b)

⁵ᵇ 너희 무리는 마땅히 일어나 영원부터 영원까지 계신 너희 하나님 여호와를 송축할지어다 주여 주의 영화로운 이름을 송축하올 것은 주의 이름이 존귀하여 모든 송축이나 찬양에서 뛰어남이니이다

회개 집회에 참석한 백성들은 제일 먼저 하나님의 이름을 높인다. 하나님의 이름은 영원하다(מִן־הָעוֹלָם עַד־הָעוֹלָם). 세상이 없어져도 하나님의 이름은 영원히 존재할 것이다. 주님의 이름은 세상이 창조되기(태초) 전부터 있었던 이름이기 때문이다. 우리는 종종 인류가 멸망하면 신(들)도 죽는다고 주장하는 사람들을 만난다. 그들은 '신(들)은 연약한 인간이 고안해 낸 일종의 개념'이라고도 한다. 그러나 하나님은 인간의 상상력 속에 존재하는 분이 아니라, 인류가 없이도 존재하는 영원하신 분이라는 점을 성경은 누누이 강조한다.

여호와는 이렇게 영원하신 분이기에 백성들의 찬양과 경배를 영원토록 받으시기에 합당하다. 하나님의 이름도 영화롭다. 주님의 이름은 곧 그분의 능력과 아름다움의 표현이기 때문이다. 그러므로 하나님의

IV. 언약 갱신

이름은 이스라엘이 감당하기에 벅찬 이름이며, 어떠한 찬양과 송축으로도 충분히 찬양할 수 없는 놀라운 이름이다.

```
IV. 언약 갱신(8:1-10:39)
   C. 회개와 고백(9:1-37)
      2. 고백(9:5b-37)
```

(2) 창조(9:6)

⁶ 오직 주는 여호와시라 하늘과 하늘들의 하늘과 일월 성신과 땅과 땅 위의 만물과 바다와 그 가운데 모든 것을 지으시고 다 보존하시오니 모든 천군이 주께 경배하나이다

백성들은 여호와만이 홀로 주님이심을 고백한다. 이 문장은 오직 여호와만이 하나님이며 세상 그 어디에도 여호와와 견줄 자가 없다는 표현으로 하나님의 절대성을 강조한다(Blenkinsopp). 옛 이스라엘이 마음을 주었던 바알도 아세라도 결코 하나님과 견줄 수 없다. 오늘날 사람들의 삶을 지배하는 온갖 잡신들과는 전혀 다른 하나님이신 것이다.

그 누구와 비교할 수 없는 여호와는 온 세상을 지으신 창조주이기도 하다. 하나님은 하늘에 있는 모든 것, 땅에 있는 모든 것, 바다에 있는 모든 것을 지으신 분이다. 저자는 하늘-땅-바다(지하)의 순서를 통해 온 우주와 그 안에 있는 모든 것이 하나님에 의해 창조되었음을 고백한다. 또한 하나님은 모든 피조물에게 생명을 주셔서 창조 세계를 유지하는 분이시다. 이스라엘은 스스로의 노력으로 존재하는 것이 아니라, 하나님이 생명을 주셨기에 존재한다.

하나님은 그 누구와도 비교할 수 없는 거룩하신 창조주이기에 주의 백성들뿐만 아니라 하늘의 별들도 그분을 경배한다. 고대 사람들은 별을 신으로 취급하기 일쑤였는데, 이스라엘은 열방이 신으로 숭배하는 별들도 하나님의 피조물에 지나지 않음을 고백한다. 그들의 눈에 보이

는 것은 하늘에 있든, 바다에 있든 모두 보이지 않는 하나님이 지으셨다. 여호와께서는 참으로 '신 중의 신'이시며 '왕 중의 왕'이시다.

```
IV. 언약 갱신(8:1-10:39)
    C. 회개와 고백(9:1-37)
       2. 고백(9:5b-37)
```

(3) 아브라함(9:7-8)

⁷ 주는 하나님 여호와시라 옛적에 아브람을 택하시고 갈대아 우르에서 인도하여 내시고 아브라함이라는 이름을 주시고 ⁸ 그의 마음이 주 앞에서 충성됨을 보시고 그와 더불어 언약을 세우사 가나안 족속과 헷 족속과 아모리 족속과 브리스 족속과 여부스 족속과 기르가스 족속의 땅을 그의 씨에게 주리라 하시더니 그 말씀대로 이루셨사오매 주는 의로우심이로소이다

하나님의 창조 섭리는 곧 이스라엘의 구원 섭리로 이어진다(7절). 온 세상을 창조하신 능력의 하나님이 바로 아브라함을 택하신 하나님이다. 이 점을 강조하기 위해 창조주 하나님을 찬양하는 6절의 "오직 주는 여호와시라"(אתה־הוא יהוה)라는 말씀이 7절에서는 아브라함을 구원하신 하나님 이야기의 서두로 등장한다. 이스라엘 선조 아브라함을 택하셔서 복을 주신 분은 다름 아닌 창조주이시다.

하나님이 아브라함에게 내리신 축복은 다음과 같다. 첫째, 아브라함을 갈대아 우르에서 이끌어 내셨다(7a절). 창세기 12:1-3을 배경으로 한 말씀이다. 아브라함이 조상의 집을 떠나 약속의 땅에 정착하게 된 것은 결코 그의 결단과 의지만으로 된 일이 아니라, 하나님이 그를 부르셨기에 가능한 것이었다. 아브라함의 구원의 여정은 하나님이 시작하신 것이다. 우리도 처음 예수를 믿을 때는 우리가 믿기로 결단한 것으로 생각하지만, 세월이 지나면서 우리의 결단 뒤에 하나님의 계획이 있었음을 고백하지 않는가! 그래서 모든 성도는 구원하신 하나님 앞에

IV. 언약 갱신

겸손할 수밖에 없다.

둘째, 그의 이름을 '아브람'에서 '아브라함'으로 바꾸어 주셨다(7b절). 창세기 17:1-5를 배경으로 하는 말씀이다. 이름이 바뀌는 것은 새로운 신분/정체성의 시작을 의미한다. 하나님이 아브람을 우상 숭배자들의 소굴에서 불러내어 새로운 신분을 주시고 하나님만 섬길 수 있도록 새 출발의 특권을 주셨다. 하나님이 아브라함에게 새로운 신분을 주시면서 큰 나라가 될 것이며 후손들은 왕이 될 것이라 약속하셨다(창 17:6). 하나님께 받은 새로운 신분은 아브라함이 전에 누리지 못했던 축복의 시작이었다.

셋째, 가나안 땅을 아브라함의 자손들에게 주겠다며 그와 언약을 세우셨다(8절). 이 말씀은 창세기 15:18-21을 염두에 둔 말씀이다. 귀향민의 삶이 아직 뿌리를 내리지 못하고 주변 민족들로 인해 위태로운 상황에서 백성들이 이 사실을 회고하는 것은 의미가 있다. 하나님이 아브라함과 맺으신 언약을 기억하셔서 그의 후손인 귀향민들이 약속의 땅에 정착할 수 있도록 도와 달라는 소원을 담고 있기 때문이다. 가나안 땅이 하나님과 아브라함 사이에 맺어진 언약의 일부였다는 점이 이 기도의 근거가 된다.

아브라함에게 이 같은 복을 내려 주신 하나님은 의로운 분이시다(8c절). 하나님의 의로우심은 기도의 핵심이다(Breneman). 그렇다면 무엇이 하나님의 의로우심을 드러내는가? 하나님은 약속한 것은 잊지 않고 꼭 행하심으로 자신의 의로움을 드러내신다. 하나님은 신실하셔서 한 번 약속하신 것은 절대 잊지 않으시며, 몇 백 년이 지나도 꼭 지키신다. 언행일치의 하나님은 세상에 자신의 의로움을 보여 주신다. 그리스도인들도 이런 하나님을 닮아 약속하고 기도한 것은 꼭 지키도록 노력해야 한다.

> IV. 언약 갱신(8:1-10:39)
>   C. 회개와 고백(9:1-37)
>   2. 고백(9:5b-37)

(4) 출애굽(9:9-11)

⁹ 주께서 우리 조상들이 애굽에서 고난 받는 것을 감찰하시며 홍해에서 그들의 부르짖음을 들으시고 ¹⁰ 이적과 기사를 베푸사 바로와 그의 모든 신하와 그의 나라 온 백성을 치셨사오니 이는 그들이 우리의 조상들에게 교만하게 행함을 아셨음이라 주께서 오늘과 같이 명예를 얻으셨나이다 ¹¹ 또 주께서 우리 조상들 앞에서 바다를 갈라지게 하사 그들이 바다 가운데를 육지 같이 통과하게 하시고 쫓아오는 자들을 돌을 큰 물에 던짐 같이 깊은 물에 던지시고

백성들은 이집트 노예 생활에 시달리던 조상들에게 임했던 하나님의 은총을 기념한다. 먼저 이집트 생활의 고단함과 지긋지긋한 노예 생활에 종지부를 찍은 홍해 사건을 회상하며 묵상을 시작한다(9절). 하나님은 이스라엘 조상이 이집트에서 고난 받는 것을 보셨다(9a절). 그분의 눈은 항상 자기 백성들을 바라보고 있었다. 또한 홍해에서 부르짖는 백싱들의 음성을 들으셨다(9b절). 출애굽기 14:10-14에 기록된 말씀을 회상한다. 하나님의 귀는 주의 백성들의 가장 작은 신음 소리도 들으신다. 이처럼 하나님은 밝은 눈과 귀로 끊임없이 이스라엘을 지켜봐 주시니 무엇이 걱정이겠는가!

하나님이 이스라엘을 잔인한 이집트의 손에서 구원하시기 위해 베푸신 이적과 기적은 참으로 대단했다(10절). 구약은 이적에 대해 500번 이상 언급하는데, 이 중 절반 이상이 출애굽 사건과 연관된 기적들이라는 점은 하나님의 능력이 출애굽 때 이스라엘의 삶에 얼마나 큰 영향력을 끼쳤는지를 짐작케 한다(Breneman). 하나님은 바로와 이집트 사람들이 교만해서 주의 백성을 내보내기를 꺼려하자 온 이집트를 치셨다(10a절). 여호와께서 얼마나 강한 손으로 치셨던지 이 일로 인해 하나

IV. 언약 갱신

님의 명성은 귀향민 시대에까지 이르게 되었다(10b절). 주의 백성은 죄 때문에 타국으로 끌려가는 수모를 당했지만, 그들을 심판하신 하나님의 명성은 건재했다.

출애굽 사건과 연관된 하나님의 명성은 홍해 사건에서 절정에 이른다(11절). 하나님은 깊은 바다에 길을 내셔서 백성들로 하여금 마른 땅을 걷듯 걷게 하셨고, 뒤따르던 이집트 병거와 병사들은 수장시키셨다. 주의 백성과 그들을 해하려는 적의 운명이 극명하게 엇갈리는 일이었다. 본문은 출애굽기 14장 사건을 회고하고 있다.

하나님의 무한하신 능력을 온 천하에 드러낸 출애굽 사건은 이스라엘의 신학에 절대적인 영향을 끼쳤다. 그중 특별히 세 분야에서 출애굽 사건의 영향력은 절정에 달한다(Breneman). 첫째, 이스라엘은 역사를 하나님의 역사(acts)와 하나님과 인간 사이의 대화(dialogue)로 보게 되었다. 둘째, 이집트의 불의한 핍박에서 벗어난 이스라엘은 공의와 자유에 대해 새로운 인식을 갖게 되었다. 셋째, 이스라엘은 구원의 의미에 대해 이해하게 되었다.

```
IV. 언약 갱신(8:1-10:39)
   C. 회개와 고백(9:1-37)
      2. 고백(9:5b-37)
```

(5) 광야 생활(9:12-21)

홍해를 건넌 일로 시작된 광야 생활 중에도 하나님의 은혜로운 보호는 계속되었다. 하나님은 이집트의 손에서 자기 백성을 구원하시고 고아처럼 내버려두지 않고 부모가 자녀를 양육하듯 계속 보호하며 양육하셨다. 광야 생활 도중에도 이스라엘이 하나님께 죄를 범하여 몇 번의 위기를 맞았지만, 그때마다 하나님은 백성들을 용서하시고 은혜로 품으셔서 위기를 넘길 수 있었다. 광야 생활을 회고하는 이 섹션은 다음과 같이 구분된다(Williamson).

A. 자비로운 하나님의 공급(9:12-15)
　B. 백성들의 배은망덕한 반역(9:16-18)
A'. 지속된 하나님의 자비로움(9:19-21)

```
Ⅳ. 언약 갱신(8:1-10:39)
   C. 회개와 고백(9:1-37)
      2. 고백(9:5b-37)
         (5) 광야 생활(9:12-21)
```

a. 자비로운 하나님의 공급(9:12-15)

¹² 낮에는 구름 기둥으로 인도하시고 밤에는 불 기둥으로 그들이 행할 길을 그들에게 비추셨사오며 ¹³ 또 시내 산에 강림하시고 하늘에서부터 그들과 말씀하사 정직한 규례와 진정한 율법과 선한 율례와 계명을 그들에게 주시고 ¹⁴ 거룩한 안식일을 그들에게 알리시며 주의 종 모세를 통하여 계명과 율례와 율법을 그들에게 명령하시고 ¹⁵ 그들의 굶주림 때문에 그들에게 양식을 주시며 그들의 목마름 때문에 그들에게 반석에서 물을 내시고 또 주께서 옛적에 손을 들어 맹세하시고 주겠다고 하신 땅을 들어가서 차지하라 말씀하셨사오나

광야 생활이 시작되면서부터 하나님은 낮에는 구름 기둥, 밤에는 불 기둥으로 이스라엘과 함께하셨다(15절). 구름 기둥, 불 기둥은 세 가지 기능을 했다.

첫째, 불 기둥은 이스라엘을 적들의 공격에서 방어하는 보호막이었다. 홍해 앞에서 이집트 사람들이 마차를 이끌고 이스라엘을 공격해 오자 하나님은 불 기둥을 사용해 이집트 군대와 이스라엘 사이를 갈라놓았으며, 불 기둥이 그들 사이에 서 있는 한 이집트 군은 공격할 엄두를 내지 못했다. 이 기둥은 삶과 죽음 사이에 놓인 주의 백성에 대한 하나님의 보호막이었다.

둘째, 구름 기둥과 불 기둥은 하나님의 인도하심의 표상이기도 했다. 이스

IV. 언약 갱신

라엘은 구름 기둥이 움직이지 않으면 며칠이고 그곳에 머물렀다. 밤이라도 불 기둥이 움직이면 그들은 행군했다. 이 기둥들은 하나님의 보호막이었고 이스라엘이 하나님의 뜻을 알 수 있는 중요한 수단이었다.

셋째, 구름 기둥은 대낮의 살인적인 뙤약볕에서 이스라엘을 보호하는 하나님의 수단이었으며, 불 기둥은 밤이면 급속도로 온도가 떨어지는 사막에서 그들을 따뜻하게 보호하는 도구였다. 생명을 위협하는 자연환경에서 이 기둥들은 하나님의 자비로운 보호의 상징이었다.

시내 산에서 하나님은 백성들의 삶을 풍요롭게 할 율법을 주셨다(13-14절). 이 율법은 하나님이 직접 오셔서 주신 것이며 '정직한 규례와 진정한 율법과 선한 율례와 계명'으로 주셨다(13절). 기도자는 옳고 그름, 바른 가치관, 좋은 삶의 원칙들이 모두 율법에 들어 있음을 고백한다. 이처럼 하나님의 자비와 은혜를 묘사하는 문맥에서 안식일이 언급되는 것(14절)은 그날이 결코 백성들에게 짐이 되는 날이 아니라 그들을 소생시키고 풍요롭게 하는 좋은 날임을 강조한다. 하나님은 모세를 통해 이 좋은 율법을 주시고 백성들을 가르치게 하셨다(14절). 이렇게 좋은 율법이 어떤 이들에게는 속박과 억압의 상징이 되어 버렸다. 율법을 어기는 자들에게는 그렇지만, 율법을 사랑하고 지키는 자들에게는 꿀보다도 달콤한 인생의 지표이다.

이스라엘이 용광로와 같은 이집트를 탈출해서 모든 문제가 해결된 것은 아니었다. 그들에게 광야 생활은 더 혹독했다. 비록 이집트에서 노예 신분으로 살기는 했지만, 의식주는 위협받지 않았다. 반면에 광야 생활은 자유인이 된 이스라엘 사람들의 의식주가 위협받는 위험한 경험이었다. 이들이 험난한 광야 생활에서 살아남을 수 있었던 것은 오직 하나님의 은혜였다. 하나님은 하늘에서 먹을거리를 내려 주셨고, 이스라엘이 목마를 때는 반석에서 물을 내셨다(15a절). 매일 만나를 내려 주시고, 때에 따라 메추라기를 주셨던 이야기(출 16장)와 반석에서 물이 나게 하신 므리바 사건(출 17장)을 염두에 둔 고백이다. 의식주를 해결하기 가장 어려운 곳인 광야에서 하나님은 이들의 필요를 채워 주셨다. 그러므로 이스라엘이 아무리 어려운 여건에 처하더라도 하나님을 의지하면 살아갈 수 있다. 이 원리는 귀향민 공동체에도 큰 도전이 되었을 것이다.

이집트를 떠난 이스라엘은 광야를 지나 약속의 땅 문턱에 서 있었다. 하나님이 약속하신 땅은 그들 앞에 있었고, 주님은 가서 그 땅을 취하라고 하셨다(15b절). 하나님이 그들을 위해 땅을 준비해 두신 것이다. 이는 이스라엘이 가데스바네아에 도착했을 때 있었던 일이다(cf. 민 13장). 출애굽기-민수기에 기록된 이스라엘의 광야 여정은, 이집트에서 살려 달라고 하나님께 부르짖었던 백성들이 일단 이집트를 떠난 후에는 조금이라도 불편하면 이집트에서 살던 때를 그리워하며 모세와 하나님을 원망했던 일들로 가득하다.

그런데도 하나님은 이들을 가슴에 품고 가데스바네아까지 오셨다. 그러고는 가서 그들 앞에 펼쳐져 있는 약속의 땅을 취하라고 하신다. 물론 가나안 땅을 정복하는 데 필요한 모든 것을 하나님이 공급해 주실 것이며, 그 땅에서 풍요롭게 살 수 있도록 모든 배려를 해주실 것도 암시하셨다. 이스라엘은 가나안에 입성해 그 땅을 취하기만 하면 되는 위치에 있었다. 하나님은 출애굽을 이루셨을 뿐만 아니라 이미 가나안 입성에 필요한 모든 여건을 준비해 두셨기 때문이다.

```
IV. 언약 갱신(8:1-10:39)
    C. 회개와 고백(9:1-37)
      2. 고백(9:5b-37)
        (5) 광야 생활(9:12-21)
```

b. 백성들의 배은망덕한 반역(9:16-18)

¹⁶ 그들과 우리 조상들이 교만하고 목을 굳게 하여 주의 명령을 듣지 아니하고 ¹⁷ 거역하며 주께서 그들 가운데에서 행하신 기사를 기억하지 아니하고 목을 굳게 하며 패역하여 스스로 한 우두머리를 세우고 종 되었던 땅으로

돌아가고자 하였나이다 그러나 주께서는 용서하시는 하나님이시라 은혜로 우시며 긍휼히 여기시며 더디 노하시며 인자가 풍부하시므로 그들을 버리지 아니하셨나이다 [18] 또 그들이 자기들을 위하여 송아지를 부어 만들고 이르기를 이는 곧 너희를 인도하여 애굽에서 나오게 한 신이라 하여 하나님을 크게 모독하였사오나

하나님의 꾸준한 은총과 인도하심에도 불구하고 이스라엘은 결정적인 순간에 주님을 믿지 못했다. 가나안 땅을 정탐하고 돌아온 정탐꾼들의 말만 듣고 그 땅을 차지할 수 없다고 단정한다(민 14:1-2). 이러한 선조들의 행동을 후세들은 '거만하여, 목이 뻣뻣하고 고집이 세어서' 하나님의 말씀을 거역한 행위로(16절, 새번역) 평가한다. 출애굽 1세대는 자손들 보기에 부끄러운 조상으로 기억된 것이다. 하나님의 말씀과 사람의 말 중 사람의 말을 듣기로 결정했던 선조들이 자손들에게 부끄러운 사람들로 기억되는 것은 당연한 일이다.

선조들은 가나안 땅을 정복하여 취하라는 하나님 말씀에 순종하기를 거부했으며, 하나님이 이집트에서부터 베풀어 주신 이적과 증거를 모두 잊어버렸다(17a절). 심지어 지도자를 세워 다시 이집트로 돌아가려 했다(17b절; cf. 민 14:3-4). 현실적인 어려움에 부딪히자 자신들이 당면한 어려움과 하나님의 능력은 무관하다고 생각한 것이다. 참으로 어리석기 짝이 없다.

이집트 사람들에게 내리신 재앙들, 이스라엘을 위해 홍해를 가르신 일, 많은 무리가 시내 산에서 1년을 머물면서도 전혀 부족함이 없었던 일, 이곳 가데스바네아까지 행군해 오면서 경험했던 수많은 기적들이 이제는 옛 추억이 되었고 현실에 어떠한 영향도 끼치지 못하는 남의 이야기가 되어 버렸다. 이런 점에서 기적은 사람을 변화시키지 못한다는 말이 옳다. 만일 기적이 사람을 변화시킬 수 있다면, 가데스바네아 사건은 일어나지 않았을 것이다. 오직 하나님 말씀만이 간사한 인간의

마음을 변화시킬 수 있다.

하나님이 이처럼 배은망덕한 이스라엘을 가데스바네아에서 다 죽이거나 버리셔도 아무도 하나님을 원망할 수 없다. 그러나 하나님은 그들을 버리지 않으셨다(17d절). 여호와는 다른 신들과는 전적으로 다른 하나님이시기 때문이다. 백성들은 여호와의 성품을 용서하시는 하나님, 은혜로우신 분, 긍휼하신 분, 더디 노하시는 분, 인자가 풍부하신 분 등 다섯 가지로 찬양한다(17c절). 하나님은 반역한 백성에게 정당한 대가를 요구하지 않고 자비로운 성품으로 그들의 죄를 사하고 덮으시기 때문이다.

하나님이 가데스바네아에서 죽을 수밖에 없었던 이스라엘을 살려 주셨다는 사실을 아는지 모르는지 이스라엘은 계속 죄를 지을 뿐이었다(18절). 심지어 금송아지를 만들고 이것이 이집트에서 이스라엘을 이끌어 내신 여호와라고 외쳤다. 이 말씀은 모세가 시내 산에 올라가 하나님과 교제하는 동안 아론이 금붙이를 모아 금송아지를 만든 일을 염두에 둔 것이다(출 32:1-4). 물론 이 사건은 가데스바네아 사건 이전에 있었다. 그러나 백성들이 이 일을 가데스바네아 사건 다음에 회고하는 것은 이 사건이야말로 가장 적나라한 이스리엘의 반역을 보여 주고 있기 때문이다. 그 어떤 범죄도 이 사건과 견줄 수 없을 정도로 최악이었다. 하나님은 이런 이스라엘을 용서하실 책임이 없으셨다.

```
IV. 언약 갱신(8:1-10:39)
   C. 회개와 고백(9:1-37)
      2. 고백(9:5b-37)
         (5) 광야 생활(9:12-21)
```

c. 지속된 하나님의 자비로움(9:19-21)

¹⁹ 주께서는 주의 크신 긍휼로 그들을 광야에 버리지 아니하시고 낮에는 구름 기둥이 그들에게서 떠나지 아니하고 길을 인도하며 밤에는 불 기둥이 그들이 갈 길을 비추게 하셨사오며 ²⁰ 또 주의 선한 영을 주사 그들을 가르치시며 주의 만나가 그들의 입에서 끊어지지 않게 하시고 그들의 목마름을 인하

IV. 언약 갱신

여 그들에게 물을 주어 ²¹ 사십 년 동안 들에서 기르시되 부족함이 없게 하시므로 그 옷이 해어지지 아니하였고 발이 부르트지 아니하였사오며

여호와는 금송아지까지 만들어 주님을 모독한 이스라엘을 불쌍히 여겨 광야에 버려두지 않으셨다(19a절). 이스라엘의 죄를 공정하게 재판하면 죽어 마땅하지만, 하나님의 자비와 사랑이 공평을 앞섰다. 그래서 하나님은 전에 이스라엘에게 내려 주신 모든 은혜를 계속 베풀어 주셨다. 구름 기둥과 불 기둥을 주셨고(19b절; cf. 12절), 입에서 만나가 끊이지 않게 했으며(20b절; cf. 15a절), 물을 주셨다(20c절; cf. 15b절). 광야 생활을 시작할 때 공급해 주신 모든 것을 반역한 후에도 내려 주신 것이다. 그뿐만 아니라 반역의 근원을 치료하기 위해 더 큰 은혜를 주셨다. 선한 영을 주셔서 그들을 가르치신 것이다(20a절). 무지함이 반역의 근원이 될 수 있기에 이스라엘에게 하나님과 율법을 아는 지식과 깨달음을 주셨다.

하나님은 이처럼 가데스바네아의 반역으로 시작된 40년 광야 생활 동안 이스라엘을 돌보셨다(21절). 덕분에 이스라엘은 생명을 위협하는 광야에서도 부족함 없이 살 수 있었다. 옷은 해어지지도 않았고, 발도 부르트지 않았다. 신명기 2:7과 8:4를 근거로 한 회고이다.

```
IV. 언약 갱신(8:1-10:39)
   C. 회개와 고백(9:1-37)
      2. 고백(9:5b-37)
```

(6) 가나안에서의 이스라엘(9:22-31)

²² 또 나라들과 족속들을 그들에게 각각 나누어 주시매 그들이 시혼의 땅 곧 헤스본 왕의 땅과 바산 왕 옥의 땅을 차지하였나이다 ²³ 주께서 그들의 자손을 하늘의 별같이 많게 하시고 전에 그들의 열조에게 들어가서 차지하라고 말씀하신 땅으로 인도하여 이르게 하셨으므로 ²⁴ 그 자손이 들어가서 땅

을 차지하되 주께서 그 땅 가나안 주민들이 그들 앞에 복종하게 하실 때에 가나안 사람들과 그들의 왕들과 본토 여러 족속들을 그들의 손에 넘겨 임의로 행하게 하시매 ²⁵ 그들이 견고한 성읍들과 기름진 땅을 점령하고 모든 아름다운 물건이 가득한 집과 판 우물과 포도원과 감람원과 허다한 과목을 차지하여 배불리 먹어 살찌고 주의 큰 복을 즐겼사오나 ²⁶ 그들은 순종하지 아니하고 주를 거역하며 주의 율법을 등지고 주께로 돌아오기를 권면하는 선지자들을 죽여 주를 심히 모독하였나이다 ²⁷ 그러므로 주께서 그들을 대적의 손에 넘기사 그들이 곤고를 당하게 하시매 그들이 환난을 당하여 주께 부르짖을 때에 주께서 하늘에서 들으시고 주의 크신 긍휼로 그들에게 구원자들을 주어 그들을 대적의 손에서 구원하셨거늘 ²⁸ 그들이 평강을 얻은 후에 다시 주 앞에서 악을 행하므로 주께서 그들을 원수들의 손에 버려 두사 원수들에게 지배를 당하게 하시다가 그들이 돌이켜 주께 부르짖으매 주께서 하늘에서 들으시고 여러 번 주의 긍휼로 건져내시고 ²⁹ 다시 주의 율법을 복종하게 하시려고 그들에게 경계하셨으나 그들이 교만하여 사람이 준행하면 그 가운데에서 삶을 얻는 주의 계명을 듣지 아니하며 주의 규례를 범하여 고집하는 어깨를 내밀며 목을 굳게 하여 듣지 아니하였나이다 ³⁰ 그러나 주께서 그들을 여러 해 동안 참으시고 또 주의 선지자들을 통하여 주의 영으로 그들을 경계하시되 그들이 듣지 아니하므로 열방 사람들의 손에 넘기시고도 ³¹ 주의 크신 긍휼로 그들을 아주 멸하지 아니하시며 버리지도 아니하셨사오니 주는 은혜로우시고 불쌍히 여기시는 하나님이심이니이다

하나님의 은총은 가나안 정복 전쟁에서도 역력히 드러났다. 가나안의 여러 나라와 민족이 이스라엘에게 굴복하게 하셨다(22절). 대표적인 예로 시혼 땅과 바산 왕 옥의 땅을 차지한 일을 들 수 있다(22b절; cf. 민 21:21-35). 이 지역은 사실 아브라함에게 약속하신 땅에 속하지 않았지만, 추가로 주셨다. 이들은 이스라엘이 평화롭게 지나가는 것을 거부했고 오히려 군대를 이끌고 나와 싸움을 건 자들이었다.

IV. 언약 갱신

가데스바네아에서 하나님의 심판을 받은 후 이스라엘의 수가 아주 줄어든 것은 아니었다. 그들이 가나안에 입성할 때에는 하늘의 별만큼이나 많았다(23절; cf. 민 1장과 26장). 백성들의 죄가 아무리 커도 하나님이 오래전에 아브라함에게 약속하신 것을 무효화시키지는 못했던 것이다(cf. 창 15:5). 가나안 정복에 나선 이스라엘은 하나님의 도움으로 승승장구할 수 있었고 왕들을 포함한 가나안 사람들을 마음대로 할 수 있었다(24절). 이는 여호수아서에 기록된 사건들을 배경으로 한 고백이다. 이 전쟁을 통해 그들은 파지 않은 우물을 얻었고 심지 않은 포도원을 갖게 되었으며, 세우지 않은 집과 성읍들을 소유하게 되었다(25절). 이스라엘은 새로이 땅을 개간한 것이 아니라, 전쟁을 통해 이미 남이 가꾸어 놓은 밭을 얻었다. 이는 신명기 6:11, 여호수아 24:13 등을 회고하는 말씀이다. 모두 하나님이 내려 주신 축복이었다.

하나님이 복을 주시면 더 열심히 그분을 사랑하고 말씀에 순종하는 것이 당연한 도리이지만 이스라엘은 그렇게 하지 않았다. 주님이 축복으로 주신 가나안 땅에 살면서 그 땅의 주인이신 하나님께 순종하지 않았고 온갖 죄를 저지를 뿐 아니라 심지어는 회개하라는 메시지를 전달해 준 하나님의 종 선지자들을 죽이기까지 했다(26절). 하나님은 결국 그들을 대적의 손에 넘겨 곤고를 당하게 하셨다(27절). 백성들이 고통 속에서 부르짖으면 하나님은 그들을 구원하셨지만, 그들은 또다시 하나님께 죄를 범했다. 이런 일이 반복되었다(27-30절). 백성들은 사사 시대와 왕정 시대의 역사를 회고하고 있다(cf. 삿 2:10-20).

하나님은 회개시키기 위해 선지자들도 보내셨지만 백성들은 그들의 말을 듣지 않았다. 결국 하나님은 이스라엘을 열방의 손에 넘기셨다(30절). 그러나 자비와 긍휼이 많으신 하나님은 이스라엘을 이방인의 땅에 고아처럼 내버려두지 않으셨다. 계속 사랑하시고 관심을 가지고 지켜보셨다. 하나님은 한번 언약을 맺으면 어떠한 상황에서도 절대 그 상대를 포기하거나 버리지 않으신다. 끝까지 책임지는 사랑으로 지켜보시고 보호하신다.

> IV. 언약 갱신(8:1-10:39)
>   C. 회개와 고백(9:1-37)
>   2. 고백(9:5b-37)

(7) 다시 시작된 노예 생활(9:32-37)

³² 우리 하나님이여 광대하시고 능하시고 두려우시며 언약과 인자하심을 지키시는 하나님이여 우리와 우리 왕들과 방백들과 제사장들과 선지자들과 조상들과 주의 모든 백성이 앗수르 왕들의 때로부터 오늘까지 당한 모든 환난을 이제 작게 여기지 마옵소서 ³³ 그러나 우리가 당한 모든 일에 주는 공의로우시니 우리는 악을 행하였사오나 주께서는 진실하게 행하셨음이니이다 ³⁴ 우리 왕들과 방백들과 제사장들과 조상들이 주의 율법을 지키지 아니하며 주의 명령과 주께서 그들에게 경계하신 말씀을 순종하지 아니하고 ³⁵ 그들이 그 나라와 주께서 그들에게 베푸신 큰 복과 자기 앞에 주신 넓고 기름진 땅을 누리면서도 주를 섬기지 아니하며 악행을 그치지 아니하였으므로 ³⁶ 우리가 오늘날 종이 되었는데 곧 주께서 우리 조상들에게 주사 그것의 열매를 먹고 그것의 아름다운 소산을 누리게 하신 땅에서 우리가 종이 되었나이다 ³⁷ 우리의 죄로 말미암아 주께서 우리 위에 세우신 이방 왕들이 이 땅의 많은 소산을 얻고 그들이 우리의 몸과 가축을 임의로 관할하오니 우리의 곤란이 심하오며

이 섹션에서는 이스라엘의 오랜 역사를 회고하며 조상들의 반역에 대해 고백하고 묵상한 백성들이 최근의 역사를 떠올리며 자신들의 형편을 하나님께 고한다. 죄를 범하여 타국으로 끌려간 이들의 자손이 자기 조상을 내치신 여호와께 자신의 형편을 고할 수 있는 유일한 근거는, 그분은 '한 번 세운 언약은 성실하게 지키시는 하나님'이시기 때문이다(32절, 새번역). 귀향민들이 이 기도를 드리며 특별히 떠올리는 말

IV. 언약 갱신

씀은 '심판을 받아 열방에 흩어져 사는 이스라엘 사람들을 때가 되면 다시 모으시리라'라는 말씀이다(cf. 신 30:1-4).

백성들은 주전 722년에 북 왕국 이스라엘이 앗시리아의 손에 멸망하여 끌려간 일을 회상하며 자신들이 처한 상황을 돌아본다(32절). 이때부터 이스라엘이 심판을 받아 열방에 흩어지기 시작했기 때문이다. 백성들은 앗시리아 왕들이 다스리던 때부터 자신들의 시대까지 얼마나 많은 고통과 아픔을 당해 왔는가를 회고한다. 물론 이러한 고통은 당연한 죗값이었기에 하나님은 어떠한 잘못도 없으시며 정당하게 행하셨다(33절). 정치·종교 지도자들은 하나님의 말씀을 따르지 않았으며, 계명에도 귀를 기울이지 않았다(34절). 심지어 하나님이 주신 복과 풍요를 누리면서도 하나님 섬기기를 거부함으로 주의 백성들은 자신들이 심은 대로 거두게 되었다(35절). 그러한 이들의 현실은 너무 고통스럽다. 포로의 땅 바빌론에서 돌아오기는 했지만, 이방인의 억압(포로 생활)은 아직 끝나지 않았기 때문이다(36-37절).

페르시아는 다른 제국에 비해 상대적으로 관대한 외교정책을 펴서 속국민들을 지나치게 착취하지는 않았다(McConville). 그러나 원칙적으로 페르시아의 지배를 받고 있는 이스라엘은 제국의 노예와 다름없으며, 땅에서 나는 풍성한 소출 일부도 제국에 바쳐야 한다. 자유는 찾아볼 수 없고, 그들이 소유한 모든 것과 심지어 몸뚱이까지 페르시아의 소유물이 되어 있다(37절, 새번역). 옛적에 하나님이 그들의 조상을 이집트의 속박에서 해방시켜 주신 것처럼 자신들에게도 이 같은 복을 주시기를 갈망하고 있다.

백성들의 기도를 정리해 보면 세 가지 중심 주제를 바탕으로 한다. 첫째, 하나님이 이미 하신 일이다. 하나님은 아브라함과 언약을 맺으신 후로 그의 후손인 이스라엘에게 꾸준히 은혜와 자비를 베풀어 오셨다. 백성들은 주님을 배신해도 주님은 그들을 배신하지 않으셨으며, 계속 그들을 사랑하셨다. 둘째, 백성들의 배은망덕이다. 역사 속에서 하나님의 구원과 은총을 수없이 경험하고도 이스라엘은 상습적으로 주님을 배반하였다. 주의 백성이라고 자부하던 이스라엘은 '앉으나 서나' 죄짓는 일과 하나님께 대한 반역만 일삼아 왔다. 셋째, 하나님이 앞으로 하실 일이다. 반복되는 백성들의 배반이 결코 하나님의 의지와 계획을 무산시키지는 못할 것이라는 확신이다. 인간의 죄가 하나님의 계획과 의지를 꺾을 수 있다면, 하나님은 이미 이스라엘을 여러 번 버리셨을 것이다. 그러나 하나님은 밥 먹듯 죄를 짓는 이스라엘을 버리지 않으셨다. 그러므로 귀향민들은 하나님이 앞으로도 자기 백성들에게 자비를 베푸실 것을 확신한다. 그들은 이 사실에 소망과 기대를 걸며 기도를 마무리한다.

IV. 언약 갱신(8:1-10:39)

D. 언약 갱신(9:38-10:39)

말씀에 대한 갈급함이 되살아나고 율법을 따라 살겠다는 의지가 소생하고, 지난날의 죄에 대한 철저한 회개가 있었으니 드디어 하나님과의 언약을 갱신할 분위기가 무르익었다. 하나님과의 언약을 갱신하고 그 언약에 따라 살아갈 것을 맹세하는 이 섹션은 다음과 같이 세 부분으로 구분된다.[11]

---

11 또한 언약에 서명한 지도자들의 명단(9:38b-10:27)은 다음과 같이 교차대구법적 구조를 취하고 있다(Throntveit). 처음에 어떤 부류의 사람들이 서명했는지 언급한 다음(9:38b), 계층별 사람들의 이름을 나열하는 형식을 취하고 있다.
  A. 지도자들(9:38b)
    B. 레위 사람들(9:38b)
      C. 제사장들(9:38b)
        D. 총독 느헤미야(10:1a)
      C'. 제사장들(10:1b-8)
    B'. 레위 사람들(10:9-13)
  A'. 지도자들(10:14-27)

IV. 언약 갱신

A. 언약 갱신 예배(9:38)
B. 언약에 서명한 지도자들(10:1-27)
C. 언약 조항(10:28-39)

```
IV. 언약 갱신(8:1-10:39)
    D. 언약 갱신(9:38-10:39)
```

1. 언약 갱신 예배(9:38)

38 우리가 이 모든 일로 말미암아 이제 견고한 언약을 세워 기록하고 우리의 방백들과 레위 사람들과 제사장들이 다 인봉하나이다 하였느니라

회개와 고백 기도를 마친 백성들은 하나님과의 언약을 갱신하는 예배를 드렸다(9:38). 많은 번역본이 9:38을 기도문의 일부로 취급한다(개역; 공동번역; NAS; NIV; NRS; TNK). 반면에 새번역은 서술 형식으로 이해하여 "이 모든 것을 돌이켜 본 뒤에, 우리는 언약을 굳게 세우고, 그것을 글로 적었으며, 지도자들과 레위 사람들과 제사장들이 그 위에 서명하였다"라고 번역하고 있다. 히브리어 문장이 일인칭 복수로 되어 있는 점을 감안할 때 이 구절도 기도문으로 해석하는 것이 옳다. 온갖 반역으로 얼룩진 역사를 되돌아보며 하나님이 이때까지 주의 백성의 죄와 상관없이 어떤 은혜를 베푸셨는가와 앞으로 어떤 일을 하실 것인가를 묵상힌 기도가 헌신적 결단과 각오로 이어지고 있는 것이다.

백성들은 하나님과의 언약 갱신 사실을 글로 적었고, 그 위에 백성들을 대표한 각계 지도자들이 서명하도록 했다. 이 문서는 성전에 보존될 것이며, 이스라엘과 하나님 사이에 맺어진 계약을 확인해 주는 역할을 하게 된다. 언약 갱신은 하나님 말씀대로 살겠다는 백성들의 각오와 의지의 표현이었다.

IV. 언약 갱신(8:1-10:39)
　　D. 언약 갱신(9:38-10:39)

2. 언약에 서명한 지도자들(10:1-27)

¹ 그 인봉한 자는 하가랴의 아들 총독 느헤미야와 시드기야, ² 스라야, 아사랴, 예레미야, ³ 바스훌, 아마랴, 말기야, ⁴ 핫두스, 스바냐, 말룩, ⁵ 하림, 므레못, 오바댜, ⁶ 다니엘, 긴느돈, 바룩, ⁷ 므술람, 아비야, 미야민, ⁸ 마아시야, 빌개, 스마야이니 이는 제사장들이요 ⁹ 또 레위 사람 곧 아사냐의 아들 예수아, 헤나닷의 자손 중 빈누이, 갓미엘과 ¹⁰ 그의 형제 스바냐, 호디야, 그리다, 블라야, 하난, ¹¹ 미가, 르홉, 하사뱌, ¹² 삭굴, 세레뱌, 스바냐, ¹³ 호디야, 바니, 브니누요 ¹⁴ 또 백성의 우두머리들 곧 바로스, 바핫모압, 엘람, 삿두, 바니, ¹⁵ 분니, 아스갓, 베배, ¹⁶ 아도니야, 비그왜, 아딘, ¹⁷ 아델, 히스기야, 앗술, ¹⁸ 호디야, 하숨, 베새, ¹⁹ 하립, 아나돗, 노배, ²⁰ 막비아스, 므술람, 헤실, ²¹ 므세사벨, 사독, 얏두아, ²² 블라댜, 하난, 아나야, ²³ 호세아, 하나냐, 핫숩, ²⁴ 할르헤스, 빌하, 소벡, ²⁵ 르훔, 하삽나, 마아세야, ²⁶ 아히야, 하난, 아난, ²⁷ 말룩, 하림, 바아나이니라

본문은 총독 느헤미야도 문서에 서명한 것으로 기록하고 있지만(1절), 이 일이 에스라가 예루살렘에 도착한 해에 있었던 일이라면, 이때 느헤미야는 예루살렘에 없었다. 필사자가 실수로 느헤미야의 이름을 이곳에 삽입했거나 언약 갱신 예배가 느헤미야 시대에도 있었기 때문에 에스라 시대에 있었던 언약 갱신 예배와 엮어서 두 예배를 하나로 취급하는 과정에서 저자가 의도적으로 그의 이름을 이곳에 삽입한 것으로 생각된다.

성경에는 두 사건을 마치 하나의 사건처럼 엮어서 묘사하는 경우가 종종 있다. 가장 쉬운 예로 다윗의 왕위 즉위식을 들 수 있다. 사울이 죽자 다윗은 헤브론에서 유다의 왕으로 7년 6개월 동안 군림하며 사울 집안을 중심으로 한 이스라엘과 내전을 치렀다(cf. 삼하 2-3장). 두 나라

IV. 언약 갱신

를 중재하려던 아브넬이 죽고 사울의 아들 이스보셋이 암살당하자 그는 통일된 이스라엘의 왕으로 즉위하였다(cf. 삼하 5장). 두 즉위식은 분명 7년을 사이에 둔 서로 다른 사건이었다. 그러나 역대기 저자는 이 사건들을 회고하면서 마치 두 사건이 하나인 것처럼 묘사한다(대상 11장). 이런 기술법이 이곳에도 사용되고 있다.

언약에 서명한 제사장은(10:2-8) 스라야, 아사랴, 예레미야, 바스훌, 아마랴, 말기야, 핫두스, 스바냐, 말룩, 하림, 므레못, 오바댜, 다니엘, 긴느돈, 바룩, 므술람, 아비야, 미야민, 마아시야, 빌개, 스마야 등 21명이었다. 시드기야(1절)가 제사장들과 함께 취급되어야 하는지에 대해서는 다소 논란이 있다. 그러나 느헤미야와 시드기야는 접속사(ו)로 연결되어 있는 반면, 다른 이름들은 접속사를 사용하지 않고 나열되는 점으로 보아 시드기야는 느헤미야와 함께 정치적 지도자로 취급하는 것이 바람직하다(Breneman). 제사장들의 이름이 느헤미야 12:1-7, 12-22에 등장하는 제사장들의 이름과 비슷하다. 그래서 주석가들은 여러 가지 창의적인 해석과 주장을 내놓지만, 같은 이름이 같은 집안에서 지속적으로 사용되는 일은 당시 흔한 관례였기 때문에 굳이 한 본문이 다른 본문을 재활용하고 있다고 생각할 필요는 없다.

문서에 서명한 레위 사람들(10:9-13)은 예수아, 빈누이, 갓미엘, 스바냐, 호디야, 그리다, 블라야, 하난, 미가, 르홉, 하사뱌, 삭굴, 세레뱌, 스바냐, 호디야, 바니, 브니누 등 17명이었다. 이들 중 일부는 스룹바벨과 함께 돌아온 집안의 이름들이다(느 12:8). 같은 이름이 집안 이름과 개인 이름으로 사용되던 당시 풍습을 반영하고 있다. 또한 여기에 언급된 레위 사람 중 6-7명은 에스라와 함께 백성들에게 율법을 가르쳤다(느 8:7). 에스라—느헤미야서에서는 항상 레위 사람의 수가 제사장들의 수보다 적다. 에스라 2장(느 7장)은 세 집안밖에 언급하지 않으며, 느헤미야 9:4-5는 16명의 이름을 언급하는데, 이들 중 몇 개가 이곳에서 반복되고 있다. 느헤미야 12:8-9에는 여덟 개의 레위 사람 이름이 제시되는데, 이 중 네 개는 이곳에도 언급되었다. 느헤미야 12:24-25는 세 개의 이름만을 언급할 뿐이다.

언약 문서에 서명한 지도자(10:14-27) 명단에는 총 마흔네 개의 이름이 있으며, 대부분 집안을 대표하는 사람들이다. 이곳에 제시된 마흔네 개의 이름 중 처음 스물한 개는 에스라 2:3-30(느 3장)에 기록된 것과 평행을 이룬다. 심지어 언급되는 순서도 거의 같다. 다음 명단을 참조하라. 이탤릭체는 다소 차이를 보이는 이름들이며, 볼드체는 순서가 바뀐 이름들이다. 귀향민을 대표했던 집안들의 이름(느 3장)이 이곳에서 반복되는 것은, 드디어 첫 귀향민들이 꿈꾸던 하나님과의 관계 회복이 후손을 통해 이루어지고 있음을 강조하기 위해서이다.

느헤미야 3장	느헤미야 10장
므술람(4절)	므술람(20절)
므세사벨(4절)	므세사벨(21절)
사독(4절)	사독(21절)
요야다(6절)	*얏두아*(21절)
믈라댜(7절)	*블라댜*(22절)
하나냐(8절)	하나냐(23절)
핫숩(11절)	핫숩(23절)
할르헤스(12절)	할르헤스(24절)
르훔(17절)	르훔(25절)
하사뱌(17절)	*하삽나*(25절)
아나냐(23절)	하난(26절)
하눈(30절)	아난(26절)
말기야(31절)	말룩(27절)

나머지 스물세 개 이름은 성벽 재건을 도운 사람들의 이름과 전혀 새로운 이름들로 구성되어 있다. 새로운 이름들은 가장 최근에 바빌론에

IV. 언약 갱신

서 돌아온 사람들일 것이다(Kidner). 귀향이 시작되자마자 예루살렘으로 돌아온 집안들과 최근에 도착한 사람들이 함께 언약에 서명한 것이다. 온 공동체가 하나님과 맺은 언약에 따라 신실하게 살겠다는 의지를 보인다.

```
IV. 언약 갱신(8:1-10:39)
   D. 언약 갱신(9:38-10:39)
```

3. 언약 조항(10:28-39)

[28] 그 남은 백성과 제사장들과 레위 사람들과 문지기들과 노래하는 자들과 느디님 사람들과 및 이방 사람과 절교하고 하나님의 율법을 준행하는 모든 자와 그들의 아내와 그들의 자녀들 곧 지식과 총명이 있는 자들은 [29] 다 그들의 형제 귀족들을 따라 저주로 맹세하기를 우리가 하나님의 종 모세를 통하여 주신 하나님의 율법을 따라 우리 주 여호와의 모든 계명과 규례와 율례를 지켜 행하여 [30] 우리의 딸들을 이 땅 백성에게 주지 아니하고 우리의 아들들을 위하여 그들의 딸들을 데려오지 아니하며 [31] 혹시 이 땅 백성이 안식일에 물품이나 온갖 곡물을 가져다가 팔려고 할지라도 우리가 안식일이나 성일에는 그들에게서 사지 않겠고 일곱째 해마다 땅을 쉬게 하고 모든 빚을 탕감하리라 하였고 [32] 우리가 또 스스로 규례를 정하기를 해마다 각기 세겔의 삼분의 일을 수납하여 하나님의 전을 위하여 쓰게 하되 [33] 곧 진설병과 항상 드리는 소제와 항상 드리는 번제와 안식일과 초하루와 정한 절기에 쓸 것과 성물과 이스라엘을 위하는 속죄제와 우리 하나님의 전의 모든 일을 위하여 쓰게 하였고 [34] 또 우리 제사장들과 레위 사람들과 백성들이 제비 뽑아 각기 종족대로 해마다 정한 시기에 나무를 우리 하나님의 전에 바쳐 율법에 기록한 대로 우리 하나님 여호와의 제단에 사르게 하였고 [35] 해마다 우리 토지 소산의 맏물과 각종 과목의 첫 열매를 여호와의 전에 드리기로 하였고 [36] 또 우리의 맏아들들과 가축의 처음 난 것과 소와 양의 처음 난 것을 율법에

기록된 대로 우리 하나님의 전으로 가져다가 우리 하나님의 전에서 섬기는 제사장들에게 주고 [37] 또 처음 익은 밀의 가루와 거제물과 각종 과목의 열매와 새 포도주와 기름을 제사장들에게로 가져다가 우리 하나님의 전의 여러 방에 두고 또 우리 산물의 십일조를 레위 사람들에게 주리라 하였나니 이 레위 사람들은 우리의 모든 성읍에서 산물의 십일조를 받는 자임이며 [38] 레위 사람들이 십일조를 받을 때에는 아론의 자손 제사장 한 사람이 함께 있을 것이요 레위 사람들은 그 십일조의 십분의 일을 가져다가 우리 하나님의 전 곳간의 여러 방에 두되 [39] 곧 이스라엘 자손과 레위 자손이 거제로 드린 곡식과 새 포도주와 기름을 가져다가 성소의 그릇들을 두는 골방 곧 섬기는 제사장들과 문지기들과 노래하는 자들이 있는 골방에 둘 것이라 그리하여 우리가 우리 하나님의 전을 버려두지 아니하리라

이스라엘은 하나가 되어, 모세를 통해 주신 율법에 따라 살기로 맹세했다. 저자는 이 맹세에 참여한 백성들을 10개의 그룹으로 표현한다. (1) 제사장, (2) 레위 사람, (3) 성전 문지기, (4) 노래하는 사람, (5) 성전 막일꾼, (6) 율법에 따라 실리고 이방인들과 인연을 끊은 자들, (7) 아내들, (8) 아들딸들, (9) 알아들을 만한 지식이 있는 이들, (10) 귀족 형제들(28-29a절, 새번역). 물론 중복된 부분이 있지만, 저자는 의도적으로 완전수인 10을 사용한다. 이스라엘의 모든 사람이 이 서약에 동참했다는 사실을 강조하기 위해서다.

백성들은 만일 자신들이 하나님과 언약을 따라 살지 않으면 저주와 심판도 달게 받겠다는 각오로 임했다(29절). 그들이 하나님께 서약한 언약의 일부는 다음과 같다.

첫째, 자녀들을 더 이상 이방인과 결혼시키지 않는다(30절). 첫 귀향민들이 이 땅에 발을 들여놓은 후로 이스라엘 공동체는 지난 수십 년 동안 주변 이방인들과의 결혼을 방관해 왔다. 그러다 보니 심지어는 제사장들마저도 이방인 아내를 맞이했고, 암몬 사람 도비야의 영향력

IV. 언약 갱신

도 무시하지 못하게 되었다(스 10:18; 느 6:17-19). 이방인과의 결혼은 이스라엘의 민족적 정체성에 문제를 일으킬 수 있지만, 가장 중요한 이슈는 역시 종교적인 것이다. 이방인들의 우상과 경건하지 못한 풍습이 이스라엘을 오염시키고 좀먹을 수 있기 때문이다. 이제 이 같은 불경건의 사슬을 끊을 때가 왔다.

둘째, 안식일에 관한 율법을 철저하게 지킨다(31절). 백성들은 안식일과 성일에는 절대 물건을 사거나 팔지 않을 것이며, 땅은 6년 동안 경작하고 7년째 되는 해에는 쉬게 하겠다고 맹세했다. 땅에게도 안식을 줄 뿐만 아니라, 가난한 자들이 7년째 되는 해의 수확을 먹을 수 있도록 하라는 율법(레 25:1-10)을 이제라도 지키겠다는 의지다. 과수원에서는 7년째 되는 해에 농부가 전혀 손을 대지 않더라도 충분한 열매가 맺힐 것이다. 이것은 고아와 과부와 이방인들의 몫이라는 것이 율법의 가르침이다.

백성들은 한걸음 더 나아가 율법이 지시한 대로 6년이 지난 빚은 모두 탕감해 주겠다고 맹세했다. 빈부 격차에서 비롯되는 고통과 아픔을 (느 5장) 최소화하겠다는 공동체의 의지가 담겨 있다. 주의 백성들이 하나님의 다른 말씀은 모두 준수해도 돈과 경제원칙에 관한 말씀을 무시한다면 그 신앙은 위선이다. 공동체는 각 지체의 영적 아픔뿐만 아니라 경제적 고통도 함께 나누어야 할 책임이 있다.

셋째, 성전이 잘 운영될 수 있도록 정기적으로 헌금을 한다(32절). 백성들은 매년 한 사람당 3분의 1세겔씩 성전에 들여놓기로 했다. 물론 성인 남자들의 경우에만 적용되는 원칙이다. 당시 막노동하는 사람들의 1년 봉급이 10세겔 정도 되었으니, 열흘 치 임금을 고스란히 성전 유지비로 내놓겠다는 뜻이다. 출애굽기 30:13-14 는 반(半) 세겔을 성전에 들여놓으라고 했는데, 본문은 왜 3분의 1세겔을 들여 놓으라고 하는가? 학자들은 세 가지 가능한 설명을 내놓았다(Yamauchi). 첫째, 출애굽기가 언급하는 헌물은 평생에 한 번 하는 헌물이므로 본문의 성전 유지 헌금과 직접적인 연관이 없다. 둘째, 느헤미야 시대 사람들이 겪고 있는 경제적인 어려움 때문에 헌물 액수가 줄어든 것이다. 셋째, 바빌론 세겔은 이스라엘의 세겔보다 훨씬 무겁기 때문에 바빌론 세겔로 환산해서 2분의 1이 아니라, 3분의 1을 헌물하도록 한 것이다.

아마도 첫 번째 해석이 가장 설득력이 있는 듯하다. 본문이 언급하고 있는 헌물은 성전 유지 비용이지 속전이 아니기 때문이다. 이 돈은 매주 새로운 빵으로 올리는 진설병, 정기적으로 드리는 제물과 특별한 절기 등에 필요한 것들을 구입하는 데 사용된다(33절). 그뿐만 아니라 해마다 집안별로 제비를 뽑아 순서를 정하고 그 순서에 따라 성전에서 사용할 나무를 대기로 했다(34절). 성전에서 사용할 장작을 대는 일에는 제사장이나 레위 사람도 예외가 될 수 없다. 학자들은 십일조와 그 외 헌물들을 감안할 때 구약 시대 사람들은 수입의 20% 정도를 예물로 바친 것으로 생각한다. 어느 정도 헌금하면 목소리를 높이는 성도가 많은 오늘날의 교회를 생각하면 이들의 무조건적 헌신과 각오가 신선하다.

넷째, 첫 소산을 성전에 바친다(35-37a절). 농작물이건 가축이건 첫 소산물은 하나님께 드리겠다는 약속이다. 물론 모세의 율법은 이미 이러한 원칙을 백성의 의무로 규정하였다(출 23:16-19; 레 23장). 그러나 귀향민들은 그동안 안식년 율법을 지키지 않았던 것처럼 이 원칙도 잘 지키지 않았다. 그래서 새로운 각오로 이제부터 하겠다고 결단한 것이다.

맏아들은 몸값을 지불하고 대속하는데, 지정된 몸값은 다섯 세겔이었다(민 18:15). 새번역은 백성들의 서약이 36절에서 끝나고 37절부터는 다시 내러티브가 시작되는 것으로 간주하는데(공동번역은 37절까지 서약으로 간주하고 38절부터 내러티브로 이해한다), 여러 번역본처럼 아예 32-39절 전체를 내러티브로 취급하거나 전체를 서약으로 이해해도 별 어려움은 없다(개역; NAS; NIV; NRS; TNK).

다섯째, 레위 사람들이 성읍을 돌아다니며 십일조를 거두게 한다

IV. 언약 갱신

(37b-38절). 투명성을 위해 제사장 1인이 동반하도록 했다. 백성들이 이처럼 결정한 것은 역시 그동안 게을리했던 십일조 생활을 제대로 하겠다는 의지를 담고 있다. 이스라엘 종교에서 비롯된 십일조는 레위 사람들과 제사장들 몫일 뿐만 아니라 가난한 자들을 돕는 사회적 제도이기도 하다(cf. 신 26:12). 이스라엘은 이 제도를 통해 서로를 돌보았다.

여섯째, 성전 창고가 비지 않도록 꾸준히 헌물로 채운다(39절). 성전의 풍요로움은 곧 백성들이 하나님께 받은 축복의 상징이었다. 불행하게도 이스라엘은 지난 수십 년 동안 성전을 예물로 채우는 일을 등한시해 왔다. 자신들의 형편이 어려운데 무엇을 하나님의 전에 드릴 수 있겠냐는 논리였다(cf. 말라기). 그러나 이제부터는 자신이 힘들어도 감당해야 할 책임을 회피하지 않겠다는 의지의 표현이다. 성전을 영화롭게 하는 것은 그들의 책임이라는 사실을 새롭게 깨달은 것이다.

백성들의 개혁 의지와 결단을 보여 주는 이 섹션이 공교롭게도 모두 물질에 관한 것이라는 점이, 그 당시나 지금이나 성도들이 헌신을 각오하기에 가장 어려워하는 부분이 재물이라는 사실을 보여 준다. 종교 개혁자 루터는 '회심은 지갑의 회심을 동반해야 한다'라고 말한 적이 있다. 입으로 아무리 회심을 고백해도 물질적인 헌신이 뒷받침되지 않으면 위선일 수 있다. 오늘날 많은 사람이 돈과 상관없이 하나님을 사랑하려고 한다. 언약을 갱신하는 귀향민 공동체는 그것이 현실석으로 불가능하다고 생각했다. '재물이 있는 곳에 마음이 있다'라는 예수님의 말씀이 새롭게 들린다.

V. 느헤미야의 나머지 행적
(11:1-13:31)

저자가 이스라엘 공동체의 언약 갱신 이야기를 회고하기 위해 7:73에서 멈추었던 느헤미야 이야기를 다시 시작한다. 느헤미야가 성벽 공사를 진행할 즈음에 예루살렘에는 그다지 많은 사람이 살지 않았다(cf. 7:4). 허물어진 성벽으로 둘러싸인 도성의 치안이 불안해서 사람들은 예루살렘을 기피하고 주변 마을에서 살았기 때문이다. 이제 성벽이 완성되었으니 치안이 더 이상 불안하지 않다. 이스라엘이 옛 영화를 어느 정도 회복하려면 성전이 있는 예루살렘이 번성해야 한다. 이 섹션은 느헤미야가 성벽이 완성된 예루살렘에 새로운 주민들을 정착시킨 이야기와 그가 총독으로 있는 동안 있었던 일들을 기록하고 있다. 느헤미야서의 마지막 부분을 구성하고 있는 본문은 다음과 같이 구분할 수 있다.

A. 유다와 예루살렘 주민 정착(11:1-36)
B. 제사장들과 레위 사람들(12:1-26)
C. 성벽 봉헌(12:27-43)

V. 느헤미야의 나머지 행적

  D. 회복된 공동체(12:44-13:3)
  E. 느헤미야의 개혁(13:4-31)

```
V. 느헤미야의 나머지 행적(11:1-13:31)
```

A. 유다와 예루살렘 주민 정착(11:1-36)

성벽 공사가 끝나자 느헤미야와 지도자들은 예루살렘에 정착할 사람들을 찾았다. 공사가 진행되는 동안 원수들이 끊임없이 침략 위협을 가해 온 상황이었기 때문에 공사가 끝난 후에도 대부분 사람이 이주해 오기를 꺼려했다. 게다가 귀향민들은 이미 각자 성읍에 정착해 지난 수십 년을 살아온 터라 친지와 가족들을 떠나 예루살렘으로 이주한다는 것이 그리 쉬운 일은 아니었다. 결국 느헤미야와 지도자들은 다른 방법을 통해 예루살렘에 정착할 사람들을 모집했다. 이 섹션은 다음과 같이 구분된다.

  A. 예루살렘 거주민 선출(11:1-2)
  B. 예루살렘 거주민 명단(11:3-24)
  C. 그 외 거주지 목록(11:25-36)

```
V. 느헤미야의 나머지 행적(11:1-13:31)
   A. 유다와 예루살렘 주민 정착(11:1-36)
```

1. 예루살렘 거주민 선출(11:1-2)

¹ 백성의 지도자들은 예루살렘에 거주하였고 그 남은 백성은 제비 뽑아 십분의 일은 거룩한 성 예루살렘에서 거주하게 하고 그 십분의 구는 다른 성읍에 거주하게 하였으며 ² 예루살렘에 거주하기를 자원하는 모든 자를 위하여

(11:1-13:31)

백성들이 복을 빌었느니라

느헤미야와 지도자들이 선택한 방법은 두 가지였다. 첫째, 최대한 자원자를 모집했다(2절). 그들에게 복을 빌어 주고 각별히 대우했다. 그러나 충분한 자원자들이 나오지 않았다. 그래서 다른 방법을 병행했다. 제비뽑기를 통해 유다 각 성읍에 흩어져 사는 사람들의 10분의 1을 추첨해 이주하도록 권장한 것이다(1절).

십일조 원리를 적절하게 사용하고 있다. 어느 마을이나 성읍이든 거주민의 10%가 빠져나가도 그다지 큰 문제는 없다. 반면에 여러 곳에서 10%씩 차출된 사람들을 모으면 어지간한 성읍 한두 개 정도의 인구는 쉽게 예루살렘에 정착시킬 수 있다. 구약에서 제비뽑기는 하나님 뜻을 구하는 수단으로 자주 사용한다(cf. 민 26:55; 수 7:14, 16-18). 그러므로 다른 방법보다 제비를 뽑아 선발하면 하나님의 뜻으로 알고 순응하기가 조금 더 쉬웠을 것이다.

예루살렘으로의 이주를 위해 백성들을 설득하는 일에 있어 가장 중요한 것은 지도자들의 솔선수범이었다. 주석가에 따라 지도자들이 먼저 예루살렘으로 이주한 상황에서 제비뽑기가 진행되었다는 해석이 있지만(Fensham), 중요한 것은 지도자가 자신도 실천하기 꺼리는 일을 백성들에게 강요하지 않고, 먼저 솔선수범한 후에 백성들을 선발하고 있다는 사실이다. 이것은 고통 분담에 동참하자는 취지이며, 결코 지도자라고 해서 예외는 없을 것이라는 의지의 표현이다. 백성들은 솔선수범하는 지도자에게 가장 쉽게 설득된다.

> V. 느헤미야의 나머지 행적(11:1-13:31)
>   A. 유다와 예루살렘 주민 정착(11:1-36)

2. 예루살렘 거주민 명단(11:3-24)

³ 이스라엘과 제사장들과 레위 사람들과 느디님 사람들과 솔로몬의 신하들의 자손은 유다 여러 성읍에서 각각 자기 성읍 자기 기업에 거주하였느니라 예루살렘에 거주한 그 지방의 지도자들은 이러하니 ⁴ 예루살렘에 거주한 자는 유다 자손과 베냐민 자손 몇 명이라 유다 자손 중에는 베레스 자손 아다야이니 그는 웃시야의 아들이요 스가랴의 손자요 아마랴의 증손이요 스바댜의 현손이요 마할랄렐의 오대 손이며 ⁵ 또 마아세야니 그는 바룩의 아들이요 골호세의 손자요 하사야의 증손이요 아다야의 현손이요 요야립의 오대 손이요 스가랴의 육대 손이요 실로 사람의 칠대 손이라 ⁶ 예루살렘에 거주한 베레스 자손은 모두 사백육십팔 명이니 다 용사였느니라 ⁷ 베냐민 자손은 살루이니 그는 므술람의 아들이요 요엣의 손자요 브다야의 증손이요 골라야의 현손이요 마아세야의 오대 손이요 이디엘의 육대 손이요 여사야의 칠대 손이며 ⁸ 그 다음은 갑배와 살래 등이니 모두 구백이십팔 명이라 ⁹ 시그리의 아들 요엘이 그들의 감독이 되었고 핫스누아의 아들 유다는 버금이 되어 성읍을 다스렸느니라 ¹⁰ 제사장 중에는 요야립의 아들 여다야와 야긴이며 ¹¹ 또 하나님의 전을 맡은 자 스라야이니 그는 힐기야의 아들이요 므술람의 손자요 사독의 증손이요 므라욧의 현손이요 아히둡의 오대 손이며 ¹² 또 전에서 일하는 그들의 형제니 모두 팔백이십이 명이요 또 아다야이니 그는 여로함의 아들이요 블라야의 손자요 암시의 증손이요 스가랴의 현손이요 바스훌의 오대 손이요 말기야의 육대 손이며 ¹³ 또 그 형제의 족장된 자이니 모두 이백사십이 명이요 또 아맛새이니 그는 아사렐의 아들이요 아흐새의 손자요 므실레못의 증손이요 임멜의 현손이며 ¹⁴ 또 그들의 형제의 큰 용사들이니 모두 백이십팔 명이라 하그돌림의 아들 삽디엘이 그들의 감독이 되었느니라 ¹⁵ 레위 사람 중에는 스마야이니 그는 핫숩의 아들이요 아스리감의 손자요 하사

(11:1-13:31)

뱌의 증손이요 분니의 현손이며 ¹⁶ 또 레위 사람의 족장 삽브대와 요사밧이니 그들은 하나님의 전 바깥 일을 맡았고 ¹⁷ 또 아삽의 증손 삽디의 손자 미가의 아들 맛다냐이니 그는 기도할 때에 감사하는 말씀을 인도하는 자가 되었고 형제 중에 박부갸가 버금이 되었으며 또 여두둔의 증손 갈랄의 손자 삼무아의 아들 압다니 ¹⁸ 거룩한 성에 레위 사람은 모두 이백팔십사 명이었느니라 ¹⁹ 성 문지기는 악굽과 달몬과 그 형제이니 모두 백칠십이 명이며 ²⁰ 그 나머지 이스라엘 백성과 제사장과 레위 사람은 유다 모든 성읍에 흩어져 각각 자기 기업에 살았고 ²¹ 느디님 사람은 오벨에 거주하니 시하와 기스바가 그들의 책임자가 되었느니라 ²² 노래하는 자들인 아삽 자손 중 미가의 현손 맛다냐의 증손 하사뱌의 손자 바니의 아들 웃시는 예루살렘에 거주하는 레위 사람의 감독이 되어 하나님의 전 일을 맡아 다스렸으니 ²³ 이는 왕의 명령대로 노래하는 자들에게 날마다 할 일을 정해 주었기 때문이며 ²⁴ 유다의 아들 세라의 자손 곧 므세사벨의 아들 브다히야는 왕의 수하에서 백성의 일을 다스렸느니라

히브리어 성경 원문 3절의 내용과 순서를 이해하는 일이 쉽지 않다. "예루살렘에 거주한 그 지방의 지도자들은 이러하다"라는 말 다음에 사람들의 이름이 나오기를 기대하는데, 갑자기 "이스라엘과 제사장들과 레위 사람들과 느디님 사람들과 솔로몬의 신하들의 자손은 유다 여러 성읍에서 각각 자기 성읍 자기 기업에 거주하였고"라는 말이 나와 맥을 끊어 놓기 때문이다. 끊어진 맥은 4b절에 가서야 이어진다. 그래서 개역성경은 두 문장의 순서를 바꾸어 이 문제를 해결하려고 했다. 그러나 히브리어 문장의 순서는 이와 같은 재배열을 허락하지 않는다. 그래서 많은 번역본이 성직자들의 거처에 대한 내용을 괄호로 처리하여 이 문제를 해결하려 한다(NAS; NIV; TNK; CSB). 비록 문장 순서에 혼란이 있기는 하지만 이 구절은, 사람들이 예루살렘으로 차출되기 전에는 백성들과 종교 지도자 대부분이 각자 조상들에게 물려받은 성읍들에서 살고

V. 느헤미야의 나머지 행적

있었고 예루살렘에는 소수의 유다와 베냐민 자손들만 정착했음을 회고하는 것이다.

유다 자손 중 예루살렘에 정착한 사람들을 회고하고 있는 4b-6절은 상당한 정보를 분실한 불확실한 본문으로 생각된다(cf. Williamson). 베레스의 자손과 실로 사람의 자손들을 언급하다가, 합계를 제시할 때는 베레스의 자손만 언급하는 일이 이 같은 해석을 뒷받침한다. 또한 본문과 평행을 이루고 있는 역대상 9:4-6에는 베레스와 실로 사람의 자손들뿐만 아니라 세라의 자손들도 포함되어 있다. 원문에서 상당한 정보가 삭제된 것이다.

예루살렘에 정착한 아다야 집안은 웃시야-스가랴-아마랴-스바댜-마할랄렐 계보를 통해 베레스와 연결된다(4절; cf. 창 38:29). 물론 온전한 계보는 아니며 많은 대가 생략되었다. 유다 지파의 자손인 마아세야는 바룩-골호세-하사야-아다야-요야립-스가랴를 거쳐 실로 사람 아들과 연결된다(5절). 예루살렘에 정착한 베레스의 자손은 468명이었지만(6절), 실로 사람의 자손은 몇 명이었는지 알 수 없다. 역대상 9:6은 세라의 자손 중 690명이 예루살렘에 정착했다고 한다.

베냐민 자손 중에서는 살루 집안이 예루살렘에 정착했다(7절). 그러나 본문과 평행을 이루는 역대상 7:7-9에 의하면 살루 집안 외에도 여러 집안이 예루살렘에 정착했다. 역시 원문에서 많은 정보가 분실된 것으로 보인다. 살루는 므술람-요엣-브다야-골라야-마아세야-이디엘을 통해 여사야와 연결되었다. 총 928명이 예루살렘에 정착했다(8절). 요엘이 우두머리였으며 유다는 예루살렘의 제2구역을 다스리는 사람이었다(9절, 새번역).

제사장 중에서는 스룹바벨과 함께 돌아온 세 집안의 자손들이 예루살렘에 정착했다. 여다야, 임멜, 바스훌이다. 하림 자손은 이 명단에서 빠져 있다(cf. 스 2:36-39). 여다야 집안에서 822명(12절), 바스훌 집안에서는 지도자가 242명(13절), 임멜 집안에서는 128명이(14절) 예루살렘에 정착했다.

레위 사람 중에서는 7명의 주요 이름이 언급된다(cf. 대상 9:14-16). 분니의 자손 스마야, 성전 바깥 일을 맡은 삽브대와 요사밧, 감사와 찬송과 기도를 인도하는 맛다냐와 압다, 성전 문지기 악굽과 달몬 등이 있었다. 모두 합하여 284명의 레위 사람이 예루살렘에 정착하였으며(18절), 나머지 사람들은 유다 여러 성읍에 흩어져 살았다(20절).

성전 막일꾼들은 오벨에 자리를 잡았으며, 시하와 기스바가 그들의 지도자였다(21절). 예루살렘에 자리잡은 레위 사람들의 우두머리는 웃시였으며, 아삽의 자손이었다(22절). 노래하는 자들에게는 왕명이 내려져 있었다고 한다(23절). 어느 왕을 두고 하는 말일까? 다윗 왕이 찬양대에 대해 규례를 만들어 둔 것은 사실이지만(대상 25장), 저자는 예루살렘에서 예배가 지속되는 것을 원하는 페르시아의 왕을 염두에 두고 이 말을 한 것으로 생각된다(Fensham, cf. 24절의 '브다히야가 왕 곁에서').

이 섹션에 나열된 이름들의 의미와 정보의 상당 부분이 분실되어 다소 혼란스럽지만, 저자가 전하고자 하는 전반적인 메시지는 분명하다. 이스라엘 모든 지파 사람과 예배가 차질 없이 진행되기 위해 필요한 모든 분야의 사역자들이 바빌론에서 돌아와 예루살렘에 정착했음을 알린다. 이런 면에서 예루살렘은 드디어 참 이스라엘의 축소판이 되었다.

V. 느헤미야의 나머지 행적(11:1-13:31)
   A. 유다와 예루살렘 주민 정착(11:1-36)

3. 그 외 거주지 목록(11:25-36)

²⁵ 마을과 들로 말하면 유다 자손의 일부는 기럇 아르바와 그 주변 동네들과 디본과 그 주변 동네들과 여갑스엘과 그 마을들에 거주하며 ²⁶ 또 예수아와 몰라다와 벧벨렛과 ²⁷ 하살수알과 브엘세바와 그 주변 동네들에 거주하며

²⁸ 또 시글락과 므고나와 그 주변 동네들에 거주하며 ²⁹ 또 에느림몬과 소라와 야르뭇에 거주하며 ³⁰ 또 사노아와 아둘람과 그 마을들과 라기스와 그 들판과 아세가와 그 주변 동네들에 살았으니 그들은 브엘세바에서부터 힌놈의 골짜기까지 장막을 쳤으며 ³¹ 또 베냐민 자손은 게바에서부터 믹마스와 아야와 벧엘과 그 주변 동네들에 거주하며 ³² 아나돗과 놉과 아나냐와 ³³ 하솔과 라마와 깃다임과 ³⁴ 하딧과 스보임과 느발랏과 ³⁵ 로드와 오노와 장인들의 골짜기에 거주하였으며 ³⁶ 유다에 있던 레위 사람의 일부는 베냐민과 합하였느니라

저자는 이 섹션에서 유다(25-30절)와 베냐민(31-36절) 지파 영토에 이스라엘 사람들이 고루 분포되어 살고 있음을 회고한다. 모든 것이 평화롭고 하나님이 약속하신 대로 회복되어 가고 있음을 강조한다. 이는 옛적에 여호수아의 지휘하에 이스라엘이 가나안 땅을 정복하여 지파와 집안별로 정착했던 일을 연상케 한다. 물론 그때와 비교할 때 정착 규모는 초라하다. 그럼에도 불구하고 새로운 출애굽과 정복이 실현되고 있음을 시사한다. 하나님이 다시 한번 약속을 지키신 것이다.

V. 느헤미야의 나머지 행적(11:1-13:31)

B. 제사장들과 레위 사람들(12:1-26)

저자는 앞 섹션(11장)에서 이스라엘을 대표하는 지파들과 종교인들이 예루살렘에 정착했으며, 나머지 사람들은 유다와 베냐민 지파 영토 전역에 흩어져 살았다고 했다. 이 섹션에서는 종교 지도자인 제사장들과 레위 사람들을 집중 조명한다. 본문은 다음과 같이 구분된다.

A. 첫 귀향민과 함께 온 제사장들(12:1-7)

B. 첫 귀향민과 함께 온 레위 사람들(12:8-9)

C. 대제사장 계보(12:10-11)

D. 요야김 때의 제사장들(12:12-21)

E. 레위 사람들에 대한 추가 정보(12:22-23)

F. 레위 사람들의 사역(12:24-26)

V. 느헤미야의 나머지 행적(11:1-13:31)
   B. 제사장들과 레위 사람들(12:1-26)

1. 첫 귀향민과 함께 온 제사장들(12:1-7)

¹ 스알디엘의 아들 스룹바벨과 예수아와 함께 돌아온 제사장들과 레위 사람들은 이러하니라 제사장들은 스라야와 예레미야와 에스라와 ² 아마랴와 말룩과 핫두스와 ³ 스가냐와 르훔과 므레못과 ⁴ 잇도와 긴느도이와 아비야와 ⁵ 미야민과 마아댜와 빌가와 ⁶ 스마야와 요야립과 여다야와 ⁷ 살루와 아목과 힐기야와 여다야니 이상은 예수아 때에 제사장들과 그들의 형제의 지도자들이었느니라

에스라 2:36은 스룹바벨과 함께 돌아온 제사장들의 수를 집안별로 제시했다. 4,000명이 훨씬 넘는 제사장들이 돌아왔다. 저자는 이때 돌아온 제사장의 우두머리들을 이곳에 나열한다. 예수아를 포함해 총 22명의 제사장 집안 리더들의 명단이 제시된다. 모두 귀향민 1세대인 예수아 시대 사람들이었다(7절).

많은 주석가가 이 명단과 12:12-21에 기록된 제사장들의 이름이 비슷해 두 명단의 연관성에 대해 다양한 추측을 내놓았다(cf. Williamson). 간략하게 정리하자면, 본문은 예수아를 중심으로 한 귀향민 1세대 제사장들의 이름을 제시하는 반면, 12-21절은 귀향민 2세대인 요야김 때 사역했던 제사장들의 이름을 기록하고 있다. 그렇다면 왜 두 명단

V. 느헤미야의 나머지 행적

에 상당수의 동일한 이름이 기록되어 있을까? 같은 이름이 여러 번 등장하는 것은 이 이름들이 당시에 흔했기 때문일 것이다.

> V. 느헤미야의 나머지 행적(11:1-13:31)
>   B. 제사장들과 레위 사람들(12:1-26)

2. 첫 귀향민과 함께 온 레위 사람들(12:8-9)

⁸ 레위 사람들은 예수아와 빈누이와 갓미엘과 세레뱌와 유다와 맛다냐니 이 맛다냐는 그의 형제와 함께 찬송하는 일을 맡았고 ⁹ 또 그들의 형제 박부갸와 운노는 직무를 따라 그들의 맞은편에 있으며

에스라 2:40은 첫 귀향민과 함께 온 레위 사람 지도자들로 예수아와 갓미엘을 언급할 뿐이다. 이들은 레위 사람 74명을 이끌고 돌아온 것으로 기록되어 있다. 반면에 본문은 빈누이, 세레뱌, 유다, 맛다냐를 추가로 언급한다(8절). 맛다냐 집안이 찬양대를 맡았으며, 박부갸와 운노가 예배를 드릴 때 그들과 마주 보고 섰다고 한다(9절). 맛다냐와 박부갸는 느헤미야 시대에 예배를 인도했다(11:17; 12:25).

> V. 느헤미야의 나머지 행적(11:1-13:31)
>   B. 제사장들과 레위 사람들(12:1-26)

3. 대제사장 계보(12:10-11)

¹⁰ 예수아는 요야김을 낳고 요야김은 엘리아십을 낳고 엘리아십은 요야다를 낳고 ¹¹ 요야다는 요나단을 낳고 요나단은 얏두아를 낳았느니라

대제사장 라인은 귀향민 1세대인 예수아—요야김—엘리아십—요야다—요나단—얏두아로 이어진다. 느헤미야 시대에는 엘리아십이 대제

사장이었다. 엘리판틴 파피루스에 의하면 주전 410년경에는 요나단이 대제사장이었다(Kidner). 요세푸스는 얏두아가 페르시아 제국이 알렉산더 대왕에게 망한 주전 331년에 대제사장이었다고 한다(Williamson). 그러나 당시 같은 이름이 흔했다는 점을 고려하면 동명이인일 가능성도 배제할 수 없다.

V. 느헤미야의 나머지 행적(11:1-13:31)
　B. 제사장들과 레위 사람들(12:1-26)

4. 요야김 때의 제사장들(12:12-21)

[12] 요야김 때에 제사장, 족장된 자는 스라야 족속에는 므라야요 예레미야 족속에는 하나냐요 [13] 에스라 족속에는 므술람이요 아마랴 족속에는 여호하난이요 [14] 말루기 족속에는 요나단이요 스바냐 족속에는 요셉이요 [15] 하림 족속에는 아드나요 므라욧 족속에는 헬개요 [16] 잇도 족속에는 스가랴요 긴느돈 족속에는 므술람이요 [17] 아비야 족속에는 시그리요 미냐민 곧 모아댜 족속에는 빌대요 [18] 빌가 족속에는 삼무아요 스마야 족속에는 여호나단이요 [19] 요야립 족속에는 맛드내요 여다야 족속에는 웃시요 [20] 살래 족속에는 갈래요 아목 족속에는 에벨이요 [21] 힐기야 족속에는 하사뱌요 여다야 족속에는 느다넬이었느니라

표준새번역은 10절에 등장하는 요야김과 12절의 요야김을 서로 다른 사람으로 간주하여 이들을 구분하기 위해 10절에서는 '요야김', 본문에서는 '요야김'으로 표기한다. 그러나 이들의 히브리어 이름은 '요야김'(יוֹיָקִים)으로 동일하다(cf. 개역개정; 공동번역). 10절의 요야김과 12절의 요야김은 같은 사람으로 생각되므로 두 이름을 따로 구분할 필요는 없다.

요야김은 예수아의 아들(자손)이다(10절). 그러므로 이 섹션은 예수아

V. 느헤미야의 나머지 행적

시대를 이어 귀향민 2세대에 활동했던 제사장 가문 우두머리들을 나열하고 있다. 이곳에 언급된 이름들은 10:2-8과 비슷하다. 그러나 본문은 10:2-8에 제시된 명단에 6개의 이름을 추가하고 있다. 이 본문은 10:2-8을 확대해 놓은 것이다.

```
V. 느헤미야의 나머지 행적(11:1-13:31)
   B. 제사장들과 레위 사람들(12:1-26)
```

5. 레위 사람들에 대한 추가 정보(12:22-23)

²² 엘리아십과 요야다와 요하난과 얏두아 때에 레위 사람의 족장이 모두 책에 기록되었고 바사 왕 다리오 때에 제사장도 책에 기록되었고 ²³ 레위 자손의 족장들은 엘리아십의 아들 요하난 때까지 역대지략에 기록되었으며

요하난은 요야다의 형제였으며, 두 사람 모두 엘리아십의 아들이었다(Kidner). 엘리판틴 파피루스에 의하면 '요하난'이라는 사람이 대제사장이었다고 한다. 주전 410년경의 일이다. 이들이 대제사장직을 수행하던 시대에 활동했던 제사장들과 레위 사람들의 가문별 우두머리의 이름은 페르시아 제국의 왕실 일지에 기록되어 있다고 하는데(22절), 레위 자손들 가운데 엘리아십의 아들 요하난 때까지의 각 가문의 우두머리 이름도 함께 기록되어 있다고 한다(23절).

```
V. 느헤미야의 나머지 행적(11:1-13:31)
   B. 제사장들과 레위 사람들(12:1-26)
```

6. 레위 사람들의 사역(12:24-26)

²⁴ 레위 족속의 지도자들은 하사뱌와 세레뱌와 갓미엘의 아들 예수아라 그들은 그들의 형제의 맞은편에 있어 하나님의 사람 다윗의 명령대로 순서를 따라 주를

찬양하며 감사하고 ²⁵맛다냐와 박부갸와 오바댜와 므술람과 달몬과 악굽은 다 문지기로서 순서대로 문안의 곳간을 파수하였나니 ²⁶이상의 모든 사람들은 요사닥의 손자 예수아의 아들 요야김과 총독 느헤미야와 제사장 겸 학사 에스라 때에 있었느니라

레위 사람들은 크게 두 가지 임무를 맡았다. 첫째 임무는 예배 도중 찬양하는 일이다(cf. 24절). 이 일을 맡은 레위 사람들의 우두머리는 하사뱌, 세레뱌, 예수아 등 세 사람이었다. 그들은 다윗 왕이 지시한 대로 둘로 나눠 서로 마주 보고 화답하며 찬양과 감사를 드렸다(24절).

두 번째 임무는 성전 창고를 지키는 일이다(25절). 맛다냐, 박부갸, 오바댜, 므술람, 달몬, 악굽 등 여섯 명이 책임자들이었다. 이들은 모두 요야김, 느헤미야, 에스라 시대에 활동했다(26절). 저자는 제사장들보다 레위 사람들에게 더 깊은 관심을 쏟는다. 제사장에 비해 훨씬 적은 이권을 가지고 헌신적으로 봉사하는 그들이 참 좋아 보였나 보다.

V. 느헤미야의 나머지 행적(11:1-13:31)

C. 성벽 봉헌(12:27-43)

성벽 공사가 52일 만에 끝났다는 정보를 제공한 다음(6:15) 언약 갱신 이야기로 잠시 멈추었던 성벽 이야기가 다시 시작된다. 바빌론 사람들에 의해 주전 586년에 허물어진 뒤 140여 년 동안 폐허로 방치된 성벽이 완공되었으니 얼마나 감격적이었겠는가! 성벽이 완공되는 순간 패배감에 젖어 바닥을 치던 이스라엘의 자존심도 다시 회복되었다(cf. 2:17-18). 주변 민족들의 협박과 방해에도 불구하고 이처럼 놀라운 일을 할 수 있게 해주신 하나님께 감사 예배를 드리는 것은 당연하다.

이 예배에는 찬양이 있고(31, 38절) 큰 감격과 기쁨이 있었다(43절). 성

V. 느헤미야의 나머지 행적

벽 봉헌식은 주의 백성들에게 여러 가지로 의미 있고 은혜로운 순간이기도 하지만, 고레스 칙령이 명한 일이 드디어 완수되는 상징성도 있다(스 1:1-4). 또한 완전히 회복된 공동체(느 7:73b-12:26)가 한마음으로 예배를 드리는 것도 의미가 있다. 본문은 다음과 같이 구분된다.

  A. 봉헌 준비(12:27-30)
    B. 행진(12:31-39)
  A'. 봉헌 예배(12:40-43)

> V. 느헤미야의 나머지 행적(11:1-13:31)
>   C. 성벽 봉헌(12:27-43)

1. 봉헌 준비(12:27-30)

²⁷ 예루살렘 성벽을 봉헌하게 되니 각처에서 레위 사람들을 찾아 예루살렘으로 데려다가 감사하며 노래하며 제금을 치며 비파와 수금을 타며 즐거이 봉헌식을 행하려 하매 ²⁸ 이에 노래하는 자들이 예루살렘 사방 들과 느도바 사람의 마을에서 모여들고 ²⁹ 또 벧길갈과 게바와 아스마웻 들에서 모여들었으니 이 노래하는 자들은 자기들을 위하여 예루살렘 사방에 마을들을 이루었음이라 ³⁰ 제사장들과 레위 사람들이 몸을 정결하게 하고 또 백성과 성문과 성벽을 정결하게 하니라

저자가 성벽이 완성된 날로부터(주전 445년 10월 2일, cf. 7:15 주해) 얼마의 시간이 흐른 뒤 봉헌식이 있었는지는 언급하지 않지만, 느헤미야의 추진력과 주변 원수들의 지속된 위협을 생각할 때 완공된 지 얼마 지나지 않았을 것이다. 원수들이 예루살렘 성벽이 봉헌되었다는 소식을 들으면 그들의 방해 공작이 실패했음을 깨닫고 음모를 멈출 것이기 때문이다.

느헤미야는 총독으로 예루살렘을 찾았고, 성전과 별 상관없는 성벽을 완공하였다. 마치 지방 장관이 자기가 다스리는 백성의 안보를 위해 방어벽을 설치한 것처럼 말이다. 그런데도 그는 '세상일'이라 할 수 있는 성벽 재건을 성공적으로 마친 것을 기념하기 위해 '거룩한 일'인 예배를 드리고자 한다. 그는 속(俗)과 성(聖)의 영역을 구분하지 않고 모든 것을 하나님의 성역으로 생각했던 것이다(Breneman). 우리가 어떤 직업이나 일을 하더라도 우리의 중심이 하나님의 영광을 위하고 주의 나라의 확장을 위한다면 무엇이든 거룩한 일이다. 우리의 직장이 곧 하나님이 우리에게 허락하신 사역지가 될 수 있다.

백성들이 봉헌식을 준비하면서 곳곳에서 레위 사람들을 찾아내어 예루살렘으로 데려왔다. 예배에 찬양을 더하기 위해서였다(27절). 봉헌식과 같이 뜻깊은 행사에 찬양과 연주가 없다면 무언가 부족한 느낌을 가질 수밖에 없다. 찬양은 예배자의 흥을 돋울 뿐 아니라 우리가 하나님께 드릴 수 있는 가장 순수한 신앙고백이기도 하다. 그래서 봉헌 예배를 준비하면서 가장 신경을 쓴 부분이 찬양이다. 봉헌식 때 찬양으로 섬길 자들을 찾는다는 소식을 듣고 찬양대에 설 레위 사람들이 곳곳에서 몰려왔다(28-29절).[12]

드디어 찬양대가 형성되자 제사장들과 찬양대에 설 레위 사람들은 정결 예식을 치렀다(30절). 당시 성직자들의 정결 예식이 어떻게 진행되었는지 정확히 알 수 없지만, 율법에 근거해 생각해 보면 아마도 금식, 성관계 자제, 제사, 목욕, 새 옷 착복 등이 포함되었을 것이다. 거룩한 예배를 인도하는 사람이 부정하면 그 예배는 오염될 수밖에 없다. 오늘날 성직자들은 더 이상 이 같은 예식을 치르지 않아도 된다. 그러나 본문이 '거룩함'(구별됨)을 강조하는 것처럼 목회자들은 성도보다 더 경건하고 거룩한 삶을 살아야 한다. 제사장들은 자신을 정결하

---

[12] 일부 주석가들은 29절의 노래하는 사람들(הַמְשֹׁרְרִים)이 레위 사람이 아니었다고 하지만(Williamson), 정황과 문맥을 고려할 때 이들은 레위 사람이 확실하다.

V. 느헤미야의 나머지 행적

게 한 다음 백성과 성문들과 성벽을 정결하게 하는 예식을 올렸다. 봉헌식 준비 작업이 막바지에 달한 것이다.

> V. 느헤미야의 나머지 행적(11:1-13:31)
>   C. 성벽 봉헌(12:27-43)

2. 행진(12:31-39)

> ³¹ 이에 내가 유다의 방백들을 성벽 위에 오르게 하고 또 감사 찬송하는 자의 큰 무리를 둘로 나누어 성벽 위로 대오를 지어 가게 하였는데 한 무리는 오른쪽으로 분문을 향하여 가게 하니 ³² 그들의 뒤를 따르는 자는 호세야와 유다 지도자의 절반이요 ³³ 또 아사랴와 에스라와 므술람과 ³⁴ 유다와 베냐민과 스마야와 예레미야이며 ³⁵ 또 제사장들의 자손 몇 사람이 나팔을 잡았으니 요나단의 아들 스마야의 손자 맛다냐의 증손 미가야의 현손 삭굴의 오대 손 아삽의 육대 손 스가랴와 ³⁶ 그의 형제들인 스마야와 아사렐과 밀랄래와 길랄래와 마애와 느다넬과 유다와 하나니라 다 하나님의 사람 다윗의 악기를 잡았고 학사 에스라가 앞서서 ³⁷ 샘문으로 전진하여 성벽으로 올라가는 곳에 이르러 다윗 성의 층계로 올라가서 다윗의 궁 윗 길에서 동쪽으로 향하여 수문에 이르렀고 ³⁸ 감사 찬송하는 다른 무리는 왼쪽으로 행진하는데 내가 백성의 절반과 더불어 그 뒤를 따라 성벽 위로 가서 화덕 망대 윗 길로 성벽 넓은 곳에 이르고 ³⁹ 에브라임 문 위로 옛문과 어문과 하나넬 망대와 함메아 망대를 지나 양문에 이르러 감옥 문에 멈추매

드디어 대망의 날이 밝았다. 느헤미야는 지도자들과 제사장들과 찬양대를 성벽 위로 올라오게 했다(31절). 그가 성벽의 어느 지점에서 이 행진을 시작했는지는 언급하지 않는다. 느헤미야가 참가자를 둘로 나누어 서로 다른 방향으로 행진하여(38절) 성전 동문에서 만나도록 한 점을 감안할 때(40절), 성전에서 가장 멀리 떨어진(viz., 중간 지점) '골짜

기 문'에서 이 행진이 시작된 것이 거의 확실하다(Williamson). 골짜기 문은 느헤미야가 성벽 공사를 시작하기 전에 수행원 몇을 데리고 야밤에 성벽 순찰을 했던 곳이기도 하다(2:12).

느헤미야는 참가자들을 둘로 나누어 한 그룹은 시계 방향으로, 다른 그룹은 반대 방향으로 행진하게 하여 성전에서 만나도록 하였다. 그동안 성벽이 군데군데 무너져 이런 일을 할 수 없었는데, 이제 성벽이 모두 연결되었으니 가능한 일이다. 훼손된 성벽 주위에서 불안하게 살던 사람들이 완성된 성벽 위를 밟으며 걸을 때 그 감회가 어떠했겠는가! 각 행렬이 정확히 어떤 순서인지는 확실하지 않지만, 모든 것을 종합해 보면 다음과 같다. 레위 찬양대-백성 지도자들-나팔을 든 제사장들-레위 찬양대(31-36절).

한 그룹은 에스라가 인도했다고 한다(36절). 저자가 에스라와 느헤미야의 개혁을 연결시키고자 이곳에 그의 이름을 삽입했지만 실제로 에스라는 이때 예루살렘에 없었다고 생각하는 학자들이 많다(Clines). 그러나 에스라가 불과 10여 년 전에 예루살렘에서 영향력 있는 사역을 했고, 그가 바빌론으로 돌아갔다는 말이 어디에도 없는 것으로 보아 느헤미야와 같은 때에 예루살렘에 있었을 가능성도 충분히 있다(Breneman). 에스라가 이때 살아 있었다면, 그도 이 예배가 드려지는 날을 얼마나 간절히 바라고 있었는지를 충분히 상상할 수 있다. 행진과 봉헌 예배는 다음과 같이 많은 공통점을 지닌다(Williamson).

	행진(31-39절)	봉헌식(40-43절)
감사 찬송 찬양대	31절	38절
중요한 평신도	호세야(32절) 느헤미야(40절)	느헤미야(38절)
평신도 지도자 절반	32절	40절

V. 느헤미야의 나머지 행적

트럼펫을 부는 일곱 제사장	33-35a절	41절
찬양대 지휘자	스가랴(35b절)	예스라히야(42b절)
레위 찬양자 8명	36절	42절

> V. 느헤미야의 나머지 행적(11:1-13:31)
>   C. 성벽 봉헌(12:27-43)

3. 봉헌 예배(12:40-43)

⁴⁰ 이에 감사 찬송하는 두 무리가 하나님의 전에 섰고 또 나와 민장의 절반도 함께하였고 ⁴¹ 제사장 엘리아김과 마아세야와 미냐민과 미가야와 엘료에내와 스가랴와 하나냐는 다 나팔을 잡았고 ⁴² 또 마아세야와 스마야와 엘르아살과 웃시와 여호하난과 말기야와 엘람과 에셀이 함께 있으며 노래하는 자는 크게 찬송하였는데 그 감독은 예스라히야라 ⁴³ 이 날에 무리가 큰 제사를 드리고 심히 즐거워하였으니 이는 하나님이 크게 즐거워하게 하셨음이라 부녀와 어린 아이도 즐거워하였으므로 예루살렘이 즐거워하는 소리가 멀리 들렸느니라

드디어 두 그룹으로 나누어 성벽 위를 행진해 온 백성들이 성전에서 만났다(40절). 엘리아김과 마아세야와 미냐민과 미가야와 엘료에내와 스가랴와 하나냐 등 일곱 제사장은 나팔을 들었다(41절). 이들 대부분은 성경 다른 곳에서도 제사장의 이름으로 언급된다(Clines). 마아세야와 스마야와 엘르아살과 웃시와 여호하난과 말기야와 엘람과 에셀 등은(42절) 35절 이후와 비교해 보면 레위 사람들이었던 것이 확실하다. 마아세야와 스마야와 웃시와 에셀은 다른 곳에서도 느헤미야 시대에 사역했던 레위 사람들로 언급된다(스 10:18, 22; 느 12:1, 12). 찬양대는 예스라히야가 지휘했다.

백성들은 하나님께 많은 예물을 드리며 기뻐했다. 하나님도 그들을 기뻐하셨으므로 감격과 기쁨이 이스라엘 전체에 가득하게 됐다. 여자들과 아이들도 함께 기뻐하였으며 감동의 함성 소리가 멀리까지 들렸다(43절). 주체할 수 없는 감격과 기쁨은 하나님이 기뻐하시는 예배의 결과이다. 주일마다 교회에 가서 헌금 드리고 야단맞는 성도들은 불쌍할 뿐만 아니라 참 예배를 경험해 보지 못한 사람들이다. 참된 예배에는 감격과 감동이 함께한다.

V. 느헤미야의 나머지 행적(11:1-13:31)

D. 회복된 공동체(12:44-13:3)

봉헌 예배를 통해 하나님 은혜에 다시 한번 감동한 느헤미야와 백성들은 여세를 몰아 자신들이 하나님께 서약한 것 중 성전과 예물에 관한 조항을(cf. 10:32-39) 실천으로 옮겼다. 예배의 감격이 백성들의 '지갑'을 열게 한 것이다. 헌금에 관한 우스갯소리로, 세 가지 유형의 성도가 있다는 말이 있다. 첫째는 부싯돌형 성도다. 쳐야만 불꽃이 튀는 부싯돌처럼 압력을 가해야만 헌금을 한다. 둘째는 스폰지형 성도다. 이들은 사역자가 쥐어짜야만 헌금을 한다. 셋째는 감동형 성도다. 하나님의 은혜를 체험하면 그 은혜에 감동해 목사가 말하지 않아도 자발적으로 헌금하는 성도다. 봉헌 예배를 통해 은혜를 체험한 성도들은 바로 세 번째 부류였다. 누가 뭐라 하지 않았는데 성전과 사역자들의 필요를 채워 주고 있다. 본문은 다음과 같이 두 부분으로 나뉜다.[13]

---

13 한 주석가는 12:44-13:13에 대해 다음과 같은 구조를 제시한다(Klein).
   A. 십일조(12:44-47)
      B. 이방인들에게서 분리됨(13:1-3)
      B'. 도비야에게서 분리됨(13:4-9)
   A'. 십일조(13:10-13)

V. 느헤미야의 나머지 행적

A. 헌물 관리자들이 임명됨(12:44-47)
B. 이방인들로부터 구분(13:1-3)

> V. 느헤미야의 나머지 행적(11:1-13:31)
>   D. 회복된 공동체(12:44-13:3)

1. 헌물 관리자들이 임명됨(12:44-47)

⁴⁴ 그 날에 사람을 세워 곳간을 맡기고 제사장들과 레위 사람들에게 돌릴 것 곧 율법에 정한 대로 거제물과 처음 익은 것과 십일조를 모든 성읍 밭에서 거두어 이 곳간에 쌓게 하였노니 이는 유다 사람이 섬기는 제사장들과 레위 사람들로 말미암아 즐거워하기 때문이라 ⁴⁵ 그들은 하나님을 섬기는 일과 결례의 일을 힘썼으며 노래하는 자들과 문지기들도 그러하여 모두 다윗과 그의 아들 솔로몬의 명령을 따라 행하였으니 ⁴⁶ 옛적 다윗과 아삽의 때에는 노래하는 자의 지도자가 있어서 하나님께 찬송하는 노래와 감사하는 노래를 하였음이며 ⁴⁷ 스룹바벨 때와 느헤미야 때에는 온 이스라엘이 노래하는 자들과 문지기들에게 날마다 쓸 몫을 주되 그들이 성별한 것을 레위 사람들에게 주고 레위 사람들은 그것을 또 성별하여 아론 자손에게 주었느니라

백성들은 성전에 드려지는 헌물을 관리할 자들을 세웠다(44절). 그들은 제사장들과 레위 사람들의 사역에 대한 보답으로 여러 가지 예물과 첫 열매와 십일조 등을 창고에 보관하고 따로 관리인을 두어 사역자들이 사역에만 전념할 수 있도록 한 것이다(45절). 또한 율법이 정한대로 각 성읍에서 제사장과 레위 사람의 몫을 거두어들여 이들이 관리하도록 하였다(44절).

찬양대와 성전 문지기들도 다윗과 솔로몬이 만들어 놓은 규정에 따라 사역하도록 했다(45-46절). 오랜 역사에 근거한 전통이 존중되어 사역의 원칙이 된 것이다. 성전이 재건된 지 70여 년이 지났지만, 경제적

인 어려움 등으로 인해 그동안 제 기능을 하지 못하다가 성벽 봉헌 예배를 계기로 드디어 모든 것이 자리를 잡아가고 있다. 성벽 완공이 예루살렘의 안보와 이스라엘의 자존심 회복 이상의 시너지 효과를 내고 있다. 이스라엘의 공동체 의식과 영성도 성벽 봉헌을 계기로 크게 회복되었다.

그동안 제사장들과 레위 사람들이 경제적인 어려움 때문에 사역을 할 수 없었다면, 이제는 모두 옛말이 되었다. 이들이 사역하면서 생계를 걱정하지 않아도 되게끔 제도를 재정비했기 때문이다(47절). 백성들이 찬양대와 성전 문지기들의 몫을 마련했고 레위 사람들의 몫도 준비했다. 레위 사람들은 제사장들에게 돌아갈 몫을 구별하였다. 사역자들은 역할과 기능에 따라 모두 적절한 대우를 받았으며, 생계 문제로 사역을 그만두는 사례는 일어나지 않도록 했다.

V. 느헤미야의 나머지 행적(11:1-13:31)
  D. 회복된 공동체(12:44-13:3)

2. 이방인들로부터 구분(13:1-3)

¹ 그 날 모세의 책을 낭독하여 백성에게 들렸는데 그 책에 기록하기를 암몬 사람과 모압 사람은 영원히 하나님의 총회에 들어오지 못하리니 ² 이는 그들이 양식과 물로 이스라엘 자손을 영접하지 아니하고 도리어 발람에게 뇌물을 주어 저주하게 하였음이라 그러나 우리 하나님이 그 저주를 돌이켜 복이 되게 하셨다 하였는지라 ³ 백성이 이 율법을 듣고 곧 섞인 무리를 이스라엘 가운데에서 모두 분리하였느니라

백성들이 그날 한 일이 한 가지 더 있었다. 이스라엘 공동체에서 이방인을 따로 분리하는 일이었다(cf. 1절). 모세의 율법을 읽다가 "암몬 사람과 모압 사람은 영원히 하나님의 총회에 들어오지 못하리니 이는

V. 느헤미야의 나머지 행적

그들이 양식과 물로 이스라엘 자손을 영접하지 아니하고 도리어 발람에게 뇌물을 주어 저주하게 하였음이라 그러나 우리 하나님이 그 저주를 돌이켜 복이 되게 하셨다"라는 말씀을 접하고는 암몬과 모압 사람들을 총회에서 내보낸 것이다(1-2절).

암몬과 모압 사람들에 관한 이야기는 민수기 22-24장과 신명기 23:4-7 등에 기록된 내용을 요약한 것이다. 이들이 이집트를 탈출해 나온 이스라엘을 무시하고 박대할 때 자신들의 행동이 이토록 영원한 결과를 남길 줄이야 꿈에도 상상하지 못했을 것이다. 마치 빌라도가 의로우신 예수님을 유대인들에게 넘겨준 일이 영원히 기억되는 것처럼 말이다. 그래서 우리는 항상 조심해야 한다. 내가 하는 행동이 어떻게 기억되고 어떤 영향을 미칠지 생각하면 죄를 짓기 전에 다시 생각하게 될 것이다. 특히 우리의 행동은 아직 태어나지도 않은 우리 후손에게도 영향을 미칠 수 있다. 각 세대는 분명 자신들의 죄 때문에 죽지만, 조상의 죄는 후손에게까지 영향을 미칠 수 있다.

백성들이 "섞인 무리를 이스라엘 가운데에서 모두 분리하였다"(3절)라는 말이 정확히 무엇을 뜻하는지 알 수는 없지만, 이스라엘의 영토에서 살지 못하게 한 것이 아니라 거룩한 성회(viz., 신앙공동체)에 참여하지 못하도록 한 것으로 생각된다(Williamson). 암몬과 모압 사람들을 문제 삼은 것이 피부색 때문이 아니라 종교적인 이유에서였다는 점과 인종에 상관없이 누구든지 믿음으로 하나님의 성회에 들어올 수 있었다는 점에서 이스라엘 종교가 인종차별을 지향하지는 않음을 알 수 있다(cf. 스 6:21; 룻 1:16-17).

V. 느헤미야의 나머지 행적(11:1-13:31)

E. 느헤미야의 개혁(13:4-31)

이 섹션을 시작하는 '이전에'(וְלִפְנֵי מִזֶּה)(4절)라는 표현이 지금부터 전개되는 일들이 마치 성벽 봉헌식이 있기 전에 있었던 것처럼 오해를 살 수 있다. 그러나 이 이야기의 중심에 서 있는 원수 도비야가 봉헌 예배 전에 예루살렘 성전에 머물렀을 가능성은 전혀 없다. 물론 성벽이 완공된 때부터 봉헌 예배를 드린 때까지 수년이 흘렀다면 그럴 수도 있겠지만 말이다.

당시 정황을 고려할 때 성벽이 완성되자마자 봉헌 예배가 드려졌을 가능성이 다분하다(cf. 12:27 주해). 게다가 느헤미야는 이 일이 아닥사스다 즉위 32년에 그가 왕을 만나러 바빌론에 갔다가 돌아온 사이에 벌어진 일이라고 한다(6절). 13:4-31에 실린 이야기 중 일부는 느헤미야가 첫 번째 총독 임기를 마치고 잠시 바빌론으로 갔다가 두 번째 총독 임기를 시작하기 위해 예루살렘으로 돌아온 주전 432년 이후에 있었던 일들이다. 물론 첫 임기 때 있었던 일들도 이 섹션에 실려 있다.

그렇다면 "이전에"(4절)라는 표현을 어떻게 이해해야 하는가? 아마도 저자가 느헤미야 회고록(NM) 여러 곳에서 이 섹션에 실려 있는 이야기들을 도입하면서 별다른 편집이나 수정 없이 했기 때문에 빚어진 일로 생각된다(cf. Williamson). 저자가 봉헌 예배에 대한 이야기를(12:27-13:3) NM에서 도입한 후, NM의 다른 곳에 실려 있던 나머지 이야기들을 (13:4-31) 편집하지 않고 그대로 인용하다 보니 빚어진 일이라는 것이다. 특히 4-9절에 기록되어 있는 도비야 이야기는 느헤미야가 다시 예루살렘을 찾은 주전 432년에 있었던 일이며, 도비야 이야기 전에 NM에 어떤 이야기가 실려 있었는지는 아무도 알 수 없다. 즉, 우리는 이전에 있었던 일이 무엇을 뜻했는지 결코 알 길이 없다. 본문은 네 부분으로 나뉜다.

A. 성전 개혁(13:4-9)
B. 사역자들 개혁(13:10-14)
C. 안식일 개혁(13:15-22)
D. 공동체 개혁(13:23-31)

V. 느헤미야의 나머지 행적(11:1-13:31)
　　E. 느헤미야의 개혁(13:4-31)

1. 성전 개혁(13:4-9)

⁴ 이전에 우리 하나님의 전의 방을 맡은 제사장 엘리아십이 도비야와 연락이 있었으므로 ⁵ 도비야를 위하여 한 큰 방을 만들었으니 그 방은 원래 소제물과 유향과 그릇과 또 레위 사람들과 노래하는 자들과 문지기들에게 십일조로 주는 곡물과 새 포도주와 기름과 또 제사장들에게 주는 거제물을 두는 곳이라 ⁶ 그 때에는 내가 예루살렘에 있지 아니하였느니라 바벨론 왕 아닥사스다 삼십이년에 내가 왕에게 나아갔다가 며칠 후에 왕에게 말미를 청하고 ⁷ 예루살렘에 이르러서야 엘리아십이 도비야를 위하여 하나님의 전 뜰에 방을 만든 악한 일을 안지라 ⁸ 내가 심히 근심하여 도비야의 세간을 그 방 밖으로 다 내어 던지고 ⁹ 명령하여 그 방을 정결하게 하고 하나님의 전의 그릇과 소제물과 유향을 다시 그리로 들여놓았느니라

엘리아십은 느헤미야 시대에 사역했던 대제사장이다(12:12). 일부 주석가들은 대제사장이 성전 창고를 맡지 않았고, '대제사장'이라는 타이틀이 사용되지 않기 때문에 이곳에 등장하는 엘리아십은 대제사장이 아니라고 한다(Breneman). 그러나 대제사장은 온 성전을 대표하는 자로서 성전 창고의 사용처에 대해 충분히 영향력을 행사할 수 있었다. 느헤미야가 엘리아십을 대제사장이라 부르지 않는 것은 그의 불편한 심기를 드러내기 위한 것으로 해석할 수 있다. 느헤미야의 눈에는 엘리

아십이 전혀 자격이 없는 대제사장으로 보였던 것이다. 무엇보다도 엘리아십과 원수 도비야의 관계 때문이다.

대제사장 엘리아십이 느헤미야와 이스라엘을 조롱하고 방해했던 암몬 사람 도비야와 가까이 지내는 사이라는 것이(4절) 쉽게 납득이 가지 않을 수 있다. 그러나 유다의 귀족들과 도비야는 느헤미야가 예루살렘을 방문하기 전부터 이미 긴밀한 관계를 유지하고 있었다(6:17-19). 그들은 결혼으로 서로 얽혀 있었다. 도비야는 아라(스 2:5; 느 7:10)의 아들인 스가냐의 사위였으며, 도비야의 아들 여호하난도 베레갸의 아들인 므술람(느 3:4)의 딸과 결혼했다.

그뿐만 아니라 도비야는 대제사장 엘리아십 집안과도 혼인을 통해 관계를 맺고 있었던 것이 거의 확실하다(Clines). 그래서 유다 귀족들은 느헤미야가 성벽 공사를 진행하는 중에도 그의 일거일동에 대해 도비야에게 자주 편지를 보내 알려 주었고, 도비야도 편지를 보내 어떻게 대처할 것인지를 지시했다(6:17, 19). 심지어 귀족들은 느헤미야 앞에서 도비야를 칭찬하기까지 했다(6:19).

대제사장 엘리아십이 도비야에게 성전 방을 하나 내주었다(5절). 이 방인에게 성전 방을 제공하는 것도 심각한 문제인데, 더군다나 영원히 하나님의 총회에 들어올 수 없는 암몬 사람(cf. 1절) 도비야에게 방을 주었다는 것은 상식 밖의 짓이다. 이 방은 사역자를 위해 백성들이 성전에 드린 예물을 모아 놓은 매우 큰 방이었다(5절). 느헤미야가 아닥사스다 왕 즉위 32년(주전 432년)에 왕을 만나려고 잠시 바빌론으로 돌아간 틈을 타서 엘리아십이 직권을 남용해 이런 일을 벌인 것이다(6절). 느헤미야가 총독 자격으로 예루살렘에 첫발을 들여놓은 지 12년만의 일이다.

느헤미야가 예루살렘에 머무는 동안 온갖 개혁을 추진했을 것이라 충분히 상상할 수 있다. 그런데 그가 총독 임기를 마치고 바빌론으로 떠난 지 얼마 되지 않아 이런 일이 벌어졌다! 개혁이라는 것이 참으로

V. 느헤미야의 나머지 행적

어려운 일이라는 것이 실감난다. 또한 평신도 느헤미야는 그토록 열정을 다해 개혁을 추진했지만, 원래 그 개혁을 주도했어야 할 대제사장은 평신도가 주도한 개혁에 마지못해 참여하다가, 기회가 주어지자마자 다시 불경건한 옛 모습으로 돌아간 것이다. 그는 느헤미야가 떠난 예루살렘을 자신의 왕국 정도로 생각했다. 이런 인간이 당시 이스라엘 종교를 대표하는 대제사장이었다는 사실이 참으로 안타깝다. 그러나 우리 시대의 교회를 대표하는 일부 목회자들을 보면 더욱 안타까워진다.

엘리아십은 느헤미야가 다시 예루살렘으로 돌아올 것이라 생각하지 못하고 이런 일을 저질렀을 것이다. 그들의 기대와는 달리 느헤미야는 왕의 재임명을 받고 다시 예루살렘을 찾았다. 주전 407년경에 저작된 엘리판틴 파피루스가 '바고히'(Bagohi)라는 사람이 예루살렘 총독이었다고 하는 것으로 보아 느헤미야는 그 전에 은퇴했을 것이다(Yamauchi).

이스라엘의 원수 도비야가 버젓이 성전 뜰에 있는 방에서 머물고 있다는 사실을 알고 느헤미야는 매우 화를 냈다(7-8절). 결코 있을 수 없는 일, 곧 상식 밖의 짓을 목격한 자의 '거룩한 분노'였다. 다른 사람도 아니고 예루살렘 성벽 건축을 그렇게 반대한 이방인이 성전 안에 버젓이 기거하고 있다! 또한 느헤미야의 분노는 하나님과 모든 백성을 위한 거룩한 공간을 개인적인 용도로 사용하는 것을 용납하지 않겠다는 의지의 표현이기도 하다(Holmgren). 예수님이 화를 내시며 성전에서 돈 장사하던 사람들의 판을 엎으신 일과 비슷하다.

느헤미야는 곧장 성전으로 달려가 도비야의 세간을 모두 바깥으로 내던지고 그 방과 주변 방들(도비야는 한 방을 사용했지만, 9절은 복수 '방들'[הַלְּשָׁכוֹת]을 사용함)까지 정결하게 하여 원래 목적대로 그릇들과 헌물들로 채우도록 했다(9절). 느헤미야는 도비야를 거룩한 공간을 더럽힌 매우 부정한 자로 취급하고 있다. 그가 한 방을 썼는데 주변 방들까지 부정하게 된 것은 도비야가 하나님의 총회에 영원히 들어올 수 없는 암몬 사람이었기 때문일 수도 있다(Clines).

방이 비어 있으면 도비야와 엘리아십이 다시 어떤 음모를 꾸미며 그 방을 되찾으려 할지 모른다. 그래서 느헤미야는 아예 꿈도 못 꾸도록 그 방을 거룩한 것들로 채워 버렸다(9절). 개혁에서 가장 중요한 것은 그동안 짓던 죄를 더 이상 짓지 않는 일이 아니다. 그동안 죄가 삶에서 차지했던 부분을 경건한 습관과 대안으로 채우는 일이다. 예를 들면 인터넷에 중독된 사람이 하루에 몇 시간은 컴퓨터를 켜지 않는 일도 중요하지만, 그 시간을 건전하게 보낼 수 있는 대안들로 채우는 것이 더 중요하다.

> V. 느헤미야의 나머지 행적(11:1-13:31)
>   E. 느헤미야의 개혁(13:4-31)

2. 사역자들 개혁(13:10-14)

¹⁰ 내가 또 알아본즉 레위 사람들이 받을 몫을 주지 아니하였으므로 그 직무를 행하는 레위 사람들과 노래하는 자들이 각각 자기 밭으로 도망하였기로 ¹¹ 내가 모든 민장들을 꾸짖어 이르기를 히나님의 전이 어찌하여 버린 바 되었느냐 하고 곧 레위 사람을 불러 모아 다시 제자리에 세웠더니 ¹² 이에 온 유다가 곡식과 새 포도주와 기름의 십일조를 가져다가 곳간에 들이므로 ¹³ 내가 제사장 셀레먀와 서기관 사독과 레위 사람 브다야를 창고지기로 삼고 맛다냐의 손자 삭굴의 아들 하난을 버금으로 삼았나니 이는 그들이 충직한 자로 인정됨이라 그 직분은 형제들에게 분배하는 일이었느니라 ¹⁴ 내 하나님이여 이 일로 말미암아 나를 기억하옵소서 내 하나님의 전과 그 모든 직무를 위하여 내가 행한 선한 일을 도말하지 마옵소서

이 일은 아마도 느헤미야가 예루살렘에 부임한 지 얼마 되지 않아 있었던 일로 생각된다. 성벽 재건 공사가 한창 진행되던 주전 444년경의 일이다. 왜냐하면 성벽 봉헌 예배를 기점으로 제사장들과 레위 사람들

V. 느헤미야의 나머지 행적

의 대우 문제가 제도적으로 모두 해결되었는데(12:44-47), 이곳에 묘사된 사건은 사례를 받지 못한 레위 사람들의 생계 문제로 시작되기 때문이다. 느헤미야가 총독으로 예루살렘에 거하던 12년 동안 이런 일이 가능한 때는 그가 부임한 지 얼마 되지 않았을 때다. 그러나 느헤미야가 첫 임기를 마치고 바빌론으로 돌아갔다가 어느 정도의 세월이 지난 후에 예루살렘으로 다시 돌아왔을 때 엘리아십 대제사장의 리더십 아래 성전 상황이 다시 옛날처럼 악화된 일을 회고하고 있다고 볼 수도 있다(Clines).

레위 사람들은 사역하면서 사례를 제대로 받지 못했다(10절). 물론 사례를 받기 위해 사역을 하는 것은 아니지만 식솔을 거느린 가장으로서 사례를 받지 못하면 생계가 막막해지는 것은 당연한 일이다. 그래서 결국 레위 사람들은 사역을 접고 각자 살길을 찾아 나섰다. 농업으로 돌아간 것이다(10절). 이 사실을 알게 된 느헤미야가 관리들을 나무랐다. 어떻게 성전과 사역자들을 이처럼 방치할 수 있느냐는 것이다. 그리고는 레위 사람들을 다시 성전으로 불러들여 사역에 전념하도록 했다(11절). 느헤미야가 사례를 보장했기 때문에 가능했던 일이다.

레위 사람들이 성전으로 돌아와 다시 사역을 시작했다는 소식을 들은 백성들이 곡식과 포도주와 기름 등 예물과 십일조를 가져다 성전 창고에 들여놓다(12절). 많은 헌물이 꾸준히 들어왔기 때문에 관리할 사람이 필요했다. 그래서 느헤미야는 백성들에게 정직하다고 인정받은 제사장 셀레먀와 서기관 사독, 레위 사람 브다야를 책임자로 삼아 창고를 관리하도록 했다(13절). 맛다냐의 손자 하난이 이들을 돕도록 했다. 느헤미야는 이 모든 일에 있어 하나님이 그의 노력과 열정을 기억해 주시기를 염원한다(14절).

우리는 이 사건에서 하나의 교훈을 얻는다. 사람들은 자신의 헌금이 어디에 쓰이는지를 알고 그 목적에 동의하면 아낌없이 헌신한다는 사실이다. 예루살렘 성전이 제 기능을 못할 때에는 백성들이 헌금하기를 꺼렸다. 그래서 성전 재정은 바닥이 났고 레위 사역자들은 성전을 떠나야 했다. 이런 상황을 지켜본 백성들은 더욱더 헌금하기를 꺼렸다. 악순환이었다. 그러다가 느헤미야가 레위 사람들을 불러들여 성전 기능을 회복시키자 백성들이 느헤미야와 레위 사람들을 돕겠다며 많은 예물을 가져왔다. 자신의 헌금이 어디에 쓰이는지 알고, 이 일은 성도가 감당해야 할 몫이라는 사실을 깨달았기에 헌신할 수 있었다.

교회가 성도에게 헌금이 어디에 쓰일 것이며, 교회가 왜 이런 일들을 해야 하는가를 충분히 설명하고 비전을 제시한다면, 그 비전에 공감하는 사람들은 맹목적으로 강요당할 때보다 더 힘을 내어 헌금할 것이다. 우리는 역사상 그 어느 때보다도 재정의 투명성과 교회의 존재 이유를 열정적으로 설명할 필요가 있는 시대를 살고 있다.

V. 느헤미야의 나머지 행적(11:1-13:31)
  E. 느헤미야의 개혁(13:4-31)

3. 안식일 개혁(13:15-22)

[15] 그 때에 내가 본즉 유다에서 어떤 사람이 안식일에 술틀을 밟고 곡식단을 나귀에 실어 운반하며 포도주와 포도와 무화과와 여러 가지 짐을 지고 안식일에 예루살렘에 들어와서 음식물을 팔기로 그 날에 내가 경계하였고 [16] 또 두로 사람이 예루살렘에 살며 물고기와 각양 물건을 가져다가 안식일에 예루살렘에서도 유다 자손에게 팔기로 [17] 내가 유다의 모든 귀인들을 꾸짖어 그들에게 이르기를 너희가 어찌 이 악을 행하여 안식일을 범하느냐 [18] 너희 조상들이 이같이 행하지 아니하였느냐 그래서 우리 하나님이 이 모든 재앙을 우리와 이 성읍에 내리신 것이 아니냐 그럼에도 불구하고 너희가 안식일을 범하여 진노가 이스라엘에게 더욱 심하게 임하도록 하는도다 하고 [19] 안식일 전 예루살렘 성문이 어두워갈 때에 내가 성문을 닫고 안식일이 지나기 전에는 열지 말라 하고 나를 따르는 종자 몇을 성문마다 세워 안식일에는

V. 느헤미야의 나머지 행적

아무 짐도 들어오지 못하게 하였으므로 [20] 장사꾼들과 각양 물건 파는 자들이 한두 번 예루살렘 성 밖에서 자므로 [21] 내가 그들에게 경계하여 이르기를 너희가 어찌하여 성 밑에서 자느냐 다시 이같이 하면 내가 잡으리라 하였더니 그후부터는 안식일에 그들이 다시 오지 아니하였느니라 [22] 내가 또 레위 사람들에게 몸을 정결하게 하고 와서 성문을 지켜서 안식일을 거룩하게 하라 하였느니라 내 하나님이여 나를 위하여 이 일도 기억하시옵고 주의 크신 은혜대로 나를 아끼시옵소서

이 사건 역시 느헤미야가 예루살렘에 처음 임직한 직후인 주전 444년경에 있었던 일로 생각된다. 느헤미야의 신앙과 성격상 이런 일을 결코 오랫동안 참지 못했을 것이기 때문이다. 사람들이 안식일에도 다른 날처럼 일하는 것에 대해 별로 문제의식을 갖지 않던 시대의 일이다. 안식일에 어떤 이들은 술틀을 밟고, 더러는 나귀를 부려 곡식과 과일을 나르며, 갖가지 짐을 지고 예루살렘 성을 드나드는 이들도 있었다(15절). 율법이 분명 안식일을 범하는 것을 금하는데, 이스라엘 사람들이 왜 이런 일을 하는지 느헤미야는 이해할 수 없었다. 주중에 할 수 있는 일을 왜 안식일까지 하고 있느냐는 것이다. 그래서 처음에는 안식일에 사고파는 일을 하지 말라고 경고했다(15절). 안식일의 의미, 곧 휴식을 취하며 예배에 전념하는 이유를 되새겨 보라고 지시한 것이다.

그러나 문제는 해결되지 않았다. 이스라엘 사람들이 직접 안식일을 범하는 일은 느헤미야의 경고 이후 멈추었을지 모르지만, 간접적인 안식일 위반은 계속되었다. 두로 사람들이 물고기와 갖가지 물건을 예루살렘으로 가져오면 유다 사람들이 이것들을 산 것이다(16절). 그들은 자신이 물건을 팔지 않으니 안식일을 범하지 않았다고 주장할 수도 있다. 게다가 그들에게 물건을 판 사람들은 이방인이 아닌가! 그러나 느헤미야가 이같이 얄팍한 수를 간과할 리 없다. 그는 유다 귀족들을 찾아가 야단을 쳤다(18절). 조상들이 왜 바빌론으로 끌려갔는지 벌써 잊

었냐며 만일 안식일을 더럽히는 일을 방관하면 그들도 책임을 면하지 못할 것이라는 경고였다.

내부적으로 유다 사람들을 단속한 느헤미야가 외부 사람들 단속에 나섰다. 먼저 안식일 전날에, 해가 지면 성문을 닫고, 안식일 다음날에야 다시 문을 열도록 했다(19절). 안식일에는 성문이 아예 하루 종일 닫혀 있었던 것이다. 혹시라도 편법을 동원해 성안으로 물건을 들여오는 것을 막기 위해 믿을 만한 사람들을 보초로 세워 단속하게 했다. 안식일에 이방 상인들이 예루살렘 성 밖에서 자는 일이 몇 차례 있었다(20절). 물론 물건을 팔기 위해서다. 느헤미야는 그들을 잡아들이겠다고 협박했으며, 그 후로는 이런 장사꾼들이 완전히 사라졌다(21절).

느헤미야는 레위 사람들에게 몸을 깨끗하게 하고 성문마다 지켜서 안식일을 거룩하게 지내도록 하였다(22절). 안식일마다 경건한 몸가짐과 옷차림을 한 사역자들이 성문 앞에 서 있으면 이들은 곧 안식일의 상징이 되고, 안식일을 범하려 했던 자들에게 다시 생각하게끔 하는 효과도 발휘했을 것이다. 또한 종교 지도자들이 안식일에 관해 느헤미야와 생각을 같이한다는 상징적인 의미가 있다(Breneman). 느헤미야는 하나님께 자신의 마음과 열정을 읽고 복을 달라는 기도로 이 섹션을 마친다. 자신은 하나님 말씀을 경외하는 순수한 동기에서 이 모든 일을 했다는 것이다.

V. 느헤미야의 나머지 행적(11:1-13:31)
   E. 느헤미야의 개혁(13:4-31)

4. 공동체 개혁(13:23-31)

[23] 그 때에 내가 또 본즉 유다 사람이 아스돗과 암몬과 모압 여인을 맞아 아내로 삼았는데 [24] 그들의 자녀가 아스돗 방언을 절반쯤은 하여도 유다 방언은 못하니 그 하는 말이 각 족속의 방언이므로 [25] 내가 그들을 책망하고 저주하며 그들 중 몇 사람을 때리고 그들의 머리털을 뽑고 이르되 너희는 너희

딸들을 그들의 아들들에게 주지 말고 너희 아들들이나 너희를 위하여 그들의 딸을 데려오지 아니하겠다고 하나님을 가리켜 맹세하라 하고 [26] 또 이르기를 옛적에 이스라엘 왕 솔로몬이 이 일로 범죄하지 아니하였느냐 그는 많은 나라 중에 비길 왕이 없이 하나님의 사랑을 입은 자라 하나님이 그를 왕으로 삼아 온 이스라엘을 다스리게 하셨으나 이방 여인이 그를 범죄하게 하였나니 [27] 너희가 이방 여인을 아내로 맞아 이 모든 큰 악을 행하여 우리 하나님께 범죄하는 것을 우리가 어찌 용납하겠느냐 [28] 대제사장 엘리아십의 손자 요야다의 아들 하나가 호론 사람 산발랏의 사위가 되었으므로 내가 쫓아내어 나를 떠나게 하였느니라 [29] 내 하나님이여 그들이 제사장의 직분을 더럽히고 제사장의 직분과 레위 사람에 대한 언약을 어겼사오니 그들을 기억하옵소서 [30] 내가 이와 같이 그들에게 이방 사람을 떠나게 하여 그들을 깨끗하게 하고 또 제사장과 레위 사람의 반열을 세워 각각 자기의 일을 맡게 하고 [31] 또 정한 기한에 나무와 처음 익은 것을 드리게 하였사오니 내 하나님이여 나를 기억하사 복을 주옵소서

에스라가 이스라엘 남자들과 타민족 여자들 사이의 결혼 문제를 공론화해서 한바탕 개혁을 단행한 적이 있다(스 9-10장). 일반인들뿐만 아니라 제사장들까지 이방인과 결혼할 정도로 문제가 심각했고 많은 사람들이 연루되어 있었다. 백성들은 대표들을 선발하여 3개월 동안 조사하게 한 다음 이방인 아내들과 자식들을 내보냈다. 그러나 결과는 예측했던 것보다 훨씬 작은 규모였다(스 10:18-44). 아마도 에스라의 개혁을 지지하지 않은 사람들이 많았음을 뜻하는 것으로 풀이된다. 이처럼 미지근한 개혁은 이 문제가 다시 공론화될 수 있는 불씨를 남겨 두었다. 요세푸스는 이스라엘 사람들의 국제결혼 문제가 페르시아 시대 동안 지속되었다고 한다(Williamson). 이방 여인과의 결혼은 뿌리 뽑기 쉽지 않은 난제가 되어 공동체를 괴롭혔다.

느헤미야가 예루살렘으로 돌아온 지 얼마나 지나서 있었던 일일까?

그는 유다 남자들이 이방인 여자들과 결혼하여 자녀를 낳는 일이 성행하고 있다는 소문을 들었다(23절). 일부 주석가들은 본문이 기록하고 있는 일이 예루살렘을 제외한 유다 시골 지역에서 펼쳐진 일이라고 하지만(Breneman), 그다지 설득력 있어 보이는 주장은 아니다. 게다가 대제사장 엘리아십의 자손이 이 일로 인해 느헤미야 앞에 나서지 못했던 점을 생각하면, 예루살렘을 포함한 온 이스라엘에서 벌어진 일이라는 것이 거의 확실하다.

심각한 문제는 이들 사이에 태어난 아이들 대부분이 어머니 나라의 말은 하여도, 아버지 나라의 언어인 유다 말은 못하였다는 점이다(24절). 물론 아이들이 주로 엄마와 지내다 보니 빚어진 일이겠지만, 아버지에게도 책임은 있다. 느헤미야는 위기의식을 가졌다. 이렇게 가다가는 이스라엘이 이방인의 땅이 될 것 같은 위협을 느낀 것이다.

느헤미야는 악을 용납하면 영적인 침체를 맞게 되고, 영적인 침체를 맞게 되면 교리에 냉담하게 되고, 교리에 냉담하게 되면 영적·도덕적 타락으로 이어진다는 것을 잘 알고 있었다(Barber). 그래서 이 문제에 대해 극렬한 반응을 보였다. 혼혈아의 아버지들을 야단치고, 그들 가운데 몇몇을 때리기도 하고 머리털을 뽑기도 하였다(25절).

에스라와 느헤미야는 참으로 성격이 다른 사람들이었던 것 같다. 에스라는 비슷한 소식을 접하고 자기 머리털을 뽑으며 괴로워했는데, 느헤미야는 남의 머리털을 뽑으며 괴로워한다! 심지어는 때리기까지 한다! 느헤미야의 과격한 행동은 에스라의 권면을 받아들이지 않은 자들에 대한 분노였으며, 사건의 심각성을 부각시키는 효과를 발휘했다. 게다가 이런 일을 금해야 할 사람인 제사장들과 레위 사람들까지 이방 여인을 아내로 맞이하고 있는 상황이었으니(28절, cf. 스 9:1), 견제하기 위해서라도 이처럼 가시적인 행동을 취했던 것이다.

느헤미야는 이스라엘 남자들이 이방인 아내를 맞이하는 것을 금하면서 솔로몬을 예로 들었다(26-27절). 안식일을 범하는 자들을 나무랄 때

V. 느헤미야의 나머지 행적

에도 과거의 일을 예로 들었다(cf. 18절). 느헤미야에게 가장 큰 선생은 과거였기에 이스라엘 역사를 단순히 지식적인 차원에서 보지 않고 깊이 묵상하며 삶의 교훈을 얻는 데 사용하였다. 우리도 성경에 기록된 역사를 접하면서 단순히 지식을 늘려가는 것이 아니라 느헤미야처럼 교훈적인 요소를 살펴 조상의 죄를 반복하지 않도록 노력해야 한다.

느헤미야는 이방 여인과 결혼을 금하는 원리에는 예외가 없다는 사실을 모든 사람에게 보여 주었다. 대제사장 엘리아십(12:10; 13:4)의 손자인 요야다의 아들 중 하나가 호론 사람 산발랏의 사위가 되었다는 소식을 접하고는 이 자를 내친 것이다(28절). 정치적·종교적으로 많은 부담이 되는 일이지만 느헤미야는 공동체의 건강을 위해 가장 유력한 집안의 사람을 본보기로 삼았다. 이 같은 느헤미야의 열정과 에스라의 냉철한 가르침이 있었기에 귀향민 공동체가 종종 타락하고 부패하기는 했지만 완전히 하나님을 저버리지 않을 수 있었다(Kidner).

산발랏은 도비야와 함께 이스라엘을 무시하고 성벽 재건을 훼방했던 원수였다(2:19; 4:3). 그런데 대제사장 집안이 그의 집안과 사돈이 되었다! 이스라엘의 원수가 예루살렘 공동체 한가운데서 영향력을 행사하고 있는 것이다. 요세푸스는 엘리아십의 손자 므낫세(Manasseh)가 산발랏의 딸인 니카소(Nikaso)와 결혼하였다고 하는데, 본문이 이 혼인을 뜻하는지 아니면 다른 결혼을 뜻하는지는 정확히 알 수 없다(Breneman).

이스라엘 종교에서 가장 많은 이권을 행사하던 대제사장의 집안 사람들 눈에 '설치는 평신도' 느헤미야가 얼마나 밉게 보였을까? 기독교 역사는 우리에게 끊임없이 증언한다. 만일 교회 지도자들이 너무 썩어서 위에서 아래로 내려오는 개혁을 이루지 못한다면, 하나님은 평신도들을 사용해 아래에서 위로 거슬러 올라가는 개혁을 이루신다. 사역자들이 종교 행위를 재현하고 대가를 바라는 삯꾼들이 아니라면, 항상 마음을 가다듬고 하나님의 음성에 귀를 기울여야 한다. 사실 대제사장 집안이 평신도 느헤미야에게 이런 일을 당한다는 것이 얼마나 한심한 일인가!

　느헤미야는 하나님이 이 일을 판결해 주실 것을 기도했다(29절). 제사장으로서 지켜야 할 가장 기본적인 것도 지키지 못해 제사장직을 더럽히고 언약을 저버린 사람들을 심판해 달라는 내용이다. 제사장도 잘못하면 하나님의 심판을 받아야 한다는 것이 느헤미야의 주장이다. 직분이 사람을 판단하는 것이 아니라 말씀이 판단하기 때문이다. 모든 사람은 말씀 앞에서 동등하다. 특별한 직분을 가지고 있다고 해서 하나님의 심판에서 제외되는 것은 아니다. 오히려 더 강도 높은 심판을 받는다. '주의 종은 하나님이 심판하실 것이다'라며 성도들로부터 면죄부를 주장하는 사역자들은 지탄 받아 마땅하다.

　느헤미야는 이방인들과의 결혼으로 더럽혀진 제사장들과 레위 사람들에게 재기의 기회를 주었다. 자기 삶에서 이방인으로 인한 부정을 모두 씻게 한 뒤에 다시 임무를 수행하도록 한 것이다(30절). 또한 성전에서 드려지는 예배가 끊이지 않도록 백성들에게 책임을 다하게 했다. 제단에 쓸 장작과 첫 소산을 성전에 들여놓도록 명한 것이다(31절, cf. 10:32-39). 일부 사역자들이 백성의 기대에 미치지 못하는 것은 사실이지만, 그렇다고 해서 하나님께 드려야 할 몫을 바치지 않는 것은 옳지 않다는 것이 느헤미야의 생각이었다. 그렇게 되면 사역자들이 생계를 위해 사역을 접고 다른 일을 하는 일이 재현될 것이기 때문이다(10-13절).

　개혁이 하루아침에 이루어질 수 있다면 좋겠지만, 현실적으로 오랜 시간과 많은 노력이 필요하다. 저자는 느헤미야의 "나를 기억하사 복을 주옵소서"라는 기도로 이 책을 마무리한다. 하나님이 개혁의 노력을 귀하게 여기시고 복을 주실 것이라는 메시지를 담고 있다. 또한 사역과 기도는 항상 하나가 되어야 한다는 점을 상기시켜 주는 말씀이기도 하다(Breneman).